백열록
栢悅錄

동국대학교 불교기록문화유산아카이브사업단(ABC)
본서는 문화체육관광부 지원으로 동국대학교 불교학술원에서 간행하였습니다.

한글본 한국불교전서 조선 54
백열록

2020년 4월 30일 초판 1쇄 인쇄
2020년 5월 10일 초판 1쇄 발행

엮은이 금명 보정
옮긴이 김종진
펴낸이 윤성이
펴낸곳 동국대학교출판부

주소 04620 서울시 중구 필동로 1길 30
전화 02-2260-3483~4
팩스 02-2268-7851
Homepage http://dgpress.dongguk.edu
E-mail book@dongguk.edu
출판등록 제2-163(1973. 6. 28)
편집디자인 나라연
인쇄처 네오프린텍(주)

© 2020, 동국대학교(불교학술원)

ISBN 978-89-7801-977-4 93220

값 22,000원

이 책의 무단 전재나 복제 행위는 저작권법 제98조에 따라 처벌받게 됩니다.

한글본 한국불교전서 조선 54

백열록
栢悅錄

금명 보정錦溟寶鼎 엮음
김종진 옮김

동국대학교출판부

백열록栢悅錄 해제

김 종 진
동국대학교 불교학술원 교수

1. 개요

『백열록栢悅錄』은 범해 각안梵海覺岸의 제자 금명 보정錦溟寶鼎(1861~1930)이 1886년에 대흥사 만일암에서 스승 문하에 유통되는 여러 기록을 필사하여 엮은 책이다. 스승인 각안의 글이 많고, 19세기 후반 대흥사를 중심으로 활동한 고승의 시문, 그리고 이들과 교류를 나눈 유자의 시문 및 논설이 수록되어 있다. 보정은 필사자 겸 편자로서 19세기 후반 대흥사를 중심으로 전개된 유불 간의 논쟁과 시문 교류의 양상을 묵묵히 기록하여 학술적으로나 문화적으로 생생한 보고서를 완성하였다. 이 책이 단순한 편저 이상의 의의를 갖는 이유이다.

2. 저자

금명 보정의 전기는 『다송문고茶松文稿』의 부록 「행록초行錄草」와 「금명

선사비명병서錦溟禪師碑銘并序」를 참고할 수 있다. 생애와 특기할 만한 내용을 항목별로 소개하기로 한다.

1) 생애

대사의 휘는 보정寶鼎, 자는 다송茶松, 호는 금명錦溟이다.

1861년(철종 12). 1월 19일. 전라남도 곡성군谷城郡 운용리雲龍里에서 출생. 속성은 김씨.
1875년(을해, 15세). 부친의 뜻에 따라 순천 송광사 금련金蓮 화상에게 출가, 17세에 경파景坡 대사에게 계를 받음.
1876년(병자, 16세). 모친 돌아가심.
1878년(무인, 18세). 계사를 따라 유학遊學길에 올라 8, 9년간 경붕景鵬·구련九蓮·혼해混海·원화圓華·원해圓海·범해梵海·함명函溟 등 대종사大宗師에게 참학하여 지견을 넓힘.
1888년(무자, 28세). 부친 돌아가심. 은사의 부촉으로 허주虛舟를 참학함.
1889년(기축, 29세). 은사인 금련당金蓮堂 입적.
1890년(경인, 30세). 건당하고 송광사 보조암에 주석.
1891년(신묘, 31세). 보조암 수선. 서각西閣의 제사를 혁파.
1892년(임진, 32세). 능가산 서불암에 들어가 관음상에 7일간 기도.
1894년(갑오, 34세). 동학란과 경사京師의 침탈에서 사승寺僧을 보호함.
1895년(을미, 35세). 송광사 청진암 주석.
1896년(병신, 36세). 화엄사 청으로 부임.
1897년(정유, 37세). 지눌의 결사 도량인 송광사 청으로 광원암 주석. 보조암 청으로 보조암 부임. 눌봉訥峰에게 전강傳講.
1898년(무술, 38세). 지리산, 금강산행. 해인사, 통도사 참례. 여름에 지리산 구층대에서 염불, 조계산 삼일암에서 동안거.

1899년(기해, 39세). 해인사 대장경 불사회佛事會에서 교정 편집의 임무를 맡음. 대장경 1부를 송광사에 봉안. 한양의 대궐에 말을 타고 가서 진상하고 남여籃輿의 폐해를 혁파하는 칙령을 받아 옴. 시왕탱을 조성할 때 화주 역할로 2천여 금을 구해 일을 진척시켜 이듬해 봉안함.

1900년(경자, 40세). 송광사 총섭 임무를 맡아 본군本郡 통인通引의 작폐를 조정에 보고하여 구속시키고 관폐를 혁파하는 칙지勅旨 계판啓板을 받음.

1901년(신축, 41세). 대흥사 화재 후 중창불사에서 증명법사로서 40축을 복장하는 임무를 맡아 무사히 성취함.

1902년(임인, 42세). 해인사 선원에서 여름 결재. 이때 상궁 천씨가 금강계단과 대구품승가리회大九品僧伽梨會를 열었을 때 증명법사를 맡음. 천 상궁을 따라 송광사로 돌아와 불전에 시주. 10월 원당願堂 일로 궁중에서 담당 승려를 초대하여 상경. 나라의 평안을 위해 동대문 밖 원흥사에서 화엄회를 개최함. 전국의 고승이 운집하여 참여한 가운데 현요를 담설함.

1903년(계묘, 43세). 5월 초 내탕금 1만 관을 탁지부에서 받아 수레에 싣고 송광사로 돌아와 12월에 준공(원당). 수차례 한양을 오가며 일을 도모함. 12월 송광사 섭리攝理 직책을 맡음.

1904년(갑진, 44세). 섭리직을 병으로 그만두고 만일암 방장실로 돌아옴. 무등산 원효암에서 겨울을 보냄.

1905년(을사, 45세). 해인사 이회광 선사가 전경불사轉經佛事로 회중에 와서 입승立繩과 검경도감檢經都監의 소임을 맡김. 또 계단戒壇을 설하여 갈마사羯摩師로 참여함.

1906년(병오, 46세). 본사 시왕계 중 예수무차회를 설할 때 화주 임무를 맡음.

1908년(무신, 48세). 송광사 청진암에 자취를 숨김. 의병이 산에 가득하고 일병에 항거함. 4월 18일 충돌이 일어나 동東, 보普 두 암자가 불에 탔으나 본암本庵은 화를 면함.

　1909년(기유, 49세). 벗들이 피신하자 하였으나 불자의 도리를 다하기 위해 피신하지 않음.

　1910년(경술, 50세). 학교 교육이 시작되자 한문과 불교의 교편을 수년간 맡음.

　1912년(임자, 52세). 장경전藏經殿에서 금강계단을 설할 때 아사리를 맡음.

　1914년(갑인, 54세). 보제당에 강원을 만들고 강석에 부임함.

　1915년(을묘, 55세). 천은사에 부임. 제자들이 많아지자 시기하는 소리가 많아 한 해 겨울 지내고 돌아옴.

　1916년(병진, 56세). 대흥사 부임.

　1917년(정사, 57세). 본사(송광사)의 청으로 돌아옴.

　1918년(무오, 58세). 해은당海隱堂에게 전강傳講.

　1919년(기미, 59세). 태안사 선원에서 여름 결재. 봉서암 염불당에서 겨울을 남.

　1921년(신유, 61세). 1월 19일. 진갑·도제 등이 다회를 열어 축수시 1권으로 기념함. 5월 15일 송광사에서 주지직을 의뢰했으나 고사함.

　1922년(임술, 62세). 본산 강원의 청으로 다시 송광사로 돌아감. 보제당에 7년간 주석.

　1928년(무진, 68세). 2월에 강원이 법성료法性寮로 이전하여 거처를 따라 옮김. 3월에 해은당에게 전강. 보제당 염불회로 돌아와 정토업을 닦음.

　1930년 2월 입적. 세수 70. 법랍 55.

　이상은 주로 「행장초」의 내용을 정리한 것이다. 이 외에 염재거사 송태회가 찬한 「금명선사비명병서」에는 보정이 사서 육경과 노장, 제가에 이르기까지 모두 섭렵하였다고 하였고, 필법이 자못 추건遒健하고 성품이 근검 치밀하여 비록 폐지 퇴필退筆이라도 반드시 서사書寫하여 두고, 밤에 두 선을 합하여 등 심지로 삼을 정도였다고 하였다.

　문집의 또 다른 부록으로 박한영(1870~1948)이 쓴 「금명강백육십일수시서錦溟講伯六十一壽詩序」에는 박한영이 약관 시절에 학문에 뜻을 두고 명강사를 찾아 백양산과 조계산을 오갈 때 보정이 보조암에서 새로 개당하자 제봉霽峰, 금봉錦峰(장기림), 진응震應(진진응), 금파琴巴 등과 함께 참학했던 사실을 기록하였다. 이들은 후에 선운사, 백양사의 대강백이 된다. 연보에서 보면 1890년경으로 짐작된다. 10년 후(1900년경) 보정이 속리산 수정봉 아래로 박한영을 방문한 사실이 있었고, 또 10년 후(1910년) 조선 불교를 일본의 한 종파에 귀속시키려는 이회광의 원종 운동에 맞서 임제종 운동을 시작할 때 박한영과 한용운이 삼청각으로 보정을 방문한 사실을 기록하였다. 보정은 박한영·진진응·김종래·한용운 등과 함께 광주 증심사에서 임제종 운동 발기를 위한 승려대회를 할 때 참여한 사실이 확인된다.

2) 저술

　「행장초」에는 그의 저술로 『시고詩稿』, 『문고文稿』, 『불조찬영佛祖贊詠』, 『정토백영淨土百詠』이 있고, 편록한 책으로 『조계고승전曹溪高僧傳』, 『저역총보著譯叢譜』, 『석보약록釋譜略錄』, 『삼장법수三藏法數』, 『염불요해念佛要解』, 『속명수집續名數集』, 『십지경과十地經科』, 『능엄경과도楞嚴經科圖』, 『대동영선大東詠選』, 『질의록質疑錄』, 『수미산도須彌山圖』가 있다고 하였다.

　현재 『한국불교전서』 제12책에는 11종의 저술이 수록되어 있다. 『불조록찬송佛祖錄贊頌』, 『정토찬백영淨土贊百詠』, 『보살강생시천주호법록菩薩降生時天主護法錄』, 『호법질의록護法質疑錄』, 『조계고승전』, 『염불요문과해念佛要門科解』, 『저역총보』, 『백열록』, 『대동영선』, 『다송시고茶松詩稿』, 『다송문고』 등이다. 이들은 모두 송광사 소장본으로 국립중앙도서관 홈페이지에는 원문 데이터베이스가 구축되어 있다.

3) 기타

스승인 범해 각안(1820~1896)은 『동사열전東師列傳』의 저자이다. 『동사열전』은 각안이 1894년에 찬술한 고승 역사서로 불교의 전래자 아도阿道로부터 1894년까지 1,500여 년 동안의 역사를 인물 위주로 기록하였는데, 각안이 주석했던 대흥사와 인근 사찰의 승려가 대부분을 차지하고 있다. 금명 보정은 『조계고승전』을 찬술하여 지눌부터 조선 시대에 이르는 386명의 고승을 기록하였고, 『불조록찬송』을 지어 각 조사에 대해 간략한 전기와 찬송을 붙인 바 있다. 이를 보면 보정이 역사서를 기술하는 데는 각안의 역사서 기술이 영향을 준 것으로 짐작된다.

「행장초」에는 1878년(18세) 이후 8, 9년 동안 경붕·구련·혼해·원화·원해·범해·함명 등 여러 대종장을 찾아 참학하였다고 기록하였다. 이에 따르면 보정이 대흥사 각안의 회하會下에 있던 시기는 1878~1886년경이다. 『백열록』의 마지막 장에 기록된 필사 연도 1886년은 바로 보정이 스승 문하에 있던 시기와 일치한다. 따라서 『백열록』에 수록된 여러 편의 글은 보정 자신이 수집한 자료보다는 각안이 모아 놓은 자료를 필사한 것으로 추정할 수 있다.

보정은 19세기 후반에서 20세기 초까지 송광사를 중심으로 활동한 인물이다. 19세기 말에 불교 강원에서 강백으로서 이름을 날렸으며, 20세기에는 다수의 저술과 편저를 펴내어 전통을 계승하고 정리하는 데 기여하였다. 그의 저술 활동이 19세기의 불교 전통을 20세기에 이어 주는 교량으로서 의의를 가지게 된 것은 시대의 흐름이자 그의 운명이었다.

3. 서지와 구성

『백열록栢悅錄』은 발행 연도가 미상인 송광사 소장의 필사본 1책으로 크기는 23.5cm×20.3cm이며, 『한국불교전서』 제12책에 수록되어 있다.

제목은 '송무백열松茂栢悅'에서 취한 것이다. 소나무가 무성하면 잣나무가 기뻐한다는 뜻으로, 벗이 잘되는 것을 기뻐함을 비유한다. 진晉나라 육기陸機의 「탄서부歎逝賦」에 "진실로 소나무가 무성하면 잣나무가 기뻐하고, 아, 지초가 불에 타면 혜초가 탄식을 한다네.(信松茂而柏悅, 嗟芝焚而蕙歎.)"라고 한 데서 온 말이다. 그렇다면 소나무와 잣나무는 무엇을 의미하는가? 조선 후기 대흥사를 중심으로 한 지역에서 초의 의순草衣意恂, 범해 각안, 아암 혜장兒庵惠藏 등 당대의 명망 있는 여러 승려들과 다산 정약용 등 유가 지식인이 교유하며 남긴 사찰 주변의 글을 모은 이 책의 성격으로 볼 때, 소나무와 잣나무는 당대의 유불을 대표하는 지성 집단을 비유한 것으로 보인다.

별도의 목차는 없다. 글의 순서가 글의 종류에 따른 것도 아니다. 전체적인 흐름을 보면 인물과 내용을 기준으로 하여 순서를 정한 것을 알 수 있다. 「김추사 선생이 백파를 변증한 서신(金秋史先生證白坡書)」을 시작으로 하여 총 90제題의 작품이 대부분 작자별로 수록되어 있고 「산거잡영山居雜詠」으로 끝맺었다. 글의 장르는 서書, 찬贊, 송頌, 서序, 기記, 제문祭文, 선문답禪問答, 모연문募緣文, 축祝, 소疏, 논론論, 명銘, 해解 및 칠언절구와 율시 등 다양하다. 일부는 현재 전하는 당대 고승들의 문집에서 확인되는 것도 있고, 이 책에만 등장하는 시문도 있어 19세기 중후반 사상적 교류, 문학적 교류의 실상을 제공하는 자료적 가치가 있다.

서문이나 발문은 없고 필사본 마지막 장에는 작은 글씨의 필사 간기가 적혀 있다. 이는 『한국불교전서』에는 옮겨 적지 않은 내용이다.

광서 12년(1886) 병술 5월 하순 두륜산 만일암 범해 화상 회하(문하)에서 삼청산인이 쓰다.(光緒十二年丙戌䨱昧下澣日, 頭輪挽日菴梵海和尙會下三淸山人書.)

송광사에 삼청각이 있고 송광면 삼청리가 있는 것으로 보아 삼청산인은 송광사 승려인 금명 보정으로 비정할 수 있다. 각안을 참방한 보정이 각안의 문하에서 머물 때, 스승 각안이 모아 놓은 당대의 고승, 유가 지식인의 글을 모아 필사한 것이다.

4. 내용과 성격

이 책을 한마디로 정리하면 19세기 후반, 대흥사를 중심으로 전개된 불교 문화사적 사건이 조밀하게 박혀 있는 1886년 5월의 보고서이다. 주목할 만한 글을 소개하면 다음과 같다.

1)「김추사 선생이 백파를 변증한 서신(金秋史先生證白坡書)」

이 글은 추사秋史 김정희金正喜(1786~1856)가 1841년 56세에 귀양지 제주도에서 백파 긍선白坡亘璇(1767~1852)에게 보낸「망증십오조妄證十五條」를 옮긴 것이다.

백파는『선문수경禪文手鏡』을 저술하여 기존의 선론禪論을 나름대로 재해석했는데, 이는 조선 말기부터 근대 초입까지 이 땅에서 선 논쟁이 치열하게 일어나는 기폭제가 되었다. 초의 의순(1786~1866)은『선문사변만어禪門四辨漫語』를 지어 백파의 시각을 정면으로 비판하였고, 우담 홍기優曇洪基(1822~1881)는『선문증정록禪門證正錄』을 지어 비판하였다. 그 후 백파의 문인인 설두 유형雪竇有炯(1824~1889)은 『선원소류禪源遡流』를 지어 백파의 설을 옹호하였다. 그 후 축원 진하竺源震河(1861~1926)는 『선문재정록禪文再正錄』을 지어 다시 백파를 비판하였다.

초의 의순과 밀접한 교류를 나누던 추사 김정희도 이 편지글에서 백파를 논박하였다. 백파의 선론 중 논리상 모순이 있거나 부정확한 문헌적 근거에서 유래한 것과 함께 학문하는 자세까지 두루 비판한 것이다. 내용과 표현이 매우 격렬하여 추사의 일방적인 훈시로 이해될 여지가 있고 일부 학자들은 추사의 입장에 좌단하는 경우도 있다. 그러나 표현의 격렬함은 선적인 방할의 하나로도 보이고, 당시로서는 국제적인 학술 정보를 익힌 학자의 날 선 기운을 느낄 수 있는 정도에서 이해할 필요가 있다.

학계 최초로 이를 본격적으로 분석한 고형곤의 논문 「추사의 백파망증 15조에 대하여」(『학술원논문집』 제14집, 대한민국학술원, 1975; 『선의 세계』, 동국대학교출판부, 2005 재수록)에 이미 양자의 주장과 반박문에 대한 분석과 평가가 있어 참고할 필요가 있다. 여기에는 추사의 목소리에 담긴 한계와 추사가 가졌던 부정확한 불교사 정보, 간화선에 비판적인 추사의 취향 등이 반영되어 있다는 점을 확인할 수 있다.

추사는 초의와 다방면에 걸쳐 긴밀한 교류를 나누었고 선론에 있어서도 상당한 공감대를 형성하고 있었다. 그렇다고 추사가 초의와 같이 백파 선론의 핵심을 정면에서 논박한 것은 아니다. 청나라의 지식인과 밀접한 교류를 나누던 조선 최고의 고증학자로서 추사는 기존의 선서를 무비판적으로 수용할 뿐 치밀한 문헌 비평을 통한 내용 검증에 이르지 못한 당시 선문에 대해 비판적 입장을 취하고 있었고, 더 나아가 간화선 자체에 대해 매우 비판적 입장에 있었다.

추사가 이 글에서 논박하고 있는 내용은 백파의 『선문수경』과 직접적인 관계가 없다. 백파의 저작으로 『수선결사문修禪結社文』・『선문염송집사기禪門拈頌集私記』・『선문오종강요사기禪門五宗綱要私記』・『선문수경』・『금강경팔해경金剛經八解鏡』·『육조대사법보단경요해六祖大師法寶壇經要解』 등이 있으나 이들 문헌을 대상으로 한 것도 아니다. 이 글 이전에 백파와 추사가 주고받은 별도의 편지 내용 가운데 추사의 의견과 다른 것을 지적하여 반박한 것이다.(이종익, 「증답백파서를 통해 본 김추사의 불교관」, 『불교학보』 제12집, 동국대학교 불교문화연구원, 1975, p.12 참고)

내용을 보면 이 글 이전에 백파가 추사에게 보낸 편지가 있었을 것으로 추정되나 현재 전하지 않는다. 『완당전집』에는 백파에게 보낸 편지가 세 편이 있으나 이 글은 수록되지 않았다. 『백열록』에 수록된 편지글은 1886년에 삼청 선타三淸先陀(삼청산인 즉 금명 보정으로 추정됨)가 필사한 것으로 추사의 편지글 원문은 아니다. 이본으로 이종익 필사본이 있다. 이종익은 "본인이 이미 35년 전에 해남 대흥사에서 얻어 보고 필사한 것인데 오자가 많다."라고 하며 『증답백파서贈答白坡書』의 원문을 소개하였다. 이종익이 1940년경에 필사한 것이 『백열록』을 베낀 것인지 아니면 원본이나 다른 필사본을 보고 베낀 것인지 알 수 없으나 옮기는 과정에서 글자의 넘나듦이 크다. 이에 앞서 『선원禪苑』 제2호(선학원, 1932. 2)에는 권상로(필명 之一)가 원문 없이 내용을 풀이하여 소개한 바 있다.

본 번역에서는 『한국불교전서』에 수록된 것을 대본, 『백열록』(송광사 소장) 수록본을 저본, 이종익이 논문에서 소개한 필사본을 이종익본으로 명명하고 서로 차이 나는 부분을 교감하여 제시하였다.

2) 초의의 〈동다송東茶頌〉

〈동다송〉은 대흥사 제13대 종사이며 우리나라 다도茶道의 정립자인 초의 의순이 지은 차의 노래이다. 초의는 당대의 명사인 다산 정약용, 홍현주洪顯周, 추사 김정희 등과 교유하며 조선 후기 문화사를 풍성하게 만든 분으로 대흥사 동쪽 계곡에 일지암一枝庵을 짓고 40여 년 동안 홀로 지관을 닦고 다선삼매에 든 선사이다.

초의가 1837년 홍현주에게 보낸 「해거도인에게 올리는 편지(上海居道人書)」(『일지암문집一枝庵文集』 권2)에 따르면 초의는 신묘년(1831)에 청량산의 송헌松軒에서 홍현주를 만나 향화香火의 인연을 맺고 한묵翰墨의 은혜를 받은 것을 회고하고 나서 "요사이 북산도인北山道人께서 어르신(홍현주)의 뜻을 받아 다도를 물어 와서 옛 분들이 전하는 뜻에 따라 삼가 〈동다송〉 한 편을 지어서 올린다."라고 하였다. 그리고 "말이 좀 분명하지 못한 곳은 별도로 본문을 뽑아내어 뜻을 밝힘으로써 물어 주신 뜻에 맞추려고 하였다."라고 하였다.(이종찬 역, 『일지암문집』, 동국역경원, 2010년 개정판, pp.119~121) 즉 초의는 홍현주의 부탁을 받고 중국과 우리나라 차의 역사에 대해 68구의 칠언 장시로 정리한 것이다. 협주에는 차의 역사와 관련한 전고를 충실히 소개하여 이해에 도움을 주고 있다.

〈동다송〉의 판본으로 다예관본多藝館本, 석오본石梧本, 경암본鏡菴本, 다송자본茶松子本 등이 있다. 『한국불교전서』 제12책에 수록된 것은 보정이 펴낸 『백열록』 소재 〈동다송〉(다송자본)이다. 이와 별도로 『한국불교전서』 제10책에 수록된 〈동다송〉은 최범술의 『한국의 다도』(보련각, 1975) 부록에 실린 원문을 저본으로 하였다. 이들 이본 간에 글자의 넘나듦이 심하다.

한편 〈동다송〉의 내용은 상당 부분 육우陸羽(733~804)의 『다경茶經』, 모환문毛煥文 편 『만보전서萬寶全書』(『茶經採要』) 등에서 발췌한 것이다. 기존의 〈동다송〉 번역서에는 이들 이본 간의 대교, 원전 출전 등이 비교적 자세하게 소개되어 있다. 대표적 역서로 고월 용운 역, 『동다송』(동국역경원, 1997, 2010년 개정판), 김명배 편역, 『한국의 다서』(탐구당, 1983), 김대성 편, 『동다송』(동아일보사, 2004), 송해경, 『동다송의 새로운 연구』(지영사, 2009) 등이 있다.

3) 백파거사의 시문

　백파거사白坡居士는 백파 긍선과 다른 인물로 유학자 신헌구申獻求(1823~1902)이다. 1862년(철종 13)에 정시庭試 병과丙科에 합격하여 출사出仕한 뒤 승정원 동부승지·이조참의·성균관 대사성·형조판서·한성부 판윤·예조판서·경기관찰사 등을 역임한 것으로 알려져 있는데, 대흥사의 여러 고승과 교류를 나눈 자취가 있다. 『백열록』에는 〈성묵 선사찬〉과 「초의 선사 시집 서문(草衣禪師詩集序)」, 「철선 선사 시집 서문(鐵船禪師詩集序)」 세 편에 백파거사의 이름이 소개되어 있다. 〈성묵 선사찬〉(본서 p.96)과 「초의 선사 시집 서문」(본서 p.116) 사이에 있는 19수의 짧은 한시들은 이름이 없으나 백파거사의 작품으로 추정된다. 이를 순서대로 나열하면 다음과 같다.

〈성묵 선사찬聖默禪師贊〉
〈호의 선사찬縞衣禪師贊〉, 〈하의 선사찬荷衣禪師贊〉, 〈초의 선사찬草衣禪師贊〉, 〈철선 선사찬鐵船禪師贊〉, 〈운파 선사찬雲坡禪師贊〉, 〈견향 선사찬見香禪師贊〉, 〈청신암에서(題淸神菴)〉, 〈신월암에서(題新月菴)〉, 〈명적암에서(題明寂菴)〉, 〈적련암에서(題赤蓮菴)〉, 〈심적암에서(題深寂菴)〉, 〈도선암에서(題道仙菴)〉, 〈진불암에서(題眞佛庵)〉, 〈상원암에서(題上院菴)〉, 〈만일암에서(題挽日菴)〉, 〈남미륵에서(題南彌勒)〉, 〈북미륵에서(題北彌勒)〉, 〈서산 대사의 영각에서(題西山影閣)〉, 〈북암에 올라(登北庵)〉
「초의 선사 시집 서문(草衣禪師詩集序)」
「철선 선사 시집 서문(鐵船禪師詩集序)」

　이를 보면 신헌구는 대흥사의 승려들과 교류하면서 의뢰를 받아 영찬影讚을 짓거나 대흥사 주변의 여러 암자를 유람하며 감흥을 시로 나타낸 인물로 보인다.

4) 범해 각안의 글

범해 각안은 청해清海 범진梵津 구계九階에서 태어나 14세에 해남 두륜산 대둔사大芚寺 한산전寒山殿으로 출가하였으며, 16세에 호의 시오縞衣始悟 선사에게 머리를 깎고 물들인 옷을 입고 스님이 되었다. 하의荷衣 선사를 설계사說戒師로 삼고, 묵화默和 선사를 수계사授戒師로 삼고, 화담華潭 선사를 증계사證戒師로 삼고, 초의草衣 선사를 비구比丘 및 보살계사菩薩戒師로 삼고, 호의 선사를 또 전법사傳法師로 삼았다. 그 후에 호의·하의·초의·문암聞庵·운거雲居·응화應化 등 여섯 법사를 참알參謁하고 학문을 연마하였다.『화엄경』을 강론한 것이 6년,『범망경』을 강론한 것이 12년이었다. 스스로『동사열전』3권을 편집하여 198명의 행적을 기록하여 곁에 놓아 두고 책 속의 스승으로 삼았다. 이 외에도『범해선사문집』·『범해선사시집』등이 있다.(『동사열전』「자서전自序傳」)

『백열록』은 필사한 장소가 각안의 회하라는 점에서 금명 보정이 스승의 해타를 기록해 둔 것으로 보는 것이 타당하다. 각안의 글로 추정되는 부분은 일부는『범해선사문집』에 수록되어 있지만 일부는 문집에 누락된 자료들이다. 초의의 글이 중간에 있는데 그 이하 몇 편(* 표시)은 초의의 것으로 추정되나 각안의 글로도 볼 수 있기에 편의상 함께 제시한다. 다음 중 작가명에 괄호로 된 작품은『범해선사문집』에 없으나 각안의 글로 볼 수 있는 새로운 자료이다.

「대둔사 상원암 칠성전 상량문大芚寺上院庵七星殿上樑文」 – 범해 각안
「문향각 상량 육위송聞香閣上樑六偉頌」 – 범해 각안
「무량회 모연소無量會募緣疏」 – 범해 각안
「중종시주서中鐘施主序」 – 범해 각안
「백양산 정토사 청류동기白羊山淨土寺靑流洞記」 – 범해 각안

「사의계 서문(思議禊序)」 - (범해 각안)

「해언 사미에게 배움을 권함(與海彥沙彌勸學)」 - (범해 각안)

「상포계 서문(喪布禊序)」(2편) - (범해 각안)

「선참계 서문(禪懺禊序)」 - (범해 각안)

「강지선 구걸초姜智善救乞草」 - (범해 각안)

「참회사 다비 망축문(懺悔師茶毘祝)」(2편) - (범해 각안)

「은사 다비 망축문(恩師茶毘祝)」 - (범해 각안)

「계사 다비 망축문(戒師茶毘祝)」 - (범해 각안)

「문정 다비 망축문(門庭茶毘祝)」 - (범해 각안)

「집을 허무는 축문(破屋祝)」 - (범해 각안)

「기둥을 세우는 축문(立柱祝)」 - (범해 각안)

「다약설茶藥說」 - 범해 각안

『선문요어』 서문(禪門要語序)」 - 범해 각안

「자웅종기雌雄鐘記」 - 범해 각안

「능견난사기能見難思記」 - 범해 각안

「축맹치기逐虻峙記」 - 범해 각안

「학계서學禊序」 - 범해 각안

「초의 삼장이 쓴 금탑기(艸衣三藏金塔記)」 - 초의 의순

「수보살계첩문受菩薩戒牒文」 - 초의 의순

 *「계문戒文」 - 미상

 *「계첩발戒牒跋」 - 미상

 *「수비구계문受比丘戒文」 - 미상

 *「삼공명三空銘」 - 미상

「설혜자계안 서문(設慧字契案序)」 - 범해 각안

「수보살계문受菩薩戒文」 - (범해 각안)

「화공양기花供養記」 - 범해 각안

「화엄사기華嚴寺記」 - (범해 각안)

「척판대기擲板臺記」 - (범해 각안)

「장흥 천관산 구정암 중수 권문長興天冠山九精庵重修勸文」 - (범해 각안)

「무안 법천사 가사와 천등 불사소務安法泉寺袈裟千燈佛事疏」 - 범해 각안

『불조원류』 서문(佛祖源流序)」 - 범해 각안

「몸에 지니고 다니는 네 가지 물건의 명문(隨身四物銘)」 - 범해 각안

「네 지팡이를 위한 명문(四杖銘)」 - (범해 각안)

「연담 진신찬蓮潭眞身贊」 - (범해 각안)

「초의 진신찬草衣眞身贊」 - (범해 각안)

「주인옹 진신찬(主翁眞身贊)」 - 범해 각안

「백족화상론白足和尙論」 - (범해 각안)

「답백양산사중청장서答白羊山寺中請狀書」 - (범해 각안)

5) 철경 응언의 〈『금강경』32분게찬金剛經三十二分偈讚〉

철경 응언掣鯨應彦은 19세기 후기의 승려이나 정확한 생몰년은 알 수 없다. 속성은 김金씨이며 영암靈岩 출생이다. 만덕산萬德山 백련사로 출가하여 승려가 되었고, 연파蓮坡 법사의 법을 이어받았다. 아암 혜장의 문도이며 정약용과도 교분이 있었다. 아암이 그를 처음 보았을 때 '어찌 그리 그대를 본 것이 늦었는가? 그대를 기다린 지 오래다.'라고 하여 그가 큰 법기法器임을 알아보았다고 한다. 다산 정약용도 그에게 7언 16구에 이르는 장시 1수를 지어 주는 등 애정을 표한 바 있다. 대사의 문인으로는 쌍련雙蓮과 성관性貫 등이 있다. 『동사열전』 「철경 강사전」에는 문집 2권이 있다고 하였으나 현재 전하지 않는다. 『백열록』에는 각안이 쓴 「철경당게掣鯨堂偈」가 수록되어 있다.

양 무제梁武帝의 아들인 소명태자는 구마라집본의 경문을 따라 『금강

경』을 32분과로 나누었다. ① 법회인유분法會因由分, ② 선현기청분善現起請分, ③ 대승정종분大乘正宗分, ④ 묘행무주분妙行無住分, ⑤ 여리실견분如理實見分, ⑥ 정신희유분正信希有分, ⑦ 무득무설분無得無說分, ⑧ 의법출생분依法出生分, ⑨ 일상무상분一相無相分, ⑩ 장엄정토분莊嚴淨土分, ⑪ 무위복생분無爲福生分, ⑫ 존중정교분尊重正敎分, ⑬ 여법수지분如法受持分, ⑭ 이상적멸분離相寂滅分, ⑮ 지경공덕분持經功德分, ⑯ 능정업장분能淨業障分, ⑰ 구경무아분究竟无我分, ⑱ 일체동관분一體同觀分, ⑲ 법계통화분法界通化分, ⑳ 이색이상분離色離相分, ㉑ 비설소설분非說所說分, ㉒ 무법가득분無法可得分, ㉓ 정심행선분淨心行善分, ㉔ 복지무비분福智無比分, ㉕ 화무소화분化無所化分, ㉖ 법신비상분法身非相分, ㉗ 무단무멸분無斷無滅分, ㉘ 불수불탐분不受不貪分, ㉙ 위의적정분威儀寂靜分, ㉚ 일합이상분一合理相分, ㉛ 지견불생분知見不生分, ㉜ 응화비진분應化非眞分 등이다. 현재 가장 널리 유통되고 있는 한역『금강경』은 곧 이 32분과본으로서 소명태자가 구마라집본에 근거하여 분과한 것이다. 응언의 〈32분게찬〉은 경전 내용을 시문학적으로 구현하여 시로써 교류하는 당시의 여러 지식인들에게 교리를 전달하는 효과를 가져왔다. 종교성과 문학성이 어우러진 새로운 영역을 펼쳐 보인 것으로 평가된다.

6) 「산거잡영山居雜詠」

『백열록』에 수록된 「산거잡영」은 두 종류가 있다.

첫째는 석옥 청공石屋淸珙의 〈산거시山居詩〉 12수(칠언율시)에 대한 차운시이다. 여기에도 다시 두 종류가 있다. 하나는 다산 정약용과 철경 응언의 차운시이다. 각 수마다 석옥—다산—철경 순으로 수록되었다. 다음은 같은 작품(칠언율시)에 대한 수룡袖龍 · 침교枕蛟 · 철선鐵船 · 범해梵海의 차운시이다. 석옥의 작품은 생략된 채 매 수마다 수룡—침교—철선―범해 순으로 수록하였다.

둘째는 석옥의 〈산거시〉 12수(칠언절구)에 차운한 다산 정약용의 시 12수이다. 각 수마다 석옥―다산의 순으로 수록되었다.

정민의 연구(「새로 찾은 다산의 〈산거잡영〉 24수」, 『문헌과 해석』 42집, 문헌과 해석사, 2008)에 따르면 『백열록』에 수록된 「산거잡영」은 다산의 유배 말기인 1817년 가을 이후 1818년 정초 사이에 지은 작품으로서 해배되어 서울로 올라가기 직전의 초당 생활을 묘사한 작품으로 파악하였다. 그리고 이 작품은 다산의 문집에도 수록되지 않은 작품으로 자료적 가치를 높게 평가하였다.

『백열록』에 실린 석옥의 시는 모두 24편이다. 『석옥청공선사어록』(X70)에 〈산거시〉라는 제목으로 170수가 수록되어 있는데 이 중 칠언율시는 57수, 오언율시는 19수, 칠언절구는 94수이다. 『백열록』에서는 이 중 칠언율시 12수, 칠언절구 12수를 수록하였다. 그러나 석옥의 어록에서 직접 발췌한 것은 아니다. 『백열록』 「산거잡영」의 모본은 철경이 서문을 쓴 『육로산거영六老山居咏』인데, 그 서문(「석옥선사율시봉화서石屋禪師律詩奉和序」)에서 말하기를 '중국 장주長洲 사람 고사립顧嗣立(1665~1722)이 엮은 30여 수의 석옥 시를 통해' 석옥의 〈산거시〉를 접했다고 적고 있다. 그리고 이는 『사고전서』에 수록된 『원시선元詩選』 초집 권68에 수록된 '석옥 선사 청공' 항목을 따로 베낀 것으로, 여기에는 석옥의 시가 6제 34수 수록되어 있다.(정민, 2008)

『석옥청공선사어록』이 우리나라에 처음 들어온 것은 1921년 법주사의 진하震河가 청나라 말기(1887)에 중각된 것을 구입해 들여오면서부터이며, 고사립이 뽑은 석옥의 〈산거시〉가 우리나라에 들어온 때는 18세기 중엽 이후로 추정된다.(김상일, 「『육로산거영』과 석옥 청공·다산 정약용의 산거시 비교」, 『한국문학연구』 35집, 동국대학교 한국문학연구소, 2008)

석옥의 작품은 중국에서 오랜 전통을 지니고 있는 산거시의 대표적 작품이다. 한국의 선가에서도 간헐적으로 산거시 창작의 전통을 이어 왔는데, 『백열록』에 실린 「산거잡영」은 유불의 경계를 넘어서 있고, 수준 높은 서정의 세계를 그리고 있다는 점에서 문학사적으로도 가치가 크다 할 것이다.

이 가운데 중심 인물은 정약용丁若鏞(1762~1836)이다. 정약용은 조선 후기의 실학자로 당호는 여유당與猶堂이다. 출중한 학식과 재능을 바탕으로 정조의 총애를 받았으나 1801년 신유사옥 후 전라남도 강진으로 유배되었다. 이곳에서 독서와 저술에 힘을 기울여 학문을 완성한 것으로 평가받는다. 특히 강진 유배기(1801~1818)에 인근 백련사나 대둔사의 승려들과 교유하여 영향을 주고받았던 점이 주목된다. 그는 아암 혜장(1772~1811)과 가깝게 지내며 아암에게 주역을 가르치고 그로부터는 다도를 익혔다. 다산은 아암의 탑비명을 지었고 10여 편의 시를 남긴 바 있다. 「산거잡영」에 이름을 올린 다산 정약용과 철경 응언(생몰년 미상), 아암 혜장, 철선 혜즙鐵船惠楫(1791~1858), 수룡 색성袖龍賾性(1777~?), 침교 법훈枕蛟法訓(생몰년 미상), 범해 각안의 교류야말로 송무백열의 교류의 상징이자 대흥사에서 꽃피운 문화 교류의 탁월한 성과라 할 만하다.

이들의 관계를 표로 나타내면 다음과 같다.

[표] 『백열록』에 등장하는 인물의 계보와 교류

교류 유학자	편자의 계보	교류 승려
• 다산 정약용(1762~1836)	• 초의 의순(1786~1866)	• 백파 긍선(1767~1852)
• 추사 김정희(1786~1856)		• 아암 혜장(1772~1811)
• 홍현주(1793~1865)		• 수룡 색성(1777~?)
		• 철선 혜즙(1791~1858)
		• 철경 응언(?~?)
		• 침교 법훈(?~?)
	• 범해 각안(1820~1896)	
	• 금명 보정(1861~1930) *1886년 필사	

5. 가치

　이 책은 편자인 보정이 조선 후기 불교사의 한 단면을 충실히 옮겨 적은 문화사적 기록으로 평가된다. 이 책을 통해 백파의 선론에 대한 추사의 비판이 무엇이었는지 제대로 확인할 수 있고, 초의의 〈동다송〉이 유통되는 정황을 알 수 있으며, 문집에 누락된 스승 각안의 여러 편의 글을 확인할 수 있다. 또한 19세기 후반 대흥사에서 여러 선사들과 교류를 나눈 백파거사의 존재를 확인할 수 있고, 『금강경』 32분과를 서정성을 가미해 읊어 낸 철경의 새로운 작품도 확인할 수 있다. 또 「산거잡영」을 통해 대흥사를 중심으로 전개된 다산과 아암 등 여러 지성들의 시문학적 교류 양상을 확인할 수 있다. 추사의 편지와 다산의 산거시, 철경의 게송과 여러 선사들의 산거시, 그리고 각안의 다양한 글은 『백열록』에서만 확인할 수 있다는 점에서 이 책은 단순한 편저 이상의 가치를 갖는다 하겠다.

6. 참고 문헌

범해 각안, 김두재 역, 『동사열전』, 동국대학교출판부, 2015.
백파 긍선, 신규탁 역, 『선문수경』, 동국대학교출판부, 2012.
초의 의순, 김영욱 역, 『선문사변만어』, 동국대학교출판부, 2012.
고형곤, 『선의 세계』, 동국대학교출판부, 2005.
김호귀, 『금강경과해』, 한국학술정보, 2011.

고형곤, 「추사의 백파망증 15조에 대하여」, 『학술원논문집』 제14집, 대한민국학술원, 1975.
김상일, 「「육로산거영」과 석옥 청공·다산 정약용의 산거시 비교」, 『한국문학연구』 35집, 동국대학교 한국문학연구소, 2008.
이종익, 「증답백파서를 통해 본 김추사의 불교관」, 『불교학보』 제12집, 동국대학교 불교문화연구원, 1975.
정 민, 「다산 일문(逸文)을 통해 본 승려와의 교유와 강학」, 『한국한문학연구』 50집, 한국한문학회, 2012.
_____, 「새로 찾은 다산의 〈산거잡영〉 24수」, 『문헌과 해석』 42집, 문헌과해석사, 2008.

차례

백열록栢悅錄 해제 / 5
일러두기 / 29

김추사 선생이 백파를 변증한 서신 金秋史先生證白坡書 – 추사 김정희 33
견향 선사찬見香禪師贊 – 추사 김정희 57
영가수보살계첩문식靈駕受菩薩戒牒文式 58
동다송東茶頌 – 초의 의순 59
대법당 창호계안서大法堂窓糊契按序 – 초의 의순 75
대광명전 불전 등촉계안서大光明殿佛前燈燭契案序 79
대둔사 만일암기 大芚挽日菴記 – 다산 정약용 81
철경당게劓鯨堂偈 – 범해 각안 83
철우당게鐵牛堂偈 – 범해 각안 86
현해탑명縣解塔銘 – 범해 각안 88
은봉당 제문隱峰堂祭文 – 범해 각안 89
표충사 제문表忠祠祭文 90
선문답禪問答 91
고성암 모연문高聲庵募緣文 92
아암 만시 挽兒菴 94
또 又 95
성묵 선사찬聖默禪師贊 – 백파거사 신헌구 96
호의 선사찬縞衣禪師贊 – (백파거사 신헌구) 97
하의 선사찬荷衣禪師贊 – (백파거사 신헌구) 98
초의 선사찬草衣禪師贊 – (백파거사 신헌구) 99
철선 선사찬鐵船禪師贊 – (백파거사 신헌구) 100
운파 선사찬雲坡禪師贊 – (백파거사 신헌구) 101
견향 선사찬見香禪師贊 – (백파거사 신헌구) 102
청신암에서 題淸神菴 – (백파거사 신헌구) 103

신월암에서 題新月菴 – (백파거사 신헌구) 104
명적암에서 題明寂菴 – (백파거사 신헌구) 105
적련암에서 題赤蓮菴 – (백파거사 신헌구) 106
심적암에서 題深寂菴 – (백파거사 신헌구) 107
도선암에서 題道仙菴 – (백파거사 신헌구) 108
진불암에서 題眞佛庵 – (백파거사 신헌구) 109
상원암에서 題上院菴 – (백파거사 신헌구) 110
만일암에서 題挽日菴 – (백파거사 신헌구) 111
남미륵에서 題南彌勒 – (백파거사 신헌구) 112
북미륵에서 題北彌勒 – (백파거사 신헌구) 113
서산 대사의 영각에서 題西山影閣 – (백파거사 신헌구) 114
북암에 올라 登北庵 – (백파거사 신헌구) 115
초의 선사 시집 서문 草衣禪師詩集序 – 백파거사 신헌구 116
철선 선사 시집 서문 鐵船禪師詩集序 – (백파거사 신헌구) 118
용주사 주련 글씨 龍珠寺柱書 – 정조 때 이덕무 120
불량계 연기안 서문 佛糧緣起按序 – 철선 혜즙 122
지전 소임을 맡은 이에게 내리는 훈사 持殿訓辭 125
불량계안 서문 佛糧禊案序 126
불량 상하 서문 佛粮上下序 128
침계루 중수기 枕溪樓重修記 – 복림 대사 129
대둔사 상원암 칠성전 상량문 大芚寺上院庵七星殿上樑文 – 범해 각안 133
문향각 상량 육위송 聞香閣上樑六偉頌 – 범해 각안 138
무량회 모연소 無量會募緣疏 – 범해 각안 140
중종시주서 中鐘施主序 – 범해 각안 142
백양산 정토사 청류동기 白羊山淨土寺靑流洞記 – 범해 각안 144
사의계 서문 思議禊序 – (범해 각안) 146
해언 사미에게 배움을 권함 與海彦沙彌勸學 – (범해 각안) 148
상포계 서문 喪布禊序 – (범해 각안) 149
또 又 – (범해 각안) 150
선참계 서문 禪懺禊序 – (범해 각안) 152
강지선 구걸초 姜智善救乞草 – (범해 각안) 154

참회사 다비 망축문 懺悔師茶毘祝 – (범해 각안) 156

또 又 – (범해 각안) 157

은사 다비 망축문 恩師茶毘祝 – (범해 각안) 158

계사 다비 망축문 戒師茶毘祝 – (범해 각안) 159

문정 다비 망축문 門庭茶毘祝 – (범해 각안) 160

집을 허무는 축문 破屋祝 – (범해 각안) 161

기둥을 세우는 축문 立柱祝 – (범해 각안) 162

다약설 茶藥說 – 범해 각안 164

『선문요어』 서문 禪門要語序 – 범해 각안 166

자웅종기 雌雄鐘記 – 범해 각안 170

능견난사기 能見難思記 – 범해 각안 173

축맹치기 逐蚮峙記 – 범해 각안 174

학계서 學禊序 – 범해 각안 176

초의 삼장이 쓴 금탑기 艸衣三藏金塔記 – 초의 의순 179

수보살계첩문 受菩薩戒牒文 – 초의 의순 182

계문 戒文 183

계첩발 戒牒跋 185

수비구계문 受比丘戒文 187

삼공명 三空銘 189

설혜자계안 서문 設慧字契案序 – 범해 각안 193

수보살계문 受菩薩戒文 – (범해 각안) 195

화공양기 花供養記 – 범해 각안 198

화엄사기 華嚴寺記 – (범해 각안) 201

척판대기 擲板臺記 – (범해 각안) 203

장흥 천관산 구정암 중수 권문 長興天冠山九精庵重修勸文 – (범해 각안) 205

무안 법천사 가사와 천등 불사소 務安法泉寺袈裟千燈佛事疏 – 범해 각안 207

『불조원류』 서문 佛祖源流序 – 범해 각안 209

몸에 지니고 다니는 네 가지 물건의 명문 隨身四物銘 – 범해 각안 211

네 지팡이를 위한 명문 四杖銘 – (범해 각안) 213

연담 진신찬 蓮潭眞身贊 – (범해 각안) 215

초의 진신찬 草衣眞身贊 – (범해 각안) 216

주인옹 진신찬 主翁眞身贊 – 범해 각안 217
백족화상론白足和尙論 – (범해 각안) 218
답백양산사중청장서答白羊山寺中請狀書 – (범해 각안) 220
무안현감 서준보 공에게 올림 上務安宰徐公【俊輔】 – 아암 혜장 222
『금강경』32분게찬金剛經三十二分偈讚 – 철경 응언 227
곡직해曲直解 – 범해 각안 240
산거잡영山居雜詠 244
별기別記 293

주 / 294

찾아보기 / 354

일러두기

1 '한글본 한국불교전서'는 문화체육관광부의 지원을 받아 동국대학교 불교학술원에서 수행하고 있는 '불교기록문화유산아카이브(ABC)사업'의 결과물을 출간한 것이다.
2 이 책은 『한국불교전서』(동국대학교출판부 간행) 제12책의 『백열록栢悅錄』을 저본으로 하였다.
3 번역문에 이어 원문을 병기하였다. 원문은 『한국불교전서』를 대본으로 하였다.
4 원문의 교감 사항은 번역문의 미주와 별도로 원문 아래 부분에 제시하였다.
   ㉮은 『한국불교전서』 편찬자가 교감한 내용이다.
   ㉯은 번역자가 교감한 내용이다.
5 약물은 다음과 같다.
   『   』: 서명
   「   」: 편명, 산문 작품
   〈   〉: 시 작품

백열록

| 栢悅錄* |

금명錦溟 편

* ㉮ 저본은 송광사松廣寺 소장 필사본이다. ㉯ 국립중앙도서관 홈페이지에서 송광사 소장본의 이미지를 확인할 수 있다.

김추사 선생이 백파[1]를 변증한 서신[2] – 추사 김정희

[1]

　대사는 선문禪門에서 망령되이 변증하고 주해한 것도 모자라 이제는 또 감히 대담하게 복희伏羲, 문왕文王, 주공周公, 공자孔子의 글[3]에까지 붓을 놀리시는가?[4] 한나라와 송나라의 『주역周易』[5] 이래로 수많은 학자들이 있었으나, 적연부동寂然不動[6]을 진공眞空으로 삼고 감이수통感而遂通[7]을 묘유妙有로 삼은 자가 없었거늘, 어찌 이렇게도 무엄하고 기탄없는 자가 있으랴? 적연부동과 감이수통이 무슨 뜻인지도 모른 채 이와 같이 망증妄證하고 있으니, 진공眞空과 묘유妙有[8]가 무슨 뜻인지 모르고 망증한 것이 분명하도다. 대사가 스스로 80년을 참구했다고 하는데, 그 참구한 것이 모두 이와 같은 사설邪說 망증인 것을 보면, 이른바 "삿된 사람이 정법正法을 설하면 정법이 곧 사설이 된다."는 말이 과연 딱 들어맞는 표현(實際語)이로다. [비단 대사만 그러한 것은 아니다. 선문에서 자못 지견知見이 있는 것으로 이름이 난 종밀宗密[9] 같은 경우에도 그 『원각경圓覺經』 서문에서 원형이정元亨利貞[10]을 상락아정常樂我淨[11]과 대비하여 들었으니[12] 이게 무슨 말이런가? 이미 원형이정이 무슨 뜻인지도 알지 못했거니와, 상락아정이 무슨 뜻인지 몰랐던 것도 분명하다. 또한 '건의 덕(乾之德)'을 "하나의 기를 오로지하여 부드러움에 이른다."라고 풀이하는 것은 또 무슨 말인가? 고금의 『주역』 학자들이 이와 같은 말을 한 것을 들어 본 적이 없다. 망령되이 변증하고 주해하는 것이 또한 이보다 심한 것이 없었음을 늘 경계하고 물리쳐 오던 차에][13] 이제 또 대사가 이와 같이 말한 것을 보니, 이른바 선문의 모든 사람들이 예로부터 다 무식한 무리라서 이러쿵저러쿵 따질 대상도 되지 못하도다. 내가 이러한 말을 하는 것도 오히려 창피하나니, 마치 어린애와 떡을 다투는 것과 다름없도다. 이것이 대사의 망증 1조로다.

金秋史先生證白坡書

師於禪門, 妄證妄解之不足, 又敢大膽涉筆於羲文周孔之書. 自漢易宋易以來, 幾百千家, 未有以寂然不動, 爲眞空, 感而遂通, 爲妙有者, 寧有如此無嚴無憚者也. 旣不知寂然不動, 感而遂通之爲何等語, 妄證如此, 其不知眞空妙有之爲何等語, 妄證明矣. 師自以爲八十年叅究, 而叅究, 皆如此邪說妄證, 卽所謂邪人說正法, 正法亦邪說者, 果實際語也. (不特師而已. 如宗密, 稍有知見, 頗稱於禪門, 而其圓覺經序, 以元亨利貞, 對擧常樂我淨, 是何說也. 旣[1]不知元亨利貞之爲何說, 幷不知常樂我淨, 亦何說者也. 又以乾之德, 爲專一氣而致柔者,[2] 又何說也. 古今易家所未聞也. 妄證妄解, 又未有甚於是者, 常[3]所竆[4]斥也.)[5] 今又[6]見師所說如此, 其所謂禪門諸人, 自昔來,[7] 擧皆無識之徒, 是不足多卞. 吾之[8]如此爲說, 反復昌披, 無異與小兒爭餠耳. 師之妄證一[9]也.

1) ㉠ 이종익본에는 '旣'가 없다. 2) ㉠ 이종익본에는 '柔者'가 '柔之者'로 되어 있다. 3) ㉠ 이종익본에는 '常'이 '當'으로 되어 있다. 4) ㉠ 이종익본에는 '竆'이 '嚴'으로 되어 있다. 5) ㉠ (不特師而已~常所竆斥也) 부분은 저본에 먹으로 덧칠한 상태로 있어 『韓國佛敎全書』에서는 수록되지 않았다. 그러나 희미하게 글자 형태를 확인할 수 있고, 이종익본을 통해서도 검증할 수 있다. 본문 내용에 덧칠한 시기, 주체와 이유는 알 수 없다. 일단 번역서에서는 이 부분을 살리되 괄호에 넣어 표시하고자 한다. 고형곤의 논문 「추사의 백파망증 15조에 대하여」(『학술원논문집』 제14집, 대한민국학술원, 1975; 『선의 세계』, 동국대학교출판부, 2005 재수록)에도 이 부분의 원문이 소개되어 있어 참고할 수 있다. 6) ㉠ 이종익본에는 '又'가 없다. 7) ㉠ 이종익본에는 '自昔來'가 '自古以來'로 되어 있다. 8) ㉠ 이종익본에는 '是不足多卞. 吾之'가 '是不足多示之'로 되어 있다. 9) ㉠ 이종익본에는 '一'이 '其'로 되어 있다.

[2]

정자程子와 주자朱子, 퇴계退溪, 율곡栗谷을 끌어다가 비유로 삼은 대목에 이르면 무엄하고 기탄없음이 이와 같은 적이 없었다. 이는 닭 울음과 개 짖는 소리로 망령되이 함咸·영英·소韶·호濩[14]에 견주고자 하는 격이니, 하늘과 땅을 두려워하지 않고 제멋대로 날뛰는 격이라 하겠다. 대사의 망증 2조로다.

至如程朱退栗之援以爲譬, 無嚴無忌憚之未有如是者. 直欲以鷄[1]鳴犬吠,
妄擬於咸英韶護, 可謂不怕天不怕地, 跳浪[2]無雙. 師之妄證二也.

1) ㉮ 이종익본에는 '鷄'가 '雞'로 되어 있다. 2) ㉮ 이종익본에는 '浪'이 '踉(跟)'으로 되어 있다.

[3]

'살활殺活' 두 글자는 갈수록 더 요상한데, 문수보살이 (선재동자에게) 약초를 캐어 오라고 하는 이야기[15]를 인용하여 말한 대목에서는 나도 모르게 밥알이 튀어나와 밥상에 가득할 뻔하였다. 문수의 의도에 대해 『염송』의 여러 선사들부터 한 사람도 이해한 자가 없었고, 다만 살활 두 글자를 따라 천만 가지 갈등을 노정하게 되었으니, 대사 같은 이들이 무슨 말인지도 모르고 어구에만 집착하여 또 이렇게 흐리멍덩하게 그림자나 찾고 빛이나 훔치는 것[16]도 무리는 아니다. 문수보살이 처음에 약초가 아닌 것을 캐어 가지고 오라 하신 것은 제일의제第一義諦[17]인데, 마침내 아무도 이 구를 거염擧拈하는 이가 없고, 다만 살활 두 글자에 대해서만 머리를 흔들고 눈을 부릅떠, 아무 두서가 없으니 안타깝도다. 또한 그 구절 중 "이 약은 사람을 죽일 수도 있고 살릴 수도 있다."라는 것은 사람을 죽이는 독초를 돌이켜 사람을 살리는 영초로 만드는 것이니, 속담 중에 '비록 사람을 죽이는 독약도 노편盧扁[18]이 그 증세에 따라 쓰면 사람을 살리는 묘한 처방이 된다.'는 말과 같다. 이는 곧 정식情識을 지혜로 전환시키고, 범인凡人을 성인으로 전환시키는 최상의 가르침(眞諦)이다. 이는 '약초가 아닌 것을 캐어 가지고 오라는 구'에 이미 명명백백하게 드러나 있으니, 어찌 대사가 일찍이 말한 살인도殺人刀·활인검과 같겠는가? 터럭 끝 하나 차이가 천 리로 벌어지는 격이로다. 나에게는 죽이기도 하고 살리기도 하는 주먹이 하나 있어, 백파白坡 노장을 죽이고 해안海眼[19] 소사리小闍黎[20]를 살릴 수 있거늘, 어찌 분분하게 칼로 사람을 죽이고 검으로 사람을 살리겠는가? 한 번 든 손에 살활이 다 갖추어져 있음이 이와 같으니, 이는 대사의 살활과 같은가, 다른가? 대사의 망증 3조로다.

殺活二字, 去去愈出愈怪. 至引文殊採藥語爲說, 尤不覺噴筍滿案. 文殊此旨, 自拈頌諸師輩, 擧無一人解者, 只從殺活二字, 千萬葛藤. 宜其如師者, 不知爲何語, 因其成語, 又胡亂瞢瞳,[1] 弄影掠光, 如是也. 文殊之初云不是藥者採來者,[2] 是第一義諦. 竟無一人, 於此句上擧拈. 但搖頭努目, 於殺活二字, 茫無頭緖, 可歎. 且其云是藥能殺人活人者, 以此殺人之毒卉, 回[3]作活人之靈草. 譬如人言, 雖殺人之毒藥, 盧扁若當其症而試之, 亦爲活人之妙方. 是轉識爲智, 轉凡成聖之眞諦也. 此[4]於不是藥者採來之句, 已明明的的. 何嘗如師所云, 殺人刀活人釖也. 毫釐之差, 千里之謬也. 吾則有一殺活一拳, 打殺白坡老,[5] 可活海眼小闍黎,[6] 何必紛紛作殺人以刀, 活人以釖也. 一擧手, 殺活俱存如是, 與師之殺活, 同耶異耶. 師之妄證三也.

1) ㉠『韓國佛敎全書』에는 '瞳'으로 되어 있으나, 저본과 이종익본에 모두 '瞳'으로 되어 있다. 2) ㉠ 이종익본에는 '者'가 없다. 3) ㉠ 이종익본에는 '回'가 '曲'으로 되어 있다. 4) ㉠ 이종익본에는 '此'가 '其'로 되어 있다. 5) ㉠ 이종익본에는 '吾則有一殺活一拳, 打殺白坡老'가 '吾則拳一打殺白坡老'로 되어 있다. 6) ㉠ 이종익본에는 '黎'가 '梨'로 되어 있다.

[4]

살활이 일심一心에 본래 갖추어진 면목이라 하는 것은 또 무슨 말이오? 약초의 살활에도 '살인, 활인'이라 하고, 도검刀釖의 살활에도 '살인, 활인'이라 하고서, 이제는 '살활이 일심에 본래 갖추어진 면목이라' 하니, 이것은 곧 '자살, 자활'이 되는 셈이오. 그렇다면 대사의 살활은 곧 '자살, 자활'을 말하는 것인가? (일심은) 나지도 않고 죽지도 않는다고 하는데 어찌 살활이 본래 갖추어져 있으리오. (일심은) 면목이 없다고 하는데 어찌 살활이 본래 갖추어져 있으리오. 내 한번 조사(육조)의 뜻으로써 게를 지어 묻노라. "살은 본래 살이 아니요, 활 또한 활이 아니로다. 본래 일물一物이 없으니 어느 곳에 살활을 두리오?" 무릇 살활이란 것은 남을 대하여 하는 말이기에 '살인'이다, '활인'이다 하는 것이다. 나 자신에게서 나와서 하는 말이 아니다. 이는 마치 기뻐함과 성냄이 남에게서 오는 것이지 나 자신에게 있는 것이 아님과 같다. 기뻐하는 사람이나 성내는 사람은 외물에 감응하여 기뻐할 만한 상황을 맞이하면 기뻐하고, 성낼 만한 상황을 맞이하면 성내는 것이다. 자기 마음속에 원래부터 기뻐함과 성냄이 본래 갖추어져 있는 것이 아니다. 비유하자면 밝은 거울에 오랑캐가 오면 오랑캐가 나타나고 중국 사람이 오면 중국 사람이 나타나는 것과 같다. 이제 만약 오랑캐와 중국 사람이 밝은 거울 속에 본래부터 갖추어져 있는 면목이라 한다면 이 어찌 가능한 말이겠는가? 대사의 망증 4조로다.

殺活爲一心上本具之面目云者, 亦何說乎. 藥草之殺活, 卽云殺人活人, 刀釖上殺活, 亦云殺人活人也. 今云殺活一心上本具之面目者, 卽自殺自活也. 師之殺活, 是自殺自活耶. 不生不滅, 有何殺活之本具也. 無面無目, 有何殺活之本具也. 試以祖意, 偶作問之. 殺者本非殺, 活者亦[1]非活. 本來無一物, 何處着殺活. 凡殺活者, 是對人言者, 故云殺人活人也,[2] 非從自己言者也. 如喜怒之在彼而不在己也. 喜人怒人,[3] 是物感應, 當喜而喜, 當怒而怒. 自己心上, 元无喜怒本具之面目者. 比[4]如明鏡之中, 胡來胡現, 漢來漢現. 今若云胡漢爲明鏡之本具面目, 可乎不可乎. 師之妄證四也.

1) ㉎ 이종익본에는 '亦'이 '本'으로 되어 있다. 2) ㉎ 이종익본에는 '也'가 '故'로 되어 있다. 3) ㉎ 이종익본에는 '喜人怒人'이 '怒人喜人'으로 되어 있다. 4) ㉎ 이종익본에는 '比'가 없다.

[5]

『금강경』32분과[21]에 대하여 말하자면, 대사의 지견으로 어찌 이 관문을 터득할 수 있겠는가? 소명昭明태자는 불경에 마음을 오롯이 기울여 미묘한 경지에 이른 분으로, 일찍이 「해이제의解二諦義」 장²²을 지어 철두철미한 식견을 보여 주었다. 이런 분이 어찌 이 경에 무지하여 이렇게 32분과를 정하여 후세에 웃음거리를 남겼겠는가? 천의무봉한 경을 이리저리 쪼개고 나누어 번거롭게 만들었으니 후대에 다른 이들이 소명태자의 이름에 가탁한 것이 분명하도다. (경에는) 사과四果를 끝까지 궁구하여 점차 여래如來에 이르는 과정이 정말로 긴밀하거늘, '석재연등昔在燃燈' 구를 어찌 홀로 '장엄불토莊嚴佛土'만 이었겠는가?²³ 또 '색견성구色見聲求' 사구게四句偈²⁴는 원래 아래 문장과 함께 하나의 기세로 감돌아들어 그 기운이 칼로 물 자르듯 끊기 어렵다. 이에 비추어 보건대 『금강경』을 32분과로 나눈 것은 옳은 일이 아니다.²⁵ 이는 양각良覺,²⁶ 우안遇安²⁷ 두 대덕이 하나하나 감파한 후 중국 선문에서 신수봉행한 지 이미 오래되어 다시는 다른 말을 하는 이가 없었거늘, 구석진 땅에 작은 지견을 가진 대사가 어찌 대인의 경계를 알 리가 있겠소? 이러한 대목에 대사의 견문이 미치지 못한 것은 의당 그럴 수 있기에 깊이 책망하기 어려우나, 깊이 책망코자 하는 것은 대아만大我慢에 가득 찬 대사가 스스로 '80년 선문禪門 중에 나보다 더 뛰어난 자가 없다.'라고 하며 오만하게 증상만增上慢²⁸을 그치지 않는 것이다. (대사는) 소명태자와 함허 득통涵虛得通²⁹ 등의 설을 전에는 고칠 수 없다고 하더니, 지난 편지에서는 홀연 덕산德山이 『금강경』을 불살라 버렸다는 공안³⁰을 인용하며, 무수히 설파한 그 교적教迹³¹ 사구死句를 이렇게 태워 버려도 무해하다고 하는 것은 무슨 이유인가? 덕산이 불사른 것이 옳다면 소명태자의 32과문 역시 불살라야 할 것이요, 덕산이 불사른 것이 그르다면 또한 원용하여 증명함은 부당하다. 이 또한 대사의 구두선口頭禪이 화살이 가는 대로 과녁을 세워 낙처落處(귀착점)가 전혀 없는 것이 아닌가? 대사는 또 『육조구결六祖口訣』을 닥치는 대로 망증하여, 무식한 육조를 유식한 육조로 만들었으니, 육조가 대사가 망증한 '유식有識' 두 글자를 반드시 즐거이 받지 않을 것을 나는 알겠소.

유식이든 무식이든 그것이 육조에게 무슨 상관 있으랴. 대사의 망증 5조로다.

金剛經三十二分, 師之知見, 何以透得[1]此關也. 昭明之於釋典, 精心入微, 嘗[2]撰解二諦義, 透頂[3]徹底. 豈至昧於此經, 定此三十二分, 貽後世笑耶. 天衣無縫, 割裂爲[4]繁, 其爲[5]假託無疑. 如推穹[6]四果, 漸至如來者, 政[7]繁關, 昔在燃燈, 何單承莊嚴佛土也. 又色見聲求四[8]句, 原與下文, 一氣潑洞, 勁[9]難以刀斷水. 卽此而三十二分, 無有是處矣. 此自良覺遇安二大德, 一一勘破, 中國禪門, 信受南[10]行已久, 無有二說者. 以師偏方小知小見, 何以知大人境界也. 此等處, 師之見聞, 宜所未及, 無足深責. 其所深[11]責者, 師之大我慢, 自以爲八十年禪門中, 更無有上於我者, 貢高增上不已[12]也. 昭明涵虛等說, 旣云不可削矣, 前書忽引德山爇金剛一案, 盛說其敎迹死句, 如此爇去無害者, 何耶. 德山之爇,[13] 是耶, 昭明三十二分, 亦在爇中. 德山之爇, 非耶, 又不當援而爲證也. 此亦非師之口頭禪, 隨矢立的, 全沒着落處耶. 六祖口訣, 師又觸處妄證, 以無識之六祖, 作有識之六祖, 吾[14]知六祖必不肯[15]受師[16]有識二字之妄證[17]語也. 有識無識, 無損益於六祖耳. 師之妄證五也.

1) ㉥ 이종익본에는 '得'이 '明'으로 되어 있다. 2) ㉥ 이종익본에는 '嘗'이 없다. 3) ㉥ 이종익본에는 '透頂'이 '透得頂'으로 되어 있다. 4) ㉥ 이종익본에는 '爲'가 '無'로 되어 있다. 5) 이종익본에는 '爲'가 없다. 6) ㉥ 이종익본에는 '穹'이 '窮'으로 되어 있다. 7) ㉥ 이종익본에는 '政' 다음에 '爲'가 있다. 8) ㉥ 이종익본에는 '四'가 없다. 9) 이종익본에는 '勁'이 '文勢'로 되어 있다. 저본의 글자는 '勁'보다는 '勢'로 판독하는 것이 타당한 듯하다. 『金剛經石註』(X25)에도 '勢'로 되어 있어 이를 따라 해석하였다. 10) ㉥ 이종익본에는 '南'이 '奉'으로 되어 있다. 번역은 후자를 따른다. 11) ㉥ 이종익본에는 '深'이 없다. 12) ㉥ 이종익본에는 '已'가 '己'로 되어 있다. 13) ㉥ 이종익본에는 '爇' 다음에 '去'가 있다. 14) ㉥ 이종익본에는 '吾' 다음에 '不'이 있다. 15) ㉥ 이종익본에는 '肯'이 없다. 16) ㉥ 이종익본에는 '師'가 없다. 17) ㉥ 이종익본에는 '證'이 없다.

[6]

원효元曉32와 보조普照33가 『대혜서大慧書』34를 벗 삼았다는 말은 어느 책에서 본 것이오? 내가 알기로 원효와 보조는 신라 사람이요,35 대혜大慧36는 남송 사람이오. 신라는 중국에 있어서 당나라 시대이고, 남송은 우리나라에 있어서 고려에 해당하오. 원효와 대혜는 수백 년이 떨어져 있는데, 당나라 사람이 어떻게 남송 사람의 책을 미리 얻어다가 벗을 삼았단 말이오? 대사는 화두가 부처님 말씀이라고 자못 시끄럽게 변증하더니 이제는 또 당나라 사람이 송나라 이후의 책을 가져다 읽었다고 하니, 대저 선문은 신통 광대하도다. 부처님이 조주趙州 이후의 화두를 가져다 참구를 하고, 원효와 보조가 남송 이후의 책을 가져다 읽으니 한번 돌려 생각함이 어떻소? 대사의 망증 6조다.

元曉(普照[1]), 以大慧書爲友者, 見於何書耶. 吾則知爲[2]元曉(普照), 是新羅人也.[3] 大惠是南宋人也.[4] 新羅在中國爲唐也.[5] 南宋在東爲高麗也. 元曉之於大慧, 相去爲數百年. 以唐之人, 何以預取南宋人書[6]爲友耶. 師[7]以話頭爲佛之[8]說, 頗呶呶爲卞,[9] 今又以唐人, 挪[10]移宋以後書. 大抵禪門, 神通廣大. 以佛而[11]挪移趙州以後話頭, 以元曉(普照), 而[12]挪移南宋以後人書, 試更以[13]一轉如何. 師之妄證六也.

1) ㉭ 저본에 '普照' 부분에 먹으로 지운 표시가 있다. 같은 행의 다음 구도 마찬가지다. 이종익본에도 이 구절이 있다. 본 번역서에서는 먹으로 지운 주체, 시기, 의도를 확인할 수 없기에 괄호에 담아 소개한다. 2) ㉭ 이종익본에는 '吾則知爲'가 '吾知'로 되어 있다. 3) ㉭ 이종익본에는 '也'가 없다. 4) ㉭ 이종익본에는 '也'가 없다. 5) ㉭ 이종익본에는 '也'가 없다. 6) ㉭ 이종익본에는 '書' 다음에 '狀'이 있다. 7) ㉭ 이종익본에는 '師'가 없다. 8) ㉭ 이종익본에는 '之'가 없다. 9) ㉭ 이종익본에는 '卞'이 '辨'으로 되어 있다. 10) ㉭ 이종익본에는 '挪'가 '揶'로 되어 있다. 다음도 같다. 11) ㉭ 이종익본에는 '而'가 없다. 12) ㉭ 이종익본에는 '而'가 없다. 13) ㉭ 이종익본에는 '以'가 없다.

[7]
(영산회상에서) 부처님이 꽃을 들었을 때 가섭迦葉만이 홀로 웃었다는 것은 고금에 다 익히 들어서 아는 사실이오. 이제 대사가 말하기를 '부처님께서 꽃을 들었을 때 아난阿難과 대중은 교로써 이해했고, 가섭 한 사람은 선으로써 깨달았다. 또 중생들도 제각기 근기에 따라 이해하였다.'라고 하였고, 이를 '부처님께서 일음一音으로 법을 연설하시자 중생들이 제각기 근기에 따라 모두 이해하였다.'는 『화엄경』 구절을 들어 명명백백한 증거로 삼고 있으니 이는 무슨 말이오? 『화엄경』에서 '부처님께서 일음으로 설법을 폈다.'는 것은 음성으로 설법한 것이니, 중생들이 근기에 따라 각각 이해하였다는 것은 타당한 일이려니와, 꽃을 든 것도 음성으로 설법한 것인가? 전혀 합당한 말이 아니다. 또 '선으로 깨닫거나 교로 이해하거나 모두 꽃을 든 것에서 기인한 것이다. 선은 부처님 마음이요, 교는 부처님 말씀이다. 부처님 같은 대성인에게 어찌 마음과 말이 다르겠는가?'라고 한 것은 필경 아난을 염화의 깨달음에 함께 거론하려는 의도일 터인데, 이는 어느 어록에 나온 것인가, 아니면 대사의 독단적 견해로서 스승 없이 스스로 깨달은 것인가? 망증 7조다.

拈花之迦葉獨[1]破顏, 古今之所共聞知也. 今乃云拈花之時, 阿難大衆, 以教解. 迦葉一人, 以禪悟. 以至衆生, 隨類各解, 仍擧華嚴句之佛以一音演說法, 衆生[2]隨類各具解者, 爲明明的的之證, 此何說乎. 花嚴句之佛以一音演說, 是音說故, 衆生隨類各解者爲當. 以拈花是[3]音說相耶. 全不襯着[4]矣. 且以爲禪悟敎解, 皆因拈華.[5] 禪是佛心, 敎是佛口. 佛之大聖, 豈心口之異同云者, 必欲幷擧阿難於拈花之悟, 此諸師語錄中說耶, 抑師之獨解, 無師自悟者耶. 妄[6]證七也.

1) ㉠ 이종익본에는 '獨'이 없다. 2) ㉠ 이종익본에는 '隨類各解, 仍擧華嚴句之佛以一音演說法, 衆生'이 없다. 3) ㉠ 이종익본에는 '是'가 없다. 4) ㉠ 이종익본에는

'着'이 '著'으로 되어 있다. 5) ㉭ 이종익본에는 '華'가 '花'로 되어 있다. 6) ㉭ 이종익본에는 '妄' 앞에 '師之'가 있다.

[8]

또 '선은 부처님 마음이요, 교는 부처님 말씀이라. 부처님 같은 대성인에게 어찌 마음과 말이 다르겠는가?'라는 것은 선교합일禪敎合一을 주장하는 것이다. 그런데 그 하단에 또 조사의 말과 부처님 말씀은 같지 않다고 하면서 '만약 조사의 말이 부처님 말씀과 같다면, 이는 소 등에 소를 태우는 격이요, 평상 위에 평상을 겹치는 격이다. 왜 하필 교외별전敎外別傳이니 격외선格外禪이니 떠들 필요 있으리오? 운운.' 하니, 이는 또 선과 교가 둘로 나뉜 것이다. 어느 때는 선교를 합일하고 어느 때는 선교를 둘로 나누는가? 동에 번쩍 서에 번쩍, 일곱 번 넘어지고 여덟 번 거꾸러지니 대사의 망증 8조로다.

且禪是佛心, 敎是佛口,¹⁾ 佛以大聖, 豈心口之異同云²⁾者, 是以禪敎合一. 而其下叚,³⁾ 又以祖語佛語爲不同, 若祖語亦如佛說,⁴⁾ 此牛上騎牛, 床上疊牀. 何必曰敎外別傳格外禪耶云云. 是又⁵⁾禪敎分二也. 何等之時, 禪敎合一, 何等之時, 禪敎分二也.⁶⁾ 忽東忽西, 七顚八倒, 師之妄證八也.

1) ㉭ 이종익본에는 '口'가 '語'로 되어 있다. 2) ㉭ 이종익본에는 '云'이 없다. 3) ㉭ 저본의 글자가 서로 비슷하게 되어 있으나 '叚'은 '段'으로 읽는 것이 옳다. 4) ㉭ 이종익본에는 '說'이 '語'로 되어 있다. 5) ㉭ 이종익본에는 '又'가 없다. 6) ㉭ 이종익본에는 '何等之時, 禪敎合一, 何等之時, 禪敎分二也.'가 '何等時會一, 何等時二也.'로 되어 있다.

[9]

달마達摩³⁷가 2조祖³⁸에게 『능가경楞伽經』을 주었다³⁹ 함은 천하가 다 익히 들어 아는 사실이거니와 '『금강경金剛經』도 함께 주었다.'는 것은 어느 글에서 본 것이며 누가 전한 말인가? 또 '두 경의 종취宗趣가 정확히 같아 함께 줄 필요가 없어 다만 『금강경』만 주었다.'는 것은 또한 누가 전한 말인가? 운문雲門[40]의 설인가, 대혜大慧의 설인가? 대사의 망증 9조로다.

達摩之[1]以楞伽經, 付與二祖, 是天下之所共[2]知共聞也. 至以金剛并付云者, 見於何書, 誰所傳說耶. 且以二經, 宗趣正同, 不必并[3]付, 而但付金剛者. 亦誰所傳[4]說耶. 是雲門說乎, 大慧說乎. 師之妄證九也.

1) ㉩ 이종익본에는 '之'가 없다. 2) ㉩ 이종익본에는 '共'이 '其'로 되어 있다. 3) ㉩ 이종익본에는 '并'이 '並'으로 되어 있다. 4) ㉩ 이종익본에는 '傳'이 없다.

[10]
경문의 번역에 오류가 있는 것은 으레 있는 일이요, 당연한 이치이다. 다만 『반야심경』 한 부를 들어 설명해 보자. 『반야심경』은 다섯 번의 번역이 있었는데, 제1은 후진後秦 구마라집鳩摩羅什 번역으로 경명이 『마하반야바라밀대명주경摩訶般若波羅密大明呪經』이고, 제2는 유송劉宋 법월法月 번역으로 경명이 『보통지장반야바라밀경普通智藏般若波羅密經』이며, 제3은 유송 시호施護 번역으로 경명이 『불설성불모반야바라밀경佛說聖佛母般若波羅密經』이다. 제4는 당唐 현장玄奘 번역으로 경명이 『반야바라밀다심경般若波羅密多心經』으로 구마라집본과 비교하면 분량에 차이가 있다. 제5는 당 이언利言 번역으로 경명이 현장의 번역본과 같다. 『반야심경』에 대하여 현수賢首는 석가모니불釋迦牟尼佛의 설이라 하였고, 심주尋珠는 관자재보살觀自在菩薩의 설이라 하였다. 이처럼 수백 자의 작은 경인데도 경명이 다르고 자수도 다르며 서로 어긋남이 있는데, 하물며 『대품반야경大品般若經』이나 『화엄경華嚴經』 같은 경우 마땅히 어떻다고 하겠는가?

또 역장譯場의 범본梵本에 부처님 말씀이 겨우 반 구句에 불과한 것을 역자가 중국 문자로 부연하여 백십 구를 만들어 놓으니 이것이 어찌 모두 부처님 말씀으로 볼 수 있겠는가? 또한 부처님은 주나라 소왕昭王 때 사람인데 어떻게 한나라 위나라 이후 등장한 오언구와 칠언구를 지을 수 있었겠는가? 이 어찌 역자들이 잘못한 것이 아니겠는가? 선문禪門의 여러 사람들은 오직 경이 번역되는 것을 다행히 여기고, 또 무식한 무리들이 많아서 전혀 하나하나 대조 점검하지 않고, 그로 인해 장님이 장님에게 전하는 그대로를 받아 유통시켜 '부처님 말씀'이라고 말한다. 늑담泐潭[41]과 대혜 같은 무리들도 형상에 집착하는 죽을병(執相死病)에 걸려 한 글자라도 감히 고칠 수 없었으니, 어찌 우습지 않으리오. 이제 만약 밝은 눈과 지혜와 앎을 가진 사람이 모든 경전에서 일관되게 그 오류를 고쳐 번역할 수 있다면 조금이라도 정명正命을 높이 들어 다시 진면목으로 돌아갈 수 있을 것이다. 그러나 특별히 큰 역량을 갖춘 사람만이 이를 판별할 수 있을 것이니 안타깝고 한탄스럽다. 만약 삿된 견해와 망설을 일삼는 대사 같은 무리들이 감히 한 글자라도 손을 댈라치면 또한 마땅히 늑담의 그만두라는 꾸짖음을 당하여, 곧바로 번역문에 하나도 잘못된 곳이 없어 감히 한 글자라도 고칠 수 없을 것이니, 어찌 대사의 망증이 아니겠는가? 이것이 달마 대사가 (모든 교설을) 하나로 쓸어버리고 곧바로 본래인의 마음을 가리킨(直指人心) 이유이다.

또 오늘날에는 인도(五天竺)가 모두 판도 안으로 들어와 도로의 험난함도 없고, 또 언어와 문자가 통하지 않음도 없어 중국인이 자기네 땅처럼 왕래하고 있으며, 중국의 관원들이 히말라야산맥(雪山)과 아뇩달지阿耨達池[42] 사이에 주차駐箚[43]하여 인도의 사정을 모르는 것이 없다. 인도 내에는 자고로 『능엄경楞嚴經』이 없던 차에 중국에 『능엄경』이 성행한다는 말을 듣고 오히려 중국에서 구해 가지고 갔으니, 이러한 일을 대사가 만약 들으면 반드시 매우 놀랄 것이다. 이른바 역장의 문자는 이처럼 그대로 믿고 따를 수 없는 것이다. 대사와 같이 무식하고 흐리멍덩한 무리들이 혹산黑山 귀굴鬼窟 속에 떨어져 다만 구두선으로 사설 망증하는 것이 아님이 없다. 그렇지 않은가? 대사의 망증 10조로다.

經文譯翻之訛謬, 是必有之事, 必有之理也. 第以心經一部言之. 凡經五譯, 第一後秦鳩摩羅什譯, 名摩訶般若波羅密大[1]明呪經. 二劉宋法月譯, 名普通智藏般若波羅密經. 三劉宋施護譯, 名[2]佛說聖佛母般若波羅密經. 四唐玄奘譯, 名般若波羅密多心經, 與羅什本,[3] 多寡不同. 五唐利言譯, 名與奘師同.[4] 賢首云釋迦牟尼佛說, 尋[5]珠云觀自在菩薩所說. 今此數百字[6]小本, 經名不同, 字數不同, 互相岨峿.[7] 況[8]大品般若華嚴等經,[9] 又當作如何. 且凡譯場梵本, 佛語纔是半句, 則譯者, 以中華文字, 敷演爲百十句. 此何以盡作佛說看[10]耶. 且佛是周昭王時人, 又何以作漢魏以後五言七言句耶. 此豈非譯師之訛謬處耶. 禪門諸人, 惟[11]是譯經[12]之爲幸. 且多無識之徒, 全不照檢. 仍以盲傳盲,[13] 冒受流行, 謂之曰佛說也. 有若泓潭大慧之輩, 以執相死病, 不敢改易一字, 寧不可笑. 今若有[14]明眼慧識人, 盡所藏經,[15] 一以改翻其謬訛,[16] 稍可以高提正命, 盡還眞面. 而特[17]大力量人, 能[18]辦[19]此, 爲之悶歎.[20] 若成邪見妄說之如師者流, 敢措一字, 亦當爲泓潭之呵禁, 直以爲譯文無一謬訛, 不敢改易一字, 則豈非師之妄證耶. 此所以達摩, 一以掃除, 直指人心者也. 且如[21]今日五天竺, 擧入版圖中, 無道路之艱阻, 又無言語文字之不通, 中國之人, 來往如內地, 中國官員, 駐箚於雪山阿耨達池之間, 天竺[22]事情, 無不該知. 五天竺內, 自古初來, 本無楞嚴經, 聞中國楞嚴經盛行, 反從中國人取去. 此等事, 師若聞之, 必以爲大駭. 其所謂譯場文字[23]不可準, 有如是矣. 無非如師無識鹵莽之輩, 墮在黑山鬼窟中, 但以口頭禪邪說妄證者, 非耶. 師[24]之妄證十也.

---

1) ㉠ 이종익본에는 '大' 다음에 '光'이 있다. 2) ㉠ 이종익본에는 '名'이 없다. 3) ㉠ 이종익본에는 '本'이 '譯'으로 되어 있다. 4) ㉠ 이종익본에는 '與奘師同'이 '與玄奘譯同'으로 되어 있다. 5) ㉠ 이종익본에는 '尋'이 '心'으로 되어 있다. 6) ㉠ 이종익본에는 '字' 다음에 '經'이 있다. 7) ㉠ 이종익본에는 '岨峿'가 '齟齬'로 되어 있다. 8) ㉠ 이종익본에는 '況'이 '况'으로 되어 있다. 9) ㉠ 이종익본에는 '經'이 없다. 10) ㉠ 이종익본에는 '看'이 '者'로 되어 있다. 11) ㉠ 이종익본에는 '惟'가 '唯'로 되어 있다. 12) ㉠ 이종익본에는 '經'이 '主'로 되어 있다. 13) ㉠ 이종익본에는 '盲'이 '旨'로 되어 있다. 14) ㉠ 이종익본에는 '有'가 없다. 15) ㉠ 이종익본에는 '經'이 없다. 16) ㉠ 이종익본에는 '謬訛'가 '訛謬'로 되어 있다. 17) ㉠ 이종익본에는 '特'이 '時'로 되

어 있다. 18) ㉲ 이종익본에는 '能' 앞에 '未'가 있다. 19) ㉲ 이종익본에는 '辦'이 '辨'으로 되어 있다. 20) ㉲ 이종익본에는 '歎'이 '嘆'으로 되어 있다. 21) ㉲ 이종익본에는 '如'가 없다. 22) ㉲ 이종익본에는 '天竺'이 '竺天'으로 되어 있다. 23) ㉲ 이종익본에는 '字'가 '化'로 되어 있다. 24) ㉲ 이종익본에는 '師'가 '成'으로 되어 있다.

[11]

'부처님 이전에 스승 없이 스스로 깨달은 것은 고승高勝한 견해요, 부처님 이후에 스승 없이 스스로 깨달은 것은 천연외도天然外道이다.'라는 것은 매우 가소로운 말이외다. 영가永嘉[44]의 고승한 견해로도 낭사郞師[45]에게 얽매여서 어쩔 수 없이 조계曹溪를 한 번 방문했거니와 영가가 육조六祖에게 무엇 하나 참증參證한 바 있었겠는가. 육조의 구절들을 영가가 낱낱이 들어 물리치니 육조가 일일이 마음으로 절복하고 머리로 수긍하여 다만 탄복할 따름이었다. 만약 육조가 반 푼이라도 영가에게 점화點化를 주었다면 영가가 어찌 그 자리에서 하직하고 돌아가려 했겠는가? 영가의 안중에는 육조를 초개같이 보았을 따름이니 어찌 일찍이 육조로 인하여 증오證悟함이 있겠는가? 『단경壇經』에는, 양반을 깎아내려 천민을 만든다는 식으로, 일숙각一宿覺이라 하였으나, 영가가 하룻밤 머문 것은 육조가 만류하여 하룻밤 머문 것이지, 영가가 스스로 하룻밤 머문 것은 아니다. 이는 법해法海[46] 같은 무리가 망증한 것으로, 어찌 참되고 바른 법안을 속일 수 있으랴. 대사는 곧 영가를 천연외도라 생각하는가, 아니면 영가를 육조의 방계로 생각하는가?

시험 삼아 묻나니, 우리 동방 원효의 스승은 누구인가? 대지 국사大智國師의 스승은 누구인가? 원종 대사圓宗大師의 스승은 누구인가? 대경 국사大鏡國師의 스승은 누구인가? 법경 대사法鏡大師의 스승은 누구인가? 광자 대사廣慈大師의 스승은 누구인가? 혜덕 왕사慧德王師의 스승은 누구인가? 화정 국사和靜國師[47]의 스승은 누구인가? 진경 대사眞鏡大師의 스승은 누구인가? 원응 대사圓應大師의 스승은 누구인가? 진철 대사眞徹大師의 스승은 누구인가? 승묘 선사勝妙禪師의 스승은 누구인가? 세상에 전하는 말에 진묵震默[48]이 입적할 때 그 문도가 어느 파에 귀속시킬 것인가 묻자, 웃으며 답하기를 "서산西山[49]이 명리승名利僧에 지나지 않지만 그냥 거기에 나 소속시켜 두든가."라고 했으니, 진묵도 입적하기 이전에는 또 천연외도였는가? 또 묻나니, 대사의 스승은 누구인가? 항우의 아버지는 필경 누구인가? '여러 번 대장인에게 나아가 순금을 백 번 단련했다.'라고 하는데 필경 누가 대장인(大冶)이란 말인가? 아마도 머리가 빈 미친 나그네에 지나지 않는 설암雪巖,[50] 금령錦嶺의 무리[51]일 것이로다. 대사가 원용하여 인용한 불전불후설佛前佛後說은 매우 가소롭도다. 대사의 망증 11조로다.

佛前無師自悟, 是高勝見解. 佛後無師自悟, 是天然外道者. 最是大可笑之語也. 以永嘉高勝見解, 爲朗師所纏繞,[1] 未免作曹溪一行. 然永嘉於六祖, 有何衆證耶. 六祖言言句,[2] 永嘉所提敗,[3] 而六祖一一心折首膺, 只是歎服而已. 若使六祖, 有一半分點化於永嘉, 則永嘉何以卽地解[4]歸耶. 永嘉眼中視六祖, 如草芥耳. 何嘗[5]有因六祖而證悟也. 壇經中壓良爲淺, 謂之一宿覺, 永嘉之一宿, 爲六[6]祖所挽而一宿, 亦非永嘉爲之[7]一宿也. 是法海輩妄證也. 何以欺[8]眞正法眼也. 師則以[9]永嘉爲天然外道耶. 不然, 以永[10]嘉爲六祖傍派耶. 試問, 吾東元曉之師, 爲何人. 大智國師之師, 爲何人. 圓宗大[11]師之師, 爲何人. 大鏡國師之師, 何[12]人. 法鏡大師之師, 何[13]人. 廣慈大師之師, 何人. 慧德王師之師, 何人. 和靜國師之師, 何人. 眞鏡大師之師, 何人. 圓應大師之師, 何人. 眞徹大師之師, 何人. 勝妙禪[14]師之師, 何人. 俗傳震默臨化時, 其門徒問屬[15]派. 笑答曰, 西山不過名利,[16] 第屬之云云. 震默臨化以前, 亦天然外道耶. 且問師之師, 爲何人. 而項羽父, 竟是何人耶. 其累徑[17]大冶, 百鍊眞金云者, 竟是何等人大冶耶.[18] 是不過虛頭[19]狂客之雪巖[20]錦嶺輩也. 師所援[21]引佛前佛後之說, 殊可笑也. 師之妄證十一也.

1) ㉡ 이종익본에는 '纏繞'는 '繞纏'으로 되어 있다. 2) ㉡ '言言句'는 저본에 '言言句'로 되어 있다. 이종익본에는 '言句'로만 되어 있다. 3) ㉡ 고형곤 글에서는 '敗'가 '破'로 되어 있다. 4) ㉡ 고형곤 글에서는 '解'가 '辭'로 되어 있다. 번역은 '辭'를 따른다. 5) ㉡ 이종익본에는 '嘗'이 '當'으로 되어 있다. 6) ㉡ 이종익본에는 '六'이 '之'로 되어 있다. 7) ㉡ 이종익본에는 '爲之'가 '之爲'로 되어 있다. 8) ㉡ 이종익본에는 '欺'가 '嘆'으로 되어 있다. 9) ㉡ 이종익본에는 '以'가 없다. 10) ㉡ 이종익본에는 '永'이 없다. 11) ㉡ 이종익본에는 '大'가 '國'으로 되어 있다. 12) ㉡ 이종익본에는 '何' 앞에 '爲'가 있다. 13) ㉡ 이종익본에는 '何' 앞에 '爲'가 있다. 14) ㉡ 이종익본에는 '禪'이 '國'으로 되어 있다. 15) ㉡ 이종익본에는 '屬' 앞에 '其'가 있다. 16) ㉡ 이종익본에는 '利' 다음에 '僧'이 있다. 17) ㉡ 이종익본에는 '徑'이 없다. 18) ㉡ 이종익본에는 '耶'가 없다. 19) ㉡ 이종익본에는 '頭'가 '領'으로 되어 있다. 20) ㉡ 이종익본에는 '嚴'이 '岩'으로 되어 있다. 21) ㉡ 이종익본에는 '援'이 없다.

[12]

간화看話 설화說話를 이와 같이 역력히 다 늘어놓은 것은 그대가 알지 못하는 것을 주워 모은 것으로 말도 안 되는 것이다. 이는 몇몇 어록에서 눈에 띄는 문자 그대로를 가려 살피지 않고 두서없이 보는 대로 바로 설한 것으로, 마치 머리 빈 미친놈이 「등왕각서滕王閣序」[52]와 〈적벽부赤壁賦〉,[53] 그리고 속칭 『마상당음馬上唐音』[54]을 입으로는 얼음에 박 굴리듯 능숙하게 외워 '남창고군, 임술추칠월, 마상봉한식'[55]이라 하여 뭉뚱그려 한 구를 만드는 것 같아, 뻐꾸기가 어지러이 날듯 횡설수설 아님이 없으니 사람들이 모두 비웃는 것이다. 이제 "고양이 쥐 잡듯"【심안상속心眼相屬】,[56] "닭이 계란 품듯"【난기상속煖氣相續】[57] 두 구[58]에서는 마음에서 얻은 바 없이 다만 구두선으로 거칠고 조잡하게 설왕설래함을 더욱 알겠다. 대개 이 두 구는 무슨 의미가 있기에 간화문중看話門中에서 염출하는 것인가? 이 두 구는 비단 간화에만 해당되는 것은 아니다. 무릇 사람과 사물을 대하고 매일같이 늘 행하는 것에 이 한 경계가 없지 아니하니, 이것이 없으면 발을 디디고 손을 댈 곳이 없거늘, 설화문중說話門中이라고 홀로 이것을 사용할 수 없다고 하겠는가? 대사는 늘 스스로 80년 공부에 나보다 더 뛰어난 자가 없다 하는데, 이른바 그 공부란 것은 낙처가 어디인가? 묻나니 '심안상속'이란 무슨 뜻이며, '난기상속'이란 또 무슨 기운인가? 어떤 것을 '난기煖氣(따뜻한 기운)라 하는가? '고양이 쥐 잡듯'과 '닭이 계란 품듯'은 차례로 공부하는 것인가, 아니면 함께 들어 거두는 것인가? 또 이것들은 점수처漸修處인가, 직절법直截法인가? 대사가 입으로 주워 모은 것들이 체험에서 우러난 것이 아님을 더욱 드러내고 말았도다. 대사의 망증 12조로다.

看話說話之如是歷歷[1]具陳, 益見其掇拾無識不成說之.[2] 如干語錄, 凡所目中所見之文字, 無所揀擇, 無有頭尾, 隨見卽[3]說. 如一虛頭妄人, 藤王閣序赤壁賦, 俗所稱馬上唐音, 口能誦說, 如氷轉匏, 以南昌古郡壬戌秋七月馬上逢寒食, 團作一句說, 非不布穀亂翻, 橫說亂拈, 人皆匿笑之. 今於如猫捕鼠[4]【心眼相屬】, 如鷄[5]抱卵【煖氣相續】兩句, 益知其無所心得, 只作口頭禪, 荒雜說來也. 大槩此兩句, 以爲如何義趣, 拈出于看話門中耶. 此兩句, 非獨看話而已. 凡對人接物, 日用常行, 無不有此一境, 無以非此[6]着脚下手.[7] 說話門中, 獨不可試此而然耶. 師每自以爲八十年工夫, 更無上於我者, 其所云工夫, 落在何處也. 試問, 心眼相續者, 卽何意, 煖氣相續者, 又是何氣耶. 何如而謂之暖[8]氣耶. 如猫捕鼠, 如鷄抱卵, 是次第下工耶, 抑又作雙拈幷[9]收者耶. 又是漸修處耶, 直截法耶. 師之口頭掇拾, 無所體驗, 益復呈露, 師之妄證十二也.

1) ㉠ 이종익본에는 '歷歷'이 없다. 2) ㉠ 이종익본에는 '之'가 '也'로 되어 있다. 3) ㉠ 이종익본에는 '卽'이 '師'로 되어 있다. 4) ㉠ 이종익본에는 '捕鼠'가 '鼠捕'로 되어 있다. 5) ㉠ 이종익본에는 '鷄'가 '雞'로 되어 있다. 다음도 같다. 6) ㉠ 이종익본에는 '無以非此'가 '非此無以'로 되어 있다. 번역은 이종익본을 따른다. 7) ㉠ 이종익본에는 '手'가 없다. 8) ㉠ 이종익본에는 '暖'이 '煖'으로 되어 있다. 9) ㉠ 이종익본에는 '幷'이 '並'으로 되어 있다.

[13]

화話와 화두는 같지 않다. 화는 순리를 평이하게 풀어서 모든 사람들이 훤히 이해할 수 있는 것으로 이른바 (남악 회양南嶽懷讓이 말한) '소를 때린 이야기(打牛話)'⁵⁹ 등이 바로 화이다. 화두란 화라는 글자 아래 두頭 자 한 글자를 보태 그와 구분하여 이름한 것이다. 화두는 바로 끊어 도를 취하는 것으로 사람들이 훤히 알 수 없는 것이다. 이른바 (조주의) '뜰 앞의 잣나무(庭前栢樹子)' 등이 화두이다. 대장경 중 어느 구절에 '잣나무'와 유사한 화두가 있는가? 그러므로 부처님 말씀 중에는 화두가 없다. 만약 부처님 말씀을 화라고만 한다면 이는 가능한 이야기이다.

화와 화두의 구분은 이와 같이 분명하여 (대사가) 간화문看話門과 설화문說話門으로 나눈 것은 분명한 깨달음이 있는 듯하지만, 이 또한 어느 어록 가운데서 대충 뽑아 가져온 것으로 마음으로 구명해 낸 것이 아니어서, 소를 때린 이야기도 화두라 하고, 잣나무도 또한 화두라 한다. 처음 일설은 어느 정도의 차별이 있는 듯하나 이하 일설은 다시 흐리멍덩하고 뭉뚱그려⁶⁰ 차별이 전혀 없다. 이것은 다만 누군가 한 말을 빌린 것으로, 간택揀擇하고 심정審定할 줄 모른 채 보이는 대로 설說을 내서 구두선을 일삼은 것이다. 그러기에 선후가 서로 도착되어 있고, 동서를 능히 비추어 돌아볼 수 없어 입만 열면 사설 망증이 되는 것이다.

염화화拈花話와 분좌화分座話, 시부화示趺話⁶¹의 세 화화 자에 이르러서는 (대사의 망증이) 극도에 달하였도다. 다만 꽃을 들었을 뿐이지 어디 화가 있었으며, 자리를 나누어 앉았을 뿐이지 어디 화가 있었으며, 발을 보였을 뿐이지 어디 화가 있었으리오. 만일 화가 있었다면 가섭 이외에 또 어느 격외 밖에 별도로 나온 한 사람이 그 이야기를 가지고 왔다는 말인가. 사설 망증 아님이 없도다.

무릇 우로상설雨露霜雪⁶²과 예악형정禮樂刑政⁶³이 교敎 아님이 없다. 이 씨二氏(불교와 도교)의 가르침에도 또한 각각 가르침이 있으며 가르침에도 또한 수단이 많다. 선왕의 예악은 행해지기 전에 가르치는 것이고, 형정은 이미 행해진 후 가르치는 것이다. 비록 (형벌로) 사람을 죽이는 경우에도 사람을 죽이는 과정에 또한 예가 있다. 가르침이 있은 이래로 화두로 사람을 가르치는 것처럼 참혹하고 독하고 어지럽고 괴팍한 것이 없도다. 이는 마치 상앙商鞅[64]이 정전井田을 폐하여 천맥阡陌을 개설하고, 이사李斯[65]가 시서詩書를 태워 없애고 진법秦法을 사용한 것과 같아서, 마침내 후대에 선왕의 경계를 다시 찾을 수 없고 선왕의 전형을 다시 볼 수 없게 되니, 무릇 화두라는 것은 상앙과 이사의 술책이로다. 대사의 선문에서는 자고로 비록 간혹 참된 지식이 있는 자가 없지 않지만 대체로 유식한 이가 없어 마침내 한 사람도 바로잡는 이를 보지 못했도다. 또 상앙과 이사 외에도 여불위呂不韋의 수단을 함께 사용하여 음흉 간사함이 예측 불허하기가 대혜 같은 이가 없었거늘, 소소한 식견을 가진 대사는 다만 대혜에게 사로잡혀[66] 칠통 속에 떨어져 있을 따름이다. 대사의 망증 13조로다.

話與話頭不同. 話者平說順理, 人皆可以曉解者. 如所云打牛話等, 是話[1])也. 話頭者, 話字下添[2])一頭字以別之, 謂之話頭也. 話頭者, 直截道取, 人皆不可曉解者也. 如所謂柏[3])樹子等, 是話頭也. 大藏中何等句, 有似柏樹子之話頭者耶. 所以佛說無話頭也. 若以佛說爲話而已, 則亦可也. 話與話頭之別,[4]) 如此其分說. 看話說話二門者, 似若[5])有分曉, 此亦從語錄中, 抖撒出來, 無心上究得故, 打牛話, 亦謂之話頭, 柏樹子, 亦謂之話頭. 上一說有些差別, 而下一說, 還瞢瞳[6])糊塗, 囫圇[7])吞棗, 全無異同. 此是只憑何人成語, 不知其揀擇審定, 隨見說出, 作口頭禪. 所以先後互相錯倒, 東西不能照顧, 開口是邪說妄證也. 以至如拈花話分座話示趺話三話字, 罔有紀極矣. 但是[8])拈花而已, 何嘗有話. 分座而已, 何嘗有話. 示趺而已, 何嘗有話耶. 如有話, 迦葉以外, 又有何等格外之外, 另出一人, 領取[9])其話來[10])耶. 無非邪說妄證也. 大凡雨露霜雪禮樂刑政, 無非敎也. 二氏之敎, 亦各有敎, 敎亦多[11])術. 如先王之禮樂, 敎之於未[12])然之前, 刑政, 敎之於已然之後. 雖至殺人, 殺人之中, 亦有禮焉, 自有敎以來, 未有如話頭敎人之慘毒狼愎者. 如商鞅之盡廢井田而開阡陌, 李斯之燒毀詩書而用秦法, 遂至後世, 先王經[13])界, 不可復尋, 先王典刑, 不可復見. 夫話頭, 商鞅李斯之術也. 師之禪門, 自古昔, 雖或有慧識, 而一切無有識之人, 竟不見一人刑正者. 又於鞅斯之外, 并用呂不韋手段, 陰譎叵測, 未有如大慧者. 如師之小小識見, 只爲大慧籠罩, 墮在漆[14])桶而已. 師之妄證十三也.

1) ㉭ 이종익본에는 '話'가 없다. 2) ㉭ 이종익본에는 '添'이 '參'으로 되어 있다. 3) ㉭ 이종익본에는 '柏'이 '栢'으로 되어 있다. 이하도 같다. 4) ㉭ 이종익본에는 '之別'이 없다. 5) ㉭ 이종익본에는 '似若'이 '若似'로 되어 있다. 6) ㉭ 이종익본에는 '瞳'이 '憧'으로 되어 있다. 7) ㉭ 이종익본에는 '囫圇'이 '鶻鶻'으로 되어 있다. 8) ㉭ 이종익본에는 '是'가 '有'로 되어 있다. 9) ㉭ 이종익본에는 '取'가 '收'로 되어 있다. 10) ㉭ 이종익본에는 '來'가 없다. 11) ㉭ 이종익본에는 '多'가 '有'로 되어 있다. 12) ㉭ 이종익본에는 '末'가 '非'로 되어 있다. 13) ㉭ 이종익본에는 '經'을 '經(境)'으로 제시하였다. 14) ㉭ 이종익본에는 '漆'이 '柒'로 되어 있다.

[14]

화두가 모두 1,700칙則이 있다고 하는 것은 『경덕전등록景德傳燈錄』을 뒤적거려 찾아낸 말인데, 대사의 그 안목이라는 것이 『전등록』에 가려져 있으니 더욱 가소롭다. 『전등록』은 곧 선종 문중에서 한때의 문호門戶를 시비한 책에 지나지 않는다. 동국 사람들은 또한 이 책을 볼 수도 없어서 이를 모방해서 또 『염송拈頌』을 만들어 금과옥조처럼 받들어 원교圓敎[67] 대교大敎[68] 이상으로 여기고 이를 아는 자는 망령되이 스스로 대단한 것처럼 높인다. 중국 선문에는 『염송』이 없을 뿐만 아니라 또 이러한 법문도 없으니 더욱 가소롭다. 또한 부처님 말씀(불화佛話)은 화話이지 화두가 아니니다. 화로 말할 것 같으면 곧 팔만대장경의 모든 말씀이 화 아닌 것이 없다. 그런데 어떻게 법보法寶 중에 다만 수백여 칙만 있으며, 『화엄경』에는 겨우 수십 칙만 있을 뿐이겠는가. 『전등록』은 곧 오늘날 두어 집 있는 동네의 서당에서 어린아이들이 배우는 『사요취선史要聚選』[69]에 지나지 않는다. 조잡하고 이치에 맞지 않아 조리가 없으니 사대부의 책상머리에 『사요』를 올려놓은 자를 일찍이 본 적 있던가?『경덕전등록』이후로도『천성광등록天聖廣燈錄』,『속전등록續傳燈錄』,『연등회요聯燈會要』,『가태보등록嘉泰普燈錄』등의 여러 책이 있고, 이를 조금 더 다듬어『오등회원五燈會元』[70]이라는 책을 집성하니, 그 면목이『경덕전등록』보다 훨씬 나아졌다. 그러나 아직도 뒤죽박죽이고 꽉 막힌 것을 다 바로잡지는 못하던 차에『대운오종록大雲五宗錄』[71]이 나와 일일이 바로잡아 드디어 정론이 되었다. 이러한 문자를 동국의 선문에서는 모두가 꿈에서도 보지 못하였을 것이니 실로 슬플 뿐이고 책망할 것도 없도다. 대사의 망증 14조라.

話頭捴[1]有千七百則云者, 是從傳燈錄抖擻出來之說也. 其眼目障翳於傳燈錄中, 殊可笑. 傳燈錄, 卽不過一時門戶是非之書. 東人又不能見到於此, 從卽又爲拈頌一書, 奉之於金科玉條, 置之於圓敎大敎以上, 能解拈頌者, 妄以自尊自大. 中國禪門, 非徒無拈頌一書, 亦無如此法文,[2] 尤可笑也. 且佛話,[3] 是[4]話也, 非話頭也. 若以話言之, 則大藏八萬, 無非話也. 何以法寶中,[5] 但有數百餘則, 華嚴纔是數十則而已耶. 傳燈錄, 卽不過今日三家村塾小兒輩課場之史要聚選也. 荒雜不經, 無倫脊,[6] 士大夫案頭, 曾見有史要者乎. 傳燈錄之後, 又有廣燈續燈聯燈普燈諸書, 稍加裁剪, 輯成五燈元會[7]之書, 面目勝於傳燈錄. 猶未盡正其駁糅荒鎖者, 大雲五宗錄一書出, 而一一釐正, 遂爲正論. 此等文字, 東國禪門, 俱未夢見, 實可哀也, 無足可責也. 師之妄證十四也.

1) ㉽ 이종익본에는 '捴'이 '摠'으로 되어 있다. 2) ㉽ 이종익본에는 '文'이 '門'으로 되어 있다. 3) ㉽ 이종익본에는 '話'가 '語'로 되어 있다. 4) ㉽ 이종익본에는 '是'가 '非'로 되어 있다. 5) ㉽ 이종익본에는 '中'이 없다. 6) ㉽ 이종익본에는 '脊'이 '夾'으로 되어 있다. 7) ㉽ 이종익본에는 '元會'가 '會元'으로 되어 있다. 번역은 이종익본을 따른다.

[15]

『반야경』이 공종空宗[72]인 것은 선림禪林의 변함없는 설이다. 대사는 (『반야경』을) '성종性宗[73]이요 의리선義理禪[74]이요 격외선格外禪[75]이라 한들 어찌 불가하겠는가? 운운.' 하니 만약 이와 같이 미루어 말하자면 아함阿含과 방등方等으로부터 원교圓敎와 대교大敎에 이르는 모든 경이 다 스스로 공종, 성종, 선종을 구비하지 않음이 없으니, 하필 『반야경』 하나뿐이겠는가? 또 하필 소승과 대승, 원교와 대교로 나눌 필요가 있겠는가? 그런가, 그렇지 않은가? 대사의 망증 15조로다.

般若經爲空宗, 是禪林不易之說. 師則以爲性宗義理禪格外禪, 有何不可云云. 若如是推說去, 自阿含方等, 以至圓敎大敎諸經, 無不皆自具空宗性宗禪宗也.[1] 何必一般若而已. 又何必分之爲小乘大乘圓敎大誇[2]也. 其然乎否乎. 師之妄證十五也.

1) ㉠ 이종익본에는 '禪宗也'가 없다. 2) ㉞ '誇'는 '敎'와 같다. ㉠ 이종익본에는 '敎'로 되어 있다.

'법화法華와 화엄花嚴은 교적敎迹으로서 사구死句가 되므로 선문의 상승上乘이 되지 못한다.'라고 한 것은 대사 스스로 한 말이 아니던가? 전에 쓴 글이 명백하게 아직도 여기 있는데, 홀연 여기에서 무턱대고 잡아떼니 80 된 노장께서도 역시 양설兩舌 죄업을 짓는가? 대저 염화(시중)는 교외별전인데 언어 문자로 낱낱이 설명하고, 화두는 의취가 전혀 없는데 또한 점차 닦아 가는 공부로써 낱낱이 풀어내니, 고인의 생기 활법이 대사의 수중에 들어가서는 모두 교적으로서 사구가 되어, 흙으로 만든 용과 나무로 만든 말이 잡다하게 전진에 배치되는 격으로, 사설 망증이 이보다 심한 것이 없도다.

삿되고 망령스러운 화염을 이 15조 금강저로 한 번 내려침에 대사는 곧 패가망신하여 다시 여지가 없으니, 비록 한 줌의 띠풀로 머리를 덮어도[76] 어쩌지 못할 것이다. 여기에 이르러서는 물이 줄자 돌이 드러나고[77] 하늘의 맨 끝(天根)이 비로소 드러나리라. 대권보살大權菩薩[78]이 도행역시倒行逆施[79]하는 공덕이 동방의 허공과 같으리니 다만 대사는 한번 향을 사르고 참구해 보시라.

남들은 모두 말하기를 "백파 노인이 이를 보면 또 기가 산처럼 솟아오르리[80] 앞으로 손뼉을 300번 치고, 위로 뛰며 손뼉을 300번 치리라."라고 하니, 만약 노인께서 아무런 걸림 없이 순조롭게 받아들이면 소 등 위에서 소를 모는 것이요, 만약 노인께서 즐거이 받아들이지 못하면 또한 글을 쓸 필요도 없도다. 이것은 (편안히 누워) 목침을 높이 베고 아이들 노는 것을 바라보는 하나의 방법이니, 다만 대사는 한번 향을 사르고 참구해 보시라.

중봉中峯[81] 노인의 시구에 "그윽한 새 울음소리 창 앞에 이르니, 백발 노승 낮잠 자다 놀라 깨었네. 대 침상에 내려서 두 눈 떠 보니, 집 밖에 푸른 하늘 이제 알겠네."[82]라 하였으니, 다만 대사는 한번 향을 사르고 참구해 보시라.

도광道光 21년(1841) 계묘 4월 일. 나산 거사郍山居士 봉래초당蓬萊草堂 김정희金正喜 변증하다.

광서光緒 12년(1886) 병술 3월 일. 신도원환여실新桃源幻如室에서 삼청 선타三淸先陀 삼가 쓰다.

法華花嚴之爲敎迹死句, 不得爲禪門上乘者, 非師自說耶. 前書明明尙在此, 忽此白地抵輯.[1] 八十老宗匠, 亦有兩舌耶. 大抵拈花之敎外別傳者, 以語言文字, 歷歷說去. 話頭之沒意沒趣者, 又以漸修工夫, 歷歷說去. 古人之生機活法, 到得師之手中, 皆作敎迹死句. 土龍木馬, 雜然前陣, 邪說妄證, 到此又極矣.

邪火妄熖,²⁾ 以此十五條金剛杵, 一以下之, 師乃敗家喪身, 無復餘地. 雖以一把茆盖³⁾頭, 不可得矣. 到此地頭, 水落石出, 天根始露. 大權菩薩, 倒行逆施⁴⁾之功德, 如東方虛空. 第試拈香⁵⁾一瓣. 人皆以爲白坡老人見此, 又氣蹋⁶⁾如山, 距踊三百, 曲踊三百. 若使老人無碍順受, 是牛上騎牛. 若不使老人⁷⁾曲踊距踊, 又不足爲書也. 此高枕⁸⁾看兒戲一法. 第試拈香一瓣.

中峯老人⁹⁾句,

一聲幽鳥到身¹⁰⁾前, 白髮老僧驚晝眠,

走¹¹⁾下竹牀¹²⁾開兩眼, 方知屋外有靑天.

第一拈香一瓣.

道光貳拾壹¹³⁾年癸卯四月日. 朌¹⁴⁾山居士蓬萊草堂. 金正喜證.¹⁵⁾

光緖拾貳年丙戌三月. 日. 新桃源幻如室中. 三淸先陀謹書.¹⁶⁾

---

1) ㉕ 이종익본에는 '前書明明尙在此, 忽此白地抵輯' 부분이 '前書尙在此, 忽此白紙抵?'로 되어 있다. 2) ㉕ 이종익본에는 '熖'이 '燄'으로 되어 있다. 3) ㉕ 이종익본에는 '茆盖'가 '茅盡'으로 되어 있다. 4) ㉕ 이종익본에는 '施'가 '地'로 되어 있다. 5) ㉕ 이종익본에는 '香'이 없다. 6) ㉕ 이종익본에는 '蹋'이 '踊'으로 되어 있다. 7) ㉕ 이종익본에는 '若使老人無碍順受, 是牛上騎牛. 若不使老人' 부분이 없다. 8) ㉕ 이종익본에는 '枕' 다음에 '欹'가 있다. 9) ㉕ 이종익본에는 '人'이 '八'로 되어 있다. 10) ㉕ 이종익본에는 '身'이 '窓'으로 되어 있다. 이종익본에 따라 번역한다. 11) ㉕ 이종익본에는 '走'가 '先'으로 되어 있다. 12) ㉕ 이종익본에는 '牀'이 '床'으로 되어 있다. 13) ㉕ 이종익본에는 '壹'이 '貳'로 되어 있다. 참고로 연표에는 도광 23년(1843)이 계묘년으로 나와 있다. 14) ㉕ 이종익본에는 '朌'가 '那'로 되어 있다. 15) ㉕ 이종익본에는 '金正喜證'이 '金證'으로 되어 있다. 16) ㉕ 이종익본에는 '室中. 三淸先陀謹書'가 '堂中書'로 되어 있다.

견향 선사[83]찬[84] – 추사 김정희
見香禪師贊

아득한 대지에	茫茫大地
탁한 비린내 코를 찌르네	腥濁逆鼻
눈 속에 있는 묘한 향기	眼中妙香
누가 그 비의를 피워 내리	誰發其秘
계수나무[85] 향은 숨김없이 풍기고	木犀無隱
하늘의 꽃은 뜻에 따라 내리네	天華如意
광음천[86]과 서로 통하고	光音互用
문수보살과 둘이 아니네	文殊不二

영가수보살계첩문식

남섬부주南贍部洲 대청大淸 조선국 전라좌도 모처에서 수륙도량水陸道場 공화불사空花佛事를 올립니다.

회주는 모某이며, 광서(1875~1908) 모년 모월 모일 모처에서 모인이 삼가 모 영가를 위해 목욕재계하고 공양구를 엄정히 갖추어 무진삼보無盡三寶와 팔부신중八部神衆께 널리 공양합니다.

육도사생六途四生이 이 추천의 공훈에 의지하여 모두 다 부처님 나라에 태어나기를 원합니다.

이로써 삼가 명하노니, 모처 보살 스승 모를 수계종주화상受戒宗主和尙으로 삼으십시오.

받들어 청하노니, 여래의 삼취정계三聚淨戒[87]를 원만하게 닦으신 병법秉法[88] 사문이여, 특별히 모 영가를 추천하시어 법식을 향첨享沾하고 시라尸羅(戒)[89]를 훈수熏守하며 계첩을 몸에 부치고 연화세계에 태를 의탁하여 보살지에 함께 노닐어 불과佛果를 성취하기를 발원합니다.【계문은 다음에 쓴다. 세 분 스님은 아래와 같다.】

靈駕受菩薩戒牒文式

據南鮮[1]部洲大淸朝鮮國全羅左道某處, 須設水陸道場空花佛事. 會首某, 從光緖某年月日, 於某處, 某人伏爲某靈駕, 沐浴改衣, 嚴備供具, 普供無盡三寶八部. 六途四生, 憑此追薦功熏, 普願超生佛界. 是以謹命某處菩薩師某, 爲受戒宗主和尙. 奉請秉法沙門, 圓修如來三聚淨戒. 特爲追薦某靈, 享沾法食, 熏受尸羅, 戒牒付身, 蓮花托質, 同遊菩薩地, 當成佛果者.【戒文次書. 三師如下.】

1) ㉠ '鮮'은 일반적으로 쓰지는 않는다. 남섬부주南贍部洲로 표현한다.

동다송[90] – 초의 의순
【해거도인[91]의 명을 받들어 초의 사문 의순[92]이 짓다.[93]】

[1][94]

후황[95]이 내린 상서로운 나무[96] 귤의 덕을 짝하여[97]

명 받은 대로 터 옮김 없이 남국에서 생장하네[98]

무성한 잎은 눈과 다투며 겨우내 푸르고

하얀 꽃은 서리에 씻기어 가을 순백 피워 내네[99]

東茶頌【承海道人命, 艸衣沙門意恂作.】

后皇嘉樹配橘德　受命不遷生南國

密葉鬪霰貫冬青　素花濯霜發秋榮[1)]

1) ㉠ '榮'에 대하여 저본의 두주頭註에는 '榮은 운에 어긋나며 白 자가 아닌가 한다.(榮違韻疑白字)'라고 하였다. ㉡ 번역은 저본의 두주를 따른다.

[2]

고야산[100] 선녀인 양 뽀얀 살결 깨끗하고

맺혀 있는 꽃술은 염부단의 금[101]이라

【차나무는 과로瓜蘆[102] 같고, 잎은 치자 같으며, 꽃은 백장미 같고, 노란 꽃술은 금과 같다. 가을에 꽃이 피면 맑은 향이 은은하다고 한다.】

이슬[103]에 맑게 씻긴 벽옥 같은 가지요

아침노을 흠뻑 머금은 물총새의 혀로다

【이백이 말하였다. "형주 옥천사[104]의 맑은 시내와 여러 산에는 차나무가 여기저기 자라는데 가지와 잎은 벽옥 같다. 옥천사의 진공 스님[105]이 늘 따서 마셨다."[106]】

姑射仙子粉肌潔　閻浮檀金芳心結

【茶樹如瓜蘆, 葉如梔子, 花如白薔薇, 心黃如金, 當秋開花, 淸香隱然云.】

沆瀣漱淸碧玉條　　朝霞含潤翠禽舌
【李白云, 荊州玉泉寺, 靑溪諸山, 有茗草羅生, 枝葉如碧玉. 玉泉眞公常采飮.】

[3]
천인 신선 인간 귀신 모두 다 아끼니
그대의 됨됨이 진정 빼어남 알겠구려
염제[107]는 맛을 보고 『식경』[108]에 실었나니
【염제의 『식경』에 "차(茶茗)를 오래 마시면 사람이 힘이 생기고 마음이 즐거워진다."라고 하였다.】
제호[109]로다 감로[110]로다 그 명성 의구하다
【『송록宋錄』[111]에 신안왕 자란子鸞[112]과 예장)왕 자상子尙[113]이 팔공산[114]으로 운재도인[115]을 찾아뵈었는데, 도인이 차를 내자 자상이 맛을 보고는 "이것은 감로이다."라고 말하였다. 나대경의 〈약탕시〉[116]에 "솔바람 소리 전나무 빗소리 들리자면, 서둘러 죽로에서 탕관 내려놓고는, 끓는 소리 잠잠해지기 기다려 맛보는, 한 사발 춘설차여 제호보다 낫네."라고 하였다.】

天仙人鬼俱愛重　　知爾爲物誠奇絶
炎帝曾嘗載食經
【炎帝食經云, 茶茗久服, 人有力悅志云.】
醍醐甘露舊傳名
【王子尙, 詣雲齋道人于八公山. 道人設茗茶, 子尙味之曰, 此甘露也. 羅大經瀹湯詩, 松風檜雨到來初, 急引銅瓶離[1)]竹爐, 待得聲聞俱寂後, 一甌春雪勝醍醐.】
1) ㉾ '離'는 '移'인 듯하다.

[4]
술 깨고 잠 적게 하는 건 주공[117]이 증명했고
『이아』에 '가檟'는 '쓴 차'라고 하였다. 『광아』에는 '형주와 파주 지방에서 딴 찻잎을 마시

면 술이 깨고 잠을 적게 자게 한다.'라고 하였다.】

거친 밥에 차를 곁들인 건 제나라 안영[118]이라 하네
【『안자춘추』[119]에 "제 경공 때의 재상 안영은 겉만 쓿은 밥(현미)에 구운 고기 세 점, 알 다섯 개, 그리고 차만 먹었다."라고 하였다.】

우홍은 단구자[120]의 부탁으로 차를 공양했고
모선은 진정을 이끌어 차 숲을 보여 줬네
【『신이기』의 기록이다. "여요 사람 우홍이 산에 들어가 차를 따다 어느 날 푸른 소 세 마리를 끌고 가는 한 도사를 만났다. 도사는 우홍을 이끌고 폭포산에 이르러 말하였다. '나는 단구자라 하오. 그대가 마실 것을 잘 갖춘다고 듣고 늘 그대의 덕을 보고 싶었소. 산중에는 큰 차가 있어 넉넉히 제공할 만하오. 그대에게 비노니 훗날 차 사발로 (신들에게) 공양하고 남은 것이 있으면 나에게도 조금 남겨 주시구려.' 이로 인해 우홍은 도사에게 제사를 올렸는데, 후에 입산할 때마다 큰 차를 얻게 되었다." 『속수신기』[121]의 기록이다.) "선성에 사는 진정이 무창산에 들어가 차를 따다가 키가 한 길이나 되는 한 털보를 만났다. 그는 진정을 데리고 산 밑에 이르자 차 숲을 보여 주고 떠나가더니 갑자기 돌아와서는 품 안에서 귤을 꺼내 진정에게 주었다. 진정은 놀라 차를 짊어지고 돌아왔다."】

解酲少眠證周聖
【爾雅, 檟苦荼. 廣雅, 荆巴間采葉, 其飮醒酒, 令人少眠.】
脫粟伴菜聞齊嬰
【晏子春秋, 嬰相齊景公時, 食脫粟飯, 炙三弋, 五卵, 茗菜而已.】
虞洪薦餞乞丹邱　　毛仙示藂[1)]引秦精
【神異記, 餘姚虞洪, 入山采茗, 遇一道士, 牽三靑牛. 引洪至布瀑山[2)]曰, 予丹邱子也. 聞子善具飮, 常思見惠. 山中有大茗, 可相給. 祈子他日有甌犧之餘, 乞相遺也. 因奠祀. 後入山, 常獲大茗. 宣[3)]城人秦精, 入武昌山中采茗, 遇一毛人. 長丈餘, 引精至山下, 示以藂茗而去. 俄而復還, 乃探懷中橘以遺精. 精怖負茗而歸.】

---

1) ㉠『茶經』에도 판본에 따라 '藂'와 '叢'이 섞여 쓰였다. 가장 오래된『茶經』(남송대 백천학해본)에는 '叢'으로 되어 있다. 번역은 후자를 따른다.　2) ㉡『茶經』에는 '布瀑

山'이 '瀑布山'으로 되어 있다. 번역은 후자를 따른다. 3) ㉢ 다른 판본에는 '續搜神記'가 '宣' 앞에 들어 있는 경우가 있다.

[5]
땅에 묻힌 이도 만금 사례 아끼지 않고
【『이원』[122]의 기록이다. "섬현에 사는 진무의 아내는 젊어서 과부가 되어 두 아들과 함께 살았다. 차 마시기를 좋아하였는데 집 안에 오래된 무덤이 있어 매번 차를 마실 때면 늘 먼저 무덤에 차를 올렸다. 두 아들은 '오래된 무덤이 무엇을 압니까? 헛수고일 뿐입니다.'라고 하며 무덤을 파서 없애 버리려 했으나 어머니가 이를 막아 그치게 하였다. 그날 밤 꿈에 한 사람이 말하기를 '내가 여기 머문 지 300여 년이오. 그대의 자식들이 항상 무덤을 허물려 하는데 그대의 도움으로 보호를 입었고 게다가 좋은 차로 제사를 지내 주니 비록 지하에 썩은 몸이나 어찌 예상의 보은[123]을 잊으리오?'라고 하였다. 부인은 날이 밝자 마당에서 십만 금의 돈을 얻었다."】

솥 음식[124] 중에도 육정[125]의 으뜸이라 칭하네
【장맹양[126]의 〈등루시〉에 "솥 가득한 음식을 때때로 진상하니, 백화 향 오묘하고 진귀하다. 향기로운 차는 육정의 으뜸, 넘치는 맛은 천하에 퍼지네."라고 하였다.】

개국황제[127] 두통 고친 일은 신이한 일로 전하고
【수 문제가 세자로 있을 때 귀신이 그의 골수를 바꾸는 꿈을 꾼 후로 머리가 아팠다. 어느 날 한 스님을 만났는데 산중에 차나무가 그 병을 고칠 수 있다고 하였다. 문제가 이를 마셔 효험이 있었다. 이에 천하 사람들이 비로소 차 마시는 것을 알게 되었다.】

뇌협차, 용향차가 차례로 생겨났네
【당 각림사의 승려 지숭은 세 등급의 차를 만들었다. 경뇌협은 자신이 마시고, 훤초대는 부처님께 공양하며, 자용향은 손님에게 대접하였다.】

潛壤不惜謝萬錢
【完,1) 剡縣陳務妻, 少與二子寡居. 好飮茶茗, 宅中有古冢, 每飮輒先祭之. 二子曰, 古冢何知, 徒勞人意. 欲掘去之, 母禁而止. 其夜夢一人云, 吾止此三百年餘. 卿子常欲見毀, 賴相

保護, 反享佳茗, 雖潛壞朽, 豈忘翳桑之報. 及曉, 於庭中獲錢十萬金.】

鼎食獨稱冠六情

【張孟陽登樓詩, 鼎食隨時進, 百和妙具殊, 芳茶冠六情, 溢味播九區.】

開皇醫腦傳異事

【隋文帝微時, 夢神易其腦骨, 自爾而痛. 忽遇一僧云, 山中茗艸可治. 帝服之, 有效. 於是天下始知飮茶.】

雷笑[2] 茸香取次生

【唐覺林寺僧志崇, 製茶三品. 驚雷笑自奉. 萱艸帶, 供佛. 紫茸香, 待客.】

1) ㉖『韓國佛敎全書』에는 '完', 저본(송광사본)에는 '茘'으로 되어 있다. 그러나 이는 '異苑'의 오류이다. 김명배, p.51. 2) ㉖ '笑'는 '茮'의 오류이다.『茶史』등 여러 전적에 '경뇌협'으로 등장한다. 김명배, p.56; 용운, p.35.

[6]
당 궁궐의 상식[128]에서 귀한 음식 다 바쳤어도
심원[129]에선 오로지 자영차만 기록했네
【당 덕종이 동창공주에게 매번 내린 음식 중에 차로는 녹화, 자영의 이름이 있다.】
법도대로 만든 두강[130] 이때부터 성행하니
맑고 어진 명사들이 준영[131]을 자랑했네
【『다경』에 차 맛을 준영이라 하였다.】

巨唐尙食羞百珍　沁園唯獨記紫英
【唐德宗每賜同昌公主饌, 其茶有綠花紫英之號.】
法製頭綱從此盛　淸賢名士誇雋永
【茶經稱茶味雋永.】

[7]
비단 장식 용봉단[132]은 점점 더 화려해져

만금의 돈 들여 백 덩이리 만들었네

【크고 작은 용봉단차는 정위133가 시작하고 채군모134가 완성하였다. 향료를 섞어 떡차를 만들고 떡차 위에 용과 봉 무늬를 꾸몄다. 진상품은 금으로 장식하여 만들었다. 소동파의 시에 "자금빛 떡차 백 개에 만금을 다 쓰는구나."라고 하였다.】

누가 알리오. 참다운 빛과 향 본디 풍부해도
한번 오염되자마자 참된 성품 잃는 것을

【『만보전서』135에 "차는 본디 가진 진향, 진미, 진색이 있는데, 한번 다른 물질에 오염되면 바로 그 참된 본성을 잃는다."라고 하였다.】

綵莊龍鳳轉巧麗　費盡萬金成百餠

【大小龍鳳團, 始於丁謂, 成於蔡君謨. 以香葉[1]合而成餠, 餠上餙以龍鳳紋. 供御者, 以金莊成. 東坡詩, 紫金百餠, 費盡萬金.】

誰知自饒眞色香　一經點染失眞性

【萬寶全書, 茶自有眞香眞味眞色, 一經他物點染, 便失其眞.】

1) ㉠『韓國佛敎全書』에는 '葉'으로 되어 있는데, 이는 저본의 초서 '藥' 자를 잘못 옮긴 것이다.

[8]
도인은 차의 참맛 온전히 살리고자
몽정산에 올라가 손수 차를 심은 후
잘 길러 다섯 근을 임금께 바쳤으니
그 차의 이름은 길상예와 성양화라

【부대사136는 몽정산에 암자를 짓고 살면서 차나무를 심은 지 3년 만에 매우 훌륭한 차를 얻었다. 그리고 그 이름을 성양화, 길상예라 하고, 공히 다섯 근을 가지고 돌아와 임금께 바쳤다.】

道人雅欲全其嘉　曾向蒙頂手栽那

養得五斤獻君王　吉祥蕊與聖楊花

【傅大士, 自住蒙頂結菴, 種茶凡三年, 得絶嘉者. 號聖楊花, 吉祥蕊, 共五斤, 持歸供獻.】

[9]
설화차 운유차는 진한 향기 다투고
쌍정차 일주차는 강서 절강[137]에 이름났네
【소동파 시에, "설화雪花[138]차 우각雨脚차를 어찌 말로 다 표현할 수 있으랴."[139]라고 하였다. 황산곡의 시에 "우리 집 강남에선 운유차를 딴다네."라고 하였다. 소동파가 절에 이르자 승려 범영이 법당을 매우 깨끗하게 수리하여 차를 마시는데 차향이 매우 진하였다. 묻기를 "이것은 새로운 차입니까?"라고 하니, 답하기를 "차의 성품이란 새로운 것과 옛것이 섞이면 향과 맛이 되살아나지요."라고 하였다. (『귀전록歸田錄』에 말하였다.[140]) "초차草茶[141]는 절강성에서 만들어졌는데, 절강성에서 나는 차 중에는 일주日注차[142]를 제일로 친다. 북송 경우景祐 연간(1034~1038) 이래 홍주洪州[143]의 쌍정雙井차[144]와 백아白芽차가 점점 성행하였고, 근세에는 만드는 법이 더욱 정교해져 그 품질이 일주차보다 훨씬 더 좋아졌다. 그리하여 마침내 초차의 으뜸으로 치게 되었다."】

건양과 단산은 물 맑은 고장
운간차 월감차를 최고로 친다네
【『둔재한람』[145]에는 "건안차[146]가 천하에 제일이다."라고 하였다. 손초[147]가 형부刑部에 차를 보내면서 "만감후[148] 열다섯 명을 시재각[149]에 보냅니다. 이들은 우레가 칠 때를 기다려 따고 물을 받아 만든 것입니다."라고 하였다. 건양과 단산은 물 맑은 고장으로 월간차 운감차는 삼가 천하게 사용해서는 안 된다. 만감후는 차 이름이다. 다산 선생[150]은 「걸다소」[151]에서 '(차 마시기 좋은 때는) 아침 햇살이 갓 피어오를 때, 뜬구름이 맑은 하늘에 맑게 빛날 때, 낮잠에서 막 깨어날 때, 밝은 달이 푸른 시냇물에 맑게 빛날 때'라고 하였다.】

雪花雲腴爭芳烈　雙井日注喧江浙

【東坡詩. 雪花兩¹⁾脚何足道. 山谷詩. 我家江南採雲腴. 東坡至僧院. 僧梵英. 葺²⁾治堂宇嚴潔. 茗飮芳烈. 問此新茶耶. 英曰. 茶性新舊交. 則香味復. 草茶成兩浙. 而兩浙之茶品. 日注爲第一. 自景祐以來. 洪州雙井白芽漸盛. 近世製作尤精. 其品遠出日注之上. 遂爲草茶第一.】
建陽丹山碧水郷　　品題特尊雲澗月
【邇齋閒覽. 建安茶. 爲天下第一. 孫樵送茶焦刑部曰. 晚甘候十五人遣侍齋閣. 此徒乘雷而摘. 拜水而和. 盖建陽丹山. 碧水之郷. 月澗雲龕之品. 愼勿賤用. 晚甘候. 茶名. 茶山先生乞茶疏. 朝華始起. 浮雲晶晶於晴天. 午睡初醒. 明月離離於碧澗.】

1) ㉠ '兩'은 '雨'의 오자이다. 2) ㉠ '葺'은 '葺'의 오자이다.

[10]

동국에서 나는 차도 근본은 서로 같아
빛깔 향, 기운과 맛이 같은 효능이라 평하네
육안차¹⁵²의 맛과 몽산차¹⁵³의 약효
양자를 겸했다고 고인 높이 평가했네

『동다기』¹⁵⁴에 말하였다. "어떤 이는 동국의 차 효능이 중국산(越産)에 뒤진다고 의심하나, 내가 보기에 빛깔과 향, 기운과 맛에 조금도 차이가 없다." 「다서」에 말하였다. "육안차는 맛이 뛰어나고 몽산차는 약효가 뛰어난데 동국의 차는 이를 모두 겸비하였다. 만약 이찬황¹⁵⁵이나 육자우¹⁵⁶가 있다면 그들이 반드시 내 말이 옳다고 할 것이다."】

東國所產元相同　　色香氣味論一功
陸安之味蒙山藥　　古人高判兼兩宗
【東茶記云. 或疑東茶之效. 不及越產. 以余觀之, 色香氣味, 小無差異. 茶書云. 陸安茶味以¹⁾勝, 蒙山茶以藥勝, 東茶盖兼之矣. 若有李贊皇陸子羽, 其人必以余言爲然也.】

1) ㉯ '味以'는 '以味'인 듯하다.

[11]

늙음 떨쳐 다시 젊어지는 신이한 효험 빨라

여든 노인 얼굴이 홍도처럼 생기 도네

【이백이 말하였다. "옥천사[157] 진공 스님[158]은 80 나이에도 안색이 복사꽃 같았다. 이곳 차는 맑고 향기롭기가 다른 곳과 달라 다시 젊게 하고 늙음을 떨쳐 버려 사람을 오래 살게 한다."】

내게 있는 유천[159] 물을 떠 수벽백수탕 만드노니

어떡하면 가져가서 목멱산 해거옹[160]께 드릴거나

【당 소이蘇廙[161]가 지은 「십육탕품十六湯品」 제3 백수탕에 "사람이 백 년 넘긴 것과 같이, 물을 열 번 넘게 끓인다. 혹은 이야기하다 놓치기도 하고, 혹은 일하다 내버려 두기도 한다. 만약 이런 물을 가져다 쓰면 끓인 물은 이미 본성을 잃고 만다. 감히 묻노니 백발에 여윈 얼굴의 늙은이가 활을 들고 살을 당겨 과녁을 맞힐 수 있겠는가. 씩씩하게 활 보하여 멀리 갈 수 있겠는가."라고 하였다. 또 제8 수벽탕에 "돌은 천지의 빼어난 기운을 응결시켜 형체를 부여한 것이다. 쪼고 다듬어서 그릇을 만들어도 빼어난 기운은 오히려 남아 있다. 거기에 끓인 물이 좋지 않을 리 없다."라고 하였다. 근자에 유당酉堂[162] 대감께서 남으로 두륜산을 지나가다가 자우산방[163]에서 하룻밤 머물렀다. 이때 그 샘물 맛을 보시더니 '맛이 수락[164]보다 더 좋구나."라고 하였다.】

還童振枯神驗速　八耋顔如夭桃紅

【李白云, 玉泉眞公, 年八十, 顔色如桃李.[1)] 此茗香淸異于他, 所以能還童振枯, 而令人長壽也.】

我有乳泉 把[2)]成秀碧百壽湯　何以持歸 木覓山前獻海翁

【唐蘇廙著十六湯品. 第三曰百壽湯. 人過百息, 水逾十沸. 或以話阻, 或以事廢. 如取用之, 湯已生[3)]性矣. 敢問皤鬢蒼顔之老夫, 還可執弓扶矢以取中乎, 還可雄[4)]闊步而邁遠乎. 第八曰秀碧湯. 石凝天地秀氣而賦形者也. 琢而爲器, 秀猶在焉. 其湯不良, 未之有也. 近酉堂大爺, 南過頭輪, 一宿紫芋山房. 嘗其泉曰, 味勝酥酪.】

---

1) ㉠ 이백의 원시에는 '桃李'가 '桃花'로 되어 있다. 김명배, p.83; 용운, p.55.　2) ㉠ 『韓國佛敎全書』에는 '把'로 되어 있으나, 저본에는 '挹'으로 되어 있다. 번역은 저본을 따른다.　3) ㉠ 저본에는 '生'으로 되어 있으나 '失'의 오류이다. 김명배, p.91. 번역은 후자를 따른다.　4) ㉠ 저본에는 '雄' 다음에 한 칸 여백이 있다. '登'이 누락된 것이다. 김명배, p.91.

[12]
아홉 난관 네 가지 향의 현묘한 작용 있으나

【『다경』에 말하였다.[165] "차에는 아홉 가지 난관이 있다. 첫째는 만들기, 둘째는 가려내기, 셋째는 그릇, 넷째는 불, 다섯째는 물, 여섯째는 덖기, 일곱째는 가루내기, 여덟째는 달이기, 아홉째는 마시기다. 흐린 날 따거나 밤에 불에 쬐어 말리는 것은 제대로 된 만들기가 아니며, 씹어 보거나 향을 맡아 보는 것은 제대로 된 감별이 아니며, 누린내 나는 솥이나 비린내 나는 사발은 제대로 된 그릇이 아니며, 진이 나는 섶나무나 부엌 숯을 쓰는 것은 제대로 된 불이 아니며, 급한 여울물이나 웅덩이에 괸 물은 제대로 된 물이 아니며, 겉만 익고 속이 설익은 것은 제대로 된 덖음이 아니며, 푸른 가루나 옥색 티끌은 제대로 된 가루가 아니며, 거칠게 다루거나 급하게 젓는 것은 제대로 된 끓이기가 아니며, 여름에 마시고 겨울에 마시지 않는 것은 제대로 된 마시기가 아니다." 『만보전서』에 말하였다. "차에는 참된 향(진향), 난초 향(난향), 맑은 향(청향), 순수한 향(순향)이 있다. 겉과 속이 한결같은 것을 순향, 설익지도 너무 익지도 않는 것을 청향, 불기운이 균일하게 멈춰진 것을 난향, 곡우 전에 신기가 갖추어진 것을 진향이라 한다. 이것을 네 가지 향이라 한다."】

옥부대[166] 위에서 좌선하는 무리들에게 이를 어찌 가르칠까

【지리산 화개동에는 차나무가 사오십 리에 걸쳐 자란다. 우리나라에서 차밭이 넓기로는 여기에 비할 곳이 없다. 그곳에 옥부대가 있고, 그 아래 칠불선원[167]이 있다. 좌선하는 스님들이 항상 늦은 찻잎을 느지막이 따서 땔감 말리듯 햇볕에 바싹 말리고, 시래깃국 삶듯이 솥에 끓이니, 빛깔은 탁하고 붉으며 맛은 매우 쓰고 떫다. 이는 진정 이른바[168] '천하에 좋은 차를 속된 솜씨로 엉망으로 만들었다.'는 격이다.】

아홉 난관 어기지 않고 네 가지 향 온전하면
지극한 그 맛 구중궁궐에 진상할 수 있으리라

又有九難四香玄妙用
【茶經云, 茶有九難, 一曰造, 二曰別, 三曰器, 四曰火, 五曰水, 六曰炙, 七曰末, 八曰煮, 九

曰飮. 陰采夜焙, 非造也. 嚼味嗅香, 則非別也. 羶鼎腥甌, 非器也. 膏薪庖炭, 非火也. 飛湍
壅潦, 非水也. 外熱[1]內生, 非炙也. 碧粉飄[2]塵, 非末也. 操艱攪逃,[3] 非煮也. 夏興冬癈, 非
飮也. 萬寶全書. 茶有眞香, 有蘭香, 有淸香, 有純香. 表裡如一曰純香, 不生不熱曰淸香,
火候均停曰蘭香, 雨前神具曰眞香. 此謂四香.】

何以敎汝 玉浮臺上坐禪衆
【智異山花開洞, 茶樹羅生四五十里. 東國茶田之廣, 料無過此者. 洞有玉浮臺, 臺下有七佛
禪院. 坐禪者, 常晩取老葉, 曬乾然柴, 煮鼎如烹菜羹, 濃濁色赤, 味甚苦澁. 政所云, 天下
好茶, 多爲俗手所壞.】

九難不犯四香全 至味可獻九重供

1) ㈜『茶經』에는 '熱'이 '熟'으로 되어 있다. 번역은 후자를 따른다. 다음 '不生不熱'
도 동일하다. 2) ㈜『茶經』에는 '飄'가 '縹'로 되어 있다. 번역은 후자를 따른다. 3)
㈜ '逃'는 저본의 '遽'를 잘못 옮긴 것이다.

[13]
비취 물결 푸른 향기 조정에 들자마자
【조정에 들어간다는 것은 마음(心君)에 들어가는 것이다.「다서」[169]에 말하였다. "찻잔
에는 비췻빛 물결 일렁이고 맷돌에는 녹색 가루 날리네." 또 말하였다. "차는 푸른 비췻
빛을 좋은 것으로 치며, 찻물은 투명한 쪽빛을 좋은 것으로 친다. 누렇거나 검거나 붉거
나 어두운 색은 모두 품평에 낄 수 없다. 흰 눈빛 물이 상품이요, 비췻빛 물이 중품이요,
누런빛 물이 하등품이다."[170] 진미공[171]의 시에 "비단 그늘 일산 아래 모여 기이한 영
초의 맛을 보네. 죽로에 그윽이 끓이니 솔불은 성내어 날고, 물이 점점 맑어지니 차 겨
루기 무르익네. 녹향이 길에 가득하니 온종일 돌아가기 잊었구나."라고 하였다.】

총명함이 사방에 통달하여 막힘없어라
하물며 신령한 뿌리를 신선 산에 내렸으니
【지리산을 세상에서는 방장산이라고 한다.】
선풍 옥골이라 종자 본디 남다르네

翠濤綠香纔入朝

【入朝于心君. 茶序曰. 甌泛翠濤. 展¹⁾飛綠屑. 又云. 茶以青翠爲勝. 濤以藍白爲佳. 黃黑紅昏, 俱不入品. 雲²⁾濤爲上. 翠濤爲中. 黃濤爲下. 陳檗公詩. 綺陰攢盖. 靈草試旂,³⁾ 竹爐幽討. 松火怒⁴⁾飛. 水交以淡. 茗戰以肥. 綠香滿路. 永日忘歸.】

聰明四達无滯壅　剏爾靈根托神山

【智異山, 世稱方丈.】

仙風玉骨自另種

1) ㉭ '展'은 원래 '碾'이다. 「茶譜小序」. 2) ㉭ 『萬寶全書』 원문에는 '雲'이 '雪'로 되어 있다. 김대성, p.168. 번역은 후자를 따른다. 3) ㉭ 진미공의 원시에는 '旂'가 '奇'로 되어 있다. 김대성, p.170. 번역은 후자를 따른다. 4) ㉭ '怒'는 저본의 '怒'를 잘못 옮긴 것이다. 번역은 후자를 따른다.

[14]

초록 싹과 자줏빛 순이 구름뿌리[172] 뚫고 나와

오랑캐 신, 들소 가슴팍처럼 주름진 물결무늬

【『다경』에 "난석(부서진 돌)에서 자란 것이 상품이요, 역양토(자갈과 흙이 뒤섞인 곳)에서 자란 것이 다음이다."라고 하였다. 또 "골짜기에서 자란 것이 상품이다."라고 하였다. 화개동 차밭은 모두 골짜기와 난석을 겸비하였다. 다서에 "차는 자줏빛 나는 것이 상품이요, 주름진 것이 다음이며,[173] 초록빛 나는 것이 그다음이다. 죽순처럼 나온 것이 상품이요, 싹처럼 나온 것이 다음이다.[174]"라고 하였다. 오랑캐의 신발같이 쭈글쭈글하고, 들소의 가슴팍같이 가지런히 주름지고,[175] 가벼운 바람이 물살을 쓸어 잔잔한 물결을 일으키는 모양은 모두 차의 정수精腴이다.】

맑은 밤이슬을 흠뻑 머금은 잎

삼매에 든 솜씨로 기이한 향 올리누나

【다서[176]에 "차를 따는 것은 그 시기를 귀하게 여긴다. 너무 이르면 향이 온전하지 않고 늦으면 신기(생동하는 기운)가 흩어진다. 곡우 전 5일간이 가장 좋고, 그 후 5일간이 그 다음이며, 그 후 5일이 또 그다음이다."라고 하였다. 그러나 내가 경험한 바에 따르면 우

리나라 차는 곡우 전후로 따는 것은 너무 이르고, 입하 전후가 적당하다. 차를 따는 법은 밤새 구름 한 점 없이 맑은 날 밤 이슬 머금은 것을 따는 것이 최상이고, 낮에 딴 것은 그다음이다. 흐리거나 비 내리는 날은 따기에 적당하지 않다. 소동파(老坡)가 겸 대사를 보내며 지은 시에 "도인이 새벽에 남병산에서 내려와, 삼매에 든 솜씨로 차를 달여 주었네."라고 하였다.】

綠芽紫筍穿雲根　胡靴犎臆皺水紋
【茶經云. 生爛石者爲上, 礫壤者次之. 又曰谷中者爲上. 花開洞茶田, 皆谷中兼爛石矣. 茶書又言. 茶紫者爲上, 皮者次之, 綠者次之. 如筍者爲上, 似芽者次之. 其狀如胡人靴者, 蹙縮然. 如犎牛臆者, 廉沾[1]然. 如輕飈拂衣[2]者, 涵澹然. 此皆茶之精腴也.】

吸盡瀼瀼淸夜露　三昧手中上奇芬
【茶書云. 採茶之候, 貴及時. 太早則香不全, 遲則神散. 以穀雨前五日爲上, 後五日次之, 後五日又次之. 然驗之東茶. 穀雨前後太早. 當以立夏前後, 爲及時也. 其採法, 徹夜無雲, 挹露採者爲上, 日中采者次之, 陰雨下不宜采. 老坡送謙師詩. 道人曉出南屛山, 來試點茶三昧手.】

1) ㉠『茶經』에는 '沾'이 '襜'으로 되어 있다.　2) ㉠『茶經』에는 '衣'가 '水'로 되어 있다. 번역은 후자를 따른다.

[15]
그 가운데 현미한 이치는 오묘하여 드러내기 어려우니
참된 정기는 본체와 신이 나뉘면 드러나지 않으리
『조다편』[177]에 말하였다. "새로 딴 찻잎은 쇤 잎을 가려서 버리고 뜨거운 노구솥에 말린다. 노구솥이 아주 뜨거워지면 비로소 차를 넣어 급하게 볶는데 이때 불기운을 약하게 하면 안 된다. 뜨거워지면 바로 덜어서 체에 털어 부어 가볍게 몇 차례 비벼 준다. 그리고 다시 솥에 넣은 후 점점 불기운을 약하게 하며 건조해질 때까지 말린다. 그 가운데 현미한 이치가 있으니 말로 표현하기 어렵다." 「품천편」에 말하였다. "차는 물의 정신이요 물은 차의 본체이다. 참된 물(眞水)이 아니면 그 신이 나타나지 않고, 참된 차(眞茶)가 아니면 그 본체를 파악할 수 없다."】

본체와 신 온전해도 중정 지나칠까 두렵나니
중정은 다름 아니라 건실함과 신령함을 아우름이라

『포법편』¹⁷⁸에 말하였다. "탕이 순숙純熟¹⁷⁹해졌다 싶으면 바로 들어서 다관에 조금 부어 냉기를 없앤 후 쏟아 낸다. 그 후 찻잎을 넣는데, 많고 적음을 적당히 가늠하되, 중도(中)를 지나치거나 바름(正)을 잃어서는 안 된다. 차가 많으면 맛이 쓰고 향이 가라앉으며, 물이 많으면 맛이 줄어들고 빛깔이 묽어진다. 다관을 두 번 정도 채운 후에는 다시 찬물로 씻어 내 다관을 시원하고 깨끗하게 해야 한다. 그러지 않으면 차 향기가 줄어든다. 대개 탕관이 너무 뜨거우면 다신이 건실하지 못하고, 다관이 서늘하면 물 기운이 항상 영험하다. 잠시 차와 물이 잘 어우러지기를 기다린 후 차가운 베로 걸러 마신다. 차를 거를 때 너무 빨라도 안 되니, 빠르면 다신이 피어나지 못한다. 마실 때 너무 늦어서도 안 되니, 늦으면 오묘한 향기가 먼저 사라진다." 논평하여 말한다.¹⁸⁰ 차를 딸 때는 현묘함을 다해야 하고, 만들 때는 정성을 다해야 하며, 물은 참됨을 구해야 하고, 끓일 때는 중정을 얻어야 한다. 그리할 때 본체와 신이 서로 어울리고 건실함과 신령함이 서로 어우러진다. 이 경지에 이르면 다도가 완성되었다고 할 수 있다.】

中有玄微妙難顯　眞精莫教¹⁾體神分
【造茶篇²⁾云. 新採³⁾束去老葉. 熱鍋焙之. 候鍋極熱. 始下茶急炒.³⁾ 火不可緩. 待熱方退. 徹⁴⁾入篩中. 輕團枷⁵⁾數遍. 復下鍋中. 漸漸減火. 焙乾爲度. 中有玄微. 難以言顯. 泉品⁶⁾云. 茶者. 水之精. 水者. 茶之體. 非眞水. 莫顯其神. 非眞茶. 莫窺其體.】

體神雖全　猶恐過中正　中正不過健靈倂
【泡法云. 探湯純熟. 便取起. 先注壺中小許,⁷⁾ 盪袪⁸⁾冷氣傾出. 然後投茶葉. 多寡宜酌. 不可過中正失.⁹⁾ 茶重則味苦香沉. 水勝則味¹⁰⁾寡色清. 兩壺後. 又冷水湯滌. 使壺凉潔. 否則減茶香. 盖罐熱¹¹⁾則茶神不健. 壺清則水性當¹²⁾靈. 稍候茶水冲和然後. 冷布釃飮.¹³⁾ 釃不宜早. 早則茶神不¹⁴⁾發. 飮不宜遲. 遲則妙馥先消. 評曰. 採¹⁵⁾盡其妙. 造盡其精. 水得其眞. 泡得其中. 體與神相和. 健與靈相倂. 至此茶道盡.】

---
1) ㉠『萬寶全書』에는 '敎'가 '顯'으로 되어 있다. 김명배, p.115. 번역은 후자를 따름

다. 2) ㉢『韓國佛敎全書』의 '採'는 저본에는 '采'로 되어 있다. 의미는 통한다. 3) ㉢『韓國佛敎全書』의 '炒'는 저본에는 '妙'로 되어 있다. '炒'가 맞다. 4) ㉢ '徹'은 '撤'의 오자이다. 5) 『萬寶全書』에는 '枷'가 '挪'로 되어 있다. 번역은 후자를 따른다. 6) ㉢『茶錄』·『萬寶全書』·『茶神傳』에는 '泉品'이 '品泉'으로 나와 있다. 7) ㉢『茶錄』·『萬寶全書』·『茶神傳』에는 '先注壺中小許'가 '先注少許壺中'으로 되어 있다. 용운, p.82. 8) ㉢『萬寶全書』에는 '盪祛'가 '蕩祛'로 되어 있다. 용운 번역(p.82)에서는 '祛盪'이 옳다고 하였다. 본 번역은 저본을 따른다. 9) ㉢ 저본에는 '失正'으로 적은 후 도치 표시를 하여 '正失'로 읽도록 하였다. 수정한 이가 누구인지는 확실하지 않다. 본서에서는 도치 이전의 상태로 번역한다. 10) 『茶錄』에는 '味'가 '氣'로 되어 있다. 김대성, p.191. 번역은 대본을 따른다. 11) 『茶錄』·『茶神傳』에는 '熱'이 '熟'으로 되어 있다. 김대성, p.193. 번역은 저본을 따른다. 12) 『茶錄』·『萬寶全書』에는 '當'이 '常'으로 되어 있다. 용운, p.82. 번역은 후자를 따른다. 13) ㉢『萬寶全書』에는 '冷布釃飲'이 '令釃布飲', 『茶錄』에는 '分釃布飲'으로 되어 있다. 용운, p.83. 번역은 저본을 따른다. 14) 『茶錄』·『萬寶全書』·『茶神傳』에는 '不'이 '末'로 되어 있다. 의미는 통한다. 15) ㉢ 저본에는 '採'가 '采'로 나와 있다. 의미는 같다.

[16]

옥화차 한 잔 기울이니 겨드랑이에 바람 일고

가벼워진 몸은 벌써 청경[181]을 노닌다네

【진간재[182]의 다시에 "이 옥화차 향을 맡네."라고 하였다. 노옥천[183]의 다가에 "양 겨드랑이에서 맑은 바람 솔솔 이는 걸 느끼겠네."라고 하였다.】

밝은 달 촛불 삼고 내 벗으로 삼아

흰 구름 자리 깔고 병풍 삼아 둘렀네

一傾玉花風生腋　身輕已涉上淸境

【陳簡齋茶詩, 甞此玉花句.[1]　盧玉川茶歌, 惟[2]覺兩腋習習生淸風.】

明月爲燭兼爲友　白雲鋪席因作屛

1) ㉢ '句'는 저본의 '匂'와 흡사하다. 번역은 저본을 따른다. 2) ㉢ 저본에는 '惟'가 '唯'로 되어 있다. 번역은 저본을 따른다.

[17]

솔바람 대바람 소리[184] 모두 다 서늘하여

청한함 뼈에 스미고 마음 맑게 깨이네
흰 구름과 밝은 달을 손님으로 허하노니
도인이 앉은 자리 이만하면 최고라네
【차를 마시는 법에 (손님이 적은 것을 귀하게 여긴다.)[185] 손님이 많으면 소란스럽고, 소란스러우면 아취가 사라져 버린다. 홀로 마시는 것을 신神이라 하고, 둘이 마시는 것을 승勝, 셋이 마시는 것을 취趣, 대여섯이 마시는 것을 범泛, 일고여덟 명이 마시는 것을 시施라 한다.[186]】

竹籟松濤俱蕭凉　淸寒瑩骨心肝惺
唯許白雲明月爲二客　道人座上此爲勝
【飮茶之法, 客衆則喧, 喧則雅趣索然. 獨啜曰神, 二客曰勝, 三曰趣, 五六曰泛, 七八曰施也.】

[발문]
초의 스님 새 차 달이자 녹향 피어오르니
곡우 전 첫물이라 새 혀[187]처럼 가늘구나
단산의 운간차 월감차[188] 손꼽지 마라
찻잔 가득 뇌소차가 명 늘릴 수 있으리니

신 승지 백파거사[189] 쓰다.

草衣新試綠香烟　禽舌初纖穀雨前
莫數丹山雲澗月　滿鍾雷笑可延年
申承旨白坡居士題.[1)]

1) ㉮ 이하에 "松風檜雨到來初, 急引銅瓶移竹爐, 待得聲聞俱寂后, 一甌春雪勝醍醐."가 필사되어 있다. 이는 본문의 3장에 등장하는 나대경羅大經의 〈瀹湯詩〉를 다시 베낀 것이다. 번역은 본문 참조.

대법당 창호계안서【초의 중부자】 - 초의 의순

집(방)에 창이 있는 것은 사람에게 눈이 있는 것과 같다. 눈에 가리는 것이 없어야 볼 수 있는 것은 또한 창에 종이가 있어야 밝은 것과 같다. 그러므로 눈에 가리는 것이 있는 것은 사람의 병이요, 창에 종이가 없는 것은 집(방)의 병이다. 눈이 병들면 보는 데 어려움이 있고, 집이 병들면 관계되는 어려움이 많다. 바람이 들이쳐 먼지가 방에 가득하고, 추운 겨울에 싸락눈이 쏟아져 들어온다. 비록 옥궤와 금 침상과 은 병풍이 있고 비단 보료가 그 앞에 놓여 있어도 사람이 그 안에서 편안하게 거처할 수가 없으니 폐옥이라 하지 않을 수 있겠는가? 단지 흙벽과 마른자리에 대나무 창과 새끼줄을 맨 문이라 하더라도 종이를 바르면 비바람을 막아 편안히 거하고 안온히 잘 수 있으니 이를 온전한 집이라 말하지 않을 수 있겠는가? 이로써 보면 창호를 막는 것은 매우 중대하고 큰일이다.

본사 대법당의 기다란 창과 큰 문은 종이를 바르기가 심히 어려워 때로는 바람이 눈과 함께 들이치고, 비가 바람을 타고 들어와 전각 안에 아름답던 부처님의 진용이 또한 흐릿하게 번지는 것을 미리 막지 못하였다. 옥주군(진도)에 사는 청신사 손관효孫寬孝 공이 사세가 쇠락하여 대법당에 창호지를 계속 바르기 어려운 것을 마음 아프게 생각하여 경내 인근 마을의 여러 어진 청신사들과 서로 권장하고 발의하였으니, 한마디 말에 여러 사람이 동조한 것이 바람이 불자 풀이 눕는 것 같았다.[190] 모두 조금씩 재물을 출연하고 모아 종이를 사는 자금으로 삼고, 해마다 창호를 바를 계획을 세웠다. 이것이 바로 성대한 계가 만들어진 까닭이다. 이제 아래에 아름다운 이름을 나열하여 조석으로 복을 비는 자료로 삼는다. 또 게송을 불러 이 계회가 매우 훌륭한 일임을 말하고자 한다.

노래는 다음과 같다.

진주(진도)와 금현(해남)이 서로 마주 보면서
만경창파 가운데서 가로로 늘어서 있구나
남쪽 땅 푸른 산은 은하수에 꽂혀 있고
그 가운데 삼한의 옛 도량 감추었네
오백 개의 가람은 머물기 제일 좋고
삼천 개의 비보사찰 견줄 곳이 없어라
만고에 영험한 신선들 머물던 토굴이요
눈과 다툰 붉은 꽃이 시내 가득 향기롭다
채색한 법당은 빽빽하게 대웅전을 두르고
법당엔 자수 부처님 한가운데 모셔졌네
채색한 창 푸른 비단[191]은 언제 틈 벌어졌나
바람 불자 옥 촛대가 차갑게 흔들리네
그 누가 청정한 종이 바꿔 업보를 씻어 내리
옥주의 고명한 선비 청운랑이라
찬란한 빛 받아 아침 해 명량하고
붉고 푸른 금빛 벽은 장엄을 드러낼 때
선하고 믿음 있는 사람들 기쁘게 우러러보니
모두가 재앙 없애는 이익을 입으리라
육도만행에 보시가 으뜸이라
바다와 산 같은 복과 수명 씻겨도 한량없네
아침 법고 저녁 종성, 맑은 밤 범종 소리
사른 향은 구름 뚫고 하늘 밖 드날리네
제천이시여 이를 듣고 수희심 함께하여
단월들 집안마다 온갖 복 내리소서

大法堂窓糊契按序【草衣中孚子】

室之有窓, 如人之有目. 目無翳而能見, 亦猶窓有紙而能明也. 故[1]有翳, 人之病也. 窓無紙, 室之病也. 目之病, 艱於視. 室之患, 所係多端. 風射而塵垎盈室, 歲寒而霰雪透入. 雖玉几金牀銀屛列後, 綉褥補前, 人不得安處于中, 可不謂之弊屋乎. 唯土壁藁[2]筵, 竹戶繩樞, 能得糊紙, 而防風御雪, 可以安居而穩宿, 可不謂之全屋乎. 由是觀之, 則窓糊之關, 重大且遠矣. 本寺大法堂之長窓巨戶, 塗紙甚艱. 有時乎, 風伯挾雪, 雨師乘風, 殿內之睟容妙好, 亦不免於漫漶之預. 沃州郡有孫公寬孝, 淸信之士也. 痛念寺勢之零替, 而大法堂窓紙之難繼也. 與境內隣縣諸賢信士, 互相勸發, 一言風馳, 衆諾草偃. 各捐財略干, 聚爲貿紙之本, 而爲年年窓糊之計. 此盛契之所以成也. 遂列芳啣于左, 以爲晨夕祝釐之資. 又頌加陀, 以爲是契之勝事云爾. 頌曰.

珍洲琛縣兩相望	碧波萬頃中橫長
南巒叢翠挿雲漢	中藏三韓古道場
五百茄藍居第一	三千裨補無與方
萬古靈仙之窟宅	巖屛千疊雲錦張
凌冬碧樹摩雲茂	鬪雪紅葩滿磵香
畫堂簇簇繞雄殿	堂前繡佛御中央
琱櫳碧紗何時綻	風射玉燭冷搖光
誰換淨紙洗塵暗	沃州高士靑雲郞
輝光受朝日亮[3]	金璧朱翠顯巖[4]莊
善信男女欣瞻仰	個個蒙益除僁怏
六度萬行檀居首	福海壽山洗難量
暮鼓朝鍾淸夜梵	香徹雲衢天外揚
諸天聞之同隨喜	永使檀家來百祥

---

1) ⓐ 저본에는 '故' 다음에 작은 글씨로 '目'을 기입해 놓았다.　2) ⓐ 저본에는 '木'

대신 '月'이 들어 있다. 해석은 『韓國佛敎全書』에 따른다.   3) ㉻ 한 글자가 탈락한 것으로 보인다. ㉼ '受' 자 전후로 글자가 누락되거나, 혹은 '受' 자가 아닌 듯하다.   4) ㉽ '巖'은 '嚴'의 오자이다.

대광명전 불전 등촉계안서

해는 낮에는 빛나지만 긴 밤의 어둠은 깨뜨리지 못하고, 달은 밤에는 밝지만 어두운 방의 어둠은 사라지게 하지 못한다. 어두운 방의 어둠을 사라지게 하고 긴 밤의 어둠을 깨뜨리는 것은 오직 등불만 할 수 있다. 등불의 시의時義[192]함이 원대하도다. 무릇 해가 밝으나 비와 구름이 가리고, 달이 밝으나 그믐과 초하루가 끼어 있다. 등불의 밝음은 비와 구름, 그믐과 초하루의 간섭이 없어 장명등長明燈이나 무진등無盡燈이라는 이름이 있다. 이것이 바로 해와 달의 밝음이 도리어 등불에 미치지 못한 바이다. 또한 어두운 법당 내에서 부처님(聖儀)을 비추며, 칠흑같이 어두운 깊은 한밤에 여러 가지 현묘함(衆妙)[193]이 나타나며, 부처님의 가르침(聖敎)을 열심히 읽는 이들에게 광형匡衡이 벽을 뚫는 어려움[194]을 없게 하며, 어두운 밤 활과 화살을 끼고 있는 자에게는 율의律儀를 따라서[195] 돌이켜 반성하는 이익이 있다. 이는 또한 연등의 조화가 무궁한 것이다. 그러나 연등은 유촉油燭을 본체로 하는데, 본체가 갖추어지지 않으면 곧 그 빛을 드러낼 방법이 없다.

이 대광명전大光明殿은 새로 지은 지 오래지 않은데도 불등의 본체가 이지러져서 빛을 이어가기 어려웠다. 유찬有粲 스님이 발원하고 재물을 모아 불등 본체의 근본으로 삼고 해마다 이자를 받아 유촉의 비용으로 마련하였다. 또 매년 관음재일에 깨끗한 공양을 마련하여 부처님 전에 드려 계원들의 수명과 복을 늘리기를 기도하였다. 이로부터 불등이 본체를 갖추어 길이 밝은 빛이 있게 되었으니, 시주한 집안마다 상서로움이 늘어나고 무궁한 복락을 누리기를, 그리고 현세에서는 인간 세상의 빛나는 곳을 받고 후세에는 천상의 쾌락에 감응하기를 어찌 미리 기쁘게 우러르지 않겠는가? 이제 아름다운 이름을 아래에 적어 아침저녁으로 복을 비는 자료로 삼는다.

大光明殿佛前燈燭契案序

日昱晝而不能破長夜之昏, 月昱夜而不能消暗室之寞. 能消暗室之寞, 而破長夜之昏者, 唯燈能之. 燈之時義遠矣哉. 夫日之明而雲雨掩之, 月之明而晦朔間之. 燈之明, 無雲雨晦朔之間, 而有長明無盡之號. 是則日月之明, 返有未及於燈者也. 且照聖儀於寞殿之內, 現衆妙於玄夜之中. 使勤閱聖敎者, 無匡衡穿壁之艱. 暗挾弓矢者, 有郇律回省之益. 此又然燈者, 化無窮也. 然燈以油燭爲體, 體未具, 則用無所現其光矣. 此大光明殿, 新建未久, 佛燈虧體, 光用難繼. 有比丘宥粲, 發願求財, 爲燈體之本, 年年取息, 備油燭之價. 又於每年觀音齋日, 爲設淨供, 獻於佛前, 爲契員祈延壽福. 從此佛燈具體, 而有長明之光, 施家延祥, 而亨無窮之福. 現受人間之光處, 後感天上之快樂, 豈不預爲欣仰也. 遂列芳啣于左, 以爲晨夕祝釐之資.

대둔사 만일암기[196]【정약용 다산거사[197]】

　열흘 만에 버리는 것은 누에고치요, 여섯 달 만에 버리는 것은 제비 집이요, 1년 만에 버리는 것은 까치집이다. 그러나 바야흐로 둥지를 경영하고 얽어 만드는 것을 보면 혹 창자를 뽑아 실을 만들고, 혹 침을 토해 내어 진흙을 이기며, 혹 풀과 볏짚을 어렵사리 얽느라고 입이 헐고 꼬리가 떨어져도[198] 피곤한 줄 모른다. 사람들은 그것을 보고는 그 지혜를 얕게 여기고 그 생을 애처롭게 여기지 않음이 없다. 그러나 비록 화려하게 꾸민 붉은 정자와 푸른 누각도 손가락 퉁기는 사이에 재와 먼지가 되니, 우리들이 집 짓는 계획도 이들과 다를 바가 없다. 우리들이 백 년을 기약하여 살다가 버리게 하더라도 오히려 그렇게 하기 어렵거늘, 하물며 수명의 길고 짧음이 일정하지 않음에랴. 우리들이 반드시 처자를 보살피고 후손[199]에게 전한다 해도 오히려 그렇게 하기 어렵거늘 하물며 머리 깎고 먹물 옷 입은 승려임에랴. 승려가 집을 고치는 것은 본디 자신을 위해 꾸미는 것이 아님을 알겠노라.
　두운斗云 스님이 그 집을 새로 수리하고 넓혀 준공을 한 후 다산의 초당으로 나를 방문하여 말하였다. "이 지역에 있는 절들은 마치 바둑판에 바둑알을 펼쳐 놓은 것 같아서 종과 북소리가 서로 들리니, 가는 곳마다 내 방이 아님이 없습니다. 게다가 내 머리도 이미 듬성듬성해졌는데, 내 비록 어리석으나 어찌 이 일을 하겠습니까? 애오라지 잘 수리하여 후세들에게 남겨 주려는 것입니다." 나는 그 말을 옳다 여기고 그 절 이름을 물어보니 두륜산頭輪山 만일암挽日庵이라 하였다.

大芚挽日菴記【丁若慵 茶山居士】

　十日而弃者, 蠶之繭也. 六月而弃者, 燕之窠也. 一年而弃者, 鵲之巢也. 然而方其經營而結搆也, 或抽膓爲絲, 或吐涎爲泥, 或拮据茶[1)]租, 口瘏尾譙而莫知疲. 人之見之者, 無不淺其知, 而哀其生. 雖紅亭翠閣, 彈指灰塵, 吾人室屋之計, 無以異是也. 使吾人必百年而弃之, 猶不足爲, 矧脩短未定哉. 使吾人必廕其妻孥, 傳之雲仍, 猶不足爲, 矧剃染爲僧哉. 僧之[2]繕室屋者, 其非自爲身謀可知也. 浮屠斗云, 新其室而大之, 無[3]竣, 過余于茶山之舘而語之曰. 蘭若之存域中者, 如棊布秋,[4] 鐘鼓之聲相聞, 無適而非吾室也. 而吾之髮已種種, 吾雖愚, 豈爲是哉. 聊繕之以遺後人. 餘[5]善其言而識之, 詢其室, 曰頭輪山之挽日庵也.

1) ㉯『與猶堂全書』에는 '茶'로 되어 있다. 2) ㉯『與猶堂全書』에는 '之'가 '而'로 되어 있다. 번역은『韓國佛敎全書』를 따른다. 3) ㉯『與猶堂全書』에는 '無'가 '旣'로 되어 있다. 번역은 후자를 따른다. 4) ㉯『與猶堂全書』에는 '秋'가 '楸'로 되어 있다. 번역은 후자를 따른다. 5) ㉯『韓國佛敎全書』의 '餘'는 저본의 '余'를 잘못 옮긴 것이다.

철경당게 [서문과 함께]²⁰⁰ – 범해 각안²⁰¹

'경鯨'(고래)은 '경勍'이니 그 힘이 굳셈을 말하며, '경鯨'은 '강疆'이니 그 등뼈가 강함을 말한다. 고래가 바다를 휘달릴 때 숨을 토하면 우레가 되고 물을 뿜으면 무지개가 된다. 큰 배를 삼킬 때는 노니는 물고기가 먹이를 삼키는 것 같고, 큰 파도를 헤치고 나아갈 때는 하늘을 나는 새가 창공을 능멸하는 것 같다. 한 번 거동하면 만 리를 가는데 깊은 바다에서 바람이 일어난다. 바야흐로 그때는 비록 용백龍伯²⁰²이 낚시를 던지고, 소열蘇烈²⁰³이 낚싯줄을 잡아도 그 누가 잡아당겨 되돌아오게 할 수 있겠는가? 신훈의 관점으로 해석해 보면, 육근이 앞에서 잡아당기고 오탁이 뒤에서 밀며, 번뇌가 피어올라 하늘을 가리고, 마장이 좌우에서 희롱(揶揄)하는데, 절룩거리면서도 용맹하게 가는 것이 마치 큰 고래가 곧장 바다를 향해 내닫는 것과 같다. 아, (스스로 갖추고 있는) 진여가 미약하다면 이를 끌어당겨 되돌릴 수 있겠는가? 능히 끌어당겨 되돌아오게 할 수 있다면 이는 맹분孟賁과 하육夏育²⁰⁴도 짝이 될 수 없을 것이다.

응언應彦 스님은 아암 혜장兒庵惠藏의 문도인데, 용감하게 팔을 걷어붙이고 대중들에게 큰 소리로 외치기를 "우리 스님에게 비결이 있었는데 내가 그것을 받았으니, 나는 능히 그것을 끌어당길 수 있다."라고 하였다. 이후 대중들은 스님의 말을 따라 '철경' 스님이라고 불렀다. 자하산인紫霞山人²⁰⁵이 그 말을 듣고 장하게 여겨 게송을 지어 주었다. 그 가사는 이와 같다.

살아 있는 생물 중 고래만 한 것은 없지
이빨은 설산이요 지느러미는 금성 같아
코를 들어 숨을 쉬면 큰 바다 뒤집히고
붉은 꼬리(朱翹)²⁰⁶ 횟대질하면 (올렸다 내리면) 벼락소리 나는구나

포뢰²⁰⁷ 화들짝 달아나니 바다가 놀란 듯하고
파도가 산처럼 곧추서니 지축이 기우는 듯
마르고 여윈 한 사내 기골이 청아한데
홀로 언덕 위에 근심 겨워 서성이네²⁰⁸
수염 같은 눈썹을 작은 얼레²⁰⁹에 감아서
바람에 후 부니 가볍게도 날아가네
고래 꼬리에 착 붙어 당김도 하나 없이
순순히 사로잡혀 아이같이 끌려오네
용 잡고 범 묶는 일 이에 비할 바 되랴
호파²¹⁰ 장경²¹¹과 이름 나란히 할 듯
본연은 미약하고 오온은 강하나니
능히 이를 다잡을 이 그가 바로 호걸영웅

掣鯨堂偈【幷引】

鯨者, 勍也, 其力勍也. 鱷¹⁾者, 彊也, 其脊彊也, 鯨之奔於海也, 吼氣成雷, 歕水爲虹. 呑巨艦如游魚之仰餌, 排洪波如飛鳥之凌空. 一擧萬里, 溟渤生風. 方其時也, 雖龍伯投其釣, 蘇烈操其緡, 誰能掣而還之哉. 新薰²⁾之見物也, 六根挽乎前, 五濁推乎後, 塵勞堀堁以蔽天, 魔障揶歈³⁾而左右, 蹞踔勇徃, 若長鯨之直走. 嗟. 眞如之微弱, 掣而還之否. 能掣而還之, 斯賁育弗能耦矣. 沙門應彥, 兒庵藏公之徒也. 悍然攘其捥, 而號於衆曰. 吾師有訣, 吾有所受之. 吾能掣之. 衆從而呼之曰⁴⁾掣鯨. 紫霞山人聞其言而壯之, 授之以伽陀之詞. 其辭曰.

生物之大無如鯨　齒若雪山鰭金城
仰鼻嘘吸倒滄瀛　朱翅⁵⁾翕張霹靂聲
蒲牢振布海若驚　濤山直立坤軸傾
有夫癯枯毛骨清　獨立岸上愁屛營

有尾⁶⁾如髮簞車縈　因風吹⁷⁾去其飛輕

黏鯨之尾無相櫻⁸⁾　順受提⁹⁾挈如孩嬰

鉗龍絡虎不足并　瓠巴長庚堪齊名

本然微弱五蘊勍　有能掣者斯豪英

---

1) ㉭『東師列傳』에는 '鯨'이 '鱷'으로 되어 있다.　2) ㉭ '薰'은 '薰'으로 쓰인 것으로 보인다. 『東師列傳』에는 '薰'이 '薑'으로 되어 있고 『韓國佛敎全書』 원주에 '新薑之'는 연자衍字라고 하였다.　3) ㉭ '挪揄'는 『東師列傳』에는 '挪楡'로 되어 있는데 『韓國佛敎全書』 원주에 '挪揄'의 오자로 소개하였다.　4) ㉭ 『東師列傳』에는 '衆從而呼之曰'이 '衆從之而呼曰'로 되어 있다.　5) ㉭ 『東師列傳』에는 '赳'이 '魁'로 되어 있다. 번역은 후자를 따른다.　6) ㉭ 『東師列傳』에는 '尾'가 '眉'로 되어 있다. 번역은 후자를 따른다.　7) ㉭ 『東師列傳』에는 '吹'가 '歔'으로 되어 있다.　8) ㉭ 『東師列傳』에는 '櫻'이 '攖'으로 되어 있다. 번역은 후자를 따른다.　9) ㉭ 『東師列傳』에는 '提'가 '捉'으로 되어 있다.

철우당게【서문과 함께】[212] – 범해 각안

나는 이와 같이 들었다. 지수화풍(四大)이 변화하여 물(物)에 닿으면 형체가 이루어진다. 허깨비 바탕이 비록 아름답지만 본체가 더욱 존귀하다. 그러므로 토우[213]는 겨울을 보내고, 석우[214]는 비를 부르며, 목우[215]는 검각(釗閣)[216]으로 양식을 나르며, 금우[217]는 동정호로 험한 길을 오른다. 이들은 터럭과 혈액이 필요하지 않으니, 신령한 소(靈牪)이기 때문이다. 그러므로 소요 태능[218]의 시에 "뿔 없는 철우가 허공을 오를 적, 꼬리 치고 머리 흔드니 눈 쌓인 고갯마루 바람이 이네."라고 하였으니, 이는 오묘한 깨달음의 말이다. 사문 표운[219]은 질박하고 겉치레가 없어 그 본바탕을 잘 보전하였기에 비구 대중들이 그를 '철우 선사'라 하였다. 게송은 이러하다.

머리는 황하 남쪽
꼬리는 황하 북쪽
천 명이 채찍 해도 움직임 없고
육정[220]이 당겨도 꼼짝 안 하네
이것 참 기이한 동물
색즉시공 공즉시색
이름 없고 뿔도 없으나
등에는 천균[221]의 힘 짊어진다네
진흙 소 몸과 다르게
물에 들어가면 물 따라 갈라지네
이군두[222]와 다르게
두 번 부르면 검은 회오리바람 이네
아미타불 염하지 않으면
극락 가기 원치 않는 것

자하산에 머리 돌리니
흠모하는 정 끝이 없구나

鐵牛堂偈【并引】

如是我聞. 四大之變, 觸物成形. 幻質雖美, 本體更尊. 故土牛送寒, 石牛招雨, 木牛輸粮於釖閣, 金牛躡險於洞庭. 不必尾[1]血者, 爲靈牸也. 故逍遙太能之詩曰. 鐵牛無角陟虛空, 擺尾搖頭雪嶺風. 妙悟之言也. 沙門表云, 撲實無華, 保其本質, 比丘大衆號之曰鐵牛禪師. 偈曰.

頭在黃河南　尾在黃河北
千人鞭不動　六丁挽不得
是爲奇異獸　色空空則色
無號又无角　背負千鈞力
不似泥牛體　入水隨水泐
不似李軍頭　再號旋風黑
不念阿彌陀　不願極樂國
回向紫霞山　欣慕無終極

---
1) ㉮『東師列傳』에는 '尾'가 '毛'로 되어 있다. 후자에 따라 번역한다.

현해탑명[223] - 범해 각안

살아서는 가선대부 벼슬을 하였고, 죽어서는 현해라 호를 붙였으니, 두륜산의 모윤 스님이시다. 살아서는 풍족한 생활을 누리고, 죽어서는 사리를 남기셨도다. 살아서는 재물이 풍족하였고 죽어서는 맑은 이름 남기셨으니, 논자들이 기이하다 평을 하였다. 명銘은 다음과 같다.

사리탑으로 이보다 높은 것 없었네
자취가 그러하니 이치 따지기 어렵네

縣解塔銘

生而嘉善其爵, 死而縣解其號者, 頭崙山僧慕閏也. 生而饕肥, 死而超骨. 生而高貴, 死而淸名. 論者奇之. 銘曰. 骨無超塔斯屹. 跡則然理難詰.

은봉당 제문[224] - 범해 각안

순박하고 아름다운 육신 버리고 가셨네, 아.
화려하고 넉넉한 집 두고 가셨네, 아.
빙 두른 산 버리고 가셨네, 아.
법고 소리 고요해져 들리지 않네, 아.
목탁 소리 쓸쓸해져 들리지 않네, 아.
연화세계 그 어디인가, 아.
흠향하소서.

隱峰堂祭文

殼純美弃而去, 噫. 屋精敝[1]弃而去, 噫. 山回抱弃而去, 噫. 鼓寂寂不復鼓, 噫. 鐸寥寥[2]不復鐸,[3] 噫. 蓮花世界在何處, 噫. 尙饗.

1) ㉠ 저본과 『東師列傳』에는 '敝'가 '敞'으로 되어 있다. 번역은 저본을 따른다. 2) ㉠ 『東師列傳』에는 '寥寥'가 '寂寂'으로 되어 있다. 3) ㉠ 『東師列傳』에는 '鐸'이 '語'로 되어 있다.

표충사 제문[225]

삼가 생각하건대, (서산 대사 휴정[226]께서는) 선정과 지혜를 다 갖추시고 충성과 의리를 모두 드높이셨습니다. 대덕(휴정)께서 가르침을 주시고 두 제자(유정, 처영) 무리가 종풍을 이으셔서 적군을 사로잡은 공이 매우 컸습니다. 임금께서 그 공을 기억하시어 정이(鼎彝)[227]에 아로새기고 제사 올려(俎豆)[228] 이를 높이셨습니다. 봄꽃이 피어나니 슬프고 그리운 마음 더욱 깊어집니다. 이에 향기로운 제수(嘉薦)와 곡물(普淖)을 올리고, 그 법식은 임금께서 내리신 의전대로 행하옵니다. 삼가 홍제존자 사명당 선사(유정[229])와 우세존자 뇌묵당 선사(처영[230])를 좌우에 배향합니다. 흠향하소서.

表忠祠祭文

伏以定慧具列, 忠義幷隆. 大德授旨, 二徒承風, 獲醜孔皁. 王用記功, 鼎彝無[1]銘, 俎豆斯崇. 春物敷業,[2] 悵慕愈緬. 喜薦淖,[3] 式宣寵典. 謹以弘濟尊者泗溟堂禪師, 佑世尊者雷默堂禪師, 配食于左右. 尙饗.

1) ㉰ 표충사「春秋時享祝文」에는 '無'가 '旣'로 되어 있다. 번역은 후자를 따른다. 2) ㉰ 저본에는 '業'이 '榮'으로 되어 있다. 번역은 저본을 따른다. 3) ㉰ 표충사「春秋時享祝文」에는 '喜薦淖'가 '嘉薦普淖'로 되어 있다. 번역은 후자를 따른다.

선문답

"순淳은 모름지기 번뇌를 시원하게 벗어나야 한다."
"순詢은 모름지기 실지를 밟아야 한다."
"훈訓은 모름지기 깨달음의 관문을 뚫고 가야 한다."
순淳이 물었다.
"어떤 것이 번뇌를 시원하게 벗어나는 것입니까?"
대사가 말하였다.
"가을 구름에 흐르는 한 조각 달이로다."
순詢이 물었다.
"어떤 것이 실지를 밟는 것입니까?"
대사가 말하였다.
"왕성에 가득 날리도다."
훈訓이 물었다.
"어떤 것이 깨달음의 관문을 깨치고 나가는 것입니까?"
대사가 말하였다.
"차가운 연못에 새 그림자 지나간다."

禪問答

淳也須洒脫塵勞, 詢也須踐躡實地. 訓也須超透悟關. 淳問. 如何是灑脫塵勞. 師曰, 秋雲一片月. 詢問, 如何是踐躡實地. 師曰, 飛滿帝城. 訓問, 如何是超透悟關. 師曰, 鳥影度寒塘.

고성암²³¹ 모연문

　삼가 생각하니, 백성들이 소중히 여기는 것이 고을(邑)이요, 고을이 의지하는 것이 산이다. 천촌만락이 금성金城을 우러러 중심으로 삼고, 겹겹의 누각은 푸른 산에 의거하여 터를 이룬다. 그러한즉 백성을 보호하는 이는 반드시 그 고을의 터를 살펴보고, 고을을 살피는 이는 반드시 그 산을 제일 중요하게 본다. 이것이 자연스러운 형세이다.
　오직 이 암자는 실로 우두산牛頭山에 터를 내렸는데, 본 읍(강진읍)에 있으며 본래 용맥龍脈이라 불렸다. 두 봉우리가 마치 뿔과 같아, 어느 신통한 스님은 풀을 씹는 형국이라 지적하였다. 또 구포九浦를 앞에 마주하고 있어, 어느 도사는 (용이) 샘물을 마신다는 비결祕訣을 전하였다. 포뢰蒲牢(종)²³²가 저녁에 울리면 봄 낮잠을 깨어 밭 갈 일 재촉하고, 목어(木鯉)가 새벽에 울리면 가을 타작마당을 쓸어²³³ 수확을 한다. 지령地靈과 인걸이 모두 함께 음덕을 입고, 들 농사 산 농사가 다 순조롭게 적절한 도움을 얻는다. 그런데 이 절은 불행히도 대들보가 부러지고 용마루가 꺾이는 지경에 이르렀다. 아아, 계곡 물과 숲이 부끄러워하도다. 박달나무 발우가 밤 사이 달아나니 돌 창고에 능能 스님의 절굿공이가 (먼지 끼고), 오동나무 악기가 저녁에 끊어지니 금모래에 총聰 노인의 거문고가 상하는구나. 황혼에 박쥐가 날아다니니 옛 스님은 눈물을 쏟아 내고, 대낮에 도깨비들 오르내리니 지나가는 길손은 탄식을 머금는구나.
　죽으로 연명하는 우리 잔생殘生들은 쭉정이와 겨 같은 천한 존재이나 조용히 새 부리로 바다를 메울²³⁴ 생각을 하였습니다. 일을 도모하는 뜻은 비록 간절하지만 이는 거의 모기의 등에 산을 짊어지는 것과 같으니, 어찌 일을 일으키는 데까지 힘을 이어갈 수 있을는지요.
　엎드려 비노니, 18방坊의 여러 군자들이여, 기존 여러 섬의 모든 어르신들이여. 고을 터의 중함을 깊이 생각하시어 흔쾌히 가벼운 진찰塵刹을 기부하십시오. 인애의 마음을 크게 베풀어 큰돈을 시주하십시오. 그리하면 푸른 기와와 붉은 처마가 환연히 가람을 생색나게 할 것입니다. 금빛 벼,235 옥 같은 쌀 등 저장해 둔 곡식을 쌓아 올려 상서로움을 바칩시다. 이것이 어찌 한 절의 승려가 큰 은혜를 더하고자 함이겠습니까. 만가萬家의 고을에 이름난 터를 영원히 올리기 위함입니다. 무릇 보고 듣는 가운데 기쁨이 넘치지 않을 수 없을 것이고, 마침내 큰 서원을 이루게 될 것이니, 큰 기쁨을 가누지 못하겠습니다.

高聲庵募緣文

伏以民之所重者, 邑. 邑之所依者, 山. 萬落千村, 仰金城而爲極. 重樓疊閣, 跨碧峀而成基. 然則保民者, 必顧其邑. 顧邑者, 必勝其山. 此自然之勢也. 唯玆菴, 實據牛頭, 在本邑, 素稱龍脉. 雙峯如角, 神僧指乾艸之形. 九浦當頭, 道士傳飮泉之訣. 蒲牢夕吼, 警春睡而催耙. 木鯉晨鳴, 滌秋場而收獲. 地靈人傑, 咸被陰功. 野稼山農, 率由宜佑. 不幸樑摧而棟折. 嗟乎, 澗愧而林慚. 檀鉢宵奔, 石廠[1]能師之杵. 桐徽暮絶, 金沙毁聰老之琴. 飛蝙蝠而黃昏, 舊僧流涕. 騰魍魎於白日, 過客齌呑. 貧道等粥飯殘生, 粃糠賤品, 竊慕禽咮之塡海. 志雖切於圖功, 殆同蚊背之負山, 力奈綿於興役. 伏願十八坊諸君子, 旣諸島斂尊位. 深念邑基之重, 快捐塵利之輕. 大發仁心, 洪施巨貨. 則碧瓦朱欐, 煥伽藍而生色. 金穣玉粒, 峙窖粟而呈祥. 豈唯一寺之僧, 叨沾大惠. 抑亦萬家之邑, 永奠名基. 凡在瞻聆, 莫不欣聳. 得遂大願, 不勝幸甚.

1) ㉠ '廠' 아래 한 글자가 탈락한 듯하다.

아암[236] 만시
挽兒菴

승려 이름에 유자 행실 세상 모두 놀랐는데[237]	墨名儒行世俱驚
슬프다 화엄법회의 옛 맹주여	怊悵華嚴舊主盟
『논어』한 권을 손 씻어 자주 보고	一部魯論頻盥手
아홉 대가[238] 『주역』을 정밀하게 연찬했네	九家周易細研精
해진 가사 처량하게 바람에 날아가고	凄凉破衲風吹去
불 꺼져 시든 재는 비에 씻겨 흘러가네	零落殘灰雨洒平
장막 아래 제자들 사미승 서넛	帳下沙彌三四五
상여를 부여잡고 목 놓아 부르도다	攀輀猶復喚先生

또
又

종산의 십홀 방[239]을 정결히 소제한 후	淨掃鐘山十笏房
그대 위해 수운향[240]을 그려 보았소	爲君料理水雲鄕
계곡엔 염주(영락) 놓고 『화엄경』 읽고	溪留瓔珞穿花經
모래섬엔 가사 걸어 놓고 달 띄워 놓았다오	渚繫袈裟汎月航
과거의 약속 지금은 허깨비 어묵이요	素約只今魚墨幻
넓고 넓은 푸른 하늘엔 기러기 소리 처량하오	碧天無際鴈聲凉
꽁무니 수레 탄 바람 말[241]은 행적 없으니	尻輪風馬無行蹟
긴 봄 눈물 흘리며 다만 5장의 시 지을 뿐	淚洒長春第五章

성묵 선사찬 [백파거사²⁴²]
聖默禪師贊【白坡居士】

기수²⁴³ 어두워지자	祇樹入晦
우담바라 붉어졌네	曇花浮紅
색이 곧 공이로다	色卽是空
자비의 구름 바다에 지자	慈雲沉海
달이 창천에 떠오르네	月反高穹
형상 역시 공이로다	相亦是空
성품이 고요하여	性宇寂默
자원성²⁴⁴에 두루 통하네	紫垣流通
마음이 공공²⁴⁵이로다	心是空空
비단 가사 하얀 불자에	錦袈白拂
향 연기 가늘게 퍼지네	篆香微籠
그림자가 공공이로다	影是空空

호의 선사[246] 찬 – (백파거사 신헌구)
縞衣禪師贊

흰빛의 옷으로 마음 바탕 보여 주고	衣之縞見心素
깨달음이라 이름하여 뜻을 돌아보게 하네	名以悟思義顧
몸은 여위었으나 기골은 맑으니	形癯而骨淸
의연히 보리수와 같고	宜爾是菩提樹
눈썹은 수려하고 눈동자는 맑으니	眉秀而瞳朗
완연히 미타불 조각 같네	完爾是彌陁塑
계수나무 꽃을 태몽으로 꾸니[247]	桂華之鞠夢兮
정영위丁令威가 화표주華表柱에[248] 환생한 듯하고	幻丁威於表柱
연담에게 연찬하고	蓮潭之贊文兮
완호에게 법계를 이어받았네	繩法戒於玩虎
구십일 세(期頤)에 열반(歸眞)하셨고	望期頤而歸眞兮
칠십이 세의 법랍으로 입적하셨네	乘八九而僧臘度
지혜의 달 가을 하늘에 빛나고	慧月秋空
우담바라 밤에 내리니	曇花夜雨
참모습인가 그림자인가	眞乎影耶
나는 내 몸이 머무는 곳 알 수가 없네	我不知自身之所寓
다만 새벽 종소리 차가운 바람에 등불 한 심지 올릴 뿐	唯有曉磬寒風燈一炷

하의 선사[249] 찬 – (백파거사 신헌구)
荷衣禪師贊

그대의 옷은 연잎으로 만들고	子之衣兮荷製
비단 가사 더하여 길게 끄셨도다	尙錦袈而長曳
그 아름다운 모습 완비하였네	完其容裔
그대의 마음은 선정에 머무르고[250]	子之心兮止定
불경(貝葉)을 삼승에 증명하셨도다	證貝葉於三乘
늙을수록 지혜가 응하셨도다	老而慧應
호랑이는 가죽을 남기고 연꽃은 향기를 남기네	虎留皮兮蓮遺芳
여러 대사 진영 곁에 나란히 두니	列眞影以相傍
그 진영(七分)[251] 빛이 나도다	七分有光

초의 선사²⁵²찬 – (백파거사 신헌구)
草衣禪師贊

대사가 온 것도 공이요, 떠난 것도 공이로다　　師來卽空 其去亦空
공으로 왔다가 공으로 가니, 공 또한 장차 　　 空來空去 空將亦無
없어지리라
한 폭의 그림²⁵³에 훌륭한 풍채 남겼으나　　 同¹⁾一幅丹靑 强留神丰
엄연한 천축의 모습은 본래 그 자취 없도다　 儼然天竺 本無其蹤
건져 내고 움켜쥐나 물속의 달이요 소나무　　 撈之掬之 水月松風
바람이라
대사여 있는가 없는가. 그 누가 처음과 끝을　 師在不在 孰謂始終
알려 주리

---

1) ㉠ '同'은 연자衍字가 아닌가 한다.

철선 선사[254] 찬 – (백파거사 신헌구)
鐵船禪師贊

마음은 깨달아 번뇌의 땅이 녹고	一覺泥融
몸은 아끼지 않고 수행에 힘썼으니	捨身矻矻
은산철벽[255]은	銀山鐵壁
미혹의 나루터에 보배 뗏목이라	迷津寶筏
황매[256]가 남긴 발우	黃梅遺鉢
도상 아직 남아 있으니	道像尙存
옥대가 서로 비추어	玉帶相照
영원히 산문을 지키리라	永鎭山門

운파 선사[257]찬 – (백파거사 신헌구)
雲坡禪師贊

보리수 가을 언덕에	菩樹秋坡
흰 구름 따르는데	白雲相隨
구름 본디 늘 담박하여	雲自常淡
하얗고 검지 않네	白亦不緇
마음은 거로蘧蘆[258]에 끼쳐 두고	寄心蘧蘆
발자취는 불가(牟尼)에 의탁했네	托跡牟尼
묻노니 왜 그리 수척해졌소	問何消瘦
이 모두 자비에 인연한 거라	總緣慈悲
숙병이 골수에 침노한 듯	夙痾侵髓
맑은 근심 눈썹에 가득하네	清愁滿眉
진영의 모습 참 닮았는데	七分依俙
그대 진정 누구신가	子眞是誰

견향 선사[259]찬 – (백파거사 신헌구)
見香禪師贊

아홉 이랑[260]의 신령한 싹	九疇靈苗
우담바라로 활짝 피었네	燁然優曇
초의 선사의 향기 스미고	芬襲草衣
화담 선사의 물결에 적셨네	漪[1])華潭
붉은 연꽃을 마음으로 관하여	觀心赤蓮
푸른 연꽃 그 안에 머금네	薏翠含中
피어올라 하늘 향기 풍기니	發爲天香
이로써 참된 솜씨 보이도다	乃見眞工
만뢰[261]가 텅 비어 고요하고	萬籟空寂
오직 맑은 훈향 있을 뿐이네	唯有淸薰
지혜의 달 맑고 깊어	慧月澄泓
진영에 남아 전하누나	留作七分

---

1) ㉿ '漪' 아래에 '爾'가 탈락된 것으로 보인다.

청신암에서 – (백파거사 신헌구)
題淸神菴

온 산 가득 청록이 가을 문턱 들어서자	滿山蒼翠入秋闌
오랜 길손 마음 답답 펴지지 않은 터에	久客心神欝未寬
짧은 지팡이로 길을 나서 절집 찾아드니	短履行尋蘭若去
솔바람과 시내 빗소리 저절로 청한하다	松風溪雨自淸寒

신월암에서 – (백파거사 신헌구)
題新月菴

십 리 솔숲을 한 줄기 오솔길로 여니	十里松林一逕開
맑은 계곡 하얀 돌들 제냥 둘러 있어라	淸溪白石自縈[1] 廻
서쪽 봉우리에서 먼저 초승달 떠올라	西峯先得初生月
석왕의 명경대를 유독 비추는구나	偏照釋王明鏡臺

---

1) ㉭ 저본에는 '縈'이 '縈'으로 되어 있다. 번역은 저본을 따른다.

명적암에서 – (백파거사 신헌구)
題明寂菴

그늘 짙은 갈 숲에 석양 기운 청아한데	秋樹陰濃夕氣淸
백 년의 외론 부처 등불 하나로 밝혔구나	百年孤佛一燈明
온 산 온 골짝이 모두 다 공적한데	羣山萬壑齊空寂
차갑게 떠 있는 저 새만 제냥 우는구나	唯有寒浮鳥自聲

적련암에서 – (백파거사 신헌구)
題赤蓮菴

등불[262] 심지 관하니 붉은 연꽃이요	金粟觀心是赤蓮
은빛 연못에 꽃 피니 이슬은 둥근 구슬	銀塘花發露珠圓
가을비 내리는 솔숲 한밤의 암자에서	萬松秋雨孤菴夜
차가운 향기 연기처럼 흩어짐을 바라볼 뿐	惟見寒香散似烟

심적암에서 – (백파거사 신헌구)
題深寂菴

고요한 깊은 암자 숲속에 숨어 있어	深庵寂寂隱林梢
짙푸른 산 빛 성긴 꽃 빛 비 내린 후 섞여 있네	濃翠踈紅雨後交
여윈 학처럼 늙은 스님 둘이서 함께 오니	老釋雙來如瘦鶴
법문의 형제로서 같은 핏줄일세	法門昆弟是同胞

도선암에서 – (백파거사 신헌구)
題道仙菴

선암에서 부처 뵙고 느지막이 향 사르니	仙菴迎佛晚燒香
노을 진 온 숲에 경쇠 소리 유장하다	萬樹斜陽磬語長
고요한 물 참된 근원은 흡사 맑은 거울	活水眞源明似鏡
바위틈 그윽한 소리는 절로 청량하구나	巖間幽籟自淸凉

진불암에서 – (백파거사 신헌구)
題眞佛庵

비단이나 도금된 몸[263]이나 모두 진신 아니니	繡綃金範摠非眞
어느 곳에 구담씨[264]가 마음을 의탁할까	何處瞿曇托入神
빛깔과 형상은 원래 공하여 볼 수 없는데	色相元來空不見
동천[265]의 꽃과 나무들 본디 그대로 봄이어라	洞天花木自然春

상원암에서 – (백파거사 신헌구)
題上院菴

돌길을 터벅터벅 하늘 향해 올라와서	石棧登登向碧霄
해 비낀 바다 어구에서 찬 조수 바라볼 때	海門斜日望寒潮
먼 바람 불어와 천 년의 나무 휘게 하니	長風吹倒千年樹
옥 궁전 허리춤이 들쑥날쑥 보이는 듯	玉殿參差露半腰

만일암에서 – (백파거사 신헌구)
題挽日菴

해가 엄자산²⁶⁶ 근처라 머물러 둘 수 없는데	日近崦嵫勢不留
자비로운 차가운 부처 깊은 가을 좌정했네	慈悲寒佛坐深秋
생각 같아선 창 든 전사의 손을 가지고	思將戰士掬戈手
희화²⁶⁷의 불 수레를 끌어당기고 싶어라	挽得羲和九火輈

남미륵에서 – (백파거사 신헌구)
題南彌勒

푸른 산정 늙은 바위 신령함 드러내려는 듯	蒼巓老石欲揚靈
비바람 세월 깊어 푸른 이끼 수놓았네	風雨年深繡蘚靑
영겁 전의 선천부터 머물렀던 그림자를	過刦先天留影子
돌에 새겨 참모습 드러내려 하지 말지니	不敎雕刻露眞形

북미륵에서 – (백파거사 신헌구)
題北彌勒

관음의 참면목은 현겁에 다양하매	眞面觀音現刼多
구름 낀 천고의 누대 높디높게 솟아 있네	雲臺千古欝嵯峨
인간 세상 세세토록 자비의 배로 건네주니	人生世世慈航渡
서쪽 바다 만 리 파도를 모두 다 겪었으리	閱盡西瀛萬里波

서산 대사의 영각에서 – (백파거사 신헌구)
題西山影閣

육룡²⁶⁸이 서쪽에 어거하자²⁶⁹ 천문을 우러르고 　　六龍西御仰乾文
『전등록』 읽기 그만두고 군사 점호 시작했네 　　讀罷傳燈曉點軍
산문에 앉아 옹위하여 호랑이 장수 사로잡고 　　坐擁山門羆虎士
바다 섬의 오랑캐들 멀리 쫓아 버렸네 　　長驅海島犬羊羣
모란봉의 별과 달로 천문 궁리 드리우고 　　丹峰星月垂窮宙
묘향산의 구름 안개로 큰 공훈 거두었네 　　香岫雲烟斂碩勳
금란가사 흰 불자가 엊그제 것인 듯한데 　　錦襴白拂如平昔
축발하신 영명한 자태 고금에 듣지 못했어라 　　祝髮英姿古未聞

북암에 올라 – (백파거사 신헌구)
登北庵

절정에서 저 멀리 만 리 가을 바라보니	絶頂超觀萬里秋
눈앞에 평탄하게 펼쳐진 높은 누대 몇이런가	眼前平俯幾岑樓
구름 위로 고즈넉이 높은 봉우리 겹겹인데	烟雲上積高峰老
천지가 서쪽에 기울어 큰 바다 흐르도다	天地西傾大海流
지난 겁의 참모습 지닌 천 길 바위여	過刼眞形千丈石
인생이란 온 세계의 한 조각 텅 빈 배	浮生全界一虛舟
지팡이 재촉하여 일어서자 저물녘 종소리가	閒筇催起鐘聲暮
길 떠날 손 끝없는 수심을 자아내네	還助行人不盡愁

초의 선사 시집 서문[270] – 백파거사 신헌구

예로부터 총림에서 세상에 이름이 알려진 이는 고명한 선비[271]와 친근하게 지내다 이름이 드러나는 경우가 많다. 문창文暢[272]이 한유韓愈[273]에게, 비연祕演[274]이 구양수歐陽修[275]에게, 도잠道潛[276]과 총수聰殊[277]가 소식蘇軾[278]에게 그러하였다. 그러나 석씨釋氏는 적멸을 도道로 삼아 은거하는 것을 즐겨하며 색상色相을 공空으로 여겼는데 하물며 시로써 이름을 얻으려 하겠는가. 비록 그러하나 유자의 시는 석씨의 게송과 같아서, 게송으로 잘된 것은 애당초 세상에 알려지지 않을 수 없다. 초의 장로艸衣長老 의 순意恂은 곧 근세에 게송에 뛰어난 분이다. 내가 『일지암시집一枝菴詩集』이라는 2권의 시를 보건대 모두 맑고 심원하며 그윽하고 담박하여, 잡스러운 것을 버리고 정수를 다듬은 것이다. 연천淵泉[279]이 매끄럽게 꾸미는 것을 완전히 벗어났다고 평한 것이나, 자하紫霞[280]가 소순기蔬筍氣[281]를 떨쳐 버렸다고 하는 평가는 진실로 지나친 찬사가 아니다. 또한 이름난 학자들과 어울리며 시를 주고받아, 비단 한유 한 사람, 구양수 한 사람, 소식 한 사람에 그치지 않았으니, 비록 세상에 이름을 날리지 않고자 한들 그럴 수 있었겠는가? 이는 대개 장로가 스스로 가까이 지내고자 한 것이 아니고, 한유·구양수·소식 같은 이들이 즐거이 문창과 비연·도잠·총수를 얻어 그 이름을 도와준 것일 뿐이다. 장로에게 어떤 도움이 있었겠는가? 그러나 승려들은 계율에 구속되어 있어 혹자는 이를 비난하기도 한다. 그대여 시험 삼아 한번 읽어 보시라. 언제 일찍이 화려하게 수식하고 음탕하게 다듬어 재자가인들에게 칭찬받으려던 혜휴惠休[282]나 보월寶月[283]과 같겠는가?[284] 단지 진제眞諦로 말미암아 바로 깨닫고 여러 사람들의 시를 두루 섭렵하여 게송을 지었으니, 의당 그 명성에 흠이 없으리라. 나는 그의 시를 읊고 그 사람을 알게 되었고, 또 승려들이 이러쿵저러쿵 의론이 있는 것에 분개하여, 책 뒤에 서문 내용을 간단히 추리고 남은 생각을 보태어 보완하고 판각을 기다리노라.

을해년(旃蒙大淵獻, 1875) 9월(菊秋) 3일(朏) 백파거사白坡居士가 초의 선사의『일지암시집』권말에 쓴다.

草衣禪師詩集序

自古叢林之聞於世者, 多附青雲之士名始著. 文暢之於退之, 秘演之於永叔, 道潛聰殊之於子瞻是爾. 然釋氏以寂滅爲道, 樂隱淪而空色相, 況以詩名乎. 雖然儒之詩, 釋之偈也. 偈之善者, 未始不聞於世. 艸衣長老意恂, 卽近世之善偈者也. 余觀其所爲一枝菴二弓詩, 皆淸遠幽澹, 淘滓煉精. 淵泉之絶去紛澤, 紫霞之擺落蔬筍, 良非過詡. 名碩聞人, 又從與唱酬. 不惟一韓一歐一蘇而止. 雖欲無聞於世得乎. 盖亦非長老之所自附. 爲韓歐蘇者, 樂得暢演潛殊, 自助其名. 於長老何有哉. 而緇衲局束於戒律, 猶或非之. 爾試讀之. 曷嘗爲綺麗淫冶求全於才子, 如惠休寶月乎. 職由眞諦正覺, 歷涉諸家之詩而爲之偈, 宜其名聞之不瑕. 余旣誦其詩知其人, 又憤浮屠之議, 其後略掇弁序, 餘意贅而足之, 以竢剞劂氏. 旃蒙大淵獻, 菊秋之朏, 白坡居士, 書于艸衣禪師一枝菴詩集卷尾.

철선 선사 시집 서문[285] – (백파거사 신헌구)

옛날에 염색하는 장인이 실을 정련精練할 때[286] 낮에는 여러 날 해를 쬐고 밤에는 여러 우물에 담가 씻는다. 그 색이 차와 같아지면 그것을 가지고 붉은색이나 초록색, 검은색이나 노란색으로 물들여 화려한 무늬(黼黻文章)[287]를 만든다. 그 후 이를 줄로 만들어 거문고와 비파의 현을 만들고, 끈으로 만들어 아름다운 패옥(珩瑀)[288]을 묶어 그것으로 교묘郊廟의 제사나 조정에서 사용한다. 혹 그렇지 못하면 곧 허리띠를 꿰매는 실이나 버선을 꿰맨 실(襪線)[289]로 뒤로 감추어져 어둡고 빛이 나지 않는다. 어찌 그 본바탕이 그러했겠는가? 시문(詞藻)이 성률聲律에서 나오는 것도 또한 이와 같다.

인끈을 아름답게 만들고 그 위에 구름무늬 비단을 장식하여 짜는 것처럼 관현에 올리고 생황과 섞여 함께 연주하며, 경거瓊琚와 옥패처럼 그 소리를 크게 내어놓는다. 이는 모두 늘어진 갓끈과 얽은 인끈(사대부)으로서 당세에 명성을 날리던 이가 하는 바이다. 그 아래는 벼슬하지 않은 한미한 선비들인데, 이들도 오히려 비단 심장에 수놓은 창자[290]를 가지고 꽃으로 장식하고 달을 휘감아 아름답게 꾸며 시문을 이룰 수 있다. 그런데 불가의 승려에 이르면 비록 아름다운 자질이 있으나 펼치지 못한다. 그 문장은 소박하고 현란하지 않으며, 어두침침하여 드러나지 않으니, 그 때를 만나지 못함이 가장 심한 경우이다.

이제『철선소초鐵船小艸』를 보니 정련과 씻음에 공교로워 애초부터 차와 같은 흰색이 아님이 없다. 그러나 애달프게도 검푸른 속에 스며들어 마침내 빛을 드러내지 못하였다. 비록 그렇다 하더라도 약영若英[291]의 화려한 채색 옷을 입고, 벽려薜荔[292]의 아름다운 패를 차고, 바다를 품은 산 언덕에서 유유히 거니는 것이 시원하고 차가운 칠현금 옛 곡조와 같다. 이것이 이른바 포백布帛의 자질로 금석金石의 소리를 갖춘 것이라 할 수 있다. 대사는 또한 좌선(禪戒)에 더욱 깊어 저 공현空玄의 현묘함을 얻은 분이다. 내가 본래 그를 아껴 왔으니, 적멸에 빠지고 부도에 숨은 것을 거듭 탄식하노라.

鐵船禪師詩集序

古者慌氏涑絲, 晝暴諸日, 夜澄諸井.[1] 眠其色如茶,[2] 以之朱綠之, 玄黃之, 爲黼黻文章. 絚之爲琴瑟, 紃之爲珩瑀, 用諸郊廟朝廷. 厥或不遇, 則埋跟 於裌縫襪線, 默而不華. 豈非[3] 素質然乎. 詞藻之發於聲律, 亦猶是也. 有 如篡組綬織雲錦, 被管絃雜鳳笙, 瓊琚玉佩, 大放厥聲. 此[4] 縣纓縮紋, 蜚 英於當世者之所爲. 下此而韋布寒士, 猶有錦心繡肚, 紕花絡月, 以能藻繪 成章, 鏗璐發音. 而至若空門緇衲, 雖有美質無施,[5] 其文素而不絢, 黯然靡 章, 最其不遇之甚者. 今見鐵船小艸, 工於涑澄, 未始不茶[6] 然以白. 而惜乎 入[7] 黲淡之中, 遂不得彰也. 雖然若英之華采衣, 薛荔之陸離佩, 容[8] 裔於 海山之墟, 冷冷如七絃古調. 此所謂布帛之質, 而有金石聲者. 尤深於禪 戒, 得夫空玄之妙. 余故愛之, 重歎其淪寂隱於浮屠也.

1) 옌『鐵船小艸』에는 다음에 '七日七夜'가 있다. 2) 옌 저본에는 '茶'가 '茶'로 필사 되어 있다. '茶'는 '茶'의 고어로 쓰이기도 하였다. 3) 『鐵船小艸』에는 '非'가 '其'로 되어 있다. 번역은 후자를 따른다. 4) 옌『鐵船小艸』에는 '此' 다음에 '皆'가 있다. 5) 옌『鐵船小艸』에는 '無施'가 '無所施'로 되어 있다. 6) 옌『鐵船小艸』에는 '茶'가 '茶' 로 되어 있다. 번역은 전자를 따른다. 7) 옌『鐵船小艸』에는 '入' 앞에 '浸'이 있다. 8) 옌『鐵船小艸』에는 '容' 앞에 '宛其'가 있다.

용주사 주련 글씨²⁹³ 【정묘조正廟祖】- 정조 때 이덕무

팔만 사천 법문으로 피안에 함께 이르고,
이백오십 구족계로 미혹의 길 함께 벗어나네.

龍珠寺柱書【正廟祖】
八萬四千法門, 同臻彼岸. 二百五十大戒, 共拔迷塗.

삼천 년 우담바라는 무량수 나라에서 길이 꽃피우고,
십만 종 보리의 씨앗은 복전마다 결실이 있으리라.

三千歲優鉢花, 長春壽國. 十萬種菩提子, 有秋福田.

이만 리 화가국²⁹⁴엔 돌우물마다 공덕의 샘 널리 젖고,
팔십 경 기원정사²⁹⁵엔 황금 땅 길상화 두루 피었네.

二萬里和訶國, 普沾石井功德泉. 八十頃祇陀園, 遍開金地吉祥蕋.

기러기 사자 큰기러기 모양으로 제불 제천이 천겁토록 호위하고,
소 양 사슴이 끄는 수레²⁹⁶ 탄 선남선녀들 일시에 듣자 오네.

鴈形獅形鴻形, 諸佛諸天千刼護. 牛車羊車鹿車,¹⁾ 善男善女一時聽.

1) ㉑ 이덕무의 글에는 '牛乘鹿乘羊乘'으로 되어 있다.

연화게와 패엽경은 불이문 중의 천둥소리,
향적반²⁹⁷과 이포찬²⁹⁸은 무량겁 전 비옥한 땅의 소출.

蓮花偈貝葉經, 不二門中天籟. 香積飯伊蒲饌, 無量劫前地肥.

단박에 불조에 도달코자 하나 갈 길 모르고, 다만 길 한가운데라,
부모미생전²⁹⁹ 향해 어디 한번 한 소식 말해 보게.

直到佛祖不知處, 祇是半塗. 且向父母未生前, 試道一句.

도솔천 궁중에서 원기 취하여 널리 중생 구제하고,
반야대 위에 진용을 드러내어 호겁을 초탈하네.

兜率宮中酌元氣,¹⁾ 普濟衆生. 般若臺上現眞容,²⁾ 超脫浩劫.

1) ㉑ 이덕무의 글에는 '兜率宮中稟大偈'로 되어 있다. 2) ㉑ 이덕무의 글에는 '般若臺上演眞詮'으로 되어 있다.

끝없는 환희의 인연 맺어 극락정토에 항상 머물고,
일체 고뇌와 생각 없애고 큰 서원의 자비 배로 모두 건너리.

結無盡歡喜緣, 常住極樂淨土. 除一切苦惱想, 普度大願慈航.

불량계 연기안 서문 【철선 혜즙】

　나는 이렇게 들었다. 향상香象[300]이 도솔타천兜率陀天에서 흥기하자 우담바라(曇花)[301]가 염부제閻浮提[302] 지경에 나타났다. 삼십이상三十二相이 장엄되자 팔십종호八十種好가 이를 따르니 신령한 공력은 호한하여 대지를 녹여 황금을 만들고, 오묘한 작용은 크고 깊어 항하를 휘저어 흰 젖을 만든다. 천지 가득 법우가 내려 동쪽 서쪽에 쏟아 붓고, 온 땅에 두루 현묘한 바람이 불어 위도 좋고 아래도 좋다. 범상한 사람을 단련하여 성인으로 만드니 곳곳에 부처라는 상相을 초월하는 붉은 풀무(鑪鞴) 소리 들리고, 뼈를 바꾸고 가죽을 고치니 사람마다 백우거白牛車[303]를 타고 문을 나선다. 수승한 인연 앙망하기가 마치 개미와 파리가 비린내 흠모하는 것 같고, 다른 풍속 교화하기가 마치 나뭇가지를 꺾고 손바닥을 뒤집는 것과 같다. 이로써 어질고 믿음 있는 선남선녀들이 신선의 정원에서 향기로운 꽃을 따고, 벼슬아치와 거사들이 가르침의 바다에서 육신을 잊는다. 급고독給孤獨은 가람을 세워 땅 가득히 쌍남雙南의 황금[304]을 깔고, 우전왕于闐王[305]은 부처를 사모하여 사방에 장륙상丈六像을 안치하여, 찰당刹幢이 서로 바라보고 범종梵鐘이 어우러져 울리게 하였다.

　금강동金剛洞 은적사隱跡寺는 세금을 부과하지 않는[306] 가람이요 인간세계의 신령한 땅이다. 여러 부처님들이 인연 따라 왕림하시고, 약사여래藥師如來가 바다를 배 저어 오셨으니, 위엄 있는 모습은 우레를 떨치는 듯하고, 교화의 힘은 티끌 거품 같은 이 세상에 넘친다. 이곳에서 최崔 공은 정성스러운 마음으로 하늘에 맹세하고 손가락을 깨물어 부처님께 맹세하였으니, 옛사람이 펴 보지 못한 마음을 펼치고, 옛사람이 세우지 못한 일을 세울 만한 사람이다. 비록 밥 짓고 방아 찧는 일을 업으로 하는 무리라 하더라도 모두 훌륭한 법회가 제약이 없음을 알게 되었고, 타고난 벙어리나 봉사라 하더라도 좋은 인연을 만나리라는 기대를 안게 되었다. 부처님께

반주牛呪만 독송해도 곧장 도리천忉利天에 태어나고, 실오라기(가사)만 승보에 보시해도 그 공덕으로 쉽게 마니보주摩尼寶珠³⁰⁷의 공덕을 얻는다 하였다. 하물며 꾸러미 돈과 포대에 담은 곡물을 구름에 맡기고 강물로 보냄에 있어서랴. 이에 염주와 대칭되게 108명의 단나檀那(시주)를 얻었고, 타고난 대로 천만 생의 보리菩提를 더하였다. 그리하여 마침내 어젯날의 차갑고 담백한 이포찬伊蒲饌³⁰⁸을 지금의 풍성하고 화려한 향화香火로 바꾸어 놓았으니, 장무진張無盡³⁰⁹의 전신前身이 아니라면 반드시 양대년楊大年³¹⁰의 후대 발자취가 될 것이다. 이는 멀리 영산회상靈山會上 당시의 부촉을 받들어 수발타라³¹¹의 공양을 가지고 와 지은 것이라 할 만하다. 혀로는 찬미하기 어려우나 손은 절로 합장하나니, 우리 108명의 선남자들은 신령하게 비추는 빛 가운데 한가히 노닐고 위타韋陀³¹²의 호위를 따라 거동하리라. 이들의 그림자 안에서 어찌 앞에서 창도하는 이들의 후손(雲仍)³¹³들에게만 복록이 있겠는가. 같은 목소리로 호응하는 사람들이 받을 복락의 보응 역시 무량하리라.

佛糧緣起按序【鐵船慧楫】

如是我聞. 香象駿於兜率陀天, 曇花現於閻浮提界. 嚴之以三十二相, 隨之以八十種好. 神功浩瀚, 鎔大地而作黃金. 妙用洪深, 攪恒河而爲白酪. 彌天法雨, 東傾西沛. 匝地玄風, 上可下良. 鍛¹⁾凡作聖, 處處聞烹佛紅鑪鞴. 換骨革皮, 人人駕出門白牛車. 仰勝緣如蟻慕蠅腥, 化殊俗如折枝反掌. 是以信女仁男, 採馥於仙園. 宰官居士, 忘躬於敎海. 孤獨創藍, 滿地布雙南之金. 于闐慕佛, 隨方安丈六之像. 刹幢相望, 梵鐘交響. 金剛洞隱跡寺者, 稅外精藍, 人間靈境. 諸佛隨緣而住, 藥師航海而來. 威如電拂, 化溢塵漚. 爰有崔公, 血心矢天, 咋指盟佛. 能發前人未發之心, 能建前人未建之事. 雖職爨業杵之輩, 咸知嘉會之無方. 天啞生盲之使, 伙戴良緣之有待. 可但牛呪潘施佛, 翻然昇忉利之天, 一絲路指僧, 容易感摩尼之寶. 何況貫銅份穀, 雲圍²⁾川輪. 是以稱珠得百八數之檀那, 任性倍千萬生之菩提. 遂令昔日冷淡之伊蒲, 變作今時豊華之香火. 如非張無盡之前身, 必是楊大年後跡. 斯可謂遠承靈山之囑, 來作須跋之供. 舌之難贊, 手之自叉. 唯我百八善男, 逍遙於靈照光中, 俯仰於韋陀隨護. 影內, 奚有首倡之雲仍有祿, 抑亦同聲之福報無量.

---

1) ㉯ '鍛'는 '鍜'의 이체자이다. 2) ㉰ '圍'는 저본의 협주에 '委'라 하였다.

지전³¹⁴ 소임을 맡은 이에게 내리는 훈사

우리 108명의 계원들이 각자 피 같은 재물을 기울여 이 일을 충당했으니, 이 일은 작은 인연이 아니다. 그러므로 향을 받드는 이들은 하루 열두 시 가운데 항상 생각하고 생각하여 오체五體를 펴서 땅에 던지며, 열 손가락을 거두어 가슴에 대어 공경으로 엄숙하게 대하며 다른 삿된 생각에 요동함이 없이 하면 곧 무연無緣한 큰 자비³¹⁵의 힘을 입을 것이다. 만약 버드나무 늘어진 봄에 앵무새가 사람을 번뇌케 하는 데 나아가 한 생각이라도 어긋나면 꿀 묻은 칼을 탐하다 혀가 잘리는 지경에 떨어질 것이다. 그리고 부처님 전의 향불을 등한히 바라보면 비단 오늘날 계를 만든 본래의 뜻을 홀로 어길 뿐 아니라, 또한 자신의 정신도 완고하고 둔하게 만드는 것이다. 위없는 세존께서 혹시 재앙을 드러내지 않으시더라도, 어찌 홀로 위타 존자³¹⁶의 신령스러운 절굿공이를 두려워하지 않는가? 바라건대 소임 맡은 이들이여 각자 힘쓰도록 하라. 할!

持殿訓辭

惟我百八契員, 各傾血財, 以充此事, 斯非小緣. 則爲諸奉香者, 於二六中, 念玆在玆, 展五輪而投地, 斂十指而當胷, 恭敬肅對, 不爲他邪念之所轉, 則可賴無緣大慈力也. 如或爲楊柳春, 進被鸚聲之惱人, 一念或差, 墮其割舌之刀密.¹⁾ 而等閒看對佛前之香火, 則非但孤負今日作契之本意, 亦可頑却已²⁾靈也. 無上世尊, 或無現殃, 而獨不畏韋陀尊者神杵乎. 願諸典佐, 各自勉旃. 喝.

---

1) ㉘ '密'은 '蜜'과 같다. 2) ㉩ 저본에는 '己'가 '己'로 되어 있다.

불량계안 서문

우리 불법이 바다를 건너 전승되던 초기에 인심은 오히려 옛날과 같아서 법당을 지어 불상을 안치하고 등을 달고 향을 올리는 것이 진실로 향적 국토317에 부끄럽지 않았다. 그러나 흉년(大無)을 지나오면서 세상의 인정은 점차 차가워졌다. 향기로운 부엌의 이포찬은 자주자주 이어졌다 끊어졌다 하니 신자들이 이를 슬퍼하였다. 이에 거오巨鰲 최崔 공이 홀로 애긍심을 발휘하여 널리 승속 간에 모연募緣을 하여 하루아침에 드디어 완공하였다. 이야말로 진세간에 쉽게 얻지 못할 일대 기연이라 하겠다. 칭찬하고 우러르는 마음 그지없도다. 약간의 곗돈을 모아 쌓아 두고, 각처 담당자들이 장차 공덕을 원만히 성취할 계획을 잡으려 한다. 이 또한 인仁에 당해서 물러섬이 없고, 선善을 더 이상 보탤 것이 없다고 말할 수 있을 것이다. 대개 재물에 대해 분명하니, 진정한 군자로다.

우리 동방 팔도의 선비 집안에서는 더벅머리 때부터 노인 때까지 사서삼경을 아침저녁으로 외우며 성현의 바른 가르침 속에서 나고 죽으니, 맹자가 말한바 호연지기를 이해하고 실천할 줄 아나, 인의를 가지고 말하자면 또한 많지 않다. 그러기에 남의 재물을 수달처럼 모으고 남의 밥을 호랑이처럼 빼앗으면서도 자칭 의로운 선비라 하며 명령을 행하기를 추상같이 한다. 이는 참으로 언행이 구름과 땅처럼 떨어져 있다는 말이 딱 들어맞으니 마음 아프다. 원컨대 여러 인자仁者들이여 먹을 것을 얻으면 의리를 생각하고, 재물에 임해서는 갓을 어루만지며, 하늘을 우러러 부끄러움이 없고 땅을 굽어보아도 부끄러움이 없도록 하시라. 이른바 호연지기가 말하는 가운데 드러나고 얼굴과 등이 윤택해져서 하늘과 땅 사이에 가득 차게 된다면 내가 맹자에게 부끄럽겠는가, 아니면 맹자가 나를 부끄러워하겠는가. 청컨대 각자 노력하여 시작부터 끝날 때까지 이 일을 광대하게 만듭시다. 그리하면 비단 부처님의 가피력을 널리 받을 뿐 아니라 또한 응당 하늘이 정해 주신 복을 늘어지게 받을 것이외다.

佛糧禊案序

吾佛航海之初, 人心猶古, 其剏殿安像添燈奉香, 眞不愧於香積國土矣. 中經大無, 世情漸冷. 香廚伊蒲, 屢續屢斷, 信者哀之. 玆有巨鰲崔公, 獨發肯心, 廣慕[1]緇素, 一朝遂完. 斯爲塵世間不易得之一大奇緣也. 贊仰無地. 如干禊錢因留鎭, 各處有司家, 以作來將圓成功德之計. 亦可謂當仁不讓, 善不復加也. 盖抵財上分明, 乃一君子也. 吾東方八區, 衣冠自髫至老, 三經四書, 朝誦暮念, 生死於聖賢正敎之中, 而能解行其孟子所謂浩然之氣, 令仁與義而言之者, 亦無幾. 故漁人財如獺, 奪人食如虎, 而自稱義士, 行令如霜. 此眞言行雲泥, 適足可悵也. 願諸仁者, 當得食思義, 臨財撫冠, 仰不愧天, 俯不愧地. 其所謂浩然之氣, 發於辭氣, 粹於面背, 至於充塞天地之間. 則我愧孟子乎, 孟子愧我乎. 請各努力, 原始要終, 光大此事. 則非但其佛力之廣被, 亦應受天定之福延.

1) ㉠ '慕'는 '募'의 오자인 듯하다.

불량 상하 서문

이 숙세(말세)에 재물로 그 몸을 상하게 하지 않는 이는 많지 않다. 그러므로 재물로 사람을 받아들이기도 어렵고, 재물로 사람에게 받아들여지는 것 또한 어렵다. 그대가 이러한 일을 자신의 소임으로 삼고자 하니 참으로 남다르구나. 그러나 재물을 출납할 때에 비록 어두운 방에 있을지라도 정성스러운 생각과 공정한 마음을 가지고 명약관화하게 운영한다면 곧 장차 세우려는 것을 세우고도 오히려 남은 힘이 있을 것이다. 그런데 혹시라도 터럭 하나라도 간사한 마음이 그 사이에 개입되면 곧 천하의 모든 일이 마침내 와해되고 말 것이다. 바라건대 다시 이기적인 생각을 극복함으로써, 제대로 일을 마치는 경우가 드물다는 남들의 비방을 받지는 않았으면 한다.

佛粮上下序

當此叔世, 以財不傷其身者, 無幾矣. 故以財受人難也, 以財受於人亦難也. 君能以此事爲己任, 異哉. 然當其財之出入之皆, 雖在暗室中, 若濟之以誠意公心, 明若燭炤. 則將建其所建, 猶有餘力也. 如或一毫之邪念, 間於其中. 則天下萬事, 必究竟瓦解了也. 望復克己念, 以免他鮮克有終之譏也.

침계루 중수기 [복림 대사]

우리 대둔사는 천감天監 연간에 세워진³¹⁸ 옛 가람으로서 아도阿度 화상³¹⁹이 처음 세우셨다. 쌍봉雙峰이 높이 솟아 신월新月의 터를 끌어당기고, 구곡九曲이 넘실넘실 장춘長春의 골로 흘러들어 간다. 텅 빈 골짜기는 그윽하고 긴 산마루는 공순하게 흘러간다. 범우梵宇와 임궁琳宮들이 즐비하게 구름 골짜기와 운무 낀 돌다리를 둘러싸고, 난새 수레와 학 가마³²⁰가 살랑살랑 달 뜨는 저녁과 바람 부는 아침에 왕래한다. 동부洞府(골짜기)는 넓고 한가로워 남방 땅을 진압하여 수승함을 마음껏 드러내고, 창설 시기는 아주 오래되어 서산(묘향산)과 짝이 된다. 이 누각에 대해서는 어느 해 시작되었는지 문헌으로 고증할 수 없다. 정북을 등지고 정남을 향하니 홀연히 중생세계(三千界)의 번뇌가 사라지고, 산을 등지고 시내를 베고 있으니(枕溪) 전라도 오십 주 누관樓觀 중에 웅장함으로 으뜸이라. 옥난간은 아득하고 돌기둥은 높도다. 눈이 고봉髻峰에 흩날리니 막고藐姑의 분칠한 뼈³²¹와 비슷하고, 구름이 노정爐頂에서 피어오르니 가섭迦葉이 향불 사르는 것과 비슷하다. 벼루봉과 옥탑이 가까운 곳에 나열해 있고, 푸른 시내에 울리는 쇠종은 앉고 눕고 하는 중에 뱀을 쫓는 소리이다. 동서로 높이 솟은 법당은 비늘처럼 땅에 가득하고, 앞뒤에 있는 정전은 찬란하게 하늘을 휘두른다. 주불로 모신 세 분의 부처님은 끝없이 호광毫光³²²을 비추시고, 손님인 천불千佛은 수많은 구름 공양을 일으킨다. 절문을 훤히 열어 미륵의 동참을 허락하고, 도량이 엄숙하고 청정하니 가람이 영원히 보호됨을 기뻐한다. 사우祠宇(사당)가 우뚝 솟으니 여러 영령들의 충렬이 더욱 새롭고, 금가루³²³가 떠내려오니 원효元曉의 신령한 자취는 아직도 사라지지 않았다.

비록 그러하나 시절에 통하고 막힐 때가 있고, 사물에 성쇠가 있다. 만드는 솜씨가 출중하니 마음을 닦은 구성(意匠)으로 경영함이요, 흥폐에 운수가 있으니 충혼 언덕(忠邱)의 수단으로 크고 화려하였도다. 그 이래로 수차례나 불쏘시개(鑽燧)³²⁴가 되었고, 지금 또 무너지고 말았다. 비바람이 깎아 내어 풀숲이 무성하고 가을에 황폐해지며, 서까래가 어긋나 구름 같은 소나무로 얽혀 낮에도 어둡다. 새겨 놓은 새가 날개를 잃으니 초목은 근심스러워하고, 단청한 용이 몸을 잃으니 구름 빛이 근심을 품는다.

이에 본도 관찰사(巡相) 이 공은 호련瑚璉의 기상과 규벽奎璧의 자질로, 임금(北宸)의 명을 받아 부절을 받들고 행차하여(出表) 남쪽 지방 민풍을 살피려 수레를 돌려 산으로 들어오니, 많은 깃발(棨戟)³²⁵과 높은 명성(雅望)이 염 공閻公³²⁶의 등왕각滕王閣에 부끄럽지 않았으며, 문장으로 멋들어지게 노니는 것이 소동파의 적벽赤壁에 과시할 만하였다. 기화요초 피어나는 승지를 완상하며 돌아보았고, 무너진 벽과 기운 들보 보이매 황량한 언덕을 어루만지며 슬픔에 젖었다. 상사께서 마중물로 먼저 동전 이천 문文을 시주하자, 여러 읍이 교시에 따라 함께 20두斗씩 녹봉을 분담하였다. 관리들이 이미 간절한 자세였으니 승려들이 어찌 편안히 있겠는가. 수룡袖龍・연하蓮荷・침교枕蛟 세 분의 선로禪老와 윤훤胤烜・두흔斗欣・표운表云 등 여러 스님들은 모두 불법佛法의 노고추老古錐³²⁷요, 산문山門의 석덕碩德이시다. 북을 울려 일을 앞서 제창하니 능히 현묘한 도의 자취를 추구할 만하고, 촛대를 꽂고 맹세하니 다행히도 경릉竟陵의 꿈³²⁸을 얻었도다.

혹은 일을 관장하느라 부산하였고, 혹은 탁발을 하느라 고생하였다. 몸을 사르고 꽃을 공양하는 단연檀緣이 바람처럼 비처럼 치달려 모여들었고, 금과 비단을 실은 단월의 외호가 강과 구름에 실려 전해졌다. 노반魯班³²⁹의 준승準繩³³⁰을 임명하고 영・편郢扁³³¹의 도끼를 고용하였다. 구름 속 녹나무가 골짜기에 거꾸러지니 새가 놀라고 산짐승이 놀라며, 무지개 들보를 허공에 세우니 신과 귀가 아로새기었다. 협종夾鐘³³²이 혼백을 부르는 저녁에 독려를 하고, 이칙夷則³³³이 광명을 산생하는 아침에 준공하였다. 광채가 전보다 배가 되어 새가 날개를 편 듯하였고, 제도가 옛날보

다 더 규모가 있어 호랑이가 웅크리고 용이 서린 듯하였다. 적자赤髭 백족
白足³³⁴이 불자를 세우고 담론을 함에 어찌 옛날보다 더 나으리오마는, 묵
객墨客 소인騷人³³⁵이 지팡이를 세우고 호탕하게 노니는 것은 오늘날이 더
욱 상쾌하리라. 그러나 만약 일곱 명의 어진 이들이 같은 시절을 함께하
지 않았다면 어찌 옛사람이 미처 할 겨를이 없었던 것을 이룰 수 있었겠
는가. 인도 승 법달法達이 다시 나타나 끝내지 못한 직무를 다시 닦으며,
급고독給孤獨의 후신이 나머지 재물을 베풀었으니, 어찌 다만 현세에 인
간 세상의 영화를 얻을 뿐이리오. 응당 내생에도 천상의 참된 복락을 받
을 것이다. 우리 병든 잎 같은 선로들은 향수해香水海의 작은 물방울 같다.
꿈에 들어 깨닫지 못하니 사람들이 모두 이를 곤하게 잔다고 말하고, 거
울을 보고서 나를 잃어버렸다고 말하니 사람들이 간혹 이를 미쳤다고 말
한다. 대략 한번 글을 읽어 뒤에 오는 훌륭한 문장가(錦口)를 기다리며, 짧
은 재주를 가지고 애오라지 이미 들었던 진부한 말을 펼친다.

枕溪樓重修記【釋福琳大師】

粤我大芚寺, 天監舊藍, 阿度初地. 雙峰崒崔, 控引新月之基. 九曲汪彤,¹⁾
趨潮長春之洞. 虛牝窈²⁾窕, 長嶺逶巡. 梵宇琳宮, 櫛櫛匝匝於雲谷烟磴. 鸞
驂鶴駕, 依依徃來於月夕風朝. 洞府寬閑, 鎭南服而擅勝. 粃設久遠, 與西
山而作朋. 至若斯樓也, 濫觴何年, 文獻無考. 坐子向午, 悅起三千界塵勞.
背山枕溪, 雄冠五十州樓觀. 玉欄縹緲, 石柱嵯峨. 雪漫髻峰, 彷彿藐姑之
粉骨. 雲起爐頂, 依俙迦葉之燒香. 研岑玉塔, 羅列於指顧之內. 碧潤金鐘,
喧虺於坐卧之中. 東西隆堂之撲地鱗鱗, 前後正殿之揮天炳炳. 三尊爲主,
放毫光之無邊. 千佛作賓, 興雲供之多種. 門闥洞開, 許彌勒之同參. 道場
嚴淨, 喜伽藍之永護. 祠宇突兀, 諸靈之忠烈維新. 金屑浮枕,³⁾ 元曉之靈蹤
不泯. 雖然時有否泰, 物有盛衰. 制作拔群, 經營心修之意匠, 廢興有數. 輪
奐忠邱之手端, 爾來幾度燧鑽, 如今又值傾圮. 風雨琢磨, 鞠草莽而秋荒.

• 131

榱椽抵捂, 縮雲松而晝暗. 雕禽沒翼, 卉木以之呈愁. 畫龍失身, 雲物以之
含慘. 爰有本道巡相李公, 瑚璉之氣, 奎璧之資, 受命北宸, 持節出表, 觀風
南徼. 回駕入山, 棨戟雅望, 不愧閣公之滕亭. 文章勝遊, 可誇坡仙之赤壁.
奇花瑤卉, 翫勝地而盤桓. 壞壁傾梁, 撫荒堲而惆悵. 上司爲囧, 先施二千
銅文. 列邑隨塵, 共分四五斗祿. 宰官旣能綣綣, 方袍詎可懸懸. 袖龍蓮荷
枕蛟三禪老, 胤烜斗欣表云諸仁公, 皆是佛法古錐, 山門碩德. 鳴鼓唱事,
能追玄道之蹤. 揷燭尋盟, 幸得竟陵之夢. 或坐管而靰掌, 或行乞而拮据.
燃身供花之檀緣, 風馳雨集. 駄金載帛之信護, 川輸雲投. 授魯班之準繩,
倩郢扁之斤斧. 雲楠倒壑, 禽駭獸驚. 虹梁駕空, 神鏤鬼剡. 董役於夾鐘會
魄之夕, 竣功於夷則生明之朝. 光彩倍前, 翬飛而鳥革. 制度邁古, 虎踞而
龍蟠. 赤髭白足之堅拂談論, 何勝昔日. 墨客騷人之植節翫愒, 更爽今時.
然而若非七賢之與同時, 那就前人之所未暇. 法達重現, 更修未畢之功, 給
孤後身, 且施猶餘之貨. 豈但現在, 得人間之榮華. 應當來生, 受天上眞樂
在. 我禪病葉, 香海微漚. 入夢未惺, 人皆謂之困宿. 對鏡迷我, 人或稱之致
狂. 機杼一家, 以待後來之錦口. 襪線短才, 聊伸已聞之腐詞.

1) ㉮ 저본에는 '彤'이 '浵'으로 되어 있다. 2) ㉯ '窈'은 '窔'인 듯하다. 다음도 같다.
3) ㉰ 저본에는 '枕'이 '沈'으로 되어 있다.

대둔사 상원암 칠성전 상량문 【범해 각안】

　삼가 생각건대 남쪽 끝 왕토에서 임금 향해 두 손 모은 백성들은 기쁘게 명당明堂에 모여 소해少海(세자)를 흠모하온바, 이에 복을 비는 땅을 열고 며칠 뒤면 완성을 보게 되었다. 이 땅은 귀신이 천만 년 동안 감추어 두었으나 시운이 돌아와 삼백 일 내로 열린 곳이다. 이 산은 북으로 해남현海南縣에서 30리 떨어져 있는 두륜산이요, 이 절은 남으로 천 리 밖 영주瀛洲(제주)가 바라보이는 대둔사이다. 이 절은 아도 화상阿度和尙이 신라 진흥왕 때 처음 창건하였고, 도선 국사道詵國師가 신라 헌강왕 때 중건하였다. 정조正祖의 빛나는 글(雲章)과 보배로운 글씨(寶墨)가 만고의 세월을 거치면서도 밝게 빛나며, 서산 대사의 충훈의 기연機緣이 천추의 세월 동안 전하여 놀라 바라보게 한다. 암자의 이름은 상원上院이니, 삼세의 부처님이 엄연히 계시고, 누의 이름은 우화雨花이니 사방의 선사들이 강학하시던 곳이다. 이 암자의 백운대 아래 장춘동長春洞 위에서 호암虎巖과 연담蓮潭 대사가 여래의 선나禪那를 희롱해 드러내었고, 도솔봉 동쪽 진불암眞佛庵 남쪽에서 연파蓮坡와 철선鐵船 대사가 문자반야를 연설하셨다. 사람들이 떠나고자 하나 오래 머무르고, 새가 날아가려 하나 머물러 깃드니, 여기는 이미 그윽한 곳으로 이름을 드날렸을 뿐만 아니라 높고 시원한 곳으로 머물기 가장 좋은 곳이다.
　서울 사는 백천白川의 후손 조붕근趙鵬根이 암자에 와서 여러 번 돌아보고 난 후 절에 앉아 말하기를 "북두칠성단을 세워 동군東君(태양신, 봄의 신)에게 오복의 상서를 비는 것이 어떠하오?"라고 하였다. 총섭과 주지가 몸을 굽혀 절하고 일어나서 좋다고 하였고, 늙고 젊은 대중들도 고개를 숙이고 무릎을 꿇고 앉아 좋다고 하였다. 이에 관아에 일의 추진을 고하니 관아에서도 칭찬하고 고을에 연유를 알리니 고을에서도 모두 즐거워하였다. 관아와 고을에서 외호하고 절 내외의 승려들이 안에서 경영하니 여러 물품은 어찌 하늘에서 온 것이 아니리오. 재물은 시냇물처럼 당도하였다. 이에 직분을 나누어 정하자 바람에 휩쓸리듯 동의하였다. 총섭은 인차印差하였고, 주지는 지명(望定)을 하였으며, 조붕근은 일을 주관하였고, 교율(南坡敎律)은 화주를, 관준은 일을 감독하였다. 장인을 부르자 장인이 이르고, 터를 열자 터가 밝아졌다. 좌향坐向은 인신寅申, 좌우는 임병壬丙이며 경신庚申으로 보필하고 정오丁午는 태양이다.

도끼 찍는 소리가 북풍에 어울려 떵떵 소리 내고, 기둥과 들보는 차가운 눈과 함께 밝게 빛났다. 거니는 사자가 초석을 밟으니 오대부를 제수받은 진나라 소나무336요, 나는 용이 들보를 감싸니 삼장군을 제수받은 한나라 잣나무337이다. 숭산 화산338처럼 장구하기를 축원하니 옛날과 비교해도 다르지 않고, 근폭의 정성339을 바치니 멀고 가까움을 비교해도 일체로다. 경영과 시작을 서둘지 않았으나340 11월(地雷復) 하순이요, 일을 마치고 완공을 고했으니 12월(地澤臨) 중순이다. 삼가 길일을 택하여 바야흐로 몇 아름 되는 긴 들보를 들어 올리며 마른 창자를 흔들어 감히 육위의 짧은 노래를 짓는다.

    어영차, 들보 동쪽으로 떡을 던지세
    만 길 높이 두륜산이 푸른 하늘 솟아 있네
    어찌하면 사자좌를 빌려 와서는
    우리 임금님 원당 중에 드려 볼거나

    어영차, 들보 남쪽으로 떡을 던지세
    높은 고개 가로 누워 바다 안개 막아 주니
    영실의 신선 바람이 서북에서 일어나서
    조운선 위 높이 단 돛에 순풍으로 부는구나

어영차, 들보 서쪽으로 떡을 던지세
연잎봉 산머리에 초승달 새로 뜰 때
저 극락정토 무량수불 향해서
우리 저하 만수무강 기원하옵네

어영차, 들보 북쪽으로 떡을 던지세
미인 바라봄에 어느 때나 은혜 갚으리
길지 택해 북두칠성단을 열고
향 꽂고 저 멀리 전성[341]의 복 기원하네

어영차, 들보 위로 떡을 던지세
해와 달, 별들이 자리 나누어 펼쳐졌는데
삼가 청하옵나니 새로 세운 단에 왕림하시어
우리 세자께 동군의 왕성한 기운 내려 주시길

어영차, 들보 아래로 떡을 던지세
흩날리는 꽃비는 반야를 설하옵고
벽 가득한 시는 모두 관리들의 것
그 이름 강남 땅 선교의 터전에 떨치네

삼가 바라옵나니 상량한 후에 불일佛日[342]이 길이 빛나고 나라가 항상 평안하며 황하가 다시 맑아지고 우담바라가 다시 피어나기를. 새로운 편액을 높이 거나니, 그 빛이 옛 숲에 비추어 대둔 도량이 온 나라에 성가가 다시 중대해지고, 한양의 운수가 만년토록 창성하기를.

大芚寺上院庵七星殿上樑文[1]【**釋梵海岸**】

伏以極南王土, 拱北臣民, 欣載明堂, 渴仰少海, 爰開祈福之地, 可觀不日之營. 鬼慳於千萬[2]之中, 運廻於三百[3]之內. 盖此山, 北去海縣三十里之頭輪山, 南望瀛洲一千里之大芚寺. 此寺阿度和尙, 初叔於羅眞興王之朝. 道詵國師, 重衍於羅獻康王之日. 正廟祖, 雲章寶墨, 歷萬古而騰輝. 西山師, 忠勳機緣, 傳千秋[4]而駭矚. 庵名上院, 三世佛之儼然. 樓稱雨花, 四山師之講矣. 此菴白雲臺下, 長春洞上, 虎巖蓮潭, 弄顯如來禪那. 兜率峰東, 眞佛庵南. 蓮坡鐵船, 演說文字般若. 人欲去而延佇, 鳥將蜚[5]而棲遅. 旣窃窕而擅名, 亦壞壇[6]而居最. 京居白川後人趙鵬根, 來到此庵, 顧而更顧, 回而復回, 坐寺而言曰. 建北斗七星壇, 祝東君五福瑞如何. 摠攝住持, 鞠躬而起曰諾. 老少大衆, 俯首而跪曰嘉. 告事于官, 官自贊揚, 布由于鄕, 鄕咸樂易. 官鄕外護, 賓主內營, 物非天來, 財似川至. 於是分定執事, 靡若從風. 摠攝印差, 住持望定, 趙鵬根主管, 敎律化別土,[7] 寬俊監董. 召工工至, 開基基明. 坐向寅坐,[8] 左右壬丙, 庚申輔弼, 丁午太陽. 斧斤之聲, 和北風而丁丁. 棟樑之色, 共朔雪而皎皎. 行狨踏礎兮, 五大夫之秦松. 蜚[9]龍纏梁兮, 三將軍之漢柏. 嵩華呼祝兮, 憶古今而不殊. 芹曝獻誠兮, 問遐邇而一體. 經始勿亟, 地雷復之下弦. 竣後[10]告功, 地澤雷[11]之中澣. 敬差穀日, 方擧數抱之修樑.[12] 掀倒枯膓, 敢陳六偉之短頌.

兒樑[13]偉. 抛梁東. 萬仞頭輪聳碧空. 安得借來獅子座, 獻吾當宁願堂中.

南. 峻嶺衡平障海嵐. 瀛室仙風西北起. 順吹潮[14]運上供帆.

西. 蓮葉峰頭新月低. 向彼樂邦無量壽. 祝吾邸下萬年齊.

北. 望美何時庸報德. 擇地占開北斗壇. 拄香遙祝前星福.

上. 日月星辰[15]分位張. 奉請來臨新建壇. 扶[16]吾世子靑[17]宮旺.

下. 繽紛花雨談般若. 題詩滿壁盡[18]朝官. 名振江南禪敎舍.

伏願上梁[19]之後, 佛日長照, 國界恒安. 黃河再淸, 曇花重顯. 高掛新扁, 光透舊林. 大芚道場, 價還重於八域. 漢陽基業, 運載昌於萬年.

1) ㉠『梵海禪師文集』에는「頭輪山上院庵新建七星殿上梁文」이라는 제목으로 수록되어 있다.『韓國佛敎全書』제10책(H10, 1087ab). 이하 문집과 대교 내용이다.   2) ㉠ 문집에는 '萬' 다음에 '年'이 있다. 3) ㉠ '百' 다음에 '日'이 있다. 4) ㉠ '秋'는 '穐'로 표기되어 있다. 5) ㉠ '蜚'는 '飛'로 되어 있다. 6) ㉠ '壇'는 '山'변으로 되어 있다. 7) ㉠ '敎律化別士'는 '敎律化主'로 되어 있다. 8) ㉠ '坐'는 '申'으로 되어 있다. 9) ㉠ '蜚'는 '飛'로 되어 있다. 10) ㉠ '後'는 '役'으로 되어 있다. 11) ㉠ '雷'는 '臨'으로 되어 있다. 12) ㉠ '樑'은 '梁'으로 되어 있다. 13) ㉠ '樑'은 '郞'으로 되어 있다. 14) ㉠ '潮'는 '漕'로 되어 있다. 15) ㉠ '日月星辰'은 '七曜森羅'로 되어 있다. 16) ㉠ '扶'는 '降'으로 되어 있다. 17) ㉠ '靑'은 '東'으로 되어 있다. 18) ㉠ '盡'은 '儘'으로 되어 있다. 19) ㉠ '梁'은 '樑'으로 되어 있다.

문향각 상량 육위송 – 범해 각안

운운. 이에 육위의 좋은 게송을 지어 상량의 맑은 노래로 부르고자 한다.

동.
산봉우리에 붉은 바퀴 떠오르는데
천관보살[343]이 이웃하여 계시나니
불국토 범패 소리 푸른 하늘에 울리네

남.
영주산 한 터럭이 아득히 쪽빛인데
만 리 바다 넘실거리는 광활한 곳에
사가라용왕[344]이 아침저녁으로 참배하네

서.
연화세계 가는 길 미혹되지 않나니
온 산 가득 스님들 부처님께 귀의하네
하필 동쪽 버리고 서쪽 피안 향하리오

북.
임금 향하는 마음 어느 날에 풀리리오
궁전을 바라보나 아득하여 알 수 없네
등 걸고 세수하고 삼축[345]의 정성 올리네

상.
미륵보살 위용을 누가 우러르지 않으리

어찌 꼭 장래에 올 회상에서만 보리오
정성스레 마음으로 시시때때 떠올리리

하.
명성이 남쪽 땅의 큰 강당에 진동하니
푸른 눈의 고승들 나고 드는 곳
그 궤적 능히 행할 이 그 누구이런가

삼가 상량을 한 후에 불법이 중흥하고 국운(國祚)이 태평하기를 바라옵고, 절의 운이 시원히 열려 수달다須達多³⁴⁶의 단문檀門(시주)이 크게 열리기를 바라옵고, 스님들의 풍습이 순후하여 우바국優婆毱의 교화(化籌)³⁴⁷가 다시 돌기를 바라옵니다.

聞香閣上樑六偉頌¹⁾

云云. 乃撰六偉之善頌, 用唱數抱之淸歌.

東. 峰頭杲日一輪紅. 天冠大士爲隣在. 佛國梵歌奏碧空.

南. 瀛洲一髮渺如藍. 滄溟萬里汪洋處. 沙竭羅王朝暮叅.

西. 蓮花世界路不²⁾迷. 滿山白衲歸依佛. 何必弃東向彼西.

北. 拱北之心何日釋. 一望宸宮渺不知. 懸燈漱洗歌三祝.

上. 慈氏威容誰不仰. 何必當來會上看. 聊將心識有時想.

下. 名動南中大講舍.³⁾ 碧眼高僧出入來.⁴⁾ 能行轍跡今何者.⁵⁾

伏願上梁之後, 佛法重興, 國祈⁶⁾安泰. 寺運開通, 須達多之檀門大闢. 僧習淳厚, 優婆毱⁷⁾之化籌復廻.

1) ㉻ 『梵海禪師文集』 「聞香閣上樑文」의 게송 부분 참조. 『韓國佛敎全書』 제10책(H10, 1085a). 이하 문집과 대교 내용이다. 2) ㉻ 문집에는 '不'이 '無'로 되어 있다. 3) ㉻ '大講舍'는 '祇桓舍'로 되어 있다. 4) ㉻ '出入來'는 '衆決疑'로 되어 있다. 5) ㉻ '今何者'는 '談般若'로 되어 있다. 6) ㉻ '祈'는 '祚'로 되어 있다. 7) ㉻ '毱'은 '毱'으로 되어 있다.

무량회 모연소 - 범해 각안

살펴보건대 세존께서는 근기에 따라 도를 내려 주시고, 외물에 감응하여 모습을 드러내셨다. 특별히 왕생문을 여시어 염불 삼매에 들어가게 하셨으니, 지금 닦는 잠깐 동안의 작은 선업이 후에 만겁의 자량資糧이 될 것이다. 그러므로 동진의 혜원慧遠 법사가 여산廬山에 백련사白蓮社를 결사하여 신이한 영험을 만세토록 흠앙하였고, 고려의 발징發徵 화상³⁴⁸이 건봉사乾鳳寺에서 만일회萬日會를 이어 열자 같은 날 천 명이 함께 왕생하였으니, 이는 곧 고해를 건너는 빠른 배요, 윤회를 벗어나는 지름길이다.

우리 본사 모 대사³⁴⁹는 공문空門의 영수요 불해佛海의 우의羽儀로서 시내 북쪽에 무량회無量會를 열고 무량수불을 니단尼壇 위에서 염불하셨다. 사산四山(생로병사)이 핍박하니 공자가 꾼 전영지간奠楹之間³⁵⁰의 꿈이 멀지 않고, 육문六門(六識 : 안이비설신의 등의 인식 작용)이 텅 비고 한가하니 석사자釋師子³⁵¹의 현고懸鼓³⁵²의 기약이 머지않았다. 완명翫溟 스님에게 권선문을 의뢰하니 대사는 대중에게 신망이 있던 분이다. 이에 권선문을 메고 길에 오르니 상서로운 바람은 일곱 근 장삼 속으로 불고 선신善神은 육환장의 머리에서 호위한다. 효제충신孝悌忠信의 집안에서 문을 열고 웃으며 맞이하고, 자비희사慈悲喜捨의 절에서 항아리를 기울여 재물을 내어놓았다. 그러니 수달다³⁵³가 옛날에는 있고 지금은 없다고 말하지 말라, 부인富仁함이 이러하다. 보살이 예전에는 나오고 지금은 숨었다고 말하지 말라, 자비가 이러하다.

엎드려 비나니 어진 군자, 선지식들이여. 저 어진 일을 맞이하여 물러서지 않는 선근을 캐어 우리가 선을 행하는 가장 즐겁고 좋은 땅에 심읍시다. 그리고 인간세계 오복의 남은 경사를 덜어, 아홉 길 높은 산의 믿음의 공덕을 이룹시다. 그리하면 천추만세千秋萬歲 다하도록 아미타불을 임종 시에 친견할 것이고, 어진 자손들이 무상舞象의 날³⁵⁴에 성상께 나아가 알현할 것입니다. 이에 봉축하나니 왕실의 복이 산처럼 높아지기를, 귀인의 문에 법해法海가 편안히 흐르기를 바랍니다.

無量會募緣疏[1]

原夫世尊, 隨機授道, 應物現形. 特開徃生一門, 教入念佛三昧. 今修片時之小善, 後爲萬刼之資粮.[2] 是以東晋遠法師, 粛結白蓮社[3] 廬山, 驗[4] 萬歲欽仰. 高麗徵和尚, 繼設萬日會於乾鳳, 同日千人徃生. 是酒[5]越苦海之迅航, 出輪廻之捷徑者也. 唯我本寺某大士,[6] 空門領袖, 佛海[7]羽儀, 開無量會於溪水之陽, 念無量壽於尼壇之上. 四山逼迫, 孔夫子[8]尊[9]楹之間[10]夢不遠. 六門虛閑, 釋獅子[11]懸皷之期無何. 推卷[12]軸於甑溟師, 有物望於介衆者也. 於是荷卷[13]登道, 祥風吹於七斤衫裡, 善神護於六環杖頭. 孝悌忠信之家, 開門迎笑. 慈悲喜捨之寺, 側瓶[14]捨施. 莫道須達古有今無, 富仁是矣. 勿謂菩薩前現後隱, 慈悲是焉. 伏願仁君子善知識, 採彼當仁不讓之善根, 種我爲善最樂之良土, 減人間五福之餘慶, 成爲山九仞之信功, 則千秋萬歲, 親見彌陀於臨終之時. 賢子令孫, 進謁聖上於舞象之日. 因玆奉祝, 王室之福山高峙, 候[15]門之法海安流.

---

1) ㉯『梵海禪師文集』에 「大芚寺無量會募緣疏」로 수록되어 있다. 『韓國佛教全書』 제10책(H10, 1093c~1094a). 이하 문집과 대교 내용이다.　2) ㉯ 문집에는 '粮'이 '糧'으로 되어 있다.　3) ㉯ '社' 다음에 '於'가 있다.　4) ㉯ '驗' 앞에 '異'가 있다.　5) ㉯ '酒'는 '乃'로 되어 있다.　6) ㉯ '某大士'는 '悔庵雪虛兩大師'로 되어 있다.　7) ㉯ '海'는 '法'으로 되어 있다.　8) ㉯ '孔夫子'가 없다.　9) ㉯ '尊'은 '奠'으로 되어 있다.　10) ㉯ '間'이 없다.　11) ㉯ '釋獅子'가 없다.　12) ㉯ '卷'은 '勸'으로 되어 있다.　13) ㉯ '卷'은 '勸'으로 되어 있다.　14) ㉯ '瓶'은 '缾'으로 되어 있다.　15) ㉯ '候'는 '侯'의 잘못으로 보인다.

중종시주서 - 범해 각안

밤낮으로 시간을 알려 공정이 늦은지 빠른지를 깨우쳐 주고, 재나 제사 지낼 때 음악을 연주하여 신도神道가 내려오고 올라가는 것을 엄정히 한다. 목란원木蘭院의 부끄러움³⁵⁵을 일으켰고 동안현同安縣의 느낌³⁵⁶이 있었다. 날이 저물어 길이 막힐 때 먼 하늘의 절(梵坊)을 열어 보이고, 숲이 깊고 시내 흐르는 달빛 창가의 나비 꿈을 깨게 한다. 크게 치면 크게 울리고 작게 치면 작게 울리듯, 많이 베풀면 많은 복을 받고 적게 베풀면 적은 복을 받는다.

우리 고성암高聲庵은 이름난 명승지로 그 산은 맑고 높으며 읍의 주맥主脈이 된다. 모 화상이 만덕사萬德寺에서 와서 거처하는데, 권선문을 메고 군자들 집에 알렸다. 불법이 성하려는지 땅의 기운이 장차 돌아오려는지, 화상의 말 한마디가 바람처럼 불자 수많은 집들이 풀처럼 누워, 유한한 재물을 쓸어 모으고 무루無漏의 선근善根을 산처럼 쌓았다. 마침 팔려고 내어놓은 땅이 있어 마침내 교화하고자 하는 마음을 내었다. 누대를 옮겨 종을 거니 산의 용과 호랑이가 나는 듯 달리는 듯 소리가 읍성까지 들리니, 읍의 존귀한 이들 자손이 번성하고, 지옥에 빠진 고혼들은 괴로움을 벗어나 즐거움을 받으며, 윤회하는 중생들은 어려움을 면하고 복을 얻을 것이다. 단월들의 복은 수명이 수미산須彌山같이 될 것이며, 화주의 공은 향수해香水海같이 흐를 것이다. 감히 우매하고 미혹한 지식으로 수승한 인연의 자취를 적어서 보인다.

中鐘施主序¹⁾
日夜點更, 警覺工程之遲速. 齊²⁾祭奏樂, 嚴整神道降登. 爰起木蘭院之慙, 乃有同安縣之感. 日暮塗阻, 開示雲霄之梵坊. 林深溪流, 罷除月窓之蝶夢. 大叩大鳴小叩小鳴之日, 多施多福小施小福之時. 唯³⁾我高聲庵之名區淸高,⁴⁾ 邑之主脉. 有某和尙,⁵⁾ 自萬德來居. 荷彼勸善之文, 告于君子之宅. 或佛法欲盛, 或地運將回, 一言風馳, 萬戶草偃. 鳩聚有限之財賄, 岳立無漏之善根. 適有斥賣之處, 卒廢⁶⁾化來之心. 移掛樓頭, 山之龍虎, 如蜚⁷⁾如走, 聲落城上, 邑之尊貴, 有子有孫. 沈淪之孤魂, 離苦受樂. 輪回之衆生, 免難得福. 檀氏之福, 與須彌而齊壽. 化士之功, 等香海而同流. 敢將愚迷知, 記示勝緣之跡.

1) ㉠『梵海禪師文集』에「康津高聲庵中鐘施主案序」로 수록되어 있다.『韓國佛敎全書』제10책(H10, 1093b). 이하 문집과 대교 내용이다. 2) ㉠ 문집에는 '齊'가 '齋'로 되어 있다. 3) ㉠ '唯'는 '惟'로 되어 있다. 4) ㉠ '高聲庵之名區淸高'가 '高聲庵, 山之淸高'로 되어 있다. 5) ㉠ '某和尙'이 '敎允和尙'으로 되어 있다. 6) ㉠ '廢'는 '發'로 되어 있다. 번역은 후자를 따른다. 7) ㉠ '蜚'는 '飛'로 되어 있다.

백양산 정토사 청류동기 - 범해 각안

　노령蘆嶺이 횡으로 뻗쳐 있고, 장성長城이 웅거하여, 유림儒林[월평[357]]이 득국得局하고, 선원仙苑[정토사[358]]이 터를 열었다. 산신령은 백양白羊을 타고 오가며, 불제자들은 정토淨土를 밟으며 출입한다. 사적을 살펴보니 포옹圃翁(정몽주)의 구절이 밝게 실려 있고, 지령地靈을 돌아보니 각로覺老(각진 국사[359])의 비[360]에 소상히 적혀 있다. 중고 시대부터 보면, 산야를 바람처럼 흔든 이는 양악羊岳[361]이요, 용상대덕을 기로 제압한 이는 백파白坡[362]로다. 여러 지방에서 그 절을 보수하는 공덕을 허락하여 만든 것이 암자 내의 길이요, 많은 대중들이 강경講經의 모범으로 추천한 곳이 거울 같은 연못(鏡潭)[363]이로다. 도사다천覩史多天(도솔천)이 온통 도야림桃野林으로 옮겨 왔고, 기다원祇陀苑(기원정사)이 삼한 땅에서 중흥하였다. 청류암靑流庵에 이르면 남은 향이 방에 가득하고 남은 바람이 숲을 흔들며, 무딘 도끼(鈯斧)[364]를 서로 전하며, 푸른 모포(靑氈)[365]를 교대로 지켜 왔다. 맑은 시내가 급하게 여울져 좌우를 비치는 것은 덕송德松[366]이 물외에 높이 초탈한 것이요, 꾀꼬리 노래와 제비 지저귀는 소리가 상하에 울리는 것은 응운應雲[367]이 원내에서 강창하는 것이다. 이를 바탕으로 삼아 단월들이 귀의하고 법재가 모두 풍족하여, 종을 높이 걸고 종 망치(鯨槌)로 한가롭게 치면 경전을 읽은 이나 불자를 세운 이들이 때때로 나후라羅睺羅의 종소리를 연주하고, 고통에 빠진 이나 질병에 걸린 자들이 이를 듣고 나락奈落의 근심을 그치리라. 쌍계雙溪가 유구히 흐르는 것처럼 후손(瓜瓞)이 면면히 끊어지지 아니하며, 기린봉(麟峰)이 고고한 것처럼 부모님 화락하심 무궁하리라. 먼저 수승한 인연을 드러내어 기록하고 다음으로 아름다운 이름을 나열하여 축원하노라.

白羊山淨土寺靑流洞記[1]

蘆嶺橫亘, 長城雄據. 儒林【月平】[2]得局, 仙苑【土淨】[3]開基. 山靈騎白羊而往反, 釋子履淨土而出入. 瞻彼寺蹟, 昭載圃翁之句. 顧此地靈, 試辭[4]覺老之碑. 降自中古, 風動山野者曰羊【岳】, 氣壓龍象者曰白【坡】. 諸方許其補寺之功德, 庵裡之道. 衆海推其講經之楷模,[5] 鏡中之潭. 覰斯多【天】全移桃【野】林, 祇[6]陀苑重興【三】韓地. 至於靑流庵, 餘香滿室, 遺風動林, 鉏斧相傳, 靑氈[7]替守. 淸流激湍, 影帶左右者, 德松之高超物外. 罵[8]音舊語, 聲撤上下者, 應雲之演唱院中. 用是爲資, 檀越歸依, 法財具足, 凫鐘高掛, 鯨槌閑春. 轉經也, 竪拂也. 時奏羅睺[9]之撞撞, 沈淪者, 病疾者, 聽息捹落之楚楚. 雙溪之長流, 瓜瓞之綿綿不絶. 獜[10]峰之孤高, 椿萱之棣棣無窮. 記表勝緣於先, 列祝芳名於後.[11]

---

1) 옌『梵海禪師文集』에「長城白羊山淸流洞中鐘施主案序」로 수록되어 있다.『韓國佛敎全書』제10책(H10, 1093bc). 다음은 교감 내용이다. 2) 옌 이 글의 협주 내용은『梵海禪師文集』에는 없다. 3) 옌 저본에 따라 '淨土'로 고쳐야 한다. 4) 옌 문집에는 '辭'가 '詳'으로 되어 있다. 5) '楷模'는 '模楷'로 되어 있다. 6) 옌 '祇'는 '秪'로 되어 있다. 7) 옌 저본에는 '氈'이 '氊'으로 되어 있다. 8) 옌 문집에는 '罵'이 '鴬'으로 되어 있다. 다음도 같다. 9) 옌 '羅睺'는 '睺羅'로 되어 있다. 10) 옌 '獜'은 '麟'으로 되어 있다. 11) '後'는 '后'로 되어 있다.

사의계 서문[368] – (범해 각안)

한자(한유韓愈)가 말하기를 "인仁은 사랑(愛)이요, 의義는 마땅함(宜)이다."[369]라고 하였으니, 이는 사람을 사랑하고 재물에 마땅함을 말한다. 지금 이 의계義契라는 것은 계로 맺은 사람과 재물에 사랑과 마땅함을 끼치는 것이다. 계를 맺는다는 것은 무엇인가? 의리(義)를 잊지 않는 것이다. 의리를 생각한다는 것은 무엇인가? 출가하여 몸을 닦는 이들은 그 처음을 생각해 보면 모두 여러 집안의 자제들인데, 절문에 들어와서는 곧 일불一佛의 자손으로 같아 오로지 의리의 문(義門)을 지킨다. (문門에는) 문법門法, 문족門族, 문삭門削,[370] 문학門學, 문의門義의 뜻이 있는데, 이 사의계思義契는 곧 문의의 뜻이다.

이 의계를 만든 후에 만약 환난을 만난 이가 있으면 힘써 구제하되 재물로 구제하고, 말로 구제하고, 계책으로 구제한다. 그리하면 죽은 자를 살리고, 근심하는 자를 즐겁게 하며, 곤궁한 자에게 공급하고, 떨어진 자를 잇게 할 것이다. 형처럼 아우처럼 하여, 과실이 있으면 여러 계책으로 새롭게 고칠 것이다. 충신忠信을 말하고, 독경篤敬을 행하는 곳에 이르면 이들은 모두 의를 생각한다(思義)는 뜻이다. 세간과 출세간법이 모두 재물이 없으면 이루기 어렵다. 그러므로 약간의 재물을 모아 의리를 생각하는 자본으로 삼고, 약간의 이자를 내어 강신講信[371]의 이자로 삼는다. 계안契案을 만들고 장기掌記를 만들어 돌아가면서 담당하도록 하고 이를 상규常規로 삼고자 한다. 매번 '의義' 한 글자를 떠올릴 때마다 절대 소홀히 여기지 말라. 만약 그 재물을 잃거나 그 법을 교묘하게 농락하는 자가 있다면, 의를 생각한다(思義) 함이 과연 어디에 있을까. 이들은 금곡金谷의 법에 따라 벌을 줄 것이다.[372]

思議禊序

韓子曰. 仁者愛也, 義者宜也. 謂愛人宜物也. 今此義契者, 被愛宜於契約人物者也. 契約者何. 不忘義也. 思義者何. 盖出家修身者, 論其初, 則皆百家之子. 入於寺門, 則同爲一佛之孫, 專守義門也. 然有門法門族門剏門學門義之義, 此思義契者, 卽門義之義也. 作此義契之後, 若有患難者, 救之以力, 救之以財, 救之以口, 救之以計. 死者生之, 憂者樂之, 窮者給之, 絶者續之. 如兄若弟, 若有過失, 百計改新. 至於言忠信行篤敬之地, 則皆是思義之義也. 世出世法, 皆無物不成者也. 故聚若干物, 爲思義本. 出若干利, 爲講信末. 爲成契案, 爲成掌記, 輪而掌之, 以爲恒式. 每思其義之一字, 愼勿忽諸. 若有閪失其財, 幻弄其法者, 思義果安在. 罰依金谷法.

해언 사미에게 배움을 권함[373] - (범해 각안)

덕이 재주보다 뛰어난 자는 군자君子요, 재주가 덕보다 뛰어난 자는 소인小人이라고 들었다. 그러기에 재주와 덕을 겸비한 자는 대인大人이라 할 만하다. 달마산에 세 명의 재주 있는 이가 있는데 내가 소문을 듣고서 함께 이야기한 바 있고, 노래를 읊어 그들에게 준 바 있다. 그중 두 명은 내가 직접 보았기에 노래로 읊었으나 한 명은 보지 못하였기에 노래로 읊지 못하였다. 두륜산에는 세 명의 덕 있는 이가 있는데, 내 일찍이 각각에 대해 노래로 읊어 준 바 있다.

묻나니, 재주와 덕이 모두 사람에게 있어 내가 관여할 바 아닌데 노래하여 그들을 칭찬하는 것은 너무 오지랖이 넓은 것 아닌가?

답하나니, 말세의 시운을 당하여 불법佛法이나 세상 법이 동쪽 서쪽으로 기울어져 쌓아 올린 계란같이 위태로운데 이쪽이나 저쪽을 지탱해 주는 사람이 없도다. 그러므로 산야 간에 재주나 덕이 있다고 하는 자 있으면 내심으로 즐거워 도와주고 드러내는 것이다.[374]

與海彥沙彌勸學

如是我聞. 德勝才者, 君子. 才勝德, 小人. 謂才德兼備, 可以爲大人也. 達摩山有三才, 聞而說之, 歌而贈之. 二才我親見故歌之, 一才不見故不歌之. 頭輪亦有三德, 曾者各贈歌之. 問, 才德皆在於人, 非關於我. 則歌而贊之, 豈不涉於多事耶. 答, 時當末運, 佛法世法, 東傾西側, 危如累卵, 無有東支西撐者. 故山野間有才德者, 內心自喜, 扶而揚之.

상포계 서문[375] – (범해 각안)

색동옷 입고 빙빙 돌며 춤을 춘 것은 노영老榮[376]의 효도요, 나무에 새겨 제사를 모신 것은 정란丁蘭[377]의 효도이다. 영구를 들고 행렬을 따른 것은 돈길頓吉[378]의 효도요, 우란분재盂蘭盆齋[379]에서 스님에게 공양 올린 것은 목련目連[380]의 효도이다. 사례가 비록 다르지만 효도라는 점은 한결같다. 부모를 섬기는 도리를 논하는 것은 왜인가? 산야의 승려들이 비록 출가를 했다지만 정은 부모에게 있다. 계를 만들고 이자를 얻어 부모의 초종례初終禮 때 입는 복식을 준비한다면 그 뜻과 정이 매우 선하고 효성스럽지 않겠는가? 천지와 부모는 서로 다르나 뜻은 같으니, 하늘은 반드시 그 몸에 복을 내릴 것이요, 땅은 반드시 그 몸에 복을 생기게 할 것이다. 계의 기본 취지는 효도를 행하는 일이다. 출가 수도하여 사은四恩[381]에 보답하고, 계를 맺어 재물을 넉넉히 모아 신종추원愼終追遠[382] 하면, 성현들의 네 가지 효와 우열을 가릴 수 없을 것이다. 믿지 못하겠거든 짚신을 사 신고 증자曾子[383]에게 가서 물어보라.

喪布稧序

夫彩衣盤舞, 老榮之孝也. 刻木奉祀, 丁蘭之孝也. 昇柩隨喪, 頓吉之孝也. 盂蘭齋僧, 目連之孝也. 事雖各異, 孝乃一也. 事親之道何論. 山野師輩, 雖曰出家, 情存父母. 作契息利, 爲父母初終服制之具, 其意其情, 甚善甚孝哉. 天地與父母, 名異而意同. 天必降福於身, 地必生福於身矣. 契之大節, 爲孝之事也. 出家修道, 爲報四恩, 結禊衍財, 愼終追遠之孝. 與彼聖賢四孝, 無有高下於其中哉. 不信, 買着艸鞋, 往問曾子.

또[384] – (범해 각안)

〈미륵권효게彌勒勸孝偈〉에 말하였다. "집안에 두 부처님이 계시나 번뇌 세상 사람들 알지 못하네. 금가루로 단장해 만든 것도 아니고 단향목에 새긴 것도 아니네. 다만 현세의 부모님 바라보시게, 그분들이 바로 석가와 미륵이라. 그분들을 공양할 수 있다면 어찌 별도로 공덕 지을 필요 있을까. 부모님이 낳아 주지 않았다면 그대 몸 어떻게 났을까."[385] 여여거사 如如居士[386] 「권효문勸孝文」에 말하기를 "길러 주신 은혜는 크기가 천지와 같고, 고생하신 은덕은 무겁기가 산과 같다. 그러므로 집안의 두 노친은 바로 세간의 생불生佛임을 알아야 하리라."라고 하였다. 이는 곧 부모님이 낳아서 길러 주시는 은혜가 부처님과 다름없음을 말한다. 출가인은 스승을 부모로 여기니, 부모와 은사의 은혜를 살뜰하게 한결같이 섬기되, 이 또한 존중하는 마음으로 공경해야 하리라.

모 상인上人이 부모와 은사를 위해 뜻을 같이하는 벗들과 함께 음복하며 맹세하고 계를 만들어 재물을 모으고 이자를 불려서는, 살아서는 좋은 옷으로 잘 모시고(色養),[387] 돌아가시면 상복을 마련하여 신종추원의 도구로 삼고자 하였다. 내가 듣고서 환희심을 내어 성현들의 권효문을 인용하여 효심을 품고 계회를 설립하는 선행을 드러내고자 한다.

又

彌勒勸孝偈曰. 堂上有二佛尊, 煩惱世人不識. 不用金彩粧成, 非是檀香彫刻. 只看現世爺娘, 便是釋迦彌勒. 若能供養得他, 何用別作功德. 不用父母所生, 且道儞身何得. 如如勸孝文曰. 鞠育恩, 大如天地. 劬勞恩德, 重如丘山. 須知堂二老親, 便是人間一生佛. 此乃父母生養之恩, 與佛無異也. 亦出家之人, 以師爲父母. 父母與師恩, 渥如一事之. 亦如嚴哉, 敬哉. 某上人爲父母與師, 同志之友, 飮盟立契, 合財息利, 以爲生也, 彩衣色養. 死則衰服, 愼終追遠之具. 余聞而隨喜, 引彼聖賢勸孝之文, 又揚含孝立契之善.

선참계 서문[388] - (범해 각안)

　무엇을 선참禪懺이라 하는가? 일찍이 예전에 유행된 삼장三藏의 교해教海와 삼업三業으로 물든 습기를 스승의 한마디 말로 몰록 버리고, 묵언의 경절문經截門으로 마음을 돌리는 것이다. 무엇으로 승려의 선계禪契를 삼는가? 생전에 필요한 약간의 돈[389]과 세 심지의 심향心香을 제자들의 한마디 말로 계합하여, 무상無相의 법공좌法空座에 마음을 향하는 것이다. 세존이 입멸한 후 교教는 아난阿難에게 전했고 선禪은 가섭迦葉에게 전하여 오늘까지 스승과 제자들이 각각 선과 교를 구비하고 있다. 그러나 이는 단지 선파禪派를 전하는 것이다. 선이 선 되는 이유는 사람에게 있지 선 자체에 있지 않다. 이름을 얻으나 내실이 없으면 사제지간에 손해만 있고 이익은 없다. 스승에게 받은 자가 제자에게 전하여 억만 년이 흐르도록 떨어지지 않게 하는 것은 스승의 바람이요, 제자의 소원이다. 우리 스승을 위한 계를 영위하는 것은 실제로는 우리들 몸을 살찌게 하는 것이다. 누가 부처님을 속이겠는가. 그러므로 (속이는 자는) 30번 몽둥이로 벌하여 먼저 통도사 정자각丁字閣에 보내고 뒤에 칠불암 아자방亞字房으로 옮긴 후 마침내 서방정토의 아홉 연화대蓮花臺에 두면 곧 상벌이 분명해질 것이다. 어찌 고봉高峰의 문하만 아름다운 명성을 독차지할 수 있겠는가? 이러하기에 선참선계禪懺禪契라 이름 붙인다. 쯧쯧.

禪懺禊序

何謂之禪懺也. 曾前所行三藏之敎海, 三業之染習, 法師一言之下頓捨. 而回心於默言之經截門也. 何以僧之禪契也. 命前所用一挈之錢刀, 三瓣之心香, 弟子一言之下契合. 而向心於無相之法空座也. 釋尊入滅, 教傳阿難, 禪傳迦葉. 至於今日法師弟子, 各具禪敎. 而此則但禪派之傳也. 禪之爲禪, 在人而不在禪也. 得名而無實, 則師弟之間, 有損而無益也. 以受之於師者, 傳之於弟, 使不墜於億萬斯年, 師之望也, 弟之願也. 若營爲吾師契, 而實爲吾己¹⁾肥也. 則其誰欺佛乎. 然則罰三十棒, 先送於通度丁字閣, 後移於七佛亞字房, 終置於西方九蓮臺. 則賞罰分明也. 豈可專美於高峰門下哉. 是以名禪懺禪契. 咄.

---
1) '已'는 저본에 '己'로 되어 있다.

강지선 구걸초[390] – (범해 각안)

 이 아이는 해주 사람 강씨의 아들로, 조실부모하고 형제도 드물었다. 업인이 완고하여 과보로 눈을 잃었으니, 입산하여 참방해도 매번 걱정하는 소리를 듣는 경우가 많았다. 그러니 어찌 잠을 잔다고 꾸짖으며, 강을 막아 더디 흐르게 하리오. 설령 소비小妃로 살았대도 업력의 여습을 막지는 못했을 것이다. 다시 풍악楓岳에 들어갔으니 다행히도 이 위공李衛公(이정)[391]의 한번 금강산을 보고 싶다는 소원이[392] 없었고, 여러 차례 옥양沃陽을 뵈니 진실로 소 학사蘇學士(소식)가 내생에는 낯선 손님이 되지 않으리라는 찬탄과 같았다. 사산四山(생로병사)의 무성한 빼어난 기운으로 쉽게 배를 채웠으나, 오장의 썩어 문드러지는 몸뚱이는 채우기 어려웠다. 천지를 집으로 삼고 해와 달을 등불로 삼다 보니, 노 행자盧行者[393]가 스승에게 게송을 드릴 날이 어느덧 지나 버렸고, 한산자寒山子[394]가 바위굴로 들어갈 해가 점점 도래하였다. 징 소리를 듣고서 해가 운다 하였고, 코끼리를 그리니 키 모양이 되었으며, 얕은 물을 깊은 물 건너듯 건넜고, 평탄한 길을 흙을 메우면서 갔다.[395] 화문化門[396]과 허주虛舟[397]의 문하에서 선지禪旨를 훈자薰炙하였고, 응화應化[398]와 설두雪竇[399]의 방에서 교전敎詮을 사숙하였다. 천촌千村의 달 비치는 거리에서 위표魏瓢[400]의 낙담을 희롱하고, 구중九重의 성 밖에서 한고韓袴[401]의 아끼라는 명을 바라본다. 한 말의 곡식과 푼돈은 유랑자의 직분이요, 한 자의 베와 부러진 국자는 행려자의 생애라. 엎드려 비나니 여러 군자와 여러 스님들이여, 방편문을 크게 열어 유루의 복을 조금 덜어 주시어, 개미 목숨을 구제한 사미의 수명[402]과 뱀을 치료한 구슬[403]을 황천皇天이 후토后土에게 명하여 응하시리라. 삼가 올립니다.

姜智善救乞草

伏以小童, 海州之人姜姓之子. 早失怙恃, 亦鮮弟兄. 業因有頑, 報果失眼. 入山豢訪, 每多咄咄. 胡爲睡之責言, 阻河遲留. 尙有小妃住, 莫流之餘習. 再入楓岳, 幸無李衛公[1]一見金剛山之願言. 屢謁沃陽, 信如蘇學士.[2]他日非生客之歎美. 易飽四山氛氳之秀氣, 難充五藏腐爛之皮囊. 天地爲家, 日月作燭. 盧行者呈偈之日, 冉冉已過. 寒山子入巖之年, 看看到來. 聞錚日鳴, 模象箕樣. 揭厲淺水, 適塡坦途. 化門虛舟之門, 薰炙禪旨. 應化雪竇之室, 私淑敎詮. 千村月街, 弄魏瓢之護落. 九重城外, 望韓袴之命藏. 斗粟分錢, 浪子之職分. 尺布殘杓, 行旅之生涯. 伏乞僉君子諸上人, 大開方便之門, 小捐有漏之福, 則救蟻之壽, 藥蛇之珠, 皇天命之后土, 應矣. 謹呈單于.

1) ㉑ '李衛公'은 저본 협주에 '李靖'이라 하였다. 2) ㉑ '蘇學士'는 저본 협주에 '東坡'라 하였다.

참회사 다비 망축문[404] – (범해 각안)
懺悔師茶毘祝

거문고가 묘한 소리를 갖추었다 하더라도	琴具妙音
손가락으로 튕기지 않으면 소리가 피어나지 않는 법	非指不發
사람이 청정한 계를 갖추었다 하더라도	人具淨戒
스승이 없으면 (알려지지) 않네	非師不說
현법의 왕상으로	現法王相
노고추[405]가 되어	作老古錐
거문고니 사람이니 하고	曰琴曰人
혹 손가락이니 스승이니 하네	或指或師
인승[406] 천승[407]을 타고	人乘天乘
대사께서 참된 귀의처로 돌아가시니	師歸眞歸
계수나무 울창하니	嫩桂昌昌
남은 향기 은은하네	餘香馡馡
여름과 가을이 교대하니	金火交代
더위와 서늘함이 가고 오는구나	溫凉適零
물로 목욕하고 불로 목욕하니	水浴火浴
인도 끝이요 과도 끝이로다	因終果終

또 – (범해 각안)
又

법은 홀로 일어나지 않나니	法不孤起
반드시 인연이 있도다	必有因緣
대사께서 헛되이 오신 것이 아니니	師不徒來
전수받아 전수해 주었도다	亦有受傳
비니(계율, 율장)의 자루를 잡고	將毘尼柄
제자들에게 비니를 주셨도다	與毘尼兒
백아가 있었기에	爰有伯牙
종자기가 있었구나[408]	厥有鐘期
계수나무 그늘이 땅에 편만하니	桂陰徧地
우렛소리 하늘에 가득	雷聲滿天
동쪽에서 거두어 중생을 교화하고	收東化機
서쪽으로 돌아가 연꽃을 피웠도다[409]	歸西開蓮
순화(5월)[410]가 지나고	鶉火政去
이칙(7월)[411] 기운 도래할 때	夷則氣來
텅 빈 산에 사람 없는데	空山無人
물 흐르고 꽃이 피네	水流花開

은사 다비 망축문[412] – (범해 각안)
恩師茶毘祝

출가하여 옷을 갈아입으니	出家更衣
든든하기가 태산 같으셔라	倚若泰山
우리를 옷 입히고 먹이시니	衣我食我
한가로움을 미루어 한가로움을 주셨고	推閑與閑
지붕마루를 만들어	作彼屋梁
우리 집안 편안케 하셨도다	爲我家安
혹은 교학의 바다에	或在敎海
혹은 선의 관문에 계셨으니	或在禪關
남겨 주신 것은 마음이요	所遺者心
전한 것은 의발이라	所傳者衣
산은 고요하여 처량하고	山寂寂凄
물은 졸졸졸 슬피 흐르네	水潺潺悲

계사 다비 망축문[413] – (범해 각안)
戒師茶毘祝

삼가 아뢰나니	伏以
청정한 계를 연설하시어	演說淨戒
우리 후진들을 구제하셨도다	度我後塵
오성[414]이 자리를 같이하니	五姓同席
형제간의 의리와 같도다	兄弟義均
이것이 누구의 덕인가	伊誰之德
오직 우리 대사의 어지신 덕이라	唯師之仁
사대가 각기 돌아가자	四大各歸
한 번 꾼 꿈에 천진면목 드러났도다	一夢天眞
우러러 부르고 굽어보며 흐느껴도	仰號俯泣
이 마음을 스승께 이르도록 펼칠 도리 없는데	無由逮伸
붉은 가을 산에	紅黃秋山
단풍잎이 다투어 울긋불긋하네	楓葉爭新
세속의 몸 화장하여 깜부기 사위는데	火俗殘燼
촛불은 법신을 드러내네	燭露法身
인간세계는 끝이 없고	人間罔極
이날보다 큰 게 없어라	莫大斯辰
삼가 맑은 차를 올리며	謹酌淸茶
마음과 정신을 다 쏟아 붓습니다	罄渴心神

문정 다비 망축문[415] – (범해 각안)
門庭茶毘祝

출가했을 당초에는	出家當初
터전이 각자의 고을에 있었는데	基在各枊
산에 들어온 오늘은	入山此日
의리로써 형제를 맺었네	義結弟兄
살아서는 한 몸이요	生也一身
죽어서는 동정이라	死也同情
늙은이가 젊어지지 못하여	老不更少
부평초로 변했네	化轉蓬萍
오늘 이 밤	此日此夕
울면서 구름수레 바라보며	哭望雲軿
다과를 조금 진설하여	茶果薄奠
슬픔을 머금고 영병에 올립니다	哀薦靈屛

집을 허무는 축문[416] – (범해 각안)
破屋祝

삼가 아뢰나니	伏以
터를 잡아 절을 세우고	開基建堂
부처님을 모시고 왕실을 편케 하고자 했습니다만	奉佛安王
해가 오래되고 달이 깊어	年久月深
비바람에 위와 곁이 허물어졌습니다	雨上風傍
두루 재물과 돈을 모아	周求物貨
사이사이 깁고 흠집 난 곳에 흙벽을 발랐습니다	間補朽傷
이제 길일을 택하여 집을 부수고	破屋日吉
좋은 때를 택하여 신을 옮기고자 하니	移神時良
잠시 별단에 머무르다	暫住別壇
다시 새로 단장한 집으로 돌아오소서	還復新莊
길이 보우하사	永其保佑
이 맑은 잔을 흠향하소서	歆此淸觴

기둥을 세우는 축문[417] 【법당과 연호를 갖추어 써도 좋다.】
- (범해 각안)

立柱祝【法堂年號具書可也】

동치(1865) 4년	維同治四年
을축 3월 병신 초구일 갑진 신미시에	歲次乙丑三月丙申朔
	初九日甲辰辛未時
화주별감 모 등은	化別監某等
감히 토지신께 고합니다	敢昭告于土地之神
삼가 생각건대	伏以
생·성·주·지는	生成住持
땅의 네 가지 공입니다	地之四功
집을 짓고 불상을 세워	建宇設像
사람과 신이 함께 우러러보았는데	人神瞻同
날이 오고 달이 가니	日徃月來
서로 기울고 동으로 기울었습니다	欹西傾東
그것을 보는 마음과 대상이 함께 합일이 되어	心境俱合
진여와 세속에 같은 바람이 불었습니다	眞俗同風
이에 길한 날과 좋은 때를 가려 세우니	日吉辰良
초석이 우뚝하고 기둥이 높습니다	礎兀柱隆
노반[418]이 기교를 뽐내고	魯班舞智
온갖 일을 마무리하고 상서로움을 드립니다	百務呈公[1)]
신이시여 보우하사	神其保佑
이 집이 영원히 무궁토록 전하기를 바랍니다	永傳無窮

---

1) ㉭ '公'은 저본에는 '祥' 옆에 첨기하였다. 번역은 '祥'을 따른다.

이에 다과를 진설하오니　　　　　　　　茲陳茶果
갸륵한 정성 굽어 흠향하소서　　　　　　俯歆丹衷
흠향하소서　　　　　　　　　　　　　　尙饗

다약설 - 범해 각안

백약이 비록 좋아도 모르면 쓰지 못하고, 백 가지 병이 비록 괴로워도 구제하지 않으면 살지 못한다. 구제하지 않으면 살지 못하는 때, 구하고 살리는 의술이 있다. 모르면 쓰지 못하는 중에 알고서 쓰는 묘방이 있다. 이는 사람이 느끼는 것이 아니라 하늘이 응하는 것이다. 병을 치료하는 약이 비록 좋아도 정말로 알 수가 없으니 구제하는 이는 반드시 알아야 할 것이다.

나는 임자년(1852) 가을에 남암南庵에 주석하였는데, 이질痢疾 때문에 사지를 늘어뜨리고 세 끼니를 잊은 지 어느새 열흘이 되어, 반드시 죽을 것으로 스스로 알았다. 하루는 나와 함께 본사本師에게 입실한 사형 무위無爲 스님이 모친을 병시중하던 곳에서 와서 앉았고, 나와 함께 초의 장로艸衣長老에게 선참을 받은 사제 부인富仁 스님이 스승을 모시던 곳에서 와서 앉았다. 머리를 들어 좌우를 보니 (나를 포함하여 세 명이) 삼태성三台星(삼형제)처럼 자리를 나누어 있으니 나 스스로 반드시 살 것을 알았다. 잠시 후 형이 말하기를 "나는 냉차冷茶로 어머니를 구완하네. 조짐이 있으면 급하게 달여서 복용한다네."라고 하였고, 아우는 말하기를 "나는 싹차(芽茶)[419]가 있어 불시에 위급한 때 사용합니다."라고 하였다. 어찌 사용하는데 어려움이 있으리오. 말한 대로 달이고 말한 대로 복용하였다. 한 주발에 속이 조금 편해지고, 두 주발에 정신이 상쾌해지며 서너 잔에 온몸에 땀이 흘렀다. 맑은 바람이 뼛속에 불어 시원하게 처음부터 병이 없는 듯하였다. 이때부터 먹고 마시는 것이 조금 차도가 있어 날로 다르게 떨쳐 일어나 움직였다. 곧바로 6일째 되는 날은 걸어서 70리 본가에 어머니 기제를 드리러 다녀오자, 듣는 이가 놀라고 보는 이가 손으로 가리켰다.

아, 차는 땅에 있고, 사람은 하늘에 있으니, 하늘과 땅이 감응한 것인가. 약은 형에게 있고 병은 아우에게 있으니 형제가 서로 감응한 것인가. 어찌 신이한 효과가 이와 같단 말인가. 차로 어머니를 구하고, 차로 아우를 살리니 효도와 우애의 도가 지극하도다. 슬프도다. 병이 아주 중하지 않았다면 어찌 반드시 죽을 줄을 알았던가. 정이 매우 도탑지 않았다면 어찌 반드시 살 것을 알았던가. 평생의 정분이 어떠한가를 가히 알겠노라. 이에 구제할 만한 도가 있는데 구할 수 없다고 하는 후학들에게 보이노라.

茶藥說[1]

百藥雖良, 不知不用. 百病雖[2]苦, 不救不生. 不救不生之際, 有救之生之之術. 不知不用之中, 有知之用之之妙. 非人感之, 天應之. 藥病雖良, 苦不可知, 救者必也.[3] 予壬子秋, 住南庵. 以痢疾, 委四支, 忘三時, 奄及旬朔, 自知其必死矣. 一日與予[4]同入室於本師者,[5] 號曰無爲, 兄, 自其母侍病之所來坐.[6] 與予同禪懺於艸衣長老者,[7] 名曰富仁, 弟, 自阿師侍給處來坐.[8] 擧首左右, 三台分位, 自知其必生矣. 俄爾兄曰, 我以冷茶救母. 於幾危之際, 急煎用之. 弟曰, 我藏芽茶, 以待于不時之需. 何難用之, 如言煎之, 如言用之. 一椀腹心小安, 二椀精神爽塏, 三四椀渾身流汗. 淸風吹骨, 快然若未始有病者矣. 由是食飮漸進, 振動日異. 直至六日, 徃衆慈氏忌祭於七十里本家. 聞者驚之, 見者指之. 吁. 茶在地, 人在天, 天地應歟. 藥在兄, 病在弟, 兄弟感歟. 何神效之如此. 以茶救母, 以茶生弟, 孝悌之道盡矣. 傷心哉. 病不甚重, 何以知必死. 情不甚厚, 何以知必生哉. 可知其平生情分之如何. 而記示其後來, 有可救之道, 而不可救之流.

1) ㉮『梵海禪師文集』「茶藥說」과 같다.『韓國佛敎全書』제10책(H10, 1080ab). 이하 문집과 대교 내용이다. 2) ㉮ 문집에는 '雖'가 '爲'로 되어 있다. 3) ㉮ '藥病雖良, 苦不可知, 救者必也.'는 '藥與病爲無可奈何也.'로 되어 있다. 4) ㉮ '與予'가 없다. 다음도 같다. 5) ㉮ '於本師者'가 없다. 6) ㉮ '自其母侍病之所來坐'는 '自侍親而來'로 되어 있다. 7) ㉮ '於艸衣長老者'가 없다. 8) ㉮ '自阿師侍給處來坐'는 '自侍師而至'로 되어 있다.

『선문요어』[420] 서문 - 범해 각안

선교 양종은 모두 세존으로부터 흘러나왔다. 세존께서 49년 동안 말씀하신 교敎는 아난에게 전해졌고, 49년 동안 증득하신 선禪은 가섭에게 전해졌다. 가섭은 선주禪主로서 교를 겸수했고, 아난은 교주敎主로서 선을 겸수했다. 이로써 천축天竺의 28조사[421]부터 중국의 6대 조사[422] 그리고 우리 동토의 일우一愚[423]부터 백파白坡,[424] 초의草衣[425]에 이르기까지 각각 선과 교를 갖추지 않은 이는 없었다. 그런데 선은 무설無說을 참된 설로 삼고, 교는 유설有說을 참된 설로 삼는다. 그러므로 하택荷澤[426]은 '지知'라는 한 글자를 중묘衆妙의 근원으로 삼았고,[427] 고봉高峰[428]은 '지'라는 한 글자를 중화衆禍의 문으로 삼았다.[429] 역대의 여러 존숙尊宿과 천하의 노고추老古錐가 정성스럽게 교문敎文에 대해 해석했음에도 선문禪門에 관해서는 전혀 혀를 놀리지 않은 것은 진실로 이유가 있는 일이다.

그러나 우리 동방은 그렇지 아니하여 자신의 뜻과 견해대로 천착하여 선문에 대하여 쓸데없는 이야기를 하는 자가 왕왕 많이 있었다. 그런데 백파 스님(龜老)은 출중한 재능과 덕을 바탕으로 공자와 노자를 널리 열람하고 지혜는 선과 교에 통달하였으니, 교가敎家에 힘을 쓰는 것은 백암栢庵[430] 스님(栢老)과 방불하고, 선관禪關에 머무른 것은 구곡龜谷[431]과 비슷하였다. 곧 백파의 살활체용殺活體用의 설[432]이 다투어 쏟아 내어 말로 헤아릴 정도요, 주석을 단 글들이 수레에 실을 정도였다.[433] 초학자들이나 청납靑衲 황건黃巾의 무리들이 훈습을 받아 수지 독송하고, 바람에 풀이 눕듯 귀의하여 수긍하였으니 누가 즐거이 앙모하고 찬양하지 않겠는가.

중부자中孚子(초의)[434]는 불교와 그 외의 도학을 하나로 꿰뚫고 고금의 모든 책을 주머니에 담았으니, 옛사람이 말한바 '명성을 피하나 명성이 나를 따른다.'[435]고 한 분이다. 대사는 백파가 평한 『선문수경禪文手鏡』을 얻어 보고는 그 가운데 뜻이 맞지 않은 곳을 가려 뽑아 변증하여 바르게 하였다. 이는 바로 그 책을 읽는 사람들로 하여금 마음에 진위를 가려내는 방법을 보여 준 것으로, 이름을 '선문요어禪門要語'라 하였다. 내 일찍이 선사의 문하에서 말석을 얻은 자로, 『요어』를 얻어 보고는 그 현묘함을 알지 못하였으나, 하루 이틀 듣고 보고 하니 마치 안개와 이슬 길을 걸어 지란芝蘭 밭으로 들어간 듯 점점 문향聞香의 은미한 뜻을 얻을 수 있었다. 또한 통을 써서 가까이 두고 첫머리에 서문을 써서 이 책의 유래와 본말을 알게 하였다.

무릇 옛날의 선은 비교하여 의심(擬疑)하는 것을 약으로 삼고 알음알이(知解)를 병으로 삼았는데, 요즈음의 선은 알음알이를 약으로 여기고, 비교하여 의심하는 것을 병으로 여기니, 이것은 누구의 허물인가. '아는 것을 안다고 말하고, 모르는 것을 모른다고 하는 것이 참된 지식이다.'[436]라고 하는 것은 곧 『선문수경』의 지식이다. '(활을) 당기되 화살을 쏘지 않고 약동하듯 중도에 서면 능한 이가 따른다.'[437]는 것은 곧 『요어』의 당김이다. 중씨仲氏(자로)의 지식은 『선문수경』의 지식이요, 맹자의 당김은 『선문요어』의 당김이다. 당기는 것은 본연本然의 선이요, 지식은 천착穿鑿하는 교이다. 당김으로 지식을 깨뜨리는 것은 그 지식을 깨뜨리는 것이지 그 사람을 깨뜨리는 것이 아니다. 공자가 중유仲由(자로)를 깨뜨린 것이 그러하고, 맹자가 공손추公孫丑를 깨뜨린 것이 또한 그러하다. 지식(知)과 당김(引)은 우리 불가의 선교禪敎이다. 선교는 천축 28조사와 중국 6대 조사에서 백파와 초의에 이르기까지 사람마다 본래 구족하고 있다. 그런데 오직 선에 대해서는 여러 존숙과 노고추가 혀를 묶고 함구(含枚)[438]하고, 당기되 쏘지 않았다. 이제 당기어 쏘고, 깨뜨리어 수용하는 것을 둘 다 옳다고 하니 이는 누구의 허물인가?

함풍咸豐 6년(1856) 봄에 쓰다.

禪門要語序[1]

禪敎兩宗, 皆由於世尊而流出也. 世尊四十九年之說敎, 傳於阿難. 四十九年之證禪, 傳於迦葉. 迦葉禪主而兼於敎, 阿難敎主而兼於禪. 以之竺之四七, 唐之二三, 東之一愚白岬, 無不各具禪敎. 而禪以無說爲眞說, 敎以有說爲眞說. 故荷澤以知之一字, 爲衆妙之源. 高峯以知之一字, 爲衆禍之門. 歷代諸尊宿, 天下老古錐, 拳拳疏解於敎文. 而頓然不爲弄舌於禪門之上者, 良有以也. 我東方則不爾, 自意自見穿鑿, 贅談於禪門者, 往往居多. 而至於龜老,[2] 以出衆之才, 抱德之質, 學覽孔老, 知達禪敎. 用力敎家, 彷彿於栢老. 留[3]禪關, 庶幾於龜谷.[4] 卽[5]見殺活體用之說, 鏡[6]抱斗量. 疏什[7]述作之書, 動論車載. 新學初機之輩, 靑衲黃巾之徒, 薰炙而受持讀誦, 風靡而歸向點頭, 孰不欣仰贊揚哉. 中孚子, 內外道學, 一以貫之. 古今諸書, 囊以括之. 古所謂逃名而名我隨者也. 得[8]見龜老所評禪門手鏡, 其中意義不惬[9]者, 抄出辨正. 此乃現示其人人見者之心, 眞僞斥敎之何如也. 以之名之曰禪門要[10]語. 吾嘗從於禪師之門, 得其緒餘者也. 得見其要語, 未[11]知其玄妙矣. 一日二日, 耳之目之. 若行霧露, 入芝蘭. 漸得其聞[12]香之微旨. 又書諸一通, 以在座右. 又序其弁, 以知此書之自來本末. 大抵古之禪, 以擬疑爲藥, 以知解爲病. 今之禪, 以知解爲藥, 以擬疑爲病. 是誰[13]過歟. 知之爲知之, 不知爲不知, 是知也. 此乃手鏡之知也. 引而不發, 躍如也, 中道而立, 能者從之. 此乃要語之引也. 仲氏之知, 乃手鏡之知. 孟氏之引, 乃要語之引也.[14] 引者, 本然之禪. 知者, 穿鑿之敎. 以引破知者, 破其知, 非破其人. 孔氏之破仲由亦然. 孟氏之破公孫丑亦然. 知也引也, 吾家之禪敎也. 禪敎自四七二三, 至白岬, 人人本自具足. 而唯[15]禪, 諸尊宿老古錐, 結舌含枚, 引而不發. 今乃引而發之破之受之, 兩是雙可. 是誰之過歟.

時咸豊六年春. 記.

---
1) 㸢『梵海禪師文集』에는「禪門謾語序」로 수록되어 있다.『韓國佛敎全書』제10책

(H10, 1087c~1088a). 이하 문집과 대교 내용이다. 2) ㉯ 문집에는 '龜老'가 '隱老'로 되어 있다. 다음도 같다. 3) ㉯ '留' 다음에 '神'이 있다. 4) ㉯ '龜谷'이 '覺雲'으로 되어 있다. 5) ㉯ '卽'은 '即'으로 되어 있다. 6) ㉯ '鏡'은 '竸'으로 되어 있다. 7) ㉯ '什'은 '釋'으로 되어 있다. 8) ㉯ '得' 앞에 '故'가 있다. 9) ㉯ '恊'은 '協'으로 되어 있다. 같은 의미이다. 10) ㉯ '要'가 '護'으로 되어 있다. 11) ㉯ '末' 앞에 '初'가 있다. 12) ㉯ '聞'은 '潤'으로 되어 있다. 13) ㉯ '誰' 다음에 '之'가 있다. 14) ㉯ '也'가 없다. 15) ㉯ '唯'가 '惟'로 되어 있다.

자웅종기 – 범해 각안

원주 치악산雉樂山⁴³⁹에 큰 절이 있다. 불존佛尊 수좌首座⁴⁴⁰가 법당 뒤뜰을 거닐다 보니 큰 구렁이 한 마리가 꿩을 돌돌 만 채 다투고 있었다. 마치 조개와 황새가 다투느라 바로 곁에 어부가 있는 것도 모르는 격이었다.⁴⁴¹ 수좌가 지팡이로 이들을 풀어서 구해 주자 꿩은 감사의 마음을 품었고, 뱀도 같은 마음을 품었다. 그날 이경二更(밤 9~11시)에 흰 모습의 노인이 와서 등불을 켜는 자리 가까이에 앉아 쩌렁쩌렁한 목소리로 말하기를 "나는 이 절에서 종을 만들던 화주승이다. 수많은 집들을 찾아다니며 모연을 해서 이 큰 종을 만들었는데, 종소리가 맑지 못하여 도리어 죄보를 받아 뱀의 몸으로 생멸을 거듭한 지 어언 무량수 겁이 되었다. 오늘 좋은 때 요행히 꿩 한 마리를 잡아 점심으로 먹기에 좋았는데, 스님의 자비를 입어 이렇게 굶주리게 되었다. 내 반드시 그대를 먹고자 하는데 그대 생각은 어떠한가? 만약 대신 먹히지 않으려면 나를 위해 종을 쳐서 소리를 내어 이 추한 과보를 벗어나게 한다면 이 또한 자비일 것이니, 평등하게 자비를 행하라."라고 하고, 말을 마치자마자 홀연히 떠나갔다. 괴이하다 의심하던 차에 그 전까지 울리지 않던 종이 웅장하게 울리며 하늘 밖으로 울려 퍼졌다. 쥐는 무슨 일인가 하며 나왔고, 잔나비는 숨어서 바라보니, 한 쌍의 큰 꿩이 부리로 종을 울리는데 한 번은 크게 한 번은 작게 쳐 대소大小의 가락이 있었고, 한 번은 암컷이 한 번은 수컷이 쳐 자웅雌雄의 차례가 있었으며, 한 번은 살殺을 한 번은 활活을 근본으로 하여 쳐 살활殺活의 징표가 있었으니, 진정 불문佛門 작법作法의 예악禮樂이었다. 새벽녘에 노인이 다시 와서 말하기를 "나는 종소리를 울린 힘을 입어 뱀의 몸을 벗고 하늘에 올라갑니다."라고 하였다. 날이 밝자 가서 보니 한 마리의 금빛 뱀이 남쪽 회랑 아래 죽어 있어 승려의 예에 따라 장사를 치렀다. 아, 꿩은 죽음으로써 몸을 구제해 준 은혜를 갚았고, 스님은 목숨을 구해 줌으로써 목숨을 구하는 보답을 받았으며, 뱀은 스님으로 인해 꿩의 목숨을 놓아주고, 또 꿩으로 인하여 오랜 겁의 괴로움에서 벗어났으니 일거삼득一擧三得이라. 각각의 처지는 같지 않았으나 세상에 참 보기 드문 일이었다. 그러므로 그 산의 이름을 치악雉樂이라 하였고, 타종 소리는 온 나라의 사찰에 퍼지게 되었다.

雌雄鐘記[1]

原州雉樂山有大刹, 佛[2]尊首座, 彷徨於法堂之後. 有一大蟒包雉而相爭,[3] 蚌[4]鷸有爭, 不知漁父之在[5]傍若也. 以杖救解, 雉有恩意, 蛇有含意.[6] 伊日二更, 白像老翁來, 坐於煎[7]燈之右.[8] 錚然作聲曰. 我乃此寺鑄鐘化主僧也. 慕緣於千門萬戶, 鑄此大鐘.[9] 鐘聲不淸, 反受罪報, 生滅蛇趣, 於今無量劫數. 而今日良辰[10]幸得一雉, 好點[11]心矣. 蒙師慈悲, 一寒[12]如此. 必欲代食, 汝意若何. 若不代食,[13] 爲我打鐘作聲, 免此醜報. 此亦慈悲, 平等行慈.[14] 言畢忽然出去.[15] 疑怪之際, 前者不鳴之鐘, 春容振聲於雲霄之外. 鼠疑而出, 狙隱而見.[16] 一雙疏雉,[17] 用嘴鳴鐘. 一聲大, 一聲小, 大小有節. 一聲雌, 一聲雄, 雌雄有序. 一宗殺, 一宗活, 殺活有表. 正是佛門作法體[18]樂也. 昧爽, 老翁更來告曰. 我被鳴鐘之力, 脫身登空云云. 平明徃見, 一介金蛇, 死于南廡下,[19] 僧[20]例葬之. 噫. 雉以殺身報[21]救身之恩, 僧以救命而受救命之報, 蛇以因僧而捨好生之雉, 因雉而脫積劫之苦, 一擧三得. 物雖不同, 曠世一事. 故以雉樂名其山, 以打聲[22] 布於一國寺刹也.[23]

---

1) ㉕『梵海禪師文集』에 같은 제목으로 수록되어 있다.『韓國佛敎全書』제10책 (H10, 1076ab). 이하 문집과 대교 내용이다. 2) 문집에는 '佛' 앞에 '一日'이 있다. 3) ㉕ '相爭'이 '欲相吞'으로 되어 있다. 4) ㉕ '蚌' 앞에 '噫 此正'이 있다. 5) ㉕ '在' 앞에 '實'이 있다. 6) ㉕ '雉' 다음의 '有恩意, 蛇有含意'가 없다. 7) ㉕ '煎'이 '剪'으로 되어 있다. 8) ㉕ '右'가 '左'로 되어 있다. 9) ㉕ '慕緣於千門萬戶, 鑄此大鐘'이 '募緣於四方, 慈善鑄此大鐘'으로 되어 있다. 10) ㉕ '良辰'이 없다. 11) ㉕ '點' 앞에 '頓'이 있다. 12) ㉕ '寒'이 '飢'로 되어 있다. 13) ㉕ '若不代食'이 '若欲不然'으로

되어 있다. 14) ㉠ '平等行慈'가 없다. 15) ㉠ '忽然出去'가 '忽去'로 되어 있다. 16) ㉠ '鼠疑而出, 狙隱而見.'이 없다. 17) ㉠ '一雙疏雉'가 '暗見一雙雉'로 되어 있다. 18) ㉠ '體'가 '禮'로 되어 있다. 번역은 후자를 따른다. 19) ㉠ '下' 앞에 '之'가 있다. 20) ㉠ '僧' 앞에 '以亡'이 있다. 21) ㉠ '報' 앞에 '而'가 있다. 22) ㉠ '聲' 앞에 '鐘'이 있다. 23) ㉠ '也'가 '云'으로 되어 있다.

능견난사[442]기【송광사】 - 범해 각안

조계산 송광사에 놋그릇 오백 개가 있다. 이는 보조 국사普照國師[443]가 중국을 유력할 때 황제가 대사를 총애하시어 여러 가지 보물을 하사한 것의 하나로서, 부처님 공양하고 재를 올릴 때 사용하는 것이다. 그릇 모양은 너비가 4~5치(寸), 높이가 한 치, 두께가 3~4푼이다. 매우 가볍고 굽이 없어 오백 개 그릇을 합하여 포갤 때, 바깥 것이 안으로 들어감에도 크지 않고 안쪽 것이 바깥에 합해져도 작지 않다. 대소의 구분이 없고 안팎이 정해지지 않아서 형제인 듯하나 형제가 아니고, 대소의 차이가 있는 듯하나 대소의 차이가 없는, 매우 보기 드문 물건이다. 온 세상 사람이 말하기를, 볼 수 있으나 생각하기 어려운(能見難思) 것이라 하였다. 실은 작은 놋그릇 쟁반이다.

能見難思記[1]【松廣寺】

曹溪山松廣寺, 有五百[2]鍮器. 乃[3]普照國師, 遊上國時,[4] 皇上見愛而以諸種物賜之.[5] 卽[6]供佛時設齋[7]所用者也. 其器[8]形, 廣四五寸, 高一寸, 厚三四分. 甚輕無蹄, 五百[9]合疊, 外者納於內而非大, 內者合於外而非小. 大小不分, 內外未定. 若兄弟而非兄弟, 若大小而非大小, 甚難希[10]有之物也. 擧世謂之能見之而難思,[11] 實則小鍮器[12]盤也.

---

1) 이 글은『梵海禪師文集』에「能見難思辨」으로 수록되어 있다.『韓國佛敎全書』제10책(H10, 1080c). 이하 문집과 대교 내용이다. 2) ㉢ 문집에는 '百'이 '合'으로 되어 있다. 3) ㉢ '乃' 앞에 '世傳'이 있다. 4) ㉢ '遊上國'이 없다. 5) ㉢ '皇上見愛而以諸種物賜之'가 '自國王以寶物賜之'로 되어 있다. 6) ㉢ '卽' 앞에 '此'가 있고, '卽'은 '即'으로 되어 있다. 7) ㉢ '供佛時設齋'는 '供佛設齋時'로 되어 있다. 저본에도 고쳐 읽으라는 표시가 있다. 8) ㉢ '器'는 '爲'로 되어 있다. 9) ㉢ '百'이 '介'로 되어 있다. 10) ㉢ '希'는 '稀'로 되어 있다. 11) ㉢ '擧世謂之能見之而難思'는 '一時人見而贊之曰, 能見難思'로 되어 있다. 12) ㉢ '器'가 없다.

축맹치기 [곡성 태안사] – 범해 각안

곡성 봉두산 태안사는 혜철 국사慧徹國師⁴⁴⁴의 도량이다. 절을 창건할 때 온 골짜기가 다 모기의 소굴이었는데, 국사가 신통력으로 쫓아내자 산 오른쪽 고개를 넘어 날아갔고 그로 인하여 절을 세웠다. 그 후 모기가 한 마리도 얼씬거리지 않아 그 고개 이름을 축맹치逐蝱峙(모기를 쫓아낸 고개)라 하였다. 국사의 비와 부도가 절 안에 있어 매우 엄하게 유지해 왔는데, 함풍 갑인년(1854)과 을묘년(1855) 사이에 담장이 무너져 미처 수축하지 못하고 시일을 지체하였다. 그해 여름에 무수히 많은 모기들이 엄청난 떼로 몰려와 골짜기 가득 우렛소리를 내니 코와 눈을 뜰 수 없었다. 이에 절의 대중들이 한마음으로 힘을 다해 일제히 부도와 도량을 수축하고 국사신당國師神堂에 축원 올리니 모기가 즉시 자취를 감추고 스님과 신도들은 예전과 같이 편안하게 살았다. 이상도 하구나, 밝은 이의 자취여.

逐蝱峙記[1)][谷城泰安寺]

谷城鳳頭山泰安寺, 卽[2)]慧徹國師[3)]道場也. 創[4)]寺之時, 擧[5)]洞皆是蚊蝱之陣所[6)]也. 國師以神力逐之, 飛蹤於山之右嶺, 因爲建寺. 厥後無一介蚊子, 故名其嶺曰逐蝱峙. 又國師之碑浮屠, 在於寺內, 十分[7)]嚴守矣. 至咸豊甲寅乙卯之間, 墻垣崩落, 未及修築, 遷延月日矣. 其年夏間,[8)] 無限蚊子, 千陣萬隊, 滿谷成雷, 鼻眼莫開. 一寺[9)]大衆, 同心宣力, 一幷[10)]修築浮屠道場, 一幷[11)]告祝國師神堂. 蚊蝱卽時屛跡, 僧人安堵如故. 異哉, 常哉, 明人之跡.[12)]

---

1) ㉠『梵海禪師文集』에「逐蝱峙說」로 수록되어 있다.『韓國佛敎全書』제10책(H10, 1081c). 이하 문집과 대교 내용이다. 2) ㉠ 문집에는 '卽'이 없다. 3) ㉠ '師'가 '老'로 되어 있다. 4) ㉠ '創' 앞에 '諺傳'이 있다. 5) ㉠ '擧'가 '一'로 되어 있다. 6) ㉠ '蚊蝱之陣所'가 '蚊蝱聚集之所'로 되어 있다. 7) ㉠ '十分'이 '世爲'로 되어 있다. 8) ㉠

'間'이 없다. 9) ㉯ '一寺'가 '於是'로 되어 있다. 10) ㉯ '一幷'이 '亟爲'로 되어 있다. 11) ㉯ '一幷'이 '卽行'으로 되어 있다. 12) ㉯ '異哉, 常哉, 明人之跡'이 '亦異哉'로 되어 있다.

학계서 – 범해 각안

사람들에게 도를 가르치는 이를 스승이라 하는데, 스승의 도리는 엄중함을 기강으로 삼는다. 스승을 따라 이해를 얻는 이를 제자라 하는데, 제자의 도리는 공경하고 순종함을 법도로 삼는다. 스승을 공경하고 순종함은 마치 모든 강물이 큰 바다를 향해 흘러가는 것과 같고, 제자에게 엄중히 함은 마치 봉우리가 넓은 들판에 우뚝 서 있는 것과 같다. 이 때문에 상대인上大人 구을사丘乙巳(공자)[445]는 3,070 제자를 교화했고, 정변지正編知·명행족明行足(석가)[446]은 6만 7천 명을 제도하신 것이다. 오늘날의 스승은 옛날의 스승과 같으니 오늘날의 공자(仲尼)와 석가모니요, 오늘날의 제자는 옛날의 제자와 같으니 오늘날의 안연顔淵과 가섭迦葉이라. 사람에게는 과거와 현재가 있으나, 법에는 과거와 현재의 차이가 없다. 유교와 불교가 대립하고 있으나 스승 제자의 풍격은 같다. 그러나 스승이 스승 노릇 하고 제자가 제자 노릇 하는 것은 어렵다면 어렵고 쉽다면 쉽다.

이제 모 공[447]이 법당法幢을 구곡동 상원암 앞에 세우고, 경방經榜을 7구지七俱胝[448]의 방장문方丈門 위에 걸었으니, 그 당을 보는 자는 하늘을 날고 땅을 흔들며 구름처럼 모이고, 그 방을 듣는 자는 발초첨풍撥草瞻風[449]하여 강물처럼 도래하였다. 방장이 비록 넓으나 중생들 마음으로는 오히려 좁게 여겼다. 이때 오고 가는 사람이 많아 대낮의 시장과 같았고, 모였다 흩어졌다 하니 마치 하늘의 별과 같았다. 혹 발을 밟으며[450] 모의하고, 혹 귀에 대고 말하기를 '자취를 끊고 영원히 이별하기보다는 이름을 남겨 서로 알리는 것이 좋겠다.'라고 하였다. 말을 마치자 학동들은 춤을 추어 기뻐하였고, 친구들은 고개를 끄덕이며 찬탄하였다. 이에 네 벗(문방사우)을 부르자 네 벗이 이르렀고, 두 글자[451]를 쓰자 두 글자가 원만해졌다. 사람마다 각각 10문씩 추렴하여 정성을 드러내는 종잣돈으로 하고, 해마다 각각 5, 6전의 이자를 거두어 강신講信[452]의 이자로 삼는다.

범례는 스스로 정했으나 서문이 빠져 있었다. 이에 모임 중에 나와 동서東西의 옛 의리가 있는 훤 상인喧上人이 찾아와서 그 계의 언약에 대해 말하고 그 서문으로 쓸 글을 부탁하였다. 나는 재주 없음을 이유로 거절하였으나 대사가 열정적으로 요구하여, 먼저 스승과 제자의 도리에 대해 서술하고 다음으로 계약의 일을 서술하였다. 일은 비록 세상에 보기 드문 좋은 일이나 문장은 곧 장독이나 덮는 변변찮은 글이로다. 노래하노라.

광활한 바다에 어룡들이 모이고
깊은 산중에 용상들이 돌아오네
선창의 한 대장부
모든 중생 널리 제도하시네

學禊序[1)]

道向人敎曰師, 師道以嚴重爲綱. 解從師生曰子, 子道以敬順爲常. 敬順於師也, 若百川歸潮[2)]大海. 嚴重於子也, 如一峰特立廣野. 是以上大人丘乙己,[3)] 化三千七十士. 正徧知明行足, 度六萬七千人. 今之師, 若古之師, 今之仲尼牟尼. 今之子, 如古之子, 今之顔淵迦葉. 人有古今, 法無古今. 儒佛角立, 師子同風. 然而師之師, 子之子, 難則難, 易則易. 于今某公,[4)] 建法幢於九曲洞上院菴前, 揭經榜於七俱胝方丈門上. 見其幢者, 騰空括地而雲集. 聞其榜者, 撥[5)]草瞻風而水到. 方丈雖寬, 物情猶隘. 是時來而去, 去而來, 若[6)]日中之市. 會而散, 散而會, 如天上之星. 或躡足而謨謀, 或附耳而語曰. 與其絶踪[7)]而永別, 不若留名而相知. 言訖, 兒童舞手而歡喜, 已而, 朋友點頭而讚歎. 於是呼四友, 四友至, 題二字, 二字圓, 人各出二五文, 爲表誠母. 年各收五六利, 爲講信子. 凡例自定, 序文猶闕. 會中有喧上人者, 與我有東西舊義. 來言其契言, 請文其序文. 我以才拙却之, 彼以情熱求之. 先序其師子之道, 後序其契約之事. 事雖曠世之好事, 文乃覆瓿之

• 177

短文. 亂曰. 海濶魚龍聚, 山深象虎還. 船倉一男子, 普濟萬人間.

---

1) ㉭『梵海禪師文集』에「普濟會中學禊案序」라는 제목으로 수록되어 있다.『韓國佛敎全書』10책(H10, 1088c~1089a). 다음은 교감 내용이다. 2) ㉭ 문집에는 '潮'가 '朝'로 되어 있다. 3) ㉭ '己'는 저본에 '已'로 되어 있다. 4) ㉭ 문집에는 '某公'이 '普公'으로 되어 있다. 5) ㉭ '撥'은 '跋'로 되어 있다. 6) ㉭ '若'이 '草'로 되어 있다. 7) ㉭ '踪'이 '蹤'으로 되어 있다.

초의 삼장이 쓴 금탑기【화상 자술】- 초의 의순

  청운靑雲으로 나아갈 때 머리를 깎아 천궁天宮의 금합金盒에 보관하였고, (입적 시에는) 백전白氈(흰 담요)으로 감싸 연기를 낸 후 용궁의 옥단지(玉壜)에 묻었다. 이로부터 (탑이) 서역에 별처럼 늘어섰고, 이로 인해 동토에 기러기 줄처럼 늘어서게 되었다. 이것은 우리 본사 석가세존께서 옛 부처님들을 이어 생령들에게 교화를 입히신 것이다. 다보여래多寶如來에 이르러서는 아득한 옛날 진묵겁塵墨劫 이전에 열반하시어 지금도 의연히 보탑寶塔의 감실龕室에 편안히 좌정하고 계신다. 법을 위하여 항하사恒河沙 국토를 두루 유력하시고, 『묘법연화경妙法蓮華經』을 증명하시고 반드시 찬양하시도다.[453] 아, 두 개의 감실이 여러 해 동안 황천黃泉 아래에서 빛을 감추고 있다가, 위대하게도 세 부처님이 동시에 붉은 땅 속에서 출현하셨다. 아무도 들어낼 수 없는데 홀연히 오셨으니 인연이 있어 사양하지 않으신 듯하다. 도 공陶公(도연명)이 힘을 다해 건졌으나 다시 강물 속으로 빠진 것을 원로遠老(혜원)가 정성으로 구하자 수면으로 떠오른 것과 닮았으니, 사안은 고금이 비슷하고 의론은 절 안팎이 합치되었다. 이에 금에 낀 때를 깨끗이 제거하고 옥용玉容을 장엄하게 꾸미니, 만덕萬德의 진신眞身이 구름 비낀 밝은 달처럼 밝게 빛나고, 구층九層의 보탑은 바다에서 솟아난 신선 산처럼 깨끗하였다. 빼어나게 미묘함은 인간의 솜씨가 아니요, 장엄한 광채는 천상의 신이한 솜씨였다. 지금은 곧 일이 원만하게 성취되어 품은 생각을 펼칠 수 있게 되었도다. 전반은 허다하였지만 후반은 희소해지고, 인생은 끝이 있지만 서원은 끝이 없도다. 옛날에는 스스로 숨었으나 지금은 저절로 드러났으니, 때가 어긋남이 없어 인연이 이른 것이로다.

  광금鑛金을 시주한 김광우金匡祐는 인을 품고 의리를 떠받든 사람으로 소박하고 진실한 바탕을 지녔다. 하늘로부터 받은 온화 선량함은 어릴 적부터 홀로 두드러졌고, 인문人文은 향기롭고 윤택하여 아름다움을 머금은 꽃을 피워 냈다. 오직 바라기는 갓난아이의 병은 약을 쓰지 않고도 나으며, 바야흐로 생기려던 근심은 뿌리째 뽑히기를 바랍니다. 아들은 이로써 아비의 근심을 풀어 주고, 아비는 이로써 선조의 마음을 위로하며, 온 집안이 모두 함께 자비의 그늘 속으로 들어가고, 모든 가족 친지들이 함께 은혜의 비에 흠뻑 젖기를 바랍니다.

艸衣三藏金塔記[1]【和尙□□[2]】

詣[3]青雲而斷髮, 藏金盒於天宮. 和白氎[4]而生烟, 埋[5]玉墵於龍窟. 自此而星羅於[6]西域, 因斯而鴈列於東丘. 本[7]師釋迦世尊之所以制承古佛化被生靈者也. 至若多寶如來, 邈矣涅槃於塵墨刼前, 依然宴坐於寶塔龕中. 爲法徧[8]遊於恒沙國土, 證明必讚於妙蓮花經. 嗟乎二龕, 累歲韜[9]光於黃泉之下. 偉矣三佛, 同時出現[10]於赤壤之中. 莫能擧而忽來, 似有緣而不讓. 陶公力致而還沈於江心, 遠老誠求而出浮於水面. 事均今古, 議合賓主. 玆者淨除金垢, 嚴飾[11]玉容, 萬德眞身, 皎然[12]離雲之朗月. 九層寶塔, 淨如出海之神山. 殊絶妙微, 非人間之手巧. 莊嚴光飾, 是天上之神功. 今則[13]能事已圓, 所懷可展. 前半許而今[14]半蕭, 生有涯而願無盡. 古自隱而今自顯, 時無爽而緣有臻. 鑛金施主[15]金匡祐, 懷仁戴義, 包朴含眞. 天受之溫良, 在嬰獨著.[16] 人文芳[17]潤, 拔華[18]含章. 唯願已[19]嬰之恙, 勿藥而瘳. 方凝之憂, 和根而拔. 子所以解父之瘝, 父所以慰祖之懷. 一家齊入於慈陰,[20] 諸眷共沐於恩雨.[21]

1) ㉠『艸衣詩藁』에는 「地踴佛塔重修故金疏」로 수록되어 있다.『韓國佛敎全書』제10책(H10, 864c~865a). 다음은 교감 내용이다. 2) ㉠ '□□'는 저본에 '自述'로 되어 있다. 3) ㉠『艸衣詩藁』에는 '詣' 앞에 '切以'가 있다. 4) ㉠ '氎'은 '氀'으로 되어 있다. 5) ㉠ '埋'는 '貯'로 되어 있다. 6) ㉠ '於'가 없다. 다음 구도 같다. 7) ㉠ '本' 앞에 '此我'가 있다. 8) ㉠ '徧'은 '遍'으로 되어 있다. 9) ㉠ '韜'는 '鞱'로 되어 있다. 10) ㉠ '現'은 '顯'으로 되어 있다. 11) ㉠ '飾'는 '飭'으로 되어 있다. 다음도 같다. 12) ㉠ '然'은 '若'으로 되어 있다. 13) ㉠ '則'은 '乃'로 되어 있다. 14) ㉠ '今'은 '後'로 되

어 있다. 15) ㉯ '鑛金施主'는 '獻金重修檀越'로 되어 있다. 16) ㉯ '包朴含眞. 天受之溫良, 在嬰獨著'가 '天受之溫良, 在嬰獨著, 包朴含眞'으로 되어 있다. 17) ㉯ '芳' 앞에 '之'가 있다. 18) ㉯ '華'는 '莘'로 되어 있다. 19) ㉯ '已' 앞에 '唯願'이 없다. '已' 는 '己'로 되어 있다. 20) ㉯ '陰'은 '蔭'으로 되어 있다. 21) ㉯ 이 구 다음에 '餘波普潤, 枯流咸蘇'가 있다.

수보살계첩문 - 초의 의순

　남섬부주 대청 조선국 전라우도 모읍 모산 모사에서, 비구 아무개 생은 동치同治 4년(1865) 을축 모월 모일에 모사 모암 불상 앞에서 비구가 보살계를 받기를 구하므로 모든 부처님께 공경히 청하고 세 분 스승의 가르침을 이어 대신 설하면서 계첩을 주노라. 이로써 대승大乘의 계의 힘(戒力)을 받아 현세에 보살의 지위에 오르고 마땅히 불과佛果를 이루기를 바라노라.

受菩薩戒牒文[1)]

據南贍部州大淸朝鮮國全羅右道, 某邑某山某寺, 比丘某人某生, 從同治四年乙丑某月日, 於某寺某庵佛像前. 因某比丘, 求受菩薩戒. 敬請諸佛, 爲三師承敎代說, 因授戒牒. 以此受大乘戒力, 現登菩薩位, 當成佛果者.

1) ㉠『韓國佛敎全書』제12책『一枝庵文集』「受菩薩戒牒規」(H12, 266c)에 이 양식을 활용한 첩문이 있다.

계문

보살계菩薩戒라는 것은 천성千聖의 심지心地요, 만행萬行의 인문因門이다. 심지는 원만하고 밝아 삼광三光⁴⁵⁴이 밝게 비추는 것 같고, 인문은 넓고 커서 사방이 환히 트인 것 같다. 이를 깨달은 이는 밖에서 얻어 깨달은 것이 아니요, 미혹한 이는 안에서 잃어버려 미혹한 것이 아니다. 사람마다 구족하니 깨달으면 부처요 미혹하면 중생이고, 낱낱이 원만하게 성취하니 따르면 하늘이요 거스르면 지옥이라. 삼세제불이 대법사로 삼고 시방의 제현들이 구경의 반려로 삼도다. 하나의 도장으로 능히 백천 개의 도장을 봉인하니 천 개의 도장이 걸림 없는 무애인無礙印이 되고, 하나의 등불이 능히 백천 개의 등불에 전하니 천 개의 등불이 무궁무진한 등불이 된다. 천진天眞을 믿으나 듣지 아니하니 보배 구슬을 품에 안고도 빈궁하여 구걸하는 것과 같고, 해침(毁犯)을 두려워하나 받아들이지 아니하니 과보를 두려워하나 원인을 끊는 것과 같다. 한 번 대보리심을 내면 유무의 분별이 사라지고, 잠시라도 엄정한 계를 지니면 나와 남이 모두 이익이니, 무거운 죄(바라이波羅夷)가 없어지는 때 가벼운 죄(輕垢)⁴⁵⁵가 되고, 큰 서원을 아는 때 태양과 같은 대원이 일어나게 된다. 또한 진흙에도 들어가고 물에도 들어가는 노파자老婆子⁴⁵⁶요, 능히 죽이고 능히 살리는 노고추老古錐⁴⁵⁷로다. 비록 오늘날은 육신을 가진 이지만 진실로 내세에는 금색 부처가 될 것이다. 게송을 부르노라.

    제법이 본래 적멸하니
    필경에는 명상名相이 없을지라
    적멸의 상을 내지 아니하면
    진실한 수도인이로다

戒文

夫菩薩戒者, 千聖之心地, 萬行之因門. 心地圓明, 如三光之照耀. 因門廣大, 若四方之虛通. 悟之者, 非外得而悟之. 迷之人, 非內失而迷也. 人人具足, 悟爲佛, 迷爲生. 個個圓成, 順則天, 逆則獄. 三世諸佛, 以爲大法師. 十方諸賢, 以爲究竟伴. 一印能封百千印, 千印無碍印. 一燈能傳百千燈, 千燈無盡燈. 恃天眞而不聽, 如懷珠而窮乞. 恐毀犯而不受, 若怖果而絶因. 一發大心, 有无珍滅, 暫持嚴戒自他利, 宜重罪滅時輕垢, 知弘誓發日大願. 亦入泥入水老婆子, 能殺能活老古錐. 雖今日之肉身兒, 誠來世之金色佛. 偈曰.

諸法本寂滅　畢竟無名相

不生寂滅相　眞個行道者

계첩발

　보살菩薩은 범어梵語로서 갖추어 말하면 '보리살타菩提薩埵'이며, 중국말로는 '각유정覺有情'이라 한다. 이는 일체법을 깨달아 유정을 제도한다는 말이다. 유정은 곧 중생으로, 사람으로부터 꿈틀거리는 함령含靈까지 통틀어 유정이라 한다. 유정에서부터 무정으로 나고 자라는 풀숲에 이르기까지 모두를 '중생'이라 한다. 중생과 유정은 이름은 서로 통하지만 뜻은 약간의 차이가 있다. 보살의 계상戒相[458]은 표상이 있는 것으로써 표상 없는 것을 받아 지니는 것을 제일로 치며, 일상의 행위를 '계'라 한다. 그 이유는 무엇인가? 입안의 맛을 탐착하지 않으며, 몸에 걸치는 옷을 꾸미지 않고, 참기 어려운 것을 능히 참으며, 주기 어려운 것을 능히 주며, 해야 할 일을 앞세우고 자신의 이익은 뒤로 돌리며, 선행을 보면 칭찬하고 잘못을 들으면 감춰 주며, 엎드려서는 낳고 자라게 하는 땅의 공덕을 생각하고, 우러러보면서는 비와 이슬을 내린 하늘의 은택을 흠모하여 유정 세간에 회향하는 것이 이것이다. 계를 받고 첩을 받는 것은 모두 다 눈과 귀의 소리와 색으로, 모든 종파에 해당하고, 하물며 고금의 세월을 거쳤으니, 그러한즉 율가律家의 법도로다.
　아무개의 성은 박이요, 낭주朗州(전라남도 영암) 노호露湖 사람이다.

戒牒跋

梵語菩薩, 具云菩提薩埵, 華言覺有情. 謂覺一切法度有情. 有情卽衆生. 自人至蠢動含靈, 通謂之有情. 自有情至無情生長之草莽, 都稱衆生. 衆生與有情, 名雖互通, 義則小異. 菩薩之戒相, 以有表受無表持爲勝, 以日用行履處爲戒. 何則. 口中之味莫着, 身上之衣不餙, 難忍能忍, 難與能與, 臨務先之, 見利後之, 見善譽之, 聞過隱之, 俯念生成之地功, 仰慕雨露之天澤, 回向於有情世間是也. 受戒受牒, 盡是眼耳之聲色, 列宗指派, 況乃古今光陰, 然律家之榜樣也.

某姓朴, 朗州露湖人也.

수비구계문

가만히 생각하건대, 법계法界는 원융하여 본래 범인과 성인의 지위가 없고, 심지心地는 적정寂靜하여 원래 선과 악의 이름이 없도다. 범성凡聖이 본래 공空한데 어찌 계를 설하고 받는 이가 있으며, 선악이 원래 청정한데 누구에게 성죄性罪와 차죄遮罪⁴⁵⁹의 사람이 있으리오. 그러므로 삼수三受⁴⁶⁰의 영리한 근기는 선악이라는 말에 단번에 깨달았고, 분수를 넘은 두 스님은 죄를 다스리는 장수의 명령 앞에 맹렬하게 반성하였다. 그 자리에서 원만하게 성취하니 천연天然⁴⁶¹ 상좌는 귀를 막고 달아났다. 비구계를 '구족具足'이라 이름하니, 묘고妙高⁴⁶² 사미는 계단(壇)에 임하여 사양하였다. 비록 그러하나 풀 우거진 뜰에서도 한결같이 거양舉揚하였고, 항상 낮은 근기에 대해서도 높은 산을 은밀하게 드러냈다. 이 때문에 엄격하게 수지한 우바국다優婆毱多⁴⁶³는 세존과 다를 것이 없고, 정성스레 수지한 남산南山⁴⁶⁴은 우바리優婆離⁴⁶⁵와 차이가 없다. 육군六群⁴⁶⁶은 방편으로 설해진 것으로 중생을 제도하는 보살이요, 칠중七衆⁴⁶⁷은 공경을 다하여 여러 지위에 오르는 성문聲聞이라. 이렇게 하여 중생과 부처와 마음의 셋은 이름은 셋이나 이치는 하나로다. 중생과 부처와 마음의 하나는 이치는 하나이나 이름은 셋이로다. 셋과 하나는 허명이요 실상은 응연히 하나라. 누가 주고받으며 무엇을 범하고 수지했다 하리오. 계로써 현묘해지고 계에 즉함으로써 부처가 된다.

受比丘戒文

切以法界圓融, 本無凡聖之位. 心地寂靜, 元無善惡之名. 凡聖本空兮, 何有說戒受戒之者. 善惡元淨兮, 誰有性罪遮罪之人. 是以三受利根, 頓悟於善惡之言下. 二僧犯分, 猛省於罪將之令前. 當處圓成, 天然上座掩耳而走. 便名具足, 妙高沙彌臨壇而辭. 雖然一向舉揚於草深庭際, 常恒密現山高於劣機. 是以毱多嚴持, 與世尊而無異. 南山精守, 同婆離而不差. 六群設權, 度衆生之菩薩. 七衆致敬, 登諸位之聲聞. 爾乃生佛心三, 名三理一. 生佛心一, 理一名三. 三一虛名, 凝然一相. 曰誰授受, 云何犯持. 以之而玄, 卽之而佛.

삼공명
三空銘

주공主空

효성으로 절을 섬기며	孝事佛廟
충심으로 나라의 복을 축원하였도다	忠祝國釐
작은 선방[468]에 앉아	坐三條椽
일곱 근 가사[469] 걸치고	荷七斤衣
내가 옳다는 말은 하지 않았고	不言自是
남이 그르다 하지 않았네	不說人非
경전 중의 성인을 스승으로 삼고	師書中聖
숲속의 사슴을 벗 삼았네	友林下麛
마당의 풀을 뽑지 않았으니	庭草不除
주염계周濂溪[470] 선생의 뜻이며	周[1])先生意
세 길에 국화를 심으니	三經種菊
도연명陶淵明[471] 처사의 뜻이로다	陶處士志
모기를 쫓으며 외웠고	揮蚊而誦
이를 잡으며 잠들었도다	捫虱而睡
모습은 마르고	形容枯稿
안색은 초췌하였으며[472]	顔色憔悴
은거할 때는 여섯 다리를 감춘 거북이 같았고[473]	隱若六藏龜
활동할 때는 천리마와 같았다	動如千里驥
물리치면 곧 떠나고	逐之則去
초대하면 곧 응했다	招之則至

---

1) 원 '周'의 협주에 '濂溪'로 되어 있다.

지나치게 맑지도 흐리지도 않았고	不淸不濁
원망하거나 꺼리지도 않았다	無怨無忌
내 장차 벽에 써서	吾將書壁
맹세하며 연비합니다	誓心燒臂

대공大空

마음을 씻어 덕성을 배양하고	澡心育德
침묵을 지켜 진실함에 처하였도다	守默處眞
선을 보면 따라 하였고[474]	見善復圭
좋은 행실을 들으면 큰 띠에 적어 두었으며[475]	聞行書紳
어린아이들에게 자애로웠고	幼幼而慈
늙은이들에게 인자하였다	老老而仁
남을 무시하지 않았고[476]	不作嗟來
식언을 하지 않았으며	不爲食言
방아도 직접 찧고	杵臼力務
두레박질도 친히 하였다	瓢笎躬親
달빛 아래 샘물을 긷고	月下擔泉
구름 속에서 장작을 팼으며	雲中析薪
당에 올라서 스승께 참알하고	昇堂叅訊
문밖에 나서서 손님을 배웅했다	出門送賓
식후에는 먹지 않았고	食後勿食
한 번 성낸 후에는 다시 성내지 않았다	嗔後勿嗔
버선을 빌리지 않았고	不借掩足
곡차를 입에 대지 않았다	穀茶禁脣
중생을 위해 자비심을 내었고	爲物興悲
안빈낙도하였다	樂道安貧

바로 구담瞿曇[477]의 직계 자손이요	瞿曇直派
나후라(羅云)[478]의 후신이라	羅云後身
이름을 돌아보며 의리를 생각하니	顧名思義
은빛 연못의 법신[479]이로다	銀池法臣

소공小空

어린아이로 발심하여	童眞發心
애증이 처음 싹틀 때	愛憎初萌
몸을 부지하고 보호하여	扶護身器
평정에 머물렀다	置諸坦平
재 공양할 때 물을 돌리고	賦食行水
좌선할 때 시간을 알렸다	放禪報更
옷은 깨끗하였고	衣服潔白
음식은 명정하였으며	飮食明精
회랑은 청정하고	廊廡淸淨
향등은 밝게 빛났다	香燈分明
공손하게 손님을 맞이했고	恭順迎客
자비로써 방생하였다	慈悲放生
먹을 때는 먼저 일어서지 않았고	食勿先起
일 처리는 대충 빨리하지 않았다	事勿速成
주변에 서서 낮은 목소리로 응대했고	邊立低聲
모퉁이에 앉아 수행하였다	隅坐隨行
색계에는 마음 두지 않았고	色界死心
재물에는 생각을 끊었다	財上斷情
술 거르는 것을 원망하며 바라보았고	怨視洒灑[2)]
차 달이는 것을 기뻐 따라 했다	喜從茶烹

우레 치고 바람 불면 몸매를 가다듬고	雷風必變
부고를 들으면 반드시 놀라워했다	唁訃必驚
말을 주고받음에 내 일처럼 여겼고	交辭爲吾
예법을 존중함이 이름에 걸맞았다	尊禮稱名
반딧불을 모아 책을 읽고	拾螢讀書
땔나무를 가져다 국을 끓이며	搬柴煮羹
하루 이틀	一日二日
아침저녁으로 받들었다	朝擎夕擎
명銘을 쓰기 전에 발인하니	預銘發軔
명을 다 쓴 후 제수 올린다[480]	終銘奠楹

---

2) 역 '洒灑'는 저본의 '酒漉'을 잘못 옮긴 것이다. 번역은 후자를 따른다.

설혜자계안 서문 - 범해 각안

 살생, 도둑질, 음행, 거짓말, 음주를 하지 않는 것은 불가佛家의 오계五戒이다. 인의예지신仁義禮智信은 유가儒家의 오상五常[481]이다. 오상과 오계는 이름은 다르나 그 뜻은 같다. 무릇 영지靈知가 있는 자는 말하지 않아도 스스로 알지만, 간곡하게 말씀으로 풀어내는 것은 앞뒤의 성인이 받아 전해 준 떳떳한 도이기 때문이다. 나 또한 하의 선사荷衣先師[482]에게 받았고, 선사께서는 완호玩虎[483] 조사에게 받으셨다. 나 또한 그대들에게 전하노니 그대들 또한 제자에게 전하리라. 그리하면 억만 년 동안 끊어지지 않고 전하리라.
 성性은 계戒이고, 정正은 정定이고, 혜慧는 혜惠이니, 실로 계정혜戒定慧 삼학三學을 가리킨다. 성, 혜, 정 세 글자로 이름을 지은 것은 그대들이 반드시 삼학으로써 삼한三韓의 사찰에 이름을 날리기를 바라는 것이다. 사형은 복엄福嚴이라는 이름을 병인년(1866) 겨울에 제자에게 주고, 사제는 혜엄慧嚴이라는 이름을 정묘년(1867) 겨울에 나의 제자에게 주었으니, 이것이 바로 선가禪家의 복과 혜를 함께 운용하는 진전眞詮이다. 때와 장소에 따라 이름을 돌아보고 의리를 생각하여 이름을 지어 준 깊은 기연機緣을 저버리지 않는다면, 어찌 부처님 없는 세상에 난 것을 근심하며 공자가 없는 나라에 태어난 것을 근심하리오. 아, 금전과 곡식을 가지고 다투는 것은 오랑캐의 풍속이로다. 만약 이익을 좋아하는 자는 벌로 몽둥이 삼십 대를 쳐서 칠불암 아자방亞字房으로 보낼 것이요, 계를 좋아하는 자는 벌로 몽둥이 삼십 대를 쳐서 통도사 정자각丁字閣에 보낼 것이다. 나는 주장자를 들었다네. 척!

設慧字契案序[1)]
 殺盜婬妄酒, 釋氏之五戒也. 仁義禮智信, 儒家之五常也. 五常與五戒, 名異而義同. 凡有靈知者, 不說自知. 而苦口宣說者, 前聖後聖, 受而傳之之常道也. 吾[2]亦受之於荷衣先師, 先師受之於玩虎祖師. 吾亦傳之於汝等, 汝等亦傳之於弟子. 則億萬斯年, 傳之不絶也. 盖[3]性者, 戒也. 正者, 定也. 慧者, 惠也. 實則戒定慧三學也. 以性慧正三字作名者, 汝等必以三學, 馳名於三韓之寺刹也. 阿兄以福嚴, 與其徒於丙寅冬. 阿弟以慧嚴, 授吾徒於丁卯冬. 此乃禪家福慧雙運之眞詮.[4] 臨時觸處, 顧名思義, 不負命名之深機, 則何患乎無佛世出, 無孔國生. 咄, 錢穀之爭, 夷虜之習. 若好利者, 罰三十捧, 卽送於七佛亞字房. 好戒者, 罰三十捧, 卽送於通度丁字閣. 吾拈一柱杖, 響.

---

1) ㉯『梵海禪師文集』에는 「自說慧字契案序」로 수록되어 있다. 『韓國佛敎全書』 제10책(H10, 1092ab). 이하 문집과 대교 내용이다.   2) ㉯ 문집에는 '吾'가 '我'로 되어 있다. 다음도 같다.   3) ㉯ '盖'가 없다.   4) ㉯ '詮' 다음에 '也'가 있다.

수보살계문 - (범해 각안)

살펴보건대 청정한 법신法身은 본래 더러움과 깨끗함의 분별이 없으니, 원융한 진성眞性을 범하고 지키는 분별을 어찌 논하리오. 매일 같이 생활하는 때, 행자가 점검하는 곳에서, 죄성罪性이 공하여 태허太虛와 같아 형상이 없고, 심화心花[484]가 피어나 만고 세월 다하도록 그 향기가 남음이 있다.

경鏡·흠欽 두 비구의 죄의罪疑가 정명淨名[485]의 '안과 밖에 있지 않다.'는 말을 듣자마자 문득 풀리고, 세 가섭[486]의 상호가 선서善逝[487]의 '잘 왔구나, 비구야.'[488]라고 했던 단 앞에서 원만하게 성취되었다. 본래 스스로 구족하고 있는데 스스로 알 수 없었고, 항상 원만함에 거처하면서도 언제나 깨달을 수 없었다. 빈궁한 아들이 진주를 품에 안았지만 아무도 가리켜 주지 않았고, (통)에 보배를 묻어도 아무도 거두는 이가 없었다. 범부는 미혹하여 알지 못하고, 깨달은 이는 다다랐으나 얻지 못하였다. 그러나 먼 길에 나아가는 것은 가까운 곳부터 시작하니 비유를 든다 한들 무슨 해가 되겠는가. 실로 달이 구름 속에 숨은 것이고 우유가 성 밖에 있지 않은 것이다.[489] 옥이 부드럽고 윤기 나는(溫潤) 미덕을 지니고 있으나 자공子貢과 공자가 묻고 답하는 기회를 얻지 못한 것이고,[490] 거문고가 산 높고 바다 깊은 듯한(峨洋) 오묘한 곡조를 갖추고 있으나 백아伯牙와 종자기鍾子期가 켜고 듣는 기회를 얻지 못한 것이다.[491] 계戒로써 스승으로 삼음은 부처님께서 말씀하신 바꿀 수 없는 참된 진리(眞詮)요, 앉아서 받고 서서 깨는 것은 옛 성인부터 현재까지 행해지는 상황이다. 훼손할까 두려워 받지 않는 것은 배가 뒤집힐까 두려워 먼저 바다에 뛰어드는 셈이요, 범할까 무서워 피하는 것은 농사를 그르칠까 걱정하여 밭 가는 것을 미리 그만두는 것과 같다. 믿고 받들면 삼업三業(身業·口業·意業)이 삼취三聚[492]로 변화할 것이요, 엄정하게 규칙을 행하면 십중十重[493]이 사라지고 십경十輕이 될 것이다. 중생을 교화함에 원수와 친척을 분간하지 않고 제법을 보시함에 귀하고 천함을 염두에 두지 않는다. 산하의 만상萬象이 우리 부모 권속이고, 고금의 시방十方이 나의 크고 작은 털끝을 용납하도다. 그러므로 현재에는 보살의 인문因門이요, 미래에는 제불의 과위果位가 된다.

   게송을 부르노라.

     몸이 공하여 법 또한 공하나니
     공 가운데 그 무엇이 있으리오
     드러내고 물리치고 사라지고 늘어나는 이치여
     우뚝하여라 저 법신불이여

受菩薩戒文

詳夫淸淨法身, 本無染淨之別. 圓融眞性, 何論犯持之分. 日用行履之時, 行者檢點之處, 罪性空兮, 等太虛而無狀. 心花發兮, 亘萬古而有餘. 鏡欽二比丘之罪疑, 頓解於淨名不在內外之言下. 三迦葉之相好, 圓成於善逝善來比丘之壇前. 本自具足而自未得知, 居常圓滿而常不可覺. 窮子懷珠而無人指, 樵橮埋寶而無人收. 凡夫迷而不知, 悟者達而不得. 然而陟遐自邇, 取譬何傷. 實爲月隱雲間, 乳非城外. 玉有溫潤之美德, 而未得子貢孔子之問答. 琴具峨洋之妙調, 而不逢伯牙鍾期之彈聽. 以戒爲師, 金口不易之眞詮. 坐受立破, 古聖現行之榜樣. 恐毁不受, 如恐翻舟而先投海. 畏犯逃設, 若慮失農而預廢耕. 信而奉之, 三業化而三聚. 嚴而行則, 十重消而十輕. 敎化衆生, 不揀[1]寃親. 普施諸法, 無遺貴賤. 山河萬像, 爲我父母眷屬. 古今十方, 容我大小毛端. 然則現在菩薩之因門, 當作諸佛之果位. 偈曰.

身空法亦空 空中何有物

揚却消長理　卓彼法身佛

1) ㉔ '揀'은 저본에 '束'으로 되어 있다. 의미는 같다.

화공양기 - 범해 각안

하늘은 비와 이슬의 은택을 베풀고 땅은 생성의 권능을 맡았도다. 염제炎帝[494]는 초목을 북돋워 꽃을 피우도록 했고,[495] 여이女夷[496]는 향기로운 꽃을 맡아 길렀으니, 『본초本草』[497]가 나오자 풀의 달고 쓴 성질을 이해하였고, 『화보花譜』가 만들어지자 향기와 냄새나는 꽃을 구분하였다. 이로부터 화초에 이름을 붙이게 되었고, 혹은 늙은 몸을 양생하기 위해 마당을 채우고, 혹은 신에게 바치기 위해 언덕 가득 심었다.

해남의 수재(秀士) 이보일李輔逸은 영산홍, 해당화, 사철나무를 한 그루씩 당 아래에 옮겨 심었고, 김명순金明順은 모란, 작약, 월계수를 두 그루씩 계단 가에 옮겨 심었으니 이것이 바로 화공양이로다. 『대일경大日經』에 이르기를 "꽃은 자비를 따라 피어나 괴로움을 없애고 즐거움을 준다."라고 하였으니, 곧 '향, 꽃, 차, 밥, 등불'의 오공양五供養 중의 두 번째이다. 『영산재의靈山齋儀』에 이르기를 "엎드려 만행화萬行花[498]를 올립니다. 존귀한 모란, 작약, 연꽃을 금전을 아끼지 않고 사서 용화회龍華會에 바칩니다. 오직 바라옵기는 모든 부처님께서 불쌍히 여기셔서 이 공양을 받으소서."라고 하였으니, 곧 '향, 등불, 꽃, 과일, 차, 밥'의 육법공양六法供養 중의 세 번째이다. 훌륭하도다. 늙은 몸을 기르거나 신에게 바치고 남은 정성으로 삼보三寶와 팔부신중八部神衆의 마당과 언덕에 널리 미치도다. 사시사철 긴 공양을 그치지 않고 삼제三際(삼세) 동안 무궁토록 언제나 무성하리니, 그 공덕은 우러를 만하며 그 복락은 헤아릴 만하도다. 이에 이를 본받고자 하는 군자들과 장차 이곳에 머물게 될 사문沙門들에게 써서 보이노라. 게송(祇夜)으로 펼친다.

황천皇天은 비를 내리시고
후토后土는 만물을 생성하셨네

『본초』에선 품종을 변별하고
『화보』에선 꽃 이름을 실었네
늙은 몸 양생하느라 언덕 가득 심고
신령께 바치느라 마당 가득 채웠네
공경과 정성이 충만한 가운데
자나 깨나 영험을 보이도다
여섯 공양은 『당의唐儀』[499]에 나열되었고
다섯 공양은 범경梵經에 나온다네
사시사철 공양하니
오복五福이 원만하게 채워지리라
오늘날의 공양 본받아
장차 무한히 영위하리니
겁석劫石[500]이 닳아 없어지도록
이 꽃들은 더욱 향기로우리

花供養記[1)]

天施雨露之澤, 地掌生成之權. 炎帝鞭草木而向榮, 女夷司芳花而長養. 本草述而甘苦解, 花譜作而薰蕕分. 自此花草有名焉,[2)] 或養老而充庭, 或薦神而滿塢者也.[3)] 海南秀士李輔逸, 映[4)]山海棠, 四季各一株, 移栽於堂下. 金明順, 牧[5)]丹芍藥, 月季各二株,[6)] 移栽於階除. 此是花供養也.[7)] 大日經云. 花從慈悲生, 拔苦與樂. 意卽香花茶飯燈五供養之第二也. 靈山齋儀云. 拜獻萬行花, 牧丹芍藥蓮花爲尊貴. 不惜金錢, 買獻龍華會. 唯[8)]願諸佛哀憫,[9)] 受此供養, 卽香燈花果茶飯六法供之[10)]第三也. 善哉. 養老薦神之餘誠, 普及三寶八部之庭塢. 四時不絶長供養, 三際無窮常氤氳. 其功可尙, 其福可量. 記[11)]示其欲效之君子, 將居之沙門, 宣祇[12)]夜曰.
皇天雨澤[13)] 后土生成

本草卞¹⁴⁾品　花譜載名

養老滿塢　薦神充庭

虔誠弸¹⁵⁾　窹寐見靈

六列唐儀　五出唐¹⁶⁾經

四時供養　五福圓盈

有效今爲　無限將營

刼石消磨　此花益馨¹⁷⁾

---

1) ㉯『梵海禪師文集』에도 같은 제목으로 수록되어 있다.『韓國佛敎全書』제10책 (H10, 1076c~1077a). 이하 문집과 대교 내용이다. 2) ㉯ 문집에는 '焉'이 '益著'로 되어 있다. 3) ㉯ '滿塢者也'가 '滿塢, 遍于世也'로 되어 있다. 4) ㉯ '映' 앞에 '採送'이 있다. 5) ㉯ '牧' 앞에 '採送'이 있다. 6) ㉯ '株'는 '本'으로 되어 있다. 7) ㉯ '此是花供養也'가 '此豈非以花供養乎'로 되어 있다. 8) ㉯ '唯'는 '惟'로 되어 있다. 9) ㉯ '憫'은 '惆'으로 되어 있다. 10) ㉯ '之'는 '中'으로 되어 있다. 11) ㉯ '記' 앞에 '故'가 있다. 12) ㉯ '祇'가 '秖'로 되어 있다. 13) ㉯ '澤'이 '潭'으로 되어 있다. 14) ㉯ '卞'이 '辨'으로 되어 있다. 15) ㉣ '弸' 뒤에 '中'이 탈락한 듯하다. 『梵海禪師文集』에는 '弸' 뒤에 '中'이 있다. 번역은 후자를 따른다. 16) ㉯ '唐'은 '梵'으로 되어 있다. 번역은 후자를 따른다. 17) ㉯ 글 마지막에 '丁丑(1877)春, 書金剛山房'이 있다.

화엄사기 [구례현] - (범해 각안)

　3층의 각황전覺皇殿을 창건하고 장륙불상丈六佛像을 봉안할 당시, 여덟 곳의 절과 아홉 곳의 암자 대중이 한곳에 모두 모여 화주化主를 정하기로 하였다. 이때 두 개의 그릇에 밀가루를 넣고 손을 넣어 밀가루가 달라붙지 않는 스님을 화주로 정하기로 하였다. 한곳에 모인 스님들이 차례로 일어나 손을 넣어 보니 모두 달라붙었는데, 오직 공양주 스님만 달라붙지 않았으니, 울산 신흥사新興寺에서 온 스님이었다. 스님은 화주로 정해진 후 권선문을 지니고 길을 나섰다. 어느 날 먼동이 틀 무렵 꿈에 한 노인이 나타나 말하기를, "권선문을 지니고 길을 나설 때 처음 만나는 사람에게 권선하시오."라고 하였다. 그날 권선문을 지니고 절문 밖을 나서는데, 한 할머니가 대나무 상자를 등에 지고 오자, 화주는 지팡이를 놓고 합장하여 서서 지성으로 선행을 권하였다. 할머니는 간절함에 겨워 거짓으로 말하기를 잠시 계곡 물에 속곳을 빨겠노라 하였으나 오래도록 나오지 않았다. 화주가 가서 보니 노파는 계곡 못에 몸을 던져 이미 죽어 있었다. 화주는 두렵고 슬퍼 함께 오솔길을 따라 이틀을 가서 북쪽 산에 숨은 뒤 3년 동안 나오지 않았다. 당시 국왕은 사내아이를 낳았는데 두 손을 굳게 움켜쥐고 떼지 않으며, 입을 다물고 말하지 않은 지가 벌써 6년이었다. 화주가 산을 나서서 서울에 들어가 보니 시정 사람들이 왕자를 등에 업고 거리를 구경하고 있었다. 왕자가 화주를 보더니 즉시 땅에 내려서는 두 손을 펴고 합장하여 말하기를 "이분은 화엄사 화주승이다."라고 하며 태어난 후 처음으로 말하고 걸어가서 손을 편 것이다. 두 손에는 지문이 있었는데 '화엄사 대시주華嚴寺大施主' 여섯 글자였다. 국왕이 화주를 부르자 화주는 옷을 고쳐 입고 연유를 말하였다. 국왕은 그를 내려보내지 않도록 하고 도백道伯에게 그 일을 주관하도록 하여 3년 만에 완공을 알렸다. 이에 장륙불상을 봉안하고 석판각石板刻 『화엄경華嚴經』 한 질을 후불단後佛

壇에 안치하여, 그 절의 이름을 화엄사華嚴寺라 하였다. 임진왜란 때 왜적들이 부숴서 지금은 2층이다.

華嚴寺記【求禮縣】

叛三層覺皇殿, 而奉安丈六佛像之時, 八寺九菴, 齊會于一處, 擇定化主. 安蜜末二器, 入手不著者, 定化主. 一會人第起, 入手皆着, 唯供養主僧不著, 自蔚山新興寺來住者也. 已定化主, 持勸出行. 日曉頭夢, 有一老人曰. 持勸登途, 初逢者, 勸善云云. 伊日持勸, 出寺門外. 有一婆, 荷笥而來. 化主放杖, 合手而立, 至誠勸善. 此婆不勝勤切, 假稱曰. 暫徃溪潭, 洗濯內袴. 良久不出, 化主徃見, 則投潭已死. 化主懼哀, 并至由徑路并日而行, 隱於北山, 三年不出. 時國王生一男, 兩手堅握, 含口而不言者, 已六年矣. 化主出山入都, 市人負國男遊街. 國男見化主, 卽下地伸兩手, 合掌而言曰. 此華嚴寺化主僧也. 生來初言行伸手也. 兩手有紋曰, 華嚴寺大施主. 國君召化主. 改衣裳, 告緣起. 使不下送, 使道伯主其事, 三年告功. 奉丈六佛, 石板刻華嚴經一秩, 安後佛壇. 故名其寺曰華嚴. 壬亂倭賊破碎, 今則二層也.

척판대기 - (범해 각안)

 평안도 묘향산 밖에 척판대擲板臺가 있는데 원효 조사元曉祖師가 주석하던 곳이다. 대사가 중국을 멀리 보니, 태화산太華山에 큰 가람이 있고 이곳 천 명의 대중 가운데 환속했다가 다시 머리를 깎은 스님이 부전副殿 소임[501]을 맡았고, 이로 인해 그 절에 재난의 조짐이 있었다. 대사가 '해동원효척판구중海東元曉擲板救衆(해동 원효가 널빤지를 던져 중생을 구하다)'이라고 새긴 널빤지를 서쪽 하늘에 던지자, 그 널빤지가 공중에 떠서 날아가 그 절을 세 번 빙 돈 다음에 떠 있었다. 산문 어귀의 대중들이 동시에 따라갔는데, 널빤지는 산문 밖에 이르러 비로소 땅에 떨어졌다. 대중들이 모두 모여 바라보자 바로 그때 절이 무너져 연못이 되었다. 부전 스님 홀로 갈 곳이 없어졌는데 대사는 신통력으로 천 명의 스님들을 해동 양산의 천성산千聖山으로 옮겼다. 천 명이 모두 도를 깨쳐 그 산의 이름을 '천성산'이라고 한다. 그때 오직 여덟 사람은 깨치지 못했는데, 후에 다섯 사람은 대구 동화사 오도암悟道庵에서, 세 사람은 삼성암三聖庵에서 깨쳤다. 셋과 다섯을 합하면 여덟 사람이 된다. 그래서 그 산의 이름을 팔공산八公山이라 한다. 당시 천 명의 스님들이 양산 땅에 모여 앉아 불경을 펼쳐 독송하였는데 그 땅에는 지금도 불경을 펼친 흔적이 있다. 그러므로 그 땅의 이름을 '화엄대華嚴臺'라 한다.
 대사는 (임진왜란 당시) 대장기大將旗를 동래 땅에 세우고 깃발 아래 작은 병 하나를 두었다. 왜인들이 침입해 오자 대사가 칼을 빼어 병의 목을 쳤는데, 병은 끊어진 뒤 다시 붙고 오직 붉은 자국만 남았다. 적이 본진을 향하여 물러났는데 모든 군사들의 목에 모두 칼자국이 있어 놀라고 두려워하며 퇴각하였다. 깃발을 세운 곳에 산성을 세웠는데, 산성에는 훗날 원효암元曉庵이 들어섰다. 척판대, 천성산, 팔공산, 화엄대, 산성은 모두 동시대 원효 조사가 남긴 자취이다. 대사는 곧 화신불化身佛이시다. 행각(遊

行)하는 길손에게 써서 보이노라.

擲板臺記

平安道妙香山外, 有擲板臺, 元曉祖師住處也. 師遙觀中國, 太華山有大茄藍, 千名大衆中, 有再削僧, 爲佛尊. 因此其寺, 有起禍之兆. 師作板刻字曰, 海東元曉擲板救衆. 擲於西空, 其板浮空而去, 繞其寺三匝而浮. 洞口大衆, 同時隨去, 至山門外, 始下地. 衆皆聚觀, 伊時寺陷爲沼. 佛尊僧獨無去處, 師以神力, 移其千僧於海東梁山千聖山. 千人皆悟道, 故名其山曰千聖山. 唯八人不悟, 其後五人, 悟於大丘桐華寺悟道庵. 三人悟於三聖庵. 三五合爲八人也, 故名其山曰八公山. 當時千人, 聚坐於梁山地, 展經讀誦. 其地至今有展經之痕. 故名其地曰華嚴臺. 師立大將旗於東萊地, 安一小瓶於旗下. 倭人來侵, 師拔釖斬瓶項, 斷而復合, 唯有紅痕. 賊退向本陣, 一軍項皆有釖痕, 驚懼退去. 其立旗處設山城, 城後有元曉庵. 擲板千聖八公華嚴山城, 皆同時元曉師遺跡也. 師卽化身佛也. 記示於遊行客子.

장흥 천관산 구정암 중수 권문 - (범해 각안)

『화엄경』「보살주처품菩薩住處品」에 말하기를 "진단국震旦國 동해에 두 산이 있으니 하나는 금강산으로, 중향계衆香界의 법기보살法起菩薩이 여러 성중聖衆과 함께 상주하여 설법하신다. 다른 하나는 지제산支提山으로, 방광계放光界의 천관보살天冠菩薩이 여러 성중과 함께 상주하여 설법하신다."라고 하였다. 청량 국사淸凉國師가 주석하기를, 범어 지제支提[502]는 중국말로는 '공양할 만한 곳'이라 하였다. 이는 봉우리마다 바위마다 불상이 아님이 없다는 말이다. 구름이 사라진 달 밝은 밤에 무수히 빛을 발산하며 설법하니 중향계와 마침 사적이 같다.

우리 구정암九精庵은 천관사天冠寺의 옛 암자요, 지제산의 주맥이며, 천제단天祭壇의 재실이다. 세 칸의 초암이 해와 달이 오래되어 늘 집이 낡았다는 탄식이 많았고, 비바람에 깎이고 습해져 항상 무너지지 않을까 하는 근심을 안고 있었다. 장차 중수하는 역사役事를 경영하려 하나 재물이 없는데 어찌할 것인가. 감히 일의 전말을 써서 그 연유를 하소연한다.

엎드려 비노니 명철한 군자와 충효 대부여, 유한한 재물을 덜어 한량없는 역사를 도와주시기 바랍니다. 현재에는 천관天冠 천제天帝의 신통력을 받고 미래에는 부처님 나라의 극락에 왕생할 것입니다. 이로 인하여 봉축하노니 나라는 항상 평안하고 불법의 동산(法苑)은 영원히 무성하기를.

長興天冠山九精庵重修勸文

華嚴經菩薩住處品云, 震旦國東海中有二山, 一曰金剛山. 衆香界法起菩薩, 與諸聖衆, 常住說法. 二曰支提山. 放光界天冠菩薩, 與諸聖衆, 常住說法. 淸凉國師註曰. 梵語支提, 華言可供養處. 謂峰峰岩岩, 無非佛像. 雲消月明之夜間, 多放光說法, 與衆香界, 適同事跡矣. 唯我九精庵, 天冠寺之古菴, 支提山之主脉, 天祭壇之齋室也. 三間艸庵, 年久月深, 每多屋老之歎. 風磨雨濕, 恒抱傾覆之患. 將營重修之役, 其奈無物而何. 敢述顚末, 用訴由致. 伏願明君子忠孝大夫, 減有限之財, 助無量之役. 現在受天冠天帝之神力, 當來徃佛界佛域之樂邦. 因於奉祝, 國界恒安, 法苑永茂.

무안 법천사 가사와 천등 불사소 - 범해 각안

수달 장자須達長者⁵⁰³가 기원정사祇園精舍를 세우자 사원의 명칭이 비로소 시작되었고, 백장百丈 선사⁵⁰⁴가 총림을 세우자 규례와 의식의 법규가 거듭 퍼져 갔다. 이로부터 권화勸化⁵⁰⁵의 행렬이 서로 이어졌고, 단월의 믿음이 더욱 새로워져, 집물什物⁵⁰⁶이 두루 갖추어지고 사사四事⁵⁰⁷가 모두 갖추어졌다. 깃발을 날리고 전대를 거니 육법六法의 공양⁵⁰⁸이 원만하고, 종을 울리고 북을 치니 사물四物⁵⁰⁹의 연기緣起가 이루어졌도다.

우리 법천사法泉寺는 부처님이 신령하시고 산수가 맑고 빼어나나 스님은 사라지고 절은 무너져 시내가 오열하고 숲이 슬퍼하니, 감히 어리석은 말로 진중한 자리에 호소하노라. 엎드려 비옵건대 밝은 덕을 지닌 군자여, 효를 행하는 청신사淸信士여, 유한한 재물을 크게 열어 잠시 무루無漏의 인연을 심으시오. 가사袈裟를 준비하여 산문의 법계를 영원히 진호鎭護하고, 등촉을 높이 걸어 어두운 방과 같은 어두운 거리를 길이 비추소서. 그리하면 금시조金翅鳥의 근심이 영원히 사라지고 음광飮光⁵¹⁰의 빛이 널리 비칠 것이니, 『연명경延命經』을 읽지 않아도 오래 살 것이요, 야광주夜光珠를 차지 않아도 밝게 빛날 것이다. 이에 보시하는 때가 곧 과보를 받는 날이 될 것이다. 이로 인해 봉축하나니 삼각산 봉우리에 요일堯日(요임금의 해)이 밝게 빛나고, 사대문 밖에 순풍舜風(순임금의 교화)이 길이 불기를.

務安法泉寺袈裟千燈佛事疏¹⁾
須達建精舍, 院宇之名初開. 百丈設叢林, 規儀之式重衍. 自玆以還, 勸化之行相望, 檀越之信益新. 什物圓成, 四事具足. 揚播²⁾掛錢, 六法之供養圓滿. 鳴鐘打鼓, 四物之緣起莎訶. 唯我法泉寺,³⁾ 佛聖神靈, 山明水秀.⁴⁾ 僧殘寺敗, 澗咽林哀. 敢將愚辭, 庸訴珍席. 伏願明德君子, 孝行信士, 大開有限之財賄, 暫種無漏之因緣. 備辨袈裟, 永鎭山門之法界. 高掛燈燭, 長明暗室之昏衢. 金⁵⁾翅之患永消, 飮光之色廣照. 不讀延命之經而長壽, 不佩夜光之珠而光明. 乃捨施之時, 卽受報之日.⁶⁾ 因玆奉祝, 三角山頭, 堯日朗曜. 四大門外, 舜風永揚.

---

1) ㉑『梵海禪師文集』에「務安法泉寺袈裟及千燈募緣疏」라는 제목으로 수록되어 있다.『韓國佛敎全書』제10책(H10, 1094bc). 이하 문집과 대교 내용이다. 2) ㉑ 문집에는 '播'가 '幡'으로 되어 있다. 번역은 후자를 따른다. 3) ㉑ '寺'가 없다. 4) ㉑ '秀'가 '麗'로 되어 있다. 5) ㉑ '金' 앞에 '則'이 있다. 6) ㉑ '日' 다음에 '也'가 있다.

『불조원류』 서문 - 범해 각안

　원류源流란 무엇인가. 원源은 종宗이요 유流는 파派이니, 부처와 조사의 종파를 말하는 것이다. 부처와 조사의 사적은 매우 상세하게 기록에 실려 있으나 이름은 모두 각각 다르다. 또 『본행경本行經』·『성도기成道記』·『전등록傳燈錄』·『불조통재佛祖通載』·『석씨원류釋氏源流』 등에서 인도와 중국의 분파는 모두 실었지만 우리나라의 흐름은 싣지 않았다. 이것이 『동방불조원류東方佛祖源流』를 지은 까닭이다.

　요사이 한 곳에서 간행했으나 자기 문중(專門)에 치우치고 공정함에는 힘쓰지 않아 말류末流라는 탄식이 컸다. 지금 이 한 권은 서문과 주석을 빼고 단지 근원과 흐름만을 기록하여 우리 집안의 계보로 삼는다. 남들이 보더라도 자기 문중에 치우쳤다는 꾸지람은 없을 것이다. 말하자면 비바시불[511]부터 석가모니까지는 부처님이고, 가섭迦葉부터 달마達摩까지는 인도의 조사이다. 혜가惠可부터 급암及庵까지는 중원의 조사이고, 석실石室[512]부터 부용芙蓉[513]까지는 동국의 조사이다. 부처와 조사의 뜻은 '해동불조원류'라는 제목 속에 다 담겨 있다. 부용은 한 송이 꽃나무인데, 두 개의 가지를 드날렸으니 청허淸虛와 부휴浮休라 한다. 두 지맥 이하 천 가지만 갈래는 다 기술할 수 없다.

佛祖源流序[1]

源流者, 源. 宗也, 流. 派也, 謂佛祖之宗派也. 佛祖事蹟, 昭昭載錄, 而名皆各異也. 本行經成道記傳燈錄佛祖通載釋氏源流等書, 皆載於竺華之派,[2] 不載於東震[3]之流. 此東方佛祖源流所[4]以作也. 間者一處刊行, 而以專門爲務, 不務公正, 末流之慨歎大矣. 此一卷拔去序註,[5] 但錄源流,[6] 以爲自家之譜. 人雖觀之, 無專門之誚矣. 曰自毘婆至牟尼爲佛, 自迦葉至達摩, 爲西竺祖. 自惠可至及庵, 爲中原祖. 自石室至芙蓉,[7] 爲東國祖. 佛祖

• 209

之意, 一題盡之矣.⁸⁾ 芙蓉⁹⁾一花, 兩支揚曰, 淸虛浮休. 兩支以下, 千支萬派. 不可盡述焉.

1) ㉎『梵海禪師文集』에 같은 제목으로 수록되어 있다.『韓國佛敎全書』제10책 (H10, 1093ab). 이하 문집과 대교 내용이다. 2) ㉎ 문집에는 '竺華之派'가 '西竺中原之源'으로 되어 있다. 3) ㉎ '東震'은 '本方'으로 되어 있다. 4) ㉎ '所' 앞에 '之'가 있다. 5) ㉎ '註'가 '注'로 되어 있다. 6) ㉎ '流'가 '派'로 되어 있다. 7) ㉎ '芙蓉'이 '淸虛'로 되어 있다. 8) ㉎ '佛祖之意, 一題盡之矣'가 '佛祖之一題盡之矣'로 되어 있다. 9) ㉎ '芙蓉'이 '淸虛'로 되어 있다. 아울러 '淸虛以下'부터 약간 다른데 소개하면 '淸虛以下, 千支萬派, 不可盡述. 自家之流, 錄之藏之, 擬於蘇氏之序, 序說于卷首.'로 되어 있다.

몸에 지니고 다니는 네 가지 물건의 명문 - 범해 각안
隨身四物銘[1)]

죽비명竹篦銘

나아가고 그침이 엄정하고	進止嚴整
상과 벌이 분명하다	償罰分明
사자가 크게 우니	獅子作吼
짐승 무리 소리 죽인다	獸衆[2)]歛聲
움직이면 곧 침묵을 지키고	動乃守默
고요하면 꼭 정을 머금나니	靜必含情
옛사람의 담병514이요	古人談柄
내 입의 좌우명이라	今我口銘

목탁명木鐸銘

입은 있으나 말이 없고	有口無語
뺨을 두드리자 소리가 나네	叩頰有鳴
코끼리 왕 고개 돌리자	象王回顧
짐승 무리 몸을 숨기네	群毛隱屛
문에서 기다릴 때 자취를 들이고	佇門納跡
법연을 열 때 받들어 맞이하네	開筵奉迎
유교에선 노나라 성인에 비유하고515	儒比魯聖
불교에선 범승516을 표상하네	作[3)]表梵僧

---

1) ㉻ 이하 명銘 네 작품은 『梵海禪師文集』에 수록되어 있다. 『韓國佛敎全書』 제10책 (H10, 1083c). 이하 문집과 대교 내용이다.
2) ㉻ 문집에는 '獸衆'이 '衆獸'로 되어 있다.
3) ㉻ '作'은 '釋'으로 되어 있다.

주장명柱杖銘

몸을 붙들어 기둥처럼 세우니	扶身堅柱
불법을 지키는 살아 있는 용	護法活龍
길을 나설 때 친구요	行李朋友
좌선할 때 조종이라	坐禪朝宗
조왕신을 두드리고[517]	打破竈靈
디딜방아 두드렸지[518]	伐下碓舂
국운을 높이 지탱코자	高支國祚
솔 주장자 다시 집네	重拈枝松

염주명念珠銘

손안에는 백팔 염주	手中百八
불당 안엔 천불이라	堂內一千
고성 염불하며 수를 세고	高聲念數
말없이 좌정하여 선을 닦네	默坐禪詮
증명하는 법석에선 줄줄이	證席呱呱
강설하는 자리에선 끊임없이	講筵綿綿
몸 위에 길이 걸쳐	長掛身上
삿된 생각 끌림을 막아야 하리	要防耶[4]牽

---

4) ㉭ '耶'는 저본의 '邪'를 잘못 옮긴 것이다. 번역은 후자를 따른다.

네 지팡이를 위한 명문 - (범해 각안)
四杖銘

석류 지팡이 石榴杖

시골집에서 나고 자라	生長野家
산방에 걸어 두네	掛塔山室
다닐 땐 넘어지지 않게 돕고	行扶傾危
앉을 땐 헛디딤을 막아 주네	坐拒過失
아, 펼 수 있는 것은	於鑠能宣
석류 가지가 제일이로다	榴枝致一

하무려 지팡이 瑕無藜杖

관향은 청해진	貫在淸海
사는 곳은 오래된 암자라	寓居古菴
오가는 길에 노인 돕고	徃反扶老
묻고 답함에 지남이라	問答指南
사람들이 옥으로 믿고 좋아하니	見愛信玉
세 마디로 나누어 정성을 바치네	輸誠分三

철쭉 지팡이 躑躅杖

본래 깊은 산골짜기에 있어	本在山峽
재목이 될 생각 없었나니	無意成材
줄기는 곧고 꽃은 겹겹이라	幹[1]貞花重
손수 분재하여 심었다네	手植盆栽

---

1) ㉠ '幹'은 저본의 '斡'을 잘못 옮긴 것이다. 번역은 후자를 따른다.

호랑이 떼어 놓자 즉시 달아나고[519]	解虎卽去
디딜방아 두드리자 바로 다가왔네[520]	打碓當來
상당하여 잡은 채 설법하고	上堂談秉
탁발할 땐 문을 열어 주네	分衛戶開
방행하고 파정할 때	放行把定
소요하니 쾌재로구나	逍遙快哉

반죽 지팡이 斑竹杖

나에게 대지팡이 있으니	我有竹杖
마디는 아홉이요 머문 부분 셋이라	九節三停
상수의 눈물 흔적[521] 성성하고	湘痕星星
대나무 위의는 당당하구나	節儀亭亭
길을 나서니 귀신이 두려워하고	登途鬼慴
문을 두드리니 사람 마중 나오누나	振門人迎
종으로는 삼세를 희롱하고	竪弄三世
횡으로는 시방에 설하는구나	橫說十方
동과 정에 걸림 없으니	動靜無碍
청동에 쓴 명문[522]이나 다름없도다	等同金銘

연담[523] 진신찬 – (범해 각안)
蓮潭眞身贊

화순 땅 샘이 맑아 오백 (부처) 응하였고	和州泉淸應五百
면성[524]의 승달산에 세 분 스님 종 울렸네	綿城僧達鐘三賢
『유망기』 지으셔서 낙양 지가 올렸으니	遺忘記成塵紙貴
솔가지 하나 휘두르자 천 층 바위에 들리는 격	一枝松揮聽石千
의상과 의천 대사 여러 세대 만에 출현하사	義湘義天間世出
회 스님이니 설 스님이니 모두 한줄기로 전하네	曰悔曰雪揔統傳
달이 강물에 비치지 않은 곳 없나니	月印江潭無不在
그 누가 우물 안 개구리 안목으로 기연을 얘기하랴	誰持井見述機緣

초의 진신찬 - (범해 각안)
草衣眞身贊

지세를 살펴 터를 잡고	相地卜居
띠를 얽어 지붕을 덮었네	把茅盖頭
입는 옷은 풀을 엮어 만들고	衣乃編艸
마시는 것은 흐르는 맑은 물[525]	飮則枕流[1)]
국화 심으니 도연명 닮았고[526]	種菊似陶
연꽃을 사랑하니 주돈이 닮았구나[527]	愛蓮侔周
삼의 대사[528] 나란히 가고	三衣鴈行
두 그루 계수나무 싹이 나왔네[529]	二株桂抽
요원 스님[530]의 자취요	了元之跡
부산 스님[531]의 짝이로다	浮山之儔
소문과 명예가 함께 따르고	聲名并隨
불법과 세간법 함께 닦았네	眞俗雙修
자취는 돌탑에 감추고	蹟藏石塔
모습은 찻잔에 비추누나	形照茶甌
숲속이 적막한데	林苑寂寞
남은 향 □□에 어리네	餘香凝[2)]

---

1) ㉡ 저본에 '溪'를 '流'로 수정한 흔적이 있다.
2) ㉡ 다음에 글자 하나가 누락된 듯하다.

주인옹[532] 진신찬 – 범해 각안
主翁眞身贊[1)]

깨달음은 피안이요(각안)	覺者彼岸
범왕은 법해로다(범해)	梵王法海
집안은 진해의 명문가요	族望鎭海
자란 곳은 청해(진도)로다	生長淸海
구곡에 춤추며 귀의하여	舞歸九曲
오로지 세 분 스님께 의지했네	全仗三衣
입을 놀려 사람을 잘못 이끌고	下嘴誤人
사적을 기록함에 납자를 미혹시켰네[533]	記事迷機
가난해서 꽂을 송곳도 없었지만	貧無卓錐
기상은 수미산을 누를 듯했네	氣壓須彌
늘 품은 회포는 기상이 뛰어났으나	常懷氣勝
혹여 불교가 미약해질까 두려워했네	或恐道微
풀 그늘에 나아감에 그림자 없고	就蔭無影
불 속으로 들어가니 몸은 사라져	入火無身
찾아도 자취 없나니	尋之无跡
한번 영험한 신령 빌려 볼거나	一段靈神

---

1) ㉮『梵海禪師文集』에「自贊」으로 수록되어 있다.『韓國佛敎全書』제10책(H10, 1084a).

백족화상[534]론 - (범해 각안)

내가 본사(대흥사)의 적련암赤蓮庵 방장에서 주석할 때 송정松汀에서 요옹蓼翁 선생[535]을 모시고 『논어』를 사사하였다. 하루는 선생이 묻기를 "그대는 백족화상白足和尙을 아는가?"라고 하여, 나는 "그가 누군지 모르나 전하는 말은 많이 들었습니다."라고 하였다. 선생이 말하기를 "그의 이름은 담여曇如인데 발이 진흙에 빠져도 더러워지지 않아 당시 사람들이 백족화상이라 불렀다."라고 하였다. 그 후 『축목유취祝穆類聚』·『경산고사瓊山故事』·『백미고사白眉故事』·『단연총록丹鈆緫錄』 등을 살펴보니 모두 '담여'라 기록되어 있었다. 정사년(1857)에 남미륵암南彌勒庵에 주석할 때 모인 학인 부훈富訓이 자신의 시축을 내어놓고 그 끝에 차운을 부탁하였다. 내가 읊은 시 중 두 번째 연에서 "완적阮籍의 청안靑眼이 칠통漆桶을 열었고, 담여의 백족이 홍진紅塵을 밟는구나."라고 하였다. 하루는 초의 선사를 뵈었더니 스님이 말하기를 "군의 시 중 담여의 백족이 홍진을 밟는다는 것은 어디서 나온 말인가?"라고 하였다. 나는 어디서 보았는지 여쭈었다. 선사는 말하였다. "부훈이 얻은 시축을 가지고 와서 부탁하여 차례차례 넘겨 보다가 보았네." 나는 요옹 선생에게 들었고 또 여러 군데 책에서 확인했노라고 하였다. 선사는 "『불조통재佛祖通載』에는 담시가 백족화상이라 하였네. '여如' 자는 '시始' 자의 잘못인 것이 분명하네."라고 하였다. 후에 『불조통재』를 살펴보니 바로 '송 문제文帝 때 담시가 불법을 구원하자 위 무제武帝가 참회하였다.'라고 하였고, 『위서魏書』「불로지佛老志」에 사문 혜시惠始는 청하淸河 장張씨의 아들로 흙탕물을 밟고 지나가도 발에 진흙이 묻지 않았고 오히려 더 선명하게 희어 세상에서 백족 아련야阿練若[536]로 불렸다고 하였으며, 지증국사비智證國師碑에 서진西晉의 담시曇始는 맥貊 땅에 처음으로 갔다고 하였다. 이 세 군데서 보면 '시' 자가 옳다. 그런즉 승사僧史의 '시' 자가 유서에서는 '여' 자가 된 것이 옳다. 이래도 어렵고 저래도 어려우니 어찌하겠는가. 어느 한쪽으로 고칠 수 없으니, 통달한 이들이여, 자세히 살펴볼지어다.

白足和尙論

予住本寺赤蓮方丈, 奉邀寥翁先生於松汀, 師受論語. 一日先生曰, 汝知白足和尙否. 予曰不知其誰, 而多聞其傳言也. 先生曰, 其名曇如, 足履淤泥不染. 時人稱曰, 白足和尙. 其後閱覽祝穆類聚瓊山故事白眉故事丹鈆總錄等書, 皆以曇如記之. 丁巳住南彌勒, 來集學人富訓, 出其詩軸, 請次附末. 予唫之, 第二聯曰, 阮籍靑瞳開溙桶, 曇如白足踏紅塵. 一日謁艸衣禪師. 師曰, 君詩, 曇如白足踏紅塵, 此乃何言. 予曰, 見於何處. 師曰, 富訓持所得詩軸來請, 次次而送, 其時見之. 予曰, 聞於寥翁先生. 且自見數處也. 師曰, 佛祖通載云. 曇始, 白足和尙. 如始字誤必矣. 後考通載, 則宋文帝時, 曇始救法, 魏武悔謝. 魏書佛老志, 沙門惠始, 淸河張氏子, 跣行足不沾泥, 愈加鮮白, 世號白足阿練若. 智證國師碑, 西晋曇始始之貊. 此三處始字爲是. 然則僧史始字, 爲儒書如字爲是. 兩難奈何, 不可偏改, 達者詳之.

답백양산사중청장서 - (범해 각안)

땅에는 구분이 있고 사람은 걸림이 없다. 그러므로 설두雪竇[537] 선사는 불갑사佛岬寺에 간 것이고, 함명函溟[538] 선사는 선암사仙巖寺에 간 것이다. 그러나 선암사는 함명에게 가지 않았고, 불갑사는 설두에게 가지 않았다. 이것이 바로 '보리수 아래서 일어나지 않은 채 칠처七處를 법계에 펼치고, 후제後際를 어기지 않은 채 처음 성도할 때 구회九會를 펴신 것'[539]이다. 구분이 있는 땅에 머물고 걸림 없는 사람을 부르나니, 이보다 큰 선이 없으며, 즐거움은 말할 나위가 없다.

삼추三秋에 서신을 받고 하루 종일 구름을 바라보니, 공정公庭은 대길大吉한데 자잘한 병으로 조금 괴롭고, 산문山門은 조용하여 수명과 복이 있도다. 마음은 수면 아래와 같고 정은 불의 상단과 같도다. 머리는 둥근 하늘을 이고 발은 모난 땅을 밟고 있나니, 나는 사람들과 같고 사람들은 나와 같도다. 부름에 응해 달려가는 것은 남곽南郭의 피리[540]요, 녹봉을 사양하고 물러나는 것은 북산北山의 이문移文[541]이로다. 앞으로 가도 밟히고 뒤로 가도 밟히는[542] 진퇴유곡의 상황이니, 바라건대 꼬리를 끄는 거북이[543]를 허락하시어 도중의 목숨을 평안하게 하시기를. 손 모아 백수를 축원하며 발을 돋우어 천 년 살기를 빕니다. 정신은 혼미하고 말은 순조롭지 못하며, 손은 부드럽지 못하고 글자는 어긋나 답장의 예를 다하지 못합니다. 허물치 마시고 좋게 보아 주십시오.

答白羊山寺中請狀書

地有分矣, 人無碍也. 故竇徃佛岬, 涵溟徃仙岩. 而仙岩不徃涵溟, 佛岬不徃竇也. 此乃不起樹王, 羅七處於法界. 無違後際, 彰九會於初成也. 住有分之地, 召無碍之人, 善莫大矣, 樂無謂也. 奉書三秋, 望雲六時. 公庭大吉, 少病小惱. 山門肅靜, 有壽有福. 心如水下, 情若火上. 頭戴天圓, 足踏地方. 我如人也, 人如我矣. 應召而赴, 南郭之吹. 謝祿而歸, 北山之移. 跋前疐後, 進退唯谷. 幸許曳尾之龜, 遂安途中之命. 合手而祝百, 蹻足而望千. 神昏辭蹇, 手澁字譌. 不備狀禮, 休咎靑照.

무안현감 서준보[544] 공에게 올림 – 아암 혜장

삼가 따뜻한 봄날에 합하閤下의 정사가 자애롭고 청렴하며 기체氣體가 평안하시기를 바랍니다. 소승은 가죽나무 상수리나무 같은 쓸모없는 잡목[545]이요, 쭉정이와 겨 같은 빈껍데기로서, 어렸을 때 나아갈 방향을 잃고 자라서야 비로소 출가하여 내전(불경)에 힘써 대승의 법문에 귀의하였더니, 손가락 튀기는 사이에 세월이 흘러 지금까지 어언 30년이 되었습니다. 여러 산을 구름처럼 떠돌고 여러 고을을 부평초처럼 떠돌면서 진부한 담설을 내뱉고 마르고 썩은 것을 스승 삼아 벗 삼아 지내다 보니, 마침내 속 빈 나무 같은 빈 배(空腹)와 말린 포 같은 야윈 뼈만 얻을 뿐이었습니다. 매양 회상할 때마다 홀연 꿈속만 같습니다. 어렸을 때는 연담 유일蓮潭有一 화상을 따라 화엄의 비밀스러운 종지를 얻어 들었고 중년에는 정암晶庵 노스님의 장실에서 염향拈香하고 법을 이었습니다.[546] 이 두 노스님은 그 지혜와 고행이 모두 치림緇林(총림)의 으뜸이 되고 법문의 종고鐘鼓이시나, 그분들이 세상에 계실 때는 오히려 그 심오한 이치(蘊奧)를 두드려 드러내고, 자물쇠를 열어젖히지 못하였습니다. 대중을 따라 학업을 물었으나 몇 행 몇 글자를 넘어서지 못했고, 규례에 따라 과정을 채웠으나 모두 상자만 사고 진주는 돌려주는 격[547]이었습니다. 바람 앞의 등불은 일정치 못하고 구름수레는 벌써 아득해졌습니다.

이제 비록 단선壇墠[548]을 다시 세워 한 번 더 그분들의 경해謦咳[549]를 듣고자 한들 어찌 탄식한다고 미칠 수 있겠습니까? 나 자신을 돌아보며 스스로 설워하니 눈물이 뺨에 가득 흐르는 것을 금치 못합니다. 독학하여 벗이 없으니 고루하고 듣는 바가 적고, 사방의 산문을 빙 둘러보아도 증명하고 바로잡아 줄 분이 없습니다. 또 도가 쇠미해진 말법시대라 선배들이 돌아가자 무식한 승려들이 그릇되이 나를 스승으로 추대하였습니다. 이미 공명公明 신실信實하여 학문에 발분해야 할 때에 외람되이 충종充宗

의 뿔을 꺾는 자리[550]를 차지하였고, 마침내 노학자를 따라 탐구하고자 한 공부의 과정(功程)이 오히려 시골 선생의 생활로 바뀌어 버렸습니다. 『화엄경』을 읽어 강의한 지 벌써 일곱 차례가 지났으니, 그 나머지 무잡한 강의야 어찌 손꼽아 셀 수 있겠습니까. 세월이 빨리 흘러 어느덧 저물려 하니, 깎고 남은 머리터럭이 이미 듬성듬성 희어졌습니다. 빙 둘러앉아 경 읽는 소리는 점점 시끄럽게 들리는 개구리 울음소리 같고, 불자를 세우고 하는 담설은 초파리가 코를 쏘는 것과 다름없습니다. 그리하여 수년 이래로 모든 학승들을 돌려보내고 여러 경전을 묶어 시렁 위에 올려 두었습니다. 베로 만든 북(布鼓)[551]을 울리고 토룡土龍[552]에게 비를 내려 달라고 비는 일을 금하도록 하였습니다. 바야흐로 갈건葛巾 쓰고 송죽松粥 먹으며 석굴에서 칩거하여 두타행頭陀行을 닦고 영원히 번뇌의 장애를 제거하고자 합니다.

다만 생각하건대 눈썹이 아직 푸르고 마음의 재는 아직 식지 않아 오히려 두 가지 소원이 가슴에 자리 잡고 있습니다. 하나는 짚신에 죽장 짚고 표연히 동쪽으로 길을 나서 태백산 오대산 등 여러 명산을 두루 유람한 다음 금강산(怾怛山)으로 돌아들어 간 후, 서쪽으로 묘향산을 찾아 우리 서산西山 선생께서 남기신 자취를 밟고, 다시 남쪽으로 속리산으로 들어가 저 화양華陽 큰 어른[553]이 사시던 옛터를 보고자 하니, 이는 금생에 마치지 못한 마음의 빚입니다. 다른 하나는 천신薦紳[554] 선생과 관각館閣[555]의 대가를 운 좋게 만나고, 마침내는 산림에 은둔하는 선비[556]를 찾아뵙고 그 향기를 맡고 그 가르침(咳唾)에 젖고자 합니다. 그리하면 어찌 화려하게 꾸민 시문으로 거칠고 무성한 풀밭에 물을 주는 것에 그치겠습니까. 예를 들어 단상彖象(주역)과 풍아風雅(시경)의 미묘한 뜻과 태극과 원회元會[557]의 미묘한 논리 등에 대해 모두 맹인의 눈을 뜨게 하고 귀머거리의 귀를 밝게 할 수 있을 터이니, 이것이야말로 숙세에 다하지 못한 인연일 것입니다. 어찌하여 도성 성문 출입을 금하는 조문이 오히려 궁벽한 바닷가에도 엄격한지요. 명성과 자취가 서로 거리가 멀어 형주荊州를 만나고자 하는 소원[558]이 비록 간절하나 등왕각滕王閣으로 부는 바람[559]을 만나지 못해 외롭게 어지러운 산자락 속에 앉아 탄식하며 허공에 글을 쓰지[560] 않을 수 없습니다.

합하에 이르러서는 곧 돌아가신 대감의 수적手蹟[561]이 오랫동안 장춘동長春洞의 얼굴이 되었습니다. 매번 감당나무 사당(棠社)[562]에 남은 음덕을 바라볼 때마다 문득 동향桐鄕[563]에 남긴 사랑과 같음을 느낍니다. 홀연 듣자오니 검은 일산(皁盖)[564]이 남쪽을 돌아보신다 들었으니, 곧바로 먹물 옷 입은 저도 배알하고자 합니다. 다만 계극棨戟[565]이 줄 서 있는 관가의 문에 물병과 발우를 지닌 행색으로는 들어가기 어렵지 않을까 염려됩니다. 이제 들으니 본사(대흥사)의 여러 승려들이 심부름꾼을 보내 예를 드린다고 합니다. 이에 서신(咫尺之書)을 받들어 올려 애오라지 마음에 쌓인 정을 펼치고자 합니다.

엎드려 바라건대 큰 자비를 베푸시고 저의 우매함을 요행히도 용서해 주시면, 매당梅堂을 바라보며 흐르는 시름을 가누지 못할 것입니다. 이미 직접 찾아뵙고 영색鈴索[566]의 예를 행하지는 못하니 앉은자리에서 좋은 시를 구걸하는 것은 옳지 않습니다. 다만 이 표충사表忠祠 기적紀蹟의 시는 돌아가신 대감께서 새긴 비문을 잇는 것이 마땅할 것입니다. 혹시 좋은 시를 내려 주셔서 공문空門을 장엄해 주시면, 어찌 얻기 어려운 지극히 귀한 보배에 그치겠습니까. 용의 턱밑 여의주를 손으로 집어 오는 소원을 기쁘게 이루는 것입니다. 또한 좋은 노래가 반드시 이어질 것이고 이로 인해 귀한 분들의 작품도 많이 이어질 것입니다. 백배 정례하고 한 줄기 심향을 사르오니 이 작은 정성 살피시어 은혜를 아끼지 않으시기를 바랍니다.

上務安宰徐公[1]【俊輔】

伏惟春煦, 閤下爲政慈淸, 氣體康謐.[2] 小僧[3]樗櫟散材, 粃糠虛殼. 幼迷方向, 長遂剃染. 從事內典, 歸依大乘. 彈指流光, 于今三十年幾及[4]矣. 雲游諸山, 萍漂十郡. 談陳說腐, 師枯朋朽. 究竟只得空腹如桴, 瘦骨如臘. 每一回念, 忽如夢寐. 少從蓮潭一和尙, 得聞華嚴秘旨. 中歲拈香於晶庵[5]老師之室. 此二老者, 其慧智苦行, 皆足以冠冕緇林, 鐘鼓法門. 惜其在世之時, 猶未及叩發蘊奧, 抽奪鈐鍵. 隨衆問業, 不過尋行數墨. 依樣塞課, 都是買櫝還珠. 風燭不定, 雲車已邈. 今雖重[6]設壇墠, 一聽謦咳,[7] 何嗟及矣. 撫躬自悼, 不禁涕淚之交頤也. 獨學無朋, 孤陋寡聞. 環顧四山, 無與證訂. 又緣末法衰微, 先輩凋零. 無識凡徒, 謬推爲師. 已自明允, 發憤之年, 猥據充宗折角之席. 遂循老學究功程, 轉作村夫子生活. 摛授華嚴, 已經七次. 其餘胡嚷, 何以僂指. 年華倏[8]忽, 冉冉將暮. 而剃殘之髮, 亦已種種白矣. 繞坐經聲, 漸如吐[9]吹之聒耳. 堅拂談說, 不異蠓醯之蚩鼻. 數年以來, 謝遣諸僧, 束閣群經. 毋令叩音於布鼓, 祈雨於土龍. 方欲以葛帽松粥, 蟄伏石穴. 精修頭陀之行, 永[10]除塵勞之障. 第念眉稜尙靑, 心灰未冷. 猶有二願, 蟠結胷中. 一者艸履竹杖, 飄然東出. 徧遊太白五臺諸名山, 轉入恓怛, 西窺妙香, 以跡我西山先生之遺躅. 南投俗離, 以觀夫華陽大老之舊基. 此今生未了之債也. 一者幸而邂逅於薦紳先生舘[11]閤大匠, 遂亦刺[12]謁於山林肥遯之士. 把[13]其芬馥, 沾其咳唾. 則奚但藻華篇翰, 澆沃蓁莽. 若象象風雅之微旨, 太極元會之妙論, 皆可以豁盲昭聾. 此宿世未了之緣也. 其奈都門之內禁條, 猶嚴[14]窮海之濱. 聲跡相遠, 荊州之願雖切, 滕閣之風莫遇. 孤坐亂山之中, 未嘗不咄咄書空也. 至若閤下, 則有先大[15]監之手蹟, 久爲長春洞之眉宇. 每瞻棠社之餘陰, 使[16]若桐鄕之遺愛. 忽聞皁盖之南顧, 卽圖緇衣之上謁. 第念啓[17]戟之門, 難投甁鉢之跡. 今聞本寺諸僧, 委价致禮. 玆奉咫尺之書, 聊攄[18]方寸之縕.[19] 伏望洪慈, 幸恕愚昧. 瞻望梅堂, 不勝流悵. 旣不能佳扣鈴索禮, 不當坐乞瓊篇. 第玆表忠祠記蹟之詩, 宜續先大監鐫碑之文. 倘賜華作,[20] 用賁空門. 奚但至寶難得, 欣遂犢[21]龍頷之願. 抑亦善歌必繼, 仍多續貂尾之作. 百拜頂禮, 一炷心香. 幸鑑微誠, 無惜大惠.

1) ㉠『韓國佛敎全書』에는 이하 부분이 앞의 청장과 같은 글로 이어져 있다. 그러나 여기부터는『兒庵遺集』의「上務安宰徐公【俊輔】」과 같다.『韓國佛敎全書』제10책(H10, 701a~c). 생략된 제목은『兒庵遺集』에서 빌려 다시 살린다. 다음은 교감 내용이다. 2)『兒庵遺集』에는 '氣體康謐'이 없다. 3) ㉠ '小僧'이 '藏'으로 되어 있다. 혜장惠藏을 말한다. 4) ㉠ '幾及'이 없다. 5) ㉠ '庵'이 '嚴'으로 되어 있다. 6) ㉠ '重' 앞에 '欲'이 있다. 7) ㉠ '咳'가 '欬'로 되어 있다. 8) ㉠ '倏'이 '俟'으로 되어 있다. 9) ㉠ '吐'가 '蛙'로 되어 있다. 번역은 후자를 따른다. 10) ㉠ '永'이 '敉'로 되어 있다. 11) ㉠ '笡'은 '舘'으로 되어 있다. 12) ㉠ '刺'이 '剌'로 되어 있다. 번역은 후자를 따른다. 13) ㉠ '把'는 '抱'으로 되어 있다. 번역은 후자를 따른다. 14) ㉠ '嚴'은 '嚴'으로 되어 있다. 번역은 후자를 따른다. 15) ㉠ '大'가 '台'로 되어 있다. 다음도 같다. 16) ㉠ '使'가 '便'으로 되어 있다. 번역은 후자를 따른다. 17) ㉠ '啓'가 '棨'로 되어 있다. 번역은 후자를 따른다. 18) ㉠ '擄'가 '擄'로 되어 있다. 번역은 후자를 따른다. 19) ㉠ '緼'이 '蘊'으로 되어 있다. 20) ㉠ '作'이 '什'으로 되어 있다. 21) ㉠ '犢'이 '摘'으로 되어 있다. 번역은 후자를 따른다.

『금강경』 32분게찬【철경[567]】 - 철경 응언
金剛經三十二分偈讚【釋掣鯨】

제1 법회인유분 第一法會因由分
가을 풍광의 새벽 기운 본래가 신묘한데 　　　　　曙氣秋光本自神
규산[568]이 분망하게 신훈[569]을 세웠다네[570] 　　　圭山多事立新熏
발우 들고 성에 드니 의망이 사라지고 　　　　入城持鉢消疑網
자리 펴고 옷을 여미니 세상 먼지 끊어지네 　　敷座收衣絶世粉
한 번 잡은 취모검이 일월과 빛을 다투고 　　　一把吹毛爭日月
아공 법공 우뚝 드러나 풍운 만난 격이네 　　　雙空獨角會風雲
이때 알아차려도 외려 늦었다 하리 　　　　　　此時薦得猶云晚
어찌 아난이 '여시아문' 하며 창도하길 기다리리 何待阿難唱我聞

제2 선현기청분 第二善現起請分
아승기겁이 순식간에 흘러 공생[571]이라 하는 이가 僧祇彈指號空生
반야 자리 중에 오체를 투지하네 　　　　　　　般若筵中五體傾
희유하다! 한마디가 참으로 뜻을 드러내니 　　希有一言眞著意
내려서 닦은 세 질문은 본래 속뜻 아니었네 　　降修三問本非情
그러나 보살의 마음 검은 옻 같나니 　　　　　雖然菩薩心如漆
어찌 범부의 눈이 갑자기 밝아지리 　　　　　　曷已凡夫眼忽明
다행히도 여래께서 거듭 누설하셨으니 　　　　賴得如來重漏洩
종전에 애타게 바라던 것 별안간 이루어지리 　從前渴仰瞥然平

제3 대승정종분 第三大乘正宗分
높은 사자좌에서 흰 불자 기울이니 　　　　　　獅子筵高白拂斜
객진번뇌 사라지고 호한하여 끝이 없네 　　　　客塵淘汰浩無涯

다만 생사가 모두 무상함을 알아	但知生死都無相
인간계며 천계며 출가를 생각 말라	莫憶人天幷出家
온전한 지혜는 두 날개로 나는 새와 똑같고	全智渾如雙翼鳥
치우친 자비는 바퀴 하나인 수레 신세 면치 못하리	偏悲未免隻輪車
열반으로 가는 길 지금 평탄하나니	涅槃一路今平坦
반드시 별안화[572] 핀 그곳으로 향해 가리	須向那邊別眼花

제4 묘행무주분 第四妙行無住分

급고독원에서 이십일 년 동안	孤獨園中卄一年
금을 베고 물소리 들어도 다만 슬픔과 연민이라	金肱潮響只悲憐
진공은 본디 보시를 행한다는 뜻이고	眞空自是行檀義
진경은 원래 세상을 벗어난 인연 아니라네	塵境原非出世緣
연석[573]이 보석에 속하나 전혀 쓸모없고	燕石隨珠渾不用
정남과 위녀는 모두 돌아갈 것을 아네	鄭男衛女幷知還
육바라밀을 고르게 닦을 수 있다면	六波羅密齊修得
비로소 맑은 가을 달빛이 하늘 가득하리	始見淸秋月滿天

제5 여리실견분 第五如理實見分

공은 인이요 색은 과라는 의심 하나 새롭나니	空因色果一疑新
천추에 날 아는 이로 세친[574]이 있도다	知己千秋有世親
늦게 취한 나그네가 먼저 취한 이 그르다 하니	遲醉客非先醉客
금년의 봄이 곧 작년의 봄이로다	今年春是去年春
매일 가는 산 위에서 고개를 찾지 말고	日行山上休尋嶺
몸이 배 안에 있거든 나루를 묻지 말라	身在舟中莫問津
다생의 허망한 생각 갈라낸다면	若離多生虛妄念
이때 바로 우리 집안의 진리[575] 볼 수 있으리	是時方見自家眞

제6 정신희유분 第六正信希有分

인이 깊고 과가 멀어 천관과 멀어지니	因深果遠隔天官
누가 조금이라도 신심 낼 수 있을지 문득 묻네	忽問誰能許若干
뇌고[576] 시대 사람들이 어찌 신심 수지 못할까	牢固人何無信受
『금강경』에 제각기 마음의 양식 있다고 비유했네	金剛喩自有心餐
외눈으로 하늘 보며 작다고 하지 마오	莫將隻眼觀天小
온몸으로 넓은 땅에 우뚝 한번 서시구려	但願全身立地寬
마장魔障과 나루터 뗏목이 원래 같은 무리이니	障魔津筏原同類
비로봉[577]에 높이 올라 자세히 살펴보라	高步毘盧仔細看

제7 무득무설분 第七無得無說分

가장 높고 바른 깨달음을 얻었는가 경을 설하였는가	得耶三藐說耶經
근기에 따라 보시고서 응대를 달리하네	忽見當機對不停
횡설수설 강론함에 묵돌[578]을 근심하고	堅講橫論愁墨突
말이니 나귀 이름 건달바성을 비웃네	驢名馬字笑乾城
어느 때 홀로 앉고 어느 때 일어나나	何時孤坐何時起
어느 곳에 무리 지어 귀의하고 어느 곳에 오르는가	幾處群歸幾處登
무위의 진법계 자세히 간하라	請看無爲眞法界
성현이 사이사이 출현하여 작은 길 여시도다	聖賢間出蚓開程

제8 의법출생분 第八依法出生分

위음왕불[579] 이전의 사람이 되려는 것과	欲作威音以上人
경 읽고 보시하는 것 중 어느 것이 진실한가	念經行施較誰眞
천 강에 물 있으니 천 강마다 달이 뜨고	千江有水千江月
일만 나무에 꽃이 피니 일만 나무에 봄이로다	萬樹開花萬樹春
중생들에게 사구게를 전할 수 있다면	若爲群生傳四句

온갖 보배로 삼륜을 꾸민들 이보다 나으랴	勝將諸寶結三輪
얼마나 많은 현명한 지혜인 이로부터 나왔는지	幾多賢智從玆出
오늘사 감람나무 벌써 제비 나루에 가득하네[580]	橄欖如今已燕津

제9 일상무상분 第九一相無相分

나무 땔 때 지팡이도 태우니 갓난아이 같은데	灰薪灰杖若嬰兒
선정에 든 바위 언덕에 세월은 더디 간다	入定巖阿歲月遲
나를 위한 교학으로 이견二見[581]을 잊나니	爲己終敎忘二見
남을 이롭게 함에 어찌하여 삼지三知에 어둡겠소	利他爭奈昧三知
위음왕불 전후에도 도를 행할 수 있으니	佛前王後堪行道
천상의 인간됨을 다시 의심치 않으리라	天上人間更不疑
적정은 본래 제일이 아니거니	寂靜從來非第一
십신으로 마음 돌리면 비로소 말 없으리	回心十信始無詞

제10 장엄정토분 第十莊嚴淨土分

평생토록 부처님의 깨달음 의심했더니	平生疑著大菩提
홀연히 앞사람들 모르던 걸 깨우쳤네	忽發前人未發知
봄이 양춘을 만나니 좋고 싫음 분간하고	花遇陽春分好惡
어린아이 엄마 만나니 기뻐 흐느끼는구나	兒逢慈母用欣悲
물고기 입 코끼리 코를 누가 보기 어려우랴	魚唇象鼻誰難見
토끼 뿔 거북이 털이 정말로 생각하기 어려운 것	兎角龜毛正叵思
그런 후에 청정국토를 장엄하나니	然後莊嚴淸淨土
밝은 등불 하나를 내 스승으로 삼으리	明燈一點作吾師

제11 무위복생분 第十一無爲福生分

항하사 수 연못 위에 부처님의 자용이여	恒沙池上大慈容

삼라만상에 펼쳤으나 본디 절로 공하도다	只演森羅本自空
우물 안에서 하늘을 봄은 실재 진리 아니요	坐井觀天非實諦
태산에 올라 노나라를 작게 여김이 호걸이로다	登山小魯是豪雄
항하사 수 보배 보시 특별하다 하지 마오	莫言施寶隨沙別
경전 수지하며 부처님 닮기만 바랄 뿐이오	但願持經與佛同
선남자 선여인이 이 뜻 안다면	善男善女知斯意
다생을 산다 해도[582] 도는 이미 통했다오	倘許多生道已通

제12 존중정교분 第十二尊重正敎分

고금에 빛나는 한 상자의 불경	騰今輝古一函經
모르는 이는 근심에 야위고 아는 이는 영화롭다	昧者愁枯得者榮
선법당[583]에서 합장하고 크게 믿으며	善法堂中唯大信
악차[584] 숲속에도 공경하는 이 많아라	惡叉叢裡亦多誠
하늘 찌를 듯한 옥 촛대는 세 번 요잡함에 흔들리고	參天玉燭驚三匝
땅에 가득한 금빛 꽃은 십성을 기뻐하네	滿地金花喜十成
영묘는 과거부터 어느 곳에 있었는가	靈廟從來在何處
손가락 끝 달 하나에 너무 분명하도다	指端孤月太分明

제13 여법수지분 第十三如法受持分

금사소겁[585] 지나도록 쌓여 온 번뇌를	金沙小刼積愁肝
오늘 아침에서야 점검하여 살펴보네	直至今朝點檢看
삼륜이 고통의 땅에 구름을 오랫동안 슬퍼하다	久惜三輪投地苦
하늘에 기댄 차가운 금강보검 새삼 반가워라	新憐一釖倚天寒
수없이 많은 세계 모두 다 거칠거나 청정하나	刹塵都是分麁淨
색과 상은 원래 검고 붉게 칠한 것 아니라오	色相原非畵涅丹
목숨 버리고 경전 수지하며 모름지기 익기를	舍命持經須算熟

기다리면
　그 어느 곳도 편안하지 않은 곳 없으리 　　　　　得來無處不安閒

제14 이상적멸분 第十四離相寂滅分
보배로운 금강저가 본래 많았지만 　　　　　　　金剛寶杵本來多
슬피 울며 찬탄함은 옛적 오류 알았기 때문 　　悲淚稱揚便見訛
방향 없이 돌에 튀는 빗방울 세주586를 놀래키고 　石雨無從驚世主
움직임 없는 병 속의 꽃 천마587를 두렵게 하네 　瓶花不動悎天魔
북쪽을 불러 남쪽을 이루니 모두가 나이고 　　　喚北成南皆是我
제나라 변하여 노나라 되니 이 또한 남이 아니네 　變齊爲魯亦非他
밝음을 어두운 곳에 비춤은 능히 깨달음과 같나니 投明入暗如能悟
향수해엔 변함없이 파도 일지 않는구나 　　　　香海依前不起波

제15 지경공덕분 第十五持經功德分
삼시에 신명 바침은 누구 닮기 위함인가 　　　三時身命與誰同
오탁악세 초연하여 막히고 덮인 것 도와주네588 　濁世超然扶滯蒙
초지에 화관 쓰고 달 아래 돌아오고 　　　　　初地花冠歸月下
늘그막엔 옥대 차고 구름 속 떨어지네 　　　　殘年玉帶墮雲中
허공에 글을 쓰나 다만 사람들 덕 없음을 한탄하고 書空只恨人無德
비 피함에 바야흐로 부처님 공덕 있음 알게 됐네589 避雨方知佛有功
선정에 든 성문들은 소승법을 달게 여겨 　　　入定聲聞甘小法
보살을 만나면 빈궁하다 비웃네 　　　　　　若逢菩薩笑貧窮

제16 능정업장분 第十六能淨業障分
우스워라, 건곤이 꿈속의 한바탕인데 　　　　自笑乾坤夢一場
바람 앞의 등불과 석화가 오히려 빛을 다투네 　風燈石火轉爭光

묵업을 모두 가지고 경시와 천대를 녹이며 都將墨業銷輕賤
현연을 온전히 쥐고 멀고 길게 미치도다 全把玄緣逮遠長
부처님 받듦에 어찌 상견 단견 내리오 承佛何須常斷見
공덕 말로 다 못 하고 비유로 헤아리지 못하네 言功未許比非量
물살 잔잔 바람 잘 때 뱃머리에서 바라보니 水漣風寂船頭望
흰 구름 하늘 끝서 뭉게뭉게 피어오를 뿐 唯見白雲天末揚

제17 구경무아분 第十七究竟无我分
연성에 머리 늘어뜨리고 온 이유 묻지 말라⁵⁹⁰ 莫問蓮城布髮來
근심 어린 눈썹 성낸 눈이 사람들과 같은지라 愁眉嗔目與人齊
모든 부처 과거엔 우매했음 이미 아니 已知諸佛從前昧
중생이 깨친 후에 미혹됨을 한탄치 않네 不恨群生悟後迷
호탕한 봄바람에 이곳에 가지 없나니 浩蕩春風無枝此
들쭉날쭉 꽃술이 절로 오르락내리락 衆差花蕊自高低
우리 가풍이 원래 이와 같음 알아차리면 家風見得原如是
부처님 배꼽 위의 단서를 믿지 않으리 未信丹書上佛臍

제18 일체동관분 第十八一體同觀分
청련화 같은 푸른 눈동자 본래 누구이던가 靑蓮紺目本伊何
수많은 항하사 국토를 밝게 비추도다 照耀河沙國土多
땅에 오뉴월 서리 내리듯 지해에는 그릇됨 있고 地洒炎霜知有誤
하늘에 점점이 떠 있듯 뜻에는 걸림이 없네 天空點靄意無阿
오안⁵⁹¹으로 눈썹 아래에서 모두 다 관하나니 五眼觀盡眉毛下
삼념⁵⁹²이 모두 눈썹 깜빡이는 사이 지나가네 三念覷從瞥眼過
가을 강 갈대꽃에 오늘 밤 달 뜨는데 秋水蘆花今夜月
눈먼 거북 절름발이 자라 절뚝거림 면하리라 盲龜跛鼈免蹉跎

제19 법계동화분 第十九法界同[1]化分

세간에선 달팽이 뿔⁵⁹³ 서로 버티느라	世間蠻觸只相持
등롱 불빛⁵⁹⁴과 노주⁵⁹⁵의 기이함 알지 못하네	不識燈光露柱奇
속과 겉 다른 것은 바라는 바 아니요	羊質虎皮非所願
용두사미는 적당함을 잃은 거라	龍頭蛇尾失便宜
자거는 본래는 모래자갈과 같은데	硨磲本自同沙礫
밭도랑에선 끝내 옥을 찾기 어렵다네	溝澮終難覓琅琦
천상의 영화도 끝내 사라져 없어질 터	天上榮華竟消落
높은 하늘 해와 달이 어찌 길이 빛나리오	層霄日月豈長麗

제20 이색이상분 第二十離色離相分

낭탕초 먹어 눈에서 침이 나온다 누가 말했나⁵⁹⁶	誰言莨[2]菪眼生針
눈에 가득한 삼라만상이 모두 내 마음이라	滿目森羅是我心
묘염천왕⁵⁹⁷도 오히려 허공 누각의 색을 의심했으니	妙燄尙疑空樓色
벽지불이 어찌 해조음을 얻으리오	辟支安得海潮音
빙 도는 독수리 어찌 그리 멀리 나나	回頭鶖鶴蜚何遠
뿔을 건 영양은 잠을 깊이 못 자네	掛角羚羊睡未深
상신이 곧 오온임을 깨닫는다면	若會常身卽五蘊
그때는 두 번 다시 막히고 파묻히지 않으리	爾時無復滯幽沈

제21 비설소설분 第二十一非說所說分

그동안 삼장 법문 무궁무진한지라	向來三藏此無窮
진사겁 세계 안에 온통 가득하도다	渾滿塵沙世界中

---

1) ㉭ '同'은 '通'의 오자이다.
2) ㉭ '莨'은 저본의 '茛'을 잘못 입력한 것이다.

믿음 있는 인간들이 죽을힘 썼지만	信有人間死圖力
오히려 저승의 방생하는 공으로 들었네	猶聞地下放生功
난새와 준마는 누구 집안의 것인가	翔鸞駿馬誰家物
감로와 자비 구름 하늘에 이르도다	甘露慈雲到底空
기와점 거북점[598]으로 이르기 어려운 곳	打瓦鑽龜難到處
하늘 닿은 새 나는 길이 비로소 상통하네	參天鳥道始相通

제22 무법가득분 第二十二無法可得分

모름지기 사미라면 스스로 기운 씩씩하게[599]	須沙彌自氣怎休
두 번 세 번 찾아 묻고 깨달아서 부끄러움 대신하라	再叩三詢覺代羞
문밖의 어리석은 아이 일찍이 떠날 차비 하고	門外獃兒曾裹足
거울 속의 미친 나그네 오히려 머리를 잃었네	鏡裡狂客尙迷頭
지리자[600]는 그 덕으로 마음 항상 화락하고	支離其德心常樂
망상[601]은 구슬을 보아도 눈에 머물러 두지 않네	罔象於珠眼不留
종전에 얻지 못한 것을 얻는다면	若得從前無所得
은혜 갚지 못한 곳에도 은혜를 갚으리라	不恩酬處也恩酬

제23 정심행선분 第二十三淨心行善分

벽돌 갈아 만든 거울 해마다 닳아지는데	將磚鑄鏡逐年磨
거울 빛으로 해에게 자랑함이 우습구나	自笑光明向日誇
삼독의 문 안에 진실로 도가 있고	三毒門中眞有道
오음의 성 밖에 본래 가향 없도다	五陰城外本無家
전단수 가지에서 때때로 향기 나고	時時香動栴檀樹
봄 되니 곳곳에 담복화 피는구나	處處春生薝蔔花
여래의 평등법을 배우지 말지니	莫學如來平等法
천연 고불이여 이름은 단하[602]로다	天然古佛號丹霞

제24 복지무비분 第二十四福智無比分

몸을 살라 눈멀게 함도 평범한 일인데	燒身曤眼便庸才
하물며 수미산으로 보대를 만듦에랴	況把迷盧作寶臺
연단에 관옥이 서 있다고 이상타 하지 마오	莫恠蓮壇冠玉立
묵겁토록 옷에 꿰맨 구슬 지녀 왔음 알겠노라	曾知墨刧係珠來
과거의 숙과가 서리 머금고 익었듯이	他年熟果含霜熟
오늘의 귀한 꽃은 비를 맞고 피어난다	此日名花得雨開
허공 향해 부러진 화살 쏘지 말지니	莫向虛空蜚剪箭
괭이 하나 들고 고향으로 돌아가야 하리	一鑒須向故山廻

제25 화무소화분 第二十五化無所化分

공과 색은 원래부터 이쪽저쪽 없나니	空色原來沒兩邊
종문의 구멍 하나⁶⁰³ 여러 방향 통하네	宗門一竅更多端
단가에서 쇠를 단련함⁶⁰⁴에 할 일 많다 탄식하고	丹家點鐵嗟多事
황엽을 돈이라 함⁶⁰⁵에 스스로 속인다 비웃네	黃葉呼錢哂自瞞
범성으로 몸을 나누니 지혜 아님 알겠고	凡聖分身知不慧
건곤이 눈에 들어오니 넓지 않음 깨닫네	乾坤入眼覺無寬
향 사르고 술에 취하며 뜻 가는 대로 따르면	燒香醉酒如隨意
광명을 넉넉히 얻어 대지에 방광하리라	贏得光明放土團

제26 법신비상분 二十六法身非相分

흙 인형에 금박 새기고 먹 눈썹 그린 후	泥塑金雕黛緣施
사람 향해 눈짓하니 흡사 살아 있는 듯해	向人眉目似天機
해파리가 새우 덕에 보는 것⁶⁰⁶은 아니니	原非水母因鰕視
숲속 여우가 호랑이 위엄 빌린 것과 같도다	自是林狐借虎威
아버지가 준 세 종류 수레 누구나 받고 싶은데	父賜三車群欲受

본래 타고난 면목 마침내 누구에게 의지하리	孃生一袴竟誰依
향로는 본래 우리의 청전물607인데	香爐本我靑氈物
어찌 공왕이 다시 지휘할 때 기다리리	何待空王更指揮

제27 무단무멸분 二十七無斷無滅分

한 모퉁이 깨닫자마자 다른 모퉁이 미혹하네	一隅纔悟一隅迷
현재 이와 같으니 미래에도 그러하리	現在如斯驗未來
좋은 말은 채찍 그림자만 보고도 뛰어가는데	良馬已窺鞭影去
바보들은 오히려 (예쁜 여자) 돌아오길 기다리네	痴夫猶待妕³⁾妖廻
화장세계 겹겹의 국토 잠시 돌아와서는	暫歸花藏重重土
비로자나 불전의 상상대로 문득 들어가네	忽入毘盧上上坮
번뜩이는 태아검608은 아직도 묻혀 있는데	閃爍太阿今尙在
풍성609에서 뇌환610 만나지 못해 한스러울 뿐	豊城只恨不逢雷

제28 불수불탐분 二十八不受不貪分

참을 인 자 굳게 지니고 토굴 떠나지 말지니	堅持忍字莫移窠
문밖에 참새 그물611을 친들 무어 상관이리오	門外無妨設雀羅
몸에 두른 칠보는 숙업의 빚 되고	七寶轉身成業債
내 몸의 육근도 사마가 되리라	六根在我亦邪魔
보살의 몸속 조개 누가 알리오	誰知菩薩身中蛤
바야흐로 구담의 정수리에 있는 소라를 보리라	方見瞿曇頂戴螺
성색을 살펴보니 별다른 물건 아니라	聲色看來非別物
누가 〈백설곡〉612을 〈파인곡〉613과 뒤섞으리	誰將雪曲駁巴歌

---

3) 옝 저본에는 '婉'을 쓴 옆에 '妕'로 정정 표기하였다.

제29 위의적정분 二十九威儀寂靜分

백억으로 나투신 몸 홀연 신과 같으니	百億分身忽若神
살펴보면 높은 공훈 세우지 않은 곳 없어라	看來無處樹高勳
녹야원 거름 치움이 이익을 탐함 아니요	鹿園除糞非貪利
영취산 꽃을 듦은 분란을 풀어냄이라	鷲嶺拈花是解紛
흐르는 대로 오는 것이 천 강의 달과 같고	任運來如千江月
무심하게 가는 것이 만학천봉의 구름 같네	無心去似萬壑雲
부처님의 이러한 뜻 알 수 있다면	若得能仁遮般意
나무닭이 새벽에 울어 돌사람 들으리라[614]	木鷄晨唱石人聞

제30 일합이상분 三十一合理相分

무성한 만물이 모두 생을 함유하고 있으나	蔥蔥萬品各含生
작은 돌덩어리 무너지자마자 태산이 기운다네	拳石纔隳泰岳傾
온전한 형체가 절반의 형체 감싼다 말했으니	已道全形函半體
성인의 이해가 곧 범인의 마음임을 알아야 하리	須知聖解卽凡情
건곤은 무수한 티끌 빼앗지 않아도 크나니	乾坤未奪微塵大
일월이 어찌 외눈박이 속여 밝으랴	日月安欺隻眼明
많은 이치 빽빽한 작은 글자 안에	衆理森羅小字內
뱀은 기어가고 학은 서 있으니 본래 평안하도다	蛇橫鶴立本來平

제31 지견불생분 三十一知見不生分

청천에 새 나는 길 석양 빛살처럼 이어져	青天鳥道綿如斜
허공에 난 그 자취 끝을 모를레라	跡跡虛空不見涯
보리살타 아직도 인견 아견 가졌으나	薩埵猶持人我見
석가모닌 이미 자가 타가 타파했네	牟尼已破自他家
부채 들었을 때 달이 뜬 걸 알아차리면	若因擧扇兼知月

말을 몰며 수레 치기 다신 않으리	不復驅馬幷打車
꼭지 없애고 뿌리 끊어⁶¹⁵ 명석하게 깨달으면	滅蔕掃根淸楚了
불 속의 마른 연뿌리에서 반드시 꽃 피어나리	火中枯藕正敷花

제32 응화비진분 三十二應化非眞分

수보리⁶¹⁶여, 부처님 따른 지 몇 해이던가	善公隨佛在何年
스물일곱 의단을 타파하니 스스로 대견하오	廿七疑團破自憐
사람마다 큰 꿈을 깨기만 한다면	可但元元惺大夢
모든 것이 새로운 인연 맺음 알게 되리라	因知物物結新緣
허깨비 물거품 그림자 번개는 오직 삼유⁶¹⁷이고	幻泡影電唯三有
어둠 빛 밝음 텅 빔은 팔환⁶¹⁸에 붙이네	暗色⁴⁾明空付八還
만법을 관하여 이와 같음을 깨친다면	萬法應觀如是得
사선천⁶¹⁹에 높이 태어날 필요 없으리라	不須高出四禪天

---

4) ㉘ 팔환의 내용에 비추어 볼 때 '色'은 '塞'의 오류인 듯하다. 단 번역은 원문에 따랐다.

곡직해 – 범해 각안

학인學人이 처음 강사 앞에 나아가 배울 때는 눈매가 사랑스럽고 말하며 웃는 것이 어여뻐, 가르치는 이가 추위 더위와 굶주림과 곤란함을 문득 잊고 가르쳐 인도하며 성공하기를 기대한다. 마음이 곧은 자는 교화하기가 쉽고 마음이 굽은 자는 교화하기가 어렵다. 그런데 굽은 자와 곧은 자가 한 무리에 섞여 있어 그 마음을 알 수가 없다. 간사한 꾀를 내어 스승을 속이고 친구와 영합하며, 웃었다가 성냈다가, 나는 듯 달리는 듯, 하루는 책을 읽었다가 이틀은 쉬다가, 동쪽으로 갔다가 서쪽으로 돌아오는 등 종잡을 수가 없으며, 바른길을 알려 주면 오만한 놈이라 하며, 부지런히 하고자 하면 외도자라 말하는 자는 마음이 굽은 자이다. 그러나 곡직曲直에도 도가 있다. 강태공이 곧은 낚싯바늘을 쓴 것은 사랑이 물고기까지 미친 것이다. 길손이 곡돌을 놓으라 한 것[620]은 손님 대접을 공짜로 받은 것이 아니다. 난정蘭亭[621]의 굽은 물은 시인의 우아한 흥취이다. 이 직곡直曲은 모두 곧은 것이다. 그러나 진시황의 직도는 원망하는 소리가 하늘에 사무쳤고, 섭공葉公과 공자의 문답에서, 양을 훔친 아버지를 고발하여 자신을 곧게 한 자가 정직한 자 아닌가 했던 물음에 공자는 아버지를 드러내고 악을 숨기라 하였으며,[622] 심도자心都子와 양자楊子의 문답에서 양을 잃었으나 굽은 갈래 길이 많아 못 찾았다는 이야기[623]는 의혹을 더욱 심하게 할 뿐이다. 이 곡직은 모두 굽은 것이로다.

　곡曲 자를 직直 자 뒤에 붙이면('直曲') 곧아지고, 직直 자를 곡曲 자 뒤에 붙이면('曲直') 굽어진다. 비유하면 이렇다. 많은 나무들이 하나의 숲에 나서 빽빽하고 장대하여 위로는 하늘의 해를 가리고 아래로는 땅을 둘러싼다. 봄에는 꽃이 산을 비추고 여름에는 나뭇잎이 하늘에 하늘거리며 가을에는 황금빛을 희롱하고 겨울에는 백옥을 찬다. 그 가운데 곧은 것과 굽은 것이 뒤섞여 나란히 서 있다. 장인이 큰 집을 지으려고 도끼를 들고 나무를 베는데, 곧은 것은 도끼와 먹줄을 쓰지 않는다. 그러나 굽은 것은 도끼와 먹줄, 그림쇠 곱자, 긴 줄 짧은 줄을 함께 쓰되 칼날이 상하고 기력이 쇠해진 후에야 앞에 말한 곧은 것과 비슷하게 되어 마룻대와 들보, 기둥과 서까래로 재목에 따라 맡겨 집이 이루어진다. 주인은 술과 고기로 노고를 위로하며 장인은 솜씨가 서툴다고 겸손해한다. 오래지 않아 앞에 말한 굽은 것은 본심이 곧지 않은 고로 다시 뒤틀리고 기울어진다. 곧은 것도 스스로 지탱하지 못하고 굽은 것을 따라 기울어지니 백금의 건물을 하루아침에 잃어버린다. 주인은 나무 속의 곡직을 알지 못하고 장인에게 원망을 돌리니 장인의 어려움을 알 만하도다.

절집에서 강의하는 이도 또한 이와 같다. 하나의 절이 점점 커짐에 위로는 스승의 안목을 귀히 여기고 아래로는 대중의 마음과 조화를 이루고자 한다. 봄에는 꽃과 버들을 찾고 여름에는 화려한 누각에 누우며 가을에는 흰옷(白服)을 입고 겨울에는 검은 머리를 깎는다. 그중에 곧은 자와 굽은 자가 나란히 함께 지낸다. 강의하는 이는 제자를 대기大器로 만들고 싶어서 책을 펼쳐 놓고 가르치는데, 곧은 자는 효제충신을 가르칠 필요가 없다. 그러나 굽은 자는 효제충신 인의예지를 입이 쓰도록 목이 터지도록 함께 가르친다. 그 후에야 앞에 말한 곧은 자와 비슷해져서 도덕과 자비로 그 몸을 가득 채운 다음에 당에 오른다. 절 주인은 다과를 제공하며 강의하는 자는 얕은 견해를 가졌다고 겸손해한다. 얼마 지나지 않아 앞에 말한 굽은 자는 마음 바탕이 곧지 못한 고로 다시 굽어지고 삿되게 된다. 이에 곧은 자는 스스로를 보호하지 못하고 그 굽은 자를 따라 삿되게 되어 백금의 재물이 하루아침에 날아가 버린다. 주인은 어린 마음의 곡직을 알지 못하고 강의하는 이를 알기 어렵다고 원망한다. 오호라, 장인이 그 굽음을 알고서도 버리지 못하는 것은 곧은 나무가 적기 때문에 어쩔 수 없이 쓰는 것이다. 강의하는 사람 또한 그 굽음을 알고서도 거부하지 못하는 것은 곧은 사람이 적기 때문에 부득이해서 받아들이는 것이다. 장인과 강의하는 이는 노고가 비슷한데 가는 길이 다르다. 언제나 같은 자리에 함께 앉아 한 잔 서로 권하며 이 근심을 깨뜨려 볼까나.

曲直解[1]

學人之初遊於講師,[2] 眉目可愛, 言笑堪憐. 以故頓忘寒暑飢困, 而敎導之, 期於成功. 心直者易化, 心曲者難化. 曲者直者, 雜於一隊, 不知其心. 而倡謀設奸, 欺師要朋, 半喜半怒, 似飛似走. 一日讀而二日休, 東往行[3]而西行來, 指直而[4]爲慢沃,[5] 欲[6]勤而[7]爲外道者, 心曲者也. 然曲直有道. 太公之直鈎, 仁及魚鱉. 客人之曲坎,[8] 不費牛酒. 蘭亭之曲水, 詩人雅興. 此直曲[9]皆直也. 始皇之直途, 怨聲徹天. 葉公之問, 攘羊之曲躬, 彰父隱惡. 心都子之問, 亡羊之曲[10]辯, 疑惑愈甚. 此曲直皆曲也. 曲字附於直則直, 直字附於曲則曲. 譬如梁木, 生於一林, 密密長大, 上蔽天日, 下盤[11]理. 春花映山, 夏葉搖空, 秋弄黃金, 冬佩白玉. 其中有直者曲者, 叅立齊平. 匠人欲搆大廈, 荷斧而取之. 直者, 不加斤[12]斧繩墨. 而曲者, 斤斧繩墨, 規矩尋引, 并用而刃缺力疲, 然後彷佛於向之直者. 而棟梁柱榱, 任其材而成宮. 主者以酒肉勞之, 匠人以拙工謙之. 未幾向之曲者, 本心不直故, 還曲而傾之. 直者不可自支, 隨其曲者而傾之. 百金之物, 一朝失之. 主者不知木心之曲直, 歸怨於匠人.「匠人之難可知. 山家講人, 亦復如是. 一寺漸漸長大, 上寵師眼, 下和衆心. 春尋花柳, 夏卧瓊樓, 秋荷白服, 冬剃紺髮. 其中有直者曲者, 并行一齊. 講人欲成大器, 展書而敎之. 直者, 不加孝悌忠信. 而曲者, 孝悌忠信仁義禮智, 并敎而口苦喉裂. 然後依俙於向之直者. 而道德慈悲, 滿其身而昇堂. 主者以茶果供之, 講人以淺見遜之. 無何向之曲者, 心本不直故, 還曲而邪之. 直者不可自保, 從其曲者而邪之. 百金之財, 一朝費之. 主者不知兒心之曲直, 歸怨於講人之難可知.」[13] 嗚呼. 匠人之知其曲而不弃者, 直木小故, 不得已而用之. 講人之亦知其曲而不拒者, 直人小故, 不得已而納之. 匠人講人, 勞苦唯[14]均, 而道則不同. 何日一席并坐, 一杯相勸, 而笑破此愁城耶.

---

1) ㉰『梵海禪師文集』에「曲直辨」으로 수록되어 있다. 『韓國佛敎全書』제10책(H10, 1081a~c). 다음은 교감 내용이다. 2) ㉱ 문집에는 '師'가 '肆'로 되어 있다. 3) ㉰ '往行'이 '行去'로 되어 있다. 4) ㉰ '而'가 없다. 5) ㉰ '沃'이 '漢'으로 되어 있다. 번역은 후자를 따른다. 6) ㉰ '欲'이 '辱'으로 되어 있다. 7) ㉰ '而'가 없다. 8) ㉰ '坎'이 '埃'로 되어 있다. 통용된다. 9) ㉰ '直曲'이 '曲直'으로 되어 있다. 10) ㉱ '曲' 뒤에 '岐'가 탈락한 듯하다. 『梵海禪師文集』에는 '岐'가 있다. 11) ㉱ '盤' 뒤에 '地'가 탈락한 듯하다. 『梵海禪師文集』에는 '地'가 있다. 12) ㉰ '斤'이 '斥'으로 되어 있다. 전자가 옳다. 13) ㉰ '匠人之難可知~歸怨於講人之難可知' 부분이 『兒庵遺集』에서는 '匠人之於曲者奈何. 山家講人, 亦復如是.'로 되어 있다. 14) ㉰ 문집에는 '唯'가 '惟'로 되어 있다.

산거잡영[624]
山居雜詠

석옥 청공의 〈산거시山居詩〉 12수(칠언율시)에 대한 다산 정약용과 철경 응언의 차운시[1)]

내가 사는 집은 삽계[625]의 서쪽	吾家住在雪溪西
하늘 호수에 물 가득 달은 시내에 가득	水滿天湖月滿溪
멀리 볼 땐 험준한 산세에 다들 놀라지	未到盡驚山險峻
와서 보곤 길 험함을 비로소 아네	曾來方識路高低
달팽이 따라간 돌담에 마른 껍질 붙어 있고	蝸沿[2)]素壁黏[3)]枯殼
호랑이 지나간 새 발자국 비 온 땅에 찍혀 있네	虎過新蹄印雨泥
사립문 한가히 걸어 한낮 봄이 고요한데	開閉柴門春晝寂[4)]
푸른 오동나무에 꽃 피고 그림 새 우짖는다	靑桐花發畫胡蹄[5)]

【석옥(釋石屋)[626] 1】

대나무 집 소슬하니 백련사 서쪽이라	竹閣蕭蕭蓮寺西
글 향기 먹빛으로 차가운 시내 베고 눕네	書香墨色枕寒溪
산등성이 지세 높아 닦은 마당은 좁고	山坡地急開庭窄
남쪽 바다 바람 많아 얽은 지붕 낮구나	瀛海風多結屋低
동산에 돌구유 놓아 땅속 물 흐르게 하고	園設石槽通暗水

---

1) ㉭ 소제목은 역자가 붙인 것이다. 원시와 차운한 시의 번호를 붙여 이해를 돕기로 한다.
2) ㉭ 『石屋淸珙禪師語錄』에는 '沿'이 '涎'으로 되어 있다. 이하 『石屋淸珙禪師語錄』과의 대교이다.
3) ㉭ '黏'이 '粘'으로 되어 있다.
4) ㉭ '寂'이 '永'으로 되어 있다.
5) ㉭ '蹄'가 '啼'로 되어 있다. 저본에도 '啼'로 수정한 흔적이 있다.

섬돌에 나막신 놓아 봄날 진흙길 대비하네	階留木屐待春泥
일 년 내내 피었다 지는 계절 따른 물상이여	一年榮悴隨時物
길을 걷자 꽃 만발하고 온갖 새 우짖는다	行且花濃百鳥啼
	【다산(右茶山)627 1】

작은 초당 새로 여니 수현의 서쪽이라	小屋新開水縣西
풍광 보니 문득 조계산을 떠올리네	風光忽憶似曹溪
주렴은 달을 보느라 항상 짧게 드리우고	簾因窺月垂常短
담장은 산을 보느라 일부러 낮게 쌓았네	墻爲看山築故低
정계는 바다 건널 부낭 없음628 탄식하나	淨戒嗟無囊渡海
선심은 마치 진흙에 붙은 솜629 같구나	禪心猶有絮黏泥
산문에 종일토록 찾는 이 없으니	山門終日無人到
가릉빈가 함께 앉아 마음껏 울어 볼까	并坐迦陵盡意啼
	【철경(右掣鯨)630 1】

사립문 세웠으나 빗장 건 일 없나니	柴門雖設未嘗關
산새들 제멋 겨워 들락날락 한가롭다	閑看幽禽自往還
한 자 벽옥은 천 길 바위에서 찾기 쉬우나	尺璧易求千丈石
황금으로 한가로운 일생 사기는 어려워라	黃金難買一生閑
눈 녹은 새벽 산서 차가운 폭포 소리 듣고	雪消曉嶂聞寒瀑
낙엽 진 가을 숲서 먼 산을 바라보네	葉落秋林見遠山
늙은 잣 숲에 안개 사라져 맑은 한낮 길기만	古栢烟消淸晝永
시비 소리 백운 속에 이르지 못한다네	是非不到白雲間
	【석옥 2】

오가는 길 아득히 자나 깨나 막혀 있어	去住悠悠夢覺關

고향이 있다 한들 돌아갈 길 찾지 못해	故鄕雖在不求還
세상 편력 많다 보니 두 눈은 커졌소만	閱世旣多雙眼大
책 쓰기 이젠 그만 이 한 몸 한가롭네	著書今癈一身閑
깊은 골짝 볼만한 건 구름에 닿는 나무	谷深愛有摩雲木
음습한 땅 볼만한 건 눈 덮인 산 정상	地瘴欣看頂雪山
봄의 소리 섣달 음식을 이었다 들었나니	已道春聲承臘味
푸른 물결 사이로 흰 갈매기 날아드네	白鴎飛下綠波間
	【다산 2】

어허 우습도다, 조주 선사의 무자 관문	自笑趙州無字關
장삼이사가 돌아올 줄 모르누나	張三李四不知還
온갖 인연 나를 잊어 기쁨 슬픔 끊어 내니	萬緣忘我悲歡斷
발우 하나 몸에 걸쳐 오가는 길 한가롭다	一鉢隨身去住閑
바위 표면 이끼 짙은 미륵 부처상이요	岩面苔深彌勒像
연못 속에 달이 지는 보타락가산이라	潭心月落寶陀山
이내 마음 여산 노인과 잘 맞아떨어지니	此心雅合廬峰老
세간에 들어와 있어도 세간 벗어나 있네	入世間來世出間
	【철경 2】

그윽한 거처 절로 세상과 나뉘나니	幽居自興[6]世相分
이끼 두꺼운 깊은 숲에 초목이 향기롭다	苔厚林深草木薰
비 갠 산 빛은 늘 볼 수 있는 것	山色雨晴常得見
아침저녁 저자 소린 들은 적 없었노라	市聲朝暮罕曾聞
와조에 차 달임에 누런 낙엽 불사르고	羮茶瓦竈燒黃葉

---

6) 㡧 '興'이 '與'로 되어 있다. 번역은 후자를 따른다.

암대에서 가사 기움에 흰 구름 잘라 내네	補衲岩臺剪白雲
사람 나이 일백 년을 채우기 드문 일	人壽稀逢年滿百
어찌하여 명리를 그리 애써 쫓아가오	利名何苦競趨奔
	【석옥 3】

암자 머물기 시작한 후 세상과 나뉘어	一自庵居與世分
본연이 청정해져 신훈을 끊었어라	本然淸淨絶新薰
책 속의 큰 소송 흔쾌히 처음 판결한 후	書中大訟欣初決
티끌 속 상호 다툼 이익 듣지 못했노라	塵裡交爭利不聞
시내에 이는 대숲 소리는 밤비 머금고	澗起竹聲收夜雨
산이 부는 꽃 기운에 봄 구름 일어난다	山噓花氣作春雲
부들방석 달콤한 잠 아침 게을리 일어나니	蒲團美睡朝慵起
어찌 진흙 신으로 하루 종일 분주하리	何苦泥靴盡日奔
	【다산 3】

방외에서 「정토분」⁶³¹을 깊이 알아서	方外深知淨土分
『금강경』 일부로 전날의 훈습 이어 가네	金剛一部續前薰
팔만 가지 번뇌를 마음으로 보며	塵勞八萬將心見
삼천대천세계를 귀로 듣는다네	世界三千以耳聞
배 채우려 병 속 물을 가늘게 기울이며	充腹細傾瓶裡水
마음 즐겁게 석장 구름을 한가로이 보내네	怡心閑送杖頭雲
해 높이 뜬 절에 중은 외려 누워 있으니	日高山院僧猶臥
종일토록 분주한 세상 사람보다 훨씬 낫네	全勝人間盡日奔
	【철경 3】

시내 얕고 샘은 맑아 흰 모래 보이고	溪淺泉淸見白⁷⁾沙

지붕은 모진 데 없어 등라가 덩굴졌네	屋頭無角寄藤蘿
밤 깊자 달빛 아래 잔나비 파람 길게 들리고	夜深月下長猿嘯
짙은 이끼 낀 바위 앞길 지나는 객 적도다	苔厚岩前小[8)]客過
뜰의 대나무는 봄눈 겨워 비스듬 기울고	庭竹欹斜春雪重
산속 매화 추운 밤 많아 수척해졌어라	嶺梅消瘦夜寒多
쓸쓸한 이 도는 고금이 따로 없어	寥寥此道非今古
다만 벽돌 가지고 돌을 갈 뿐이라오	徒把甎來石上磨
	【석옥 4】

비 갠 산 마당에 흰 모래 드러나고	雨歇山庭露白沙
낮은 처마 절반은 하늘하늘 덩굴이라	矮簷一半裊垂蘿
꽃 따는 마음 급해 벌들은 앵앵거리고	採黃心急看蜂沸
푸른 잔디 남은 자국은 사향노루 분명토다	籍碧痕留覺麝過
집 뒤의 동산 도니 새 죽순 빽빽하고	屋後巡園新筍密
시냇가 자리 옮기니 낙화가 후두두둑	溪邊移席落花多
바위 문에 객 떠나자 도통 일이 없고	岩扉客去渾無事
차 맷돌 빙글빙글 손이 절로 가는구나	茶碾旋旋手自磨
	【다산 4】

삼한의 바닷가 오래된 금 모래밭	三韓海上舊金沙
작은 암자 문은 깊어 푸른 넌출 걸려 있네	小院門深掛碧蘿
옥대는 어찌 일찍이 숲 아래에 머물렀나	玉帶何曾林下住
구슬 옷 이로부터 절집 안을 지나갔네	珠衣自是社中過

---

7) ㉯ '白'이 '石'으로 되어 있다. 『栢悅錄』 저본에는 '石'이라 쓰고 옆에 '白'으로 교감하였다.
8) ㉯ '小'가 '少'로 되어 있다.

기봉은 두루 꽂혀 수직으로 구름 갈고	奇峰列揷摩雲直
괴목은 울창하여 해를 많이 가리도다	恠木陰森碍日多
도를 배움에 소가 되라는 부처님 계와 같이	學道作牛如佛戒
대겁 동안 데리고서 해마다 갈아야지	拈來大刼逐年磨
	【철경 4】

허물어진 집 소슬하여 석대 베고 누웠으니	破屋蕭蕭枕石臺
한낮에 사립문 누굴 위해 열어 놓으리	柴門白日爲誰開
명리 찾는 마당으론 떼로 밀치고 들어가나	名場成隊挨身入
옛길로는 아무도 넘어오는 이 없어라	古路無人跨脚來
깊은 밤 차가운 눈에 화롯불만 짝이러니	深夜雪寒唯犬[9]伴
오경 찬 서리에 잔나비 울음 구슬프다	五更霜冷有猿哀
가사는 다 떨어져 꿰매 입기 어려우니	加[10]沙零落難縫補
구름 안개 말아다가 마름질해 입어야지	收卷[11]雲霞自剪裁
	【석옥 5】

반평생 가슴속에 연못가 누대 있었더니	半生胸裡小池臺
마침내 하늘이 이 땅 열어 주셨구나	畢竟天敎此地開
한 번 누워 자는 중에 꽃비 쌓이고	一枕睡中花雨積
석 잔 술 마시니 대바람 불어오네	三盃酒後竹風來
둔군은 모두 다 강엄632의 한이 되고	屯軍總入江淹恨
짝 잃은 학 부질없이 두보 슬프게 했네	寡鶴空令杜甫哀
만물은 제냥 났다가 사라지는데	萬物自生還自滅

---

9) ㉮ '犬'이 '火'로 되어 있다. 번역은 후자를 따른다.
10) ㉮ '加'가 '袈'로 되어 있다. 번역은 후자를 따른다.
11) ㉮ '卷'이 '捲'으로 되어 있다. 번역은 후자를 따른다.

하늘이 여기서 괜히 분별심 내었구나	上穹於此有分裁
	【다산 5】

맑고 높은 초옥은 달 누대에 기대었고	草屋淸高枕月臺
백련은 의구하여 해님 향해 피었구나	白蓮依舊向陽開
푸른 봄은 분별없이 내 눈앞에 이르고	靑春不分眼前到
백발은 무정하게 머리 위로 오는구나	白髮無情頭上來
가지 하나 담병 삼으니 소나무 절로 좋고	談柄一枝松自好
듣는 무리 일천 개라 돌은 슬픔 겨워하네	聽徒千箇石堪哀
기화방초가 모두 속세의 것 아니니	奇花芳艸俱非俗
천제가 그린 그윽한 땅에서 뽑아내지 않으리	帝畵幽居與不裁
	【철경 5】

유유자적 정좌한 산승의 집에	優遊靜坐野僧家
인연 따라 먹고 마시기 몇 해이던가	飮啄隨緣度幾[12]華
푸른 대와 국화는 한가론 심사	翠竹黃花間[13]意思
흰 구름 흐르는 물 담담한 생애	白雲流水淡生涯
바위 보고 산 호랑이다 오해를 말고	石頭莫認山中虎
활 그림자 잔 속 뱀이라 의심 말게나[633]	弓影休疑盞裡[14]蛇
산림에선 티끌세상사 모르는 채로	林下不知塵世事
석양에 돌아가는 까마귀 멀리 보네	夕陽長見送歸鴉
	【석옥 6】

---

12) ㉮ '幾'가 '歲'로 되어 있다.
13) ㉮ '間'이 '開'로 되어 있다. 『栢悅錄』 저본에도 '開'으로서 『韓國佛敎全書』의 오류이다.
14) ㉮ '裡'가 '裏'로 되어 있다. 이체자이다.

본래의 몸 있는 곳은 바로 우리 집	本來身在卽吾家
풀 우거진 동산 연못에 화사한 풍경 갖추었네	草草園池偹物華
원래 푸른 산 살았으니 나그네살이 아니요	旣有碧山非旅泊
백발이 곧 생애임을 모름지기 알아야지	須知白髮是生涯
한 숲속 같이 사는 호랑이를 막지 마오	一林同處休防虎
만물을 시샘하지 않으면 뱀도 치지 않으리라	萬物無猜不擊蛇
배와 오이 물에 담아 남은 더위 보내나니	沈李浮瓜送殘暑
서늘한 바람 불자 석양 까마귀 날아가네	凉颸拂拂已昏鴉
	【다산 6】

산에 사네 세간 집을 멀리 벗어나	山居遙隔世間家
천고 세월 동림⁶³⁴ 풍경 그리워하며	千古東林戀物華
티끌 고요하여 맑은 물속 자세히 보고	塵靜細看淸水裡
가벼운 몸으로 흰 구름 가 천천히 나서네	身輕徐出白雲涯
파초 그늘 숨은 사슴에 놀란 이 몇 명인가	幾人蕉坎藏驚鹿
부들방석에 잠이 든 뱀 쳐낼 틈도 없어라	未暇蒲團擊睡蛇
해 저문 산문에 종소리 울려나고	日落山門鍾聲起
쌍쌍이 날아드는 저물녘 까마귀	雙雙蚩入暮捿鴉
	【철경 6】

머리 가득 백발로 야위었는데	滿頭白髮瘦稜層
일상의 생애는 일마다 능숙하다	日用生涯事事能
추분 되면 나무절구에 백출을 방아 찧고	木臼秋分舂白朮[15]
한 봄엔 대광주리에 칡을 쬐인다네	竹筐春半曬朱藤

---

15) ㉠ '朮'이 '术'로 되어 있다. 저본에도 '术'로 되어 있다.

황정은 산언저리 지나는 길손에게 사고	黃精就買山前客
김은 가끔 바다 건너 스님에게 구하네	紫菜時¹⁶⁾需海外僧
새해 되면 칠십칠 세라 누가 말하리	誰道新年七十七
연못 파서 연을 심고 물풀 씨앗 심으리	開池栽藕種荴菱
	【석옥 7】

두어 이랑 콩밭은 층층이 푸르러	數畦荏菽綠層層
전원 운치 온전히 범지능⁶³⁵과 같다네	園趣全同范至能
비 갠 지붕에는 붉은 버섯 돋아나고	雨霽屋頭生紫菌
깊은 숲 나무 끝엔 붉은 넌출 걸려 있네	林深樹頂掛紅藤
앞마을엔 새벽 삯에 밭 가는 아낙네들	前村曉賃耕田婦
이웃 절선 때때로 글을 묻는 스님 오네	憐¹⁷⁾寺時來問字僧
늙어 감에 약방문은 오로지 배 속 편케만	老去醫方專養胃
작은 연못 연밥을 보살피라 신신당부	小池叮囑護荷菱
	【다산 7】

석름봉 그늘의 돌탑 몇 층은	石廩峰陰塔數層
육조 대사⁶³⁶ 법맥 이은 고려의 여덟 노덕⁶³⁷	高麗八老繼南能
굶주린 배 속은 고사리로 채웠으니	飢腸已得充薇蕨
경학으로 어찌 갈등을 더하리오	經學何曾被葛藤
천의로 겁석 스침⁶³⁸ 보지 못했는가	不見天衣磨刼石
맑은 하늘 꽃비가 재승 위로 흩어지네	空清花雨散齋僧
푸른 송백 내 나이와 거의 비슷해	蒼松翠栢近吾壽

---

16) ㉥ '時'가 '長'으로 되어 있다.
17) ㉥ '憐'은 '隣'의 오자로 보인다.

특별한 취미 없고 마름 옷[639] 연모하네	嗜好無心戀芰蔆
	【철경 7】

산에 들어온 후로 온갖 생각 맑아져	自入山來萬慮澄
평정한 마음 한가지로 임운등등 자유롭다	平懷一種任騰騰
뜰 앞의 나무 색은 가을 되어 쇠락하고	庭前樹色秋來減
울타리 밖 시내 소리 비 내리자 시끄럽다	檻外泉聲雨後增
풀 돋우고 차를 달여 초야의 길손 인도하고	挑薺煮茶延野客
화분 구해 국화 모종 이웃 스님에게 보내네	買盆移菊送隣僧
비단옷 좋은 음식 누리는 공경대부	錦衣玉食公卿子
산승의 이러한 정엔 미치지 못하리라	不及山僧有此情
	【석옥 8】

초가을 옥우가 새벽녘에 맑아질 때	新秋玉宇曉來澄
지팡이로 소요하니 초탈한 기운 등등하다	節杖消搖逸氣騰
채마밭 오이밭은 비 지나자 쑥 자라고	菜圃瓜園經雨大
꽃밭 숲속 나무 해마다 무성해져	花園林藪逐年增
시 읊을 땐 기세등등 미친 객과 같더니만	吟時蓬勃如狂客
앓은 후엔 파리하여 노스님과 같더이다	病後淸癯似老僧
느지막이 아이 불러 책을 볕에 쬐이노니	向晚呼兒晒書卷
선생이 이 상황에 정을 잊지 않았구나	先生於此未忘情
	【다산 8】

안개 노을 가득한 길 온갖 생각 맑아지고	一道烟霞萬慮澄
공한 인연 곳곳마다 임운등등 자유롭다	空緣隨處任騰騰
긴 하늘 달빛은 예나 지금 다름없고	長天月色無今古

소겁의 인생은 덜고 더함 차이 있다	小刦人生有減增
티끌세상선 오직 약 먹는 노인 들었더니	塵裡唯聞吞藥老
산중에선 아직 오이 심는 중 못 봤구나	山中不見種瓜僧
괭이 호미 다투는 중에 돌아갈 길 알겠나니	鍬鋤爭裡知歸路
이것이 바로 천추에 풀 베는 정이로다	便是千秋刈艸情
	【철경 8】

명리 바삐 다툼 어찌 자랑할 만하리	競利奔名何足誇
청한한 생애는 산승에게만 허여된 것	淸閒獨許野僧家
마음 밭에 무명초 기르지 않고	心田不長無明草
깨달음 동산에 길이 지혜화 피워 내리	覺苑長開智慧花[18]
황토 언덕 가에 고사리 적지 않고	黃土坡邊多荀蕨[19]
푸른 이끼 낀 땅에 티끌모래 많지 않다	靑苔地上少塵沙
삼십여 세 나이로 이곳에 온 후로	我年三十餘來此
맑은 창에 지는 노을 몇 번이나 보았던가	幾度晴囱映落霞
	【석옥 9】

처자식 단란함을 그대 자랑하지 마오	妻子團圝尒莫誇
청한함은 나그네 집을 따라오지 못하리	淸閒不似旅人家
서리 내린 골짝 길엔 단풍이 곱디곱고	經霜澗路鮮鮮葉
풀 우거진 언덕엔 꽃이 울긋불긋	襄草山坡熠熠花
새벽에 들리는 메아리는 바람에 떨어지는 돌	谷響曉聽風落石
저녁에 부르는 나무꾼 노래는 모래 씻는 물결640	樵歌夕唱浪淘沙

---

18) 옙 '花'가 '華'로 되어 있다. 통용된다.
19) 옙 '荀蕨'이 '蕨笋'으로 되어 있다.

붉은 흙으로 고쳐 칠한 후에[641]   朱泥點易工纔了
홀로 마른 솔 기대어 낙조를 바라보네   獨倚枯松看落霞

【다산 9】

반평생 품은 그윽한 회포 드러내기 원치 않아   半世幽懷不願誇
스스로 백운 깃든 집으로 깊이 들어왔네   自將深入白雲家
마음에는 장자의 소요락을 매달고   心懸莊叟逍遙樂
꿈속에는 한유의 경각화[642]에 이르네   夢到韓君頃刻花
세상사는 작은 물고기 큰물에서 노닐고   閱世小魚遊大水
글씨 남긴 외로운 새 모래밭에 도장 찍네   遺書孤鳥印殘沙
비바람 개고 난 후 누대 올라 바라보니   風收雨霽樓頭望
하늘가 높은 봉우리에 저녁노을 띠고 있네   天畔高峰帶晚霞

【철경 9】

건곤을 두루 다니면서 숨을 곳 찾다 보니   歷遍乾坤沒處尋
우연히 이 산림에 머물 곳 얻었네   偶然得住此山林
초가 암자는 하늘가에 높이 꽂혀 푸르고   茅菴高挿[20]雲霄碧
이끼 오솔길은 대나무 비껴 지나 깊어지네   蘚逕斜過竹樹深
사람들은 명리 위하다 영욕에 놀라지만   人爲利名驚寵辱
이 몸은 선적에 들어 광음에 늙어 간다   我因禪寂老光陰
푸른 솔 괴이한 돌은 아무도 아는 이 없나니   蒼松怪石無人識
외려 다시 마음 가지고 마음 찾으러 가리라   猶更將心去覔心

【석옥 10】

---

20) 옌 '挿'이 '搖'으로 되어 있다. 통용된다.

승방에 일이 없어 우연히 서로 찾으니　　　　　僧房無事偶相尋
선기로 소림을 묻고자 함 아니라오　　　　　　不是禪機問少林
만년에 공들이는 것은 오직 본성 함양　　　　　晚景收功唯繕性
초년의 도학 공부 깊이 얽힘 유감이라　　　　　初年學道悔鉤深
향기로운 연못 매일 보니 호상[643]인 듯하고　　芳池日頻疑濠上
깨진 옹기 때맞춰 따르니 비옥한 그늘 되었네　　破瓮時隨作沃陰
서글프다. 공자 문하 어짊과 용서란 글자여　　　招[21]悵孔門仁恕字
공손히 대답하는 천 년의 달은 마음 같아라　　　茶[22]唯千載月如心
　　　　　　　　　　　　　　　　　　　　　【다산 10】

젊은 시절 물외사 찾자는 깊은 기약에　　　　　妙歲幽期物外尋
지팡이 걸고 따라간 곳이 문득 총림이라　　　　挂節隨處便叢林
봄이 오면 좋은 시구 무진토록 읊어 내고　　　　春來佳句吟無盡
늙어 가며 닳은 경전 깊지 않게 강의하네　　　　老去殘經講不深
연못가 흰 연꽃은 달그림자 머금었고　　　　　白藕池邊含月影
마당가 나무 이끼는 꽃 그림자 새겼구나　　　　柴苔庭畔篆花陰
사람들아 안선의 의미 묻지 말게나　　　　　　傍人莫問安禪意
청고함에 관심이지 마음 관심 아닌 게라　　　　只管淸高未管心
　　　　　　　　　　　　　　　　　　　　　【철경 10】

부생을 가지고 사물 본성 유추하니　　　　　　細把浮生物裡推
승패 정하기 어려움 바둑과 일반이라　　　　　輸嬴難定一般[23]碁

---

21) ㉯『六老山居咏』에는 '招'가 '怊'로 되어 있다. 정민의 논문(p.199). 번역은 후자를 따른다.
22) ㉯『六老山居咏』에는 '茶'가 '恭'으로 되어 있다. 정민의 논문(p.199). 번역은 후자를 따른다.

푸른 산 사는 중은 한가함 정말 좋으나	僧居靑嶂閑方好
홍진 사는 속인은 늙어서도 알지 못해	人在紅塵老不知
차 연기 바람 실려 탑상에 떠오고	風颺茶烟[24]浮竹榻
꽃잎은 물에 실려 푸른 못에 지는데	水流花辦[25]落靑池
어찌하면 삼만 육천 일 동안	如何三萬六千日
정신을 놓지 않고 잠시라도 고요할까	不放身心靜片時

【석옥 11】

세도와 추위 더위 본래 밀고 당기는 것	勢道寒暑本相推
해와 달 다름없이 한 판의 바둑이라	日月無多一局碁
만물이 모두 바쁘나 한가한 이는 비웃고	萬物皆忙閑者笑
육경의 기이한 맛 늙어서야 알겠노라	六經奇味老來知
솔은 흰 달 그물 쳐서 금악[644]을 침노하고	松罥皓月侵琴嶽
대숲서 보낸 가벼운 바람 연지를 출렁이네	竹送輕風漾硯池
모두가 표연히 만나 얽힌 속기 없는 터라	總爲逢飄無俗累
하늘이 준 독서 시간 특별한 은혜로다	異恩天賜讀書時

【다산 11】

쌩쌩 달리는 세월 자세히 미루어 보니	駸駸歲月細相推
뒤집히고 엎어짐이 한 판의 바둑이라	翻覆堪嗟一局碁
일대사 인연은 예전부터 배워 왔고	大事因緣依舊學
부생에 골몰했음 예전에 알던 바라	浮生汩沒信前知

---

23) ㉻ '般'이 '盤'으로 되어 있다.
24) ㉻ '烟'이 '煙'으로 되어 있다. 통용된다.
25) ㉻ '辦'이 '瓣'으로 되어 있다. 『栢悅錄』 저본에도 '瓣'으로 되어 있다. 『韓國佛敎全書』의 오류이다.

과목 분과는 옛날 미천[645]부터 전하나	科經古有彌天釋
양치함에 지금은 습착치[646]가 없도다	漱口今無指地池
집을 묻고 밭을 구함은 내 일이 아니니	問舍求田非我事
검약한 몸으로 뜻을 두텁게 함에도 바쁘오	薄身厚志已多時

【철경 11】

불법의 도는 공활하여 본뜨기 어렵나니	法道寥寥不可模
암자에 깊은 숨음이 그럴듯한 계책이라	一菴深隱是良圖
문 앞에 대를 길러 집을 높이 가로막고	門前養竹高遮屋
돌 위에 샘을 갈라 부엌으로 바로 들인다	石上分泉直到厨
벼랑 과일 익으니 잔나비 식구 오고	猨[26]抱子來崖[27]果熟
시냇가 솔 마르니 학은 둥지 떠나누나	鶴移巢去潤[28]松枯
선 닦는 여가에 한가론 심사 넉넉하니	禪邊大有閒情緖
마른 나무 주워 들고 아궁이로 향하누나	收拾乾柴向地爐

【석옥 12】

버들 울타리 토란 구덩이 모두 규모 있으니	杞籬芋坎盡規模
누가 한암의 소은도를 만들어 놓았는지	誰作寒岩小隱圖
자갈땅 오래 가꿔 옥토를 만들었고	磽土舊治成沃壤
돌샘을 새로 뚫어 향적주에 가깝구나	石泉新鑿近香厨
산중에 땅 얼어도 솔방울 아직도 따고	山中地凍松猶摘
동지에 무서리 내리자 국화 비로소 시드네	冬至霜深菊始枯
양쪽 마당 청소하나 티끌 하나 없어	清掃兩庭無一物

---

26) ㉠ '猨'이 '猿'으로 되어 있다. 이체자이다.
27) ㉠ '崖'가 '厓'로 되어 있다. 이체자이다.
28) ㉠ '潤'이 '磵'으로 되어 있다. 이체자이다.

담장 밑에 차 화로만 잘 꽂아 두었도다	牆根安插煮茶鑪
	【다산 12】

혜명이 실과 같아 본뜨기 어려워서	慧命如絲不可模
방 안에 오직 후천도만 걸어 놓았네	室中唯掛後天圖
골짜기 숨겨 둔 시원한 음료 너무나 좋고	獨憐淸飮藏幽壑
오시 주방 밥하는 연기에 크게 웃도다	長笑炊烟起午厨
연잎 말려드는 연못에 가을은 깊어 가고	池上秋深荷葉捲
대나무 가지 마르는 동산에 서리 무겁다	園中霜重竹枝枯
나이 사십 넘어 가나 큰 깨달음 없나니	年過四十無超悟
다만 맑은 향 집어 화로에 사를 뿐	只把淸香爇一鑪
	【철경 12】

석옥 청공의 〈산거시〉 12수(칠언율시)에 대한 수룡袖龍·침교枕蛟·철선鐵船·범해梵海의 차운시[1]

백이는 어인 일로 서산[647]에서 굶었는가	伯夷何事餓山西
소나무는 청산 가득 물은 시내에 가득	松滿靑山水滿溪
하나의 근원을 이다 저다 나누지 말고	莫把一源分彼此
만물이 높거나 낮거나 같음을 깊이 알게	深知萬物等高低
세정의 허망함 깨달으니 깃털처럼 가볍고	世情悟妄輕如羽
선경의 기미 잊으니 곤드레 취하도다	禪境忘機醉似泥
돌 머리에 그윽이 누워 봄 낮잠 푹 자는데	幽臥石頭春睡足
울타리 새 한 마리 사람 향해 우니누나	籬邊獨鳥向人啼

【1 수룡袖龍[648]】

높은 누각 잠을 깨니 해는 벌써 서산에	睡覺高樓日已西
대바람 살랑 불어 찬 시내에 물결 이네	竹風拂拂動寒溪
집 짓는 새는 분주히 왔다 갔다	有營者鳥多來徃
떨어진 꽃잎은 멋대로 오르내려	旣落之花任仰低
반평생 생애에 바쁜 일 없고[649]	半歲生涯朝不夕
일생의 경전 풀이에 진흙물 베고 자네[650]	一生經說水枕泥
집을 두른 느티나무 짙은 그늘 속에서	繞堂槐榆濃陰裡
저 비질하는 꾀꼬리 목청껏 우는구나	夫掃黃鸝盡意啼

【1 침교枕蛟[651]】

---

1) ㉠ 제목은 역자가 붙인 것이다. 이하는 앞에 소개한 석옥 청공의 〈山居詩〉 12수에 대한 네 사람의 차운시이다. 앞에 차운했던 다산과 철경이 교감하면서 이루어 낸 차운시 연작을 읽은 후에 네 사람이 다시 차운한 것을 추가한 것으로 보인다. 철선의 경우는 두 수를 지었다. 일련번호는 앞에 제시한 석옥 청공의 작품 번호이다.

월봉 서쪽에 새로 얽은 초암	艸菴新搆月峰西
기이한 돌 멋진 꽃이 작은 시내 둘렀네	異石奇花匝小溪
고사리순 비 맞아 쑥쑥 자람 어여쁘고	嫩蕨每憐經雨大
대숲에 바람 불어 낮게 휨이 참 좋아라	踈篁自愛入風低[2]
어찌 보배론 말 행차로 봄날 사라지게 하리	何須寶馬銷春日
짚신 신고 여름 진흙 밟음 부끄러워 않으리	不怕芒鞵踏夏泥
솔 집에 빗장 없으나 찾아오는 손 드물어	松戶無扃稀客[3]到
산새들이 사람 향해 우는 소리 듣는다오	任聽山鳥向人啼

【1 철선鐵船652】653

작은 언덕 난야는 벽산의 서쪽	小阿蘭若碧山西
십 리 솔바람 아홉 굽이 시내	十里松濤九曲溪
천 권의 시 읽다 양쪽 머리 희어지고	千卷詩中雙鬢老
반 걷은 주렴 밖으로 뭇 봉우리 나지막	半鉤簾外衆峰低
세속 인연 끊었건만 어지럽기 칡 같고	俗緣已斷紛如葛
누룩 어찌 사양하리 진탕 취하누나	白麴何辭醉似泥
궁벽한 바다 때때로 명사들 지나감에	窮海時因名士過
화장세계 강론하니 아이처럼 칭얼대네	論他華藏見兒啼

【1 철선】

높은 암자 하나 서쪽을 향해 있어	一座高菴位面西
누대 오르면 들리네 가는 시냇물 소리	登樓聽得細流溪
골짜기는 얕음 싫어해 휑하니 열려 있고	洞能嫌淺谺谺開

---

2) ㉢『鐵船小艸』에는 '風低'가 '檐低'로 되어 있다.『韓國佛敎全書』제10책(H10, 893a). 이하『鐵船小艸』와의 대교이다.
3) ㉢ '稀客'이 '客稀'로 되어 있다.

봉우리는 높음 사양해 이어 이어 낮아진다 峰自讓高⁴⁾列岻低
푸른 섬돌에 꽃 밝아 벌은 이슬 훔치고 碧砌花明蜂挹露
누런 마당에 비 개어 제비는 진흙 뭉치네 黃庭雨霽燕團泥
구름 깊고 나무 울창한 시원한 그늘 속에 雲深樹密淸陰下
어여쁜 새 기미 잊고 여기저기 우니누나 好鳥忘機左右啼

【1 범해梵海⁶⁵⁴】⁶⁵⁵

병석이라 백운 빗장 방문할 이 그 뉘요 病居誰訪白雲關
봄바람만 예와 같이 돌아올 뿐이라네 唯有春風依舊還
달리는 말 먼지 많아 마음을 재촉하고 走馬塵多情刺促
아양승⁶⁵⁶ 좌선하니 뜻은 참 한가롭다 啞羊禪坐意幽閒
천 겹 늙은 넝쿨 붉은 폭포 감추었고 千重老蔓藏紅瀑
백 꿰미 향기론 차 푸른 산서 났다오 百串香茶產碧山
슬프다 저 먹기 전 방장의 음식이여 哀彼食前方丈饌
얼마나 원한 빚 돌아야 인간으로 태어날지 幾廻寃債積人間

【2 수룡】

산 깊고 안개 자욱해 솔 문 가리고 山深霧重掩松關
눈 가득 티끌 번뇌 팔환⁶⁵⁷에 부치네 滿眼塵勞付八還
시경 서경에 뜻을 붙이니 천 년이 가깝고 着意詩書千載近
천지간에 안빈낙도 일신이 한가롭다 安貧天地一身閑
가소롭다 두헌⁶⁵⁸이여 돌에 명을 새겼으니 堪咍竇憲銘雕石
하 우습다 진단⁶⁵⁹이여 문서로 산을 사다니 長笑陳摶券買山

---

4) ㉮『梵海禪師詩集』에는 '高'가 '尊'으로 되어 있다. 『韓國佛敎全書』 제10책(H10, 1101c). 이하 『梵海禪師詩集』과의 대교이다.

한밤 등불 없는 향각은 고요한데 　　　　　　夜半無灯香閣靜
때 알리는 새 울음 구름 속에서 나오누나 　　告更鳥響出雲間
　　　　　　　　　　　　　　　　　　　　　　【2 침교】

숲속 함박눈 개자 솔 문 열어 두고 　　　　　林霏初霽闢松關
만사를 지금처럼 팔환에 부치도다 　　　　　萬事如今付八還
반 폭의 가사에 심계가 청정하고 　　　　　　半幅袈裟心界淨
한 그루 담복화660에 의근이 한가롭다 　　　 一株薝蔔意根閒
기름진 땅 찾을 때마다 새 나무 심고 　　　　每逢腴土移5)新木
때때로 향을 살라 푸른 산 대하노라 　　　　　旹爇名香對碧山
우스워라 인간 세상 부귀한 거마객들 　　　　可笑塵寰車馬客
백운 속에서 아무도 결사할 이 없어라 　　　 無人結社白雲間
　　　　　　　　　　　　　　　　　　　　　　【2 철선】661

백운관에서 입정에 든 이후로 　　　　　　　自從入定白雲關
법 물으러 오고 가는 수레가 넘쳐 나네 　　　剩得啼輪任徃還
노고추662께 배우지 않아도 엄정하게 도 행하고　不學古錐行道緊
여윈 학 오래 사귀어 한가히 앉아 조네 　　　長偕瘦鶴坐眠閑
담장 아래 흐르는 물에서 붉은 꽃 집어 들고　 摘來紅泛牆根水
바다 건너 산은 불사르는 석양 속에 푸르다　 燒處靑生海外山
가소롭다 초관663 쓰고 관문 달려 나가는 길손　可笑揷貂趨關客
시시비비 그 사이에 백 년 동안 출몰하네 　　百年出沒是非間
　　　　　　　　　　　　　　　　　　　　　　【2 철선】

---

5) ㉥ '移'는 '栽'로 되어 있다.

대중 속에 좌선해도 관문 뚫지 못하고	自坐衆中未透關
돌아가는 나루 묻는 납자 바라볼 뿐이네	縱觀衲子問津還
온 산에 뜻을 기울이니 스승은 늙어 가고	千山注意⁶⁾師親老
만사에 마음 끊으니 자나 깨나 한가롭다	萬事灰心寤寐閒
지팡이 놓고 옷 씻으니 주인 없는 물이요	放杖洗衣無主水
광주리에 나물 담으니 금치 않는 산이로다	携筐采菜不禁山
건곤 속에 부침하는 한 필의 말이여	浮沈一馬乾坤裡
비로소 의연히 출세간임을 알겠노라	始覺依然出世間
	【2 범해】

치수 민수⁶⁶⁴ 두 강을 구분하지 말지니	淄澠二水莫相分
하필 악취 풀 버리고 향기론 풀 취하리오	何必蕕⁷⁾猶獨取薰
못 아래 노니는 고기 밝은 곳서 바라보고	潭底魚游明處見
대숲 속 새들 대화 고요한 속에 듣는다	竹間鳥語靜中聞
틈새 땅 자란 채소는 밭을 이룰 만하고	蔬從隙地能成圃
새로 피운 차 연기 먼 구름 속 들어가네	茶放新烟遠入雲
세상일은 봄 꿈속에 아득도 한데	世事杳茫春夢裡
어찌해 치닫는 파도처럼 명리를 좇나	云何名利若波奔
	【3 수룡】

누대와 향 연기 고요하여 구분 못 해	一樓香烟靜不分
봄바람 살짝 불어 향기를 일으키듯	春風微動如生薰
빈 뜰 잣나무는 상념을 쉬게 하고	空庭栢樹休心想

---

6) ㉠ '注意'는 '極目'으로 되어 있다.
7) ㉠ '蕕'은 저본에 '猾'에 가깝다. 후자에 따라 번역한다.

정토 세계 연꽃은 귀로만 들었어라	淨土蓮花但耳聞
절 뒷산 봉우리는 먼저 달을 맞이하고	寺後有峰先受月
바위틈 구멍 없어도 구름 절로 생기는데	岩間無穴自生雲
세상일 생각에 오직 누울 만하니	商量世事惟堪臥
유방 항우도 분주한 파도 다름없네	劉項元來亦浪奔
	【3 침교】

늦봄 솔잎은 가늘어 떼기 어려워	晚春松葉細難分
나무절구에 줄기 찧으니 온 방 안 향기롭다	木臼舂禾一室薰
어찌해 도를 한가로운 곳에서만 얻으리	曷已道從閒處得
그렇대도 고요함 속 듣는 것에 이익 없소	雖然利不靜中聞
울타리 자르며 청천 지나는 해 바라보고	剪欄碧落看移日
주렴 걷으니 청산에 묵은 구름 한 점이라	捲箔靑山點宿雲
목마른 천리마⁶⁶⁵ 같은 인생 얼마나 남았으리	渴驥人生知幾許
온종일토록 치달려 가는 모습 안타까워라	可憐長日竟趨奔
	【3 철선】

길고 짧음으로 학과 오리 나누지 말라	短長不向鶴鳧分
마음 꽃에 절로 향기 있음 볼 것이니	也見心花自在薰
여러 길 상서로운 빛이 탑을 들듯 솟아나고	數道祥光掀塔聳
사방의 물결 소리 하늘까지 들릴 듯해	無方潮響徹霄聞
앉아서는 유마힐 방 뜨는 달 참구하고	坐參麼詰房中月
거닐며 원공⁶⁶⁶의 돌 위 구름 밟는다네	行踏圓公石上雲
떨어지는 단풍 물 따라 흐름 미워서	憎殺落紅隨水去
유람객 마침내 분주히 달리게 했다네	惹來遊客竟馳奔
	【3 철선】

• 265

냇물 길어 달인 차 벗 불러 나누니	汲澗煎茶喚友分
숲의 정취 친밀하여 집 가득 향기롭다	情林密勿滿堂薰
평론에 구두 찍어 신학문 비평하고	評論句讀砭新學
편장을 섭렵하여 옛 학문 증명한다	涉獵篇章證舊聞
도량 깨끗이 소제한 후 빈 배 채우고	淨除道場充空肚
방장 시원히 열어 외로운 구름에 앉는다	通開方丈坐孤雲
지극한 낙 그 안에 있음 이미 아나니	已知至樂箇中在
우습구나 세상일 분주한 이들이여	可笑云爲陌上奔

【3 범해】

돌절구에 현미 찧으니 밥에 모래 있고	石臼舂麄飯有沙
산허리에 집 지으려 우거진 덩굴 베어 낸다	山腰結屋斬垂蘿
꾀꼬리는 속인에게 간절한 말로 경계하고	黃鸝砭俗丁寧語
꿩은 기미 잊고 가까운 곁으로 지나간다	紫雉忘機逼仄過
수없이 새로 난 샘 돌을 뚫고 나오고	無數新泉穿石出
속 빈 곧은 대는 성긴 동산에 많구나	虛心貞竹竦園多
흐르는 빛 하염없이 어느 때나 다하려나	流光冉冉何時盡
무단히도 천지를 밤낮으로 가는구나	天地無端日夜磨

【4 수룡】

평생 눈병으로 모래바람에 곤란 겪다	平生病眼困風沙
우뚝한 산 올라 보네 묵은 덩굴 잡고서	試踏崚嶒捉壽蘿
그윽한 집에 사슴 함께 은거함 자못 좋은데	頗喜幽居偕鹿隱
다만 (왕래하기 협소하여) 지나가는 사람 적네	秖緣迮徃少人過
여우는 궁극에는 선의 기미를 끊고[667]	野狐至竟禪機絕
암소는 다른 생에 구제한 이 많았더라[668]	水牯他生濟渡多

향적산 주방에 참된 활계 있으니 　　香積山厨眞活計
장요미며 갱미며 스스로 갈리라 　　　長腰粳米自礱磨
　　　　　　　　　　　　　　　　　　　　【4 침교】

이 몸은 착실하게 모래 기는 법을 배워 　此身頓頓學爬沙
염부제에 기생하니 겨우살이 같아라 　　寄在閻浮若女蘿
약초 캐는 아이는 해 질 때면 도착하고 　採藥兒常斜日到[8]
재 올리는 중과 얕은 구름 지나간다 　　辦齋僧與淡[9]雲過
산꽃 안 보이니 봄 다 간 걸 알겠고 　　山花不見知春盡
시냇물 시끄러워 비 많은 걸 깨닫겠네 　澗水猶[10]鳴覺雨多
집에 찬란한 값없는 보배 있으니 　　　家有瑩然無價玉
다른 돌 억지로 갈 필요 없으리라 　　　不須他石強消磨
　　　　　　　　　　　　　　　　　　　　【4 철선】[669]

꽃 따러 일찍이 시내 모래 밟지 않았나니 採芳曾不踏溪沙
오솔길 돌다 보면 푸른 넝쿨과 합해지리 幽徑還應合翠蘿
지척의 구름은 얼룩 표범 숨을 만하고 　尺霧堪容班豹隱
긴 바람 때로 일어 대붕이 지나간다 　　長風時化大鵬過
동봉에 뜬 달은 솔숲 향해 비치고 　　　東峰月向琴心照
북원에 달이는 차는 작설이 많구나 　　北苑茶含鳥舌多
종래의 하늘 운치 뉘와 함께 말하겠소 　天趣從來誰與說
맑은 빛만 홀로 이를 갈 수 있으리라 　　清光獨此可消磨
　　　　　　　　　　　　　　　　　　　　【4 철선】

---

8) ㉭ '到'는 '至'로 되어 있다.
9) ㉭ '淡'은 '澹'으로 되어 있다.
10) ㉭ '猶'는 '逾'로 되어 있다.

작은 뜰에 세찬 비에 새 모래 펼쳐지고	小庭雨激布新沙
고요한 산 사립문은 푸른 넝쿨로 막았네	岑寂柴門鎖碧蘿
옛날에 쌓은 연못 때때로 목욕 한 번	舊築池塘時一浴
새로이 일군 텃밭 날마다 산책 세 번	新開場圃日三過
세상사 자못 싫어해 은신한 지 오래고	頗厭世事隱身久
산새만 늘 좋아해 알아주는 벗 많아라	慣愛山禽知己多
혼침을 보내고자 게송을 읊조리고	欲遣昏沈唫[11]偈頌
공연히 창가에서 벼루에 먹을 가네	謾將硯墨趣窓磨

【4 범해】

아이에게 흙짐 지워 새 화단 만들어	課兒負土作新臺
지난해 옮긴 꽃 오늘사 피었구나	去歲移花此日開
빗속을 향하여 개미 따라 숨었으니	且向雨中隨蟻匿
잠자는 중 날아오는 파리 잡지 말지라	休從睡裡打蠅來
씨 뿌려 과실 따니 사람 모두 즐거워하고	緣因獲果人皆樂
분수대로 가난 즐기니 나도 슬프지 않아라	隨分安貧我不哀
앞날이 얼마나 남았나 가만히 헤아리니	默算前程餘幾許
삼베옷 해졌어도 새로 꿰매지 않는다네	麻衣雖弊莫新裁[12]

【5 수룡】

때로 청려장 잡고 서쪽 누대 거닐 적에	時扶藜杖步西臺
바위 깊은 틈에 핀 꽃 한가로이 빙그레	閑笑岩花深處開
봉우리 빛 보고플 때 구름 절로 거두고	欲見峰光雲自捲

---

11) ㉠ '唫'은 '吟'으로 되어 있다.
12) ㉠『栢悅錄』저본에는 '栽'가 '裁'로 되어 있다.

인적 전혀 없는 곳 달이 막 떠오르네　　　　　　曾無人跡月初來
먹을 것 잘 곳 없어도 참으로 즐거웁고　　　　　靡齋靡室眞堪樂
죽으나 사나 진실로 슬프지 않아라　　　　　　　方死方生信不哀
긴 밤 찬 등불에 잠 이루기 어려우니　　　　　　寒灯永夜難成睡
의마심원670을 아직 없애지 못한 거지　　　　　　意馬心猿尙未栽13)

　　　　　　　　　　　　　　　　　　　　　　　【5 침교】

고요한 선루에 돌로 대를 쌓으니　　　　　　　　寥寂禪樓石作臺
작은 뜰 꽃나무 해를 향해 피었구나　　　　　　　小庭花木向陽開
시낭 메고 지나가는 길손은 못 만나고　　　　　　不逢野客携詩過
새끼 이끌고 날아오는 산새들 가끔 본다　　　　　時14)見山禽引子來
손바닥 안 밝은 구슬 온갖 물상 고요하고　　　　　掌上明珠群象靜
거울 속 차가운 눈 양 머리털 애달프다　　　　　　鏡中寒雪二毛哀
금 목걸이 옥 허리띠 내 분수 아니라　　　　　　　項15)金腰玉非吾分
늘어진 흰머리 스스로 자르노라　　　　　　　　　艾縷16)鬙鬙自剪裁

　　　　　　　　　　　　　　　　　　　　　　　【5 철선】671

밝은 거울 가졌으나 거울대는 없었나니　　　　　漫將明鏡亦非臺
원래 나무 없는데 깨달음 열리기를 기다렸네672　　聊向元無樹裡開
이미 장자의 나비 된 춤 증득했으니　　　　　　　已證莊周化蝴舞
어찌 차율673로 태 바꿔 올 것 의심하리　　　　　　曷疑次律換胎來
인연 따라 모이니 안락함 누릴 만하고　　　　　　從緣會可行安樂

---

13) ㈜ 『栢悅錄』 저본에는 '栽'가 '裁'로 되어 있다.
14) ㈜ '時'는 '至'로 되어 있다.
15) ㈜ '項'은 '頂'으로 되어 있다.
16) ㈜ '縷'는 '絮'로 되어 있다.

업을 따라 부르니 어찌 괴롭고 슬프겠소	循業招何用苦哀
살아가는 방도 지금도 자족하니	家計如今猶自足
일곱 근 가사도 겹겹 꿰매노라	七斤衫子也重裁
	【5 철선】

몇 칸 난야 세워진 높은 누대 오르니	數間蘭若御高臺
허깨비 건곤이 호리병 속 펼쳐졌네	幻化乾坤壺裡開
스님은 꽃비를 가르며 방금 도착하고	暫到僧披紅雨到
샘물은 흰 구름서 늘 흘러 내려온다	恒來泉自白雲來
진경 찾는 길손은 머물러 도를 듣고	尋眞野客留聞道
짝 잃은 산새는 허공 향해 슬피 운다	失耦山禽向告哀
몸을 가린 해진 납의로 여름 맞나니	破衲揹[17]身尖[18]節至
이와 같다 해도 꿰맬 형편 아니로다	然雖如是勢難裁
	【5 범해】

산 뾰족하고 물 맑으니 우리 집이라	山尖水湛是吾家
오직 청빈함으로 세월을 보낸다네	唯有淸貧度歲華
몸은 새는 주머니 같아 항상 불만이고	身似漏囊常不滿
도는 나루 뗏목 같으니 어찌 끝이 없으리	道如津筏豈無涯
마음 다잡을 땐 물독 자라 쫓듯 하고	執心如促瓮中鼈
편히 지낼 땐 줄 위의 뱀 보지 말라	玩易莫看繩上蛇
토막 노을 바람이 쫓으니 석양이 지고	風逐斷霞斜日暮
주렴 걷고 바라보네 까마귀 몇 마리	捲簾注目數歸鴉
	【6 수룡】

---

17) ㉯ '揹'은 '掩'으로 되어 있다.
18) ㉯ '尖'은 '炎'으로 되어 있다. 번역은 후자를 따른다.

한 말 남짓 초가 암자 우리 집이라 　　茅菴如斗是吾家
손가락 튀기는 소리에 세월은 지나가네 　彈指聲中閱歲華
산과 들 핀 화초 자욱하여 풍요롭고 　　野草山花濃貴富
송화주 묵밥으로 담박한 생애로다 　　　松醪橡飯淡生涯
늙은 바위 웅크린 범 여겨 놀라지 말고 　休驚老石爲蹲虎
얽힌 넝쿨 달리는 뱀 여겨 잡지 말기를 　莫把交藤作走蛇
세상일 관여치 않고 선정에 든 자리 　　塵事不關禪坐處
석양에 둥지 가는 까마귀 바라볼 뿐 　　但看斜日覓巢鴉
　　　　　　　　　　　　　　　　【6 침교】

긴 세월 백운 서린 집 나서지 않고 　　　長年不出白雲家
한 조각 향 사르며 세월을 보낸다네 　　一瓣燒香送歲華
땅에는 시내와 산 있어 머물러 살 만하고 地有溪山堪住着
하늘은 죽순 고사리로 살아가게 하셨네 　天教筍蕨作生涯
얕은 경전으로 다만 한창려의 좀을 배울 뿐 淺經只學昌黎蠹
사리불의 뱀 같은 여습을 무엇으로 잊으리 餘習誰忘利弗蛇
하늘 꽃 날려 떨어지니 이 무슨 일인가 　飛落天花是何事
마당 나무 바라보니 저녁 까마귀 모여드네 坐觀庭樹集昏鴉
　　　　　　　　　　　　　　　　【6 철선】[674]

일찍이 원각을 가지고 집으로 삼으니 　　早携圓覺以爲家
구곡의 성긴 주렴 흰 달빛 움직인다 　　九曲疎簾動素華
옹기 깨서 거북이 모음은 내 일 아니요 　打瓦攢龜非我事
솔잎 먹고 풀 옷 입음이 이내 생애라 　　喫松衣艸是生涯
도에 높고 낮음 없으나 삼수[675]를 나누고 道無低昂分三獸
몸은 절로 청량하여 사사[676]를 끊었도다 　體自清凉絕四蛇

•271

재식은 일부러 두세 숟갈 남기나니　　　齋食故餘三兩握
댓돌 아래 깃든 까마귀 향반 베푸네　　施香臺石下接鴉
　　　　　　　　　　　　　　　　　　　　　【6 철선】

남대와 북악이 모두 나의 집　　　　　南坮北岳是[19]吾家
다만 천성 지키며 세월 보낼 뿐　　　只守性天[20]度歲華
넝쿨 달 솔 바람을 반려로 삼고　　　蘿月松風爲伴侶
경상에 차 화로를 생애로 삼네　　　　經床茶竈作生涯
세 가지의 서까래 밑에서 오마[677]를 알고　三條椽下知吳馬
일곱 자 자리 앞에서 잔 속 뱀 깨닫네[678]　七尺單前覺盞蛇
꽃 피고 낙엽 지는 봄가을 이르러도　葉落花開春秋至
짝 부르며 가지 옮는 까마귀 바라볼 뿐　但看喚友擇枝鴉
　　　　　　　　　　　　　　　　　　　　　【6 범해】

한 자리 네모난 밭 몇 단으로 갈아서　一席方畦屬數層
상추 기르고 토란 심느라 할 일 많아라　栽萵種芋事多能
떨기 꽃 다 지니 다시 풀이 뻗어 나고　叢英落盡還舒草
대나무 새로 나니 벌써 넝쿨 매달리네　脩竹新生已掛藤
궁벽한 곳이라 내빈객 응대치 않나니　窮處不應來貴客
이 중에 높이 누운 한가한 중 마땅하지　此中端合卧高僧
남은 생애에 오직 청한한 일 좋아하여　殘年唯好淸閒事
해 등진 꽃 피니 마름풀 참 좋구나　　背日花開自愛菱
　　　　　　　　　　　　　　　　　　　　　【7 수룡】

---

19) ㉯ '是'는 '盡'으로 되어 있다.
20) ㉯ '性天'은 '天眞'으로 되어 있다.

울퉁불퉁 돌부리에 구멍 여러 층　　　　　參差石角穴多層
빼곡 찬 비둘기 흩어 나니 다들 멋지다　　滿鴿分飛各自能
잠 깨우는 밤새 비에 견디기 어렵고　　　攪睡難堪連夜雨
몸 붙드는 옛 등줄기에 아직 기대네　　　扶衰猶賴古年藤
풀 깔린 반형[679]의 자리에 우연히 따라가　偶從藉艸班荊地
차 달이고 토란 끓는 스님 기쁘게 바라본다　欣見責茶剪芋僧
두타가 사람들에게 얕보인다 괴이타 마오　休怪頭陀受人侮
자고로 더러운 연못에서 연꽃 피어나나니　汚池自古出荷菱
　　　　　　　　　　　　　　　　　　　【7 침교】

두 눈썹 병든 후에 파리하고 앙상해져　　雙眉病後瘦稜層
예불과 송경을 하지 못해 부끄럽다　　　禮佛承經愧不能
어리석은 파리 위해 흰 불자 늘 멈추고　　每爲痴蠅停白麈
노는 개미 인하여 파란 등나무 꽂는다　　更因遊蟻挿靑藤
먼 바다 돛대 기울인 손 앉아서 바라보고　坐看遠海傾帆客
석양에 시 청하는 객승을 서서 전송한다　起送斜陽請偈僧
발우 하나 옷 세 벌로 집이 구족하니　　　一鉢三衣家具足
곳곳에 떠돌면서 부평초 배우리라　　　　漂浮處處學萍菱
　　　　　　　　　　　　　　　　　　　【7 철선】[680]

만 길 높이 두륜산 가장 높은 층에　　　萬丈頭輪最高層
바람 타고 긴 휘파람 불 이 누구랴　　　乘風長嘯是誰能
저 향내 좋지마는 추구[681]와 같고　　　愛他香印同芻狗
종추[682]의 번거로운 교리 비웃는다　　笑殺宗秋亂葛藤
절이라 부귀객 맞이하는 수고가 없고　　社裡不勞迎毳客
꿈속에서 호승 만남 외려 기쁘다　　　　夢中猶喜接胡僧

273

불편부당한 것이 진실로 나의 길　　　　　　　　無偏無黨眞吾道
춥건 따뜻하건 누가 마름 풀어놓으리　　　　　寒煖誰令敕芡菱
　　　　　　　　　　　　　　　　　　　　　　　【7 철선】

사람 모두 덕업을 갖가지로 갖추나니　　　　　人皆德業備多層
게으른 것으로 말하면 나도 능하다오　　　　　以懶言之我自能
돌우물 하늘과 통해 흰 달이 빠지고　　　　　　泐井通天沈白月
낮은 처마 땅에 닿아 붉은 넝쿨 걸려 있네　　　矮簷着地掛紅藤
영명한 길손들과 교유 나눌 것이지　　　　　　若交信向榮名客
어찌 글 묻는 중 잘못 찾아들었는가　　　　　　寧納誤尋問字僧
작은 연못 하나에 물이 흘러 가득 차니　　　　　一眼小池流水滿
둑에는 꽃 언덕엔 버들 또 마름풀이라　　　　　堤花岸柳又蘋菱
　　　　　　　　　　　　　　　　　　　　　　　【7 범해】

고인 물은 옥 이슬 새로 받아 맑고　　　　　　　潦水新收玉露澄
마른 몸에 빼어난 기운 또한 등등　　　　　　　瘦骨逸氣又騰騰
번뇌는 늙어 가며 온전히 덜어 내고　　　　　　塵勞老去全然減
시흥은 가을 오자 곱절 더해 간다　　　　　　　詩興秋來一倍增
시름에 연꽃 좌대 고불께 삼배하고　　　　　　愁向蓮壇拜古佛
홀연히 풍악으로 호승 방문 생각한다　　　　　忽思楓岳訪胡僧
골바람 휘익 불어 귀밑머리 날리고　　　　　　溪風颼颼吹鬢髮
초동 노래 몇 구절에 깊은 정 보내누나　　　　數曲樵歌寄遠情
　　　　　　　　　　　　　　　　　　　　　　　【8 수룡】

늙은 나무 서늘함 맞이해 가을 기운 맑고　　　老樹迎凉秋氣澄
새벽바람 살랑살랑 잎은 등등 날리네　　　　　曉風獵獵葉騰騰

누각의 옛 동백은 푸른빛 변함없고　　　　　樓頭古栢翠無變
담장 밑 겨우살이 더욱더 붉어지네　　　　　墻角女蘿紅有增
청진하여라 송경 듣는 사슴 있어 기쁘고　　　淸眞喜有聽經鹿
번뇌로우니 글자 묻는 중 부르지 말게　　　　煩惱休招問字僧
평생을 점검해 보니 허깨비 꿈과 같아　　　　點檢平生如幻夢
겁전 겁후에 모두 정을 잊었도다　　　　　　劫前劫後總忘情
　　　　　　　　　　　　　　　　　　　　【8 침교】

『능엄경』 한 부에 온갖 생각 맑아지고　　　　一部楞嚴萬慮澄
경계가 고요해진 곳에 기운은 등등하다　　　　境寥寥處氣騰騰
구화[683]의 맑은 고질병은 언제나 감해질까　　漚和淸癖何時減
묘희 세계[684]의 풍병은 나날이 더해 가네　　妙喜風痾逐日增
사향 심지 향으로 나그네 맞이하고　　　　　　麝炷香中延野客
용단[685]의 연기 속에 이웃 중 전송하네　　　龍團烟裡送憐僧
홍진의 길 밟지 않음 이미 알았으나　　　　　已知不踏紅塵路
아무도 이 심정 아는 이 없어 슬프네　　　　　悒悵無人會此情
　　　　　　　　　　　　　　　　　　　　【8 철선】[686]

채마밭에 와 보니 강 이슬 맑은데　　　　　　菜圃且來沆瀣澄
육수[687]의 가사 얇아 찬 기운 등등하다　　　六銖衫薄氣騰騰
찬비 지나간 계곡에 풀 향기 그치고　　　　　澗過寒雨芳隨歇
맑은 서리 내린 대 빛 점점 짙어진다　　　　　竹受輕霜色轉增
숨겨 둔 책 비평 청하는 현석 노스님　　　　　幽帙請評玄石老
여린 차 싹 맛을 보이는 백련사 스님　　　　　嫩芽見試白蓮僧
반평생 청천 밖에서 질탕하게 노닐었으니　　　半生跌宕靑天外

명리에 구구하게 마음 쓰지 않으리   名利區區不用情
【8 철선】

시내에 은거하니⁶⁸⁸ 한마음 맑고   考槃在澗一心澄
남북으로 동서로 임운등등 자유롭다   南北東西任運騰
간경하기 곤란하게 눈은 침침해지고   眼困看[21]經明漸縮
세상일 겪느라 백발 점점 더해지네   毛[22]因閱歲白將增
강의함에 생각은 구름 머문 글방으로 달리고   講筵馳想雲居塾
차담 나눔에 월출산 스님 잊기 어려워   茶話難忘月出僧
군생들 천태만상 굽어 생각해 보니   俯念群生千萬態
함께 사는 다정한 이들 어여쁘도다   堪憐同住有多情
【8 범해】

용상들이 무리 지었다고 부질없이 자랑 마오   龍象成群莫謾誇
남은 생애 물과 수운가에서 쉬어야 하리   餘齡要息水雲家
등줄기 하늘하늘 천 길 절벽 달려 있고   紅藤裊裊千尋壁
국화 곱고 선명하게 일만 송이 꽃이라   寒菊鮮鮮萬點花
산길에선 띠를 베어 바위를 비로 쓸고   當逕剪茅行掃石
시내에선 버들 꺾어 모래에 글을 쓴다   臨溪折柳坐書沙
산밭에 심은 콩 가을 되자 잘 여물어   山田荏菽秋來好
다시는 양식 끊겨 노을 먹지는 않겠네   不復休糧餐紫霞
【9 수룡】

---

21) ㉹ '看'은 '披'로 되어 있다.
22) ㉹ '毛'는 '鬢'으로 되어 있다.

우뚝한 붉은 대문 공연히 자랑 마오	矗矗朱門莫謾誇
본성 수양에는 백운가만 못하리라	養眞不似白雲家
세상일 모두가 둥둥 떠가는 꽃 같으나	塵事盡同漂浪蘂
산중엔 서리 막는 꽃[689] 있다오	山中還有拒霜花
문사들 돌에 새기나 끝내 돌인 것을	調人刻石終爲石
미혹한 객 모래를 삶으나 다만 모래인 것을	迷客蒸沙只作沙
바위에서 선잠 자다 천천히 일어나니	小睡岩頭徐自起
푸른 하늘을 맑은 노을로 쓴 것 같구나	碧天如掃淨雲霞
	【9 침교】

향인을 가지고 남들에게 자랑 마오	不將香印向人誇
남방의 선비 집에 감추어져 있었다오	藏在南方措大家
비 온 후 늙은 오동 누런 잎 떨어지고	雨後高桐[23]飄病葉
서리 전 떨기 국화 선명한 꽃 터뜨리네	霜前叢菊綻鮮[24]花
산에 사노라 이미 풀로 만든 옷 얻었고	居山已得衣爲草
도 닦으나 아직도 모래 밥 싫어하네	修[25]道還嫌[26]飯作沙
한 그릇 송죽으로 어디 가나 자족하니	一鉢松糜隨處足
나이 늘림에 어찌 꼭 지는 노을 복용하리	延年何必服殘霞
	【9 철선】[690]

『금강경』한 첩을 누구 향해 자랑하리	金剛一帖向誰誇

---

23) 역 '桐'은 '梧'로 되어 있다.
24) 역 '鮮'은 '新'으로 되어 있다.
25) 역 '修'는 '守'로 되어 있다.
26) 역 『韓國佛敎全書』에는 저본과 같이 '嫌'이 탈락한 것으로 보았다. 『鐵船小艸』에 '嫌'으로 되어 있어 본문에 삽입한다.

문 닫고 향 사르며 오가 해석⁶⁹¹ 비정하네   閉戶焚香批五家
티끌 세간 인연은 바람 앞의 무궁화요   塵世間緣風槿樹
묘심 상법은 우담바라 꽃이라   妙心上法鉢羅花
가을 깊은 골짜기에 숲 단풍 짙어 가고   秋深幽壑林楓葉
달이 빈 뜰 지나갈 때 이슬은 모래 적신다   月度空庭露濕沙
방 차가워 불신 쪼개 불을 사르니   房冷佛躬還燒卻
꿈속에서 단하 스님⁶⁹² 뵐 수 있겠네   夢中許可見丹霞
　　　　　　　　　　　　　　　　【9 철선】

자잘한 명리를 대단타 자랑 마오   單名片利莫矜誇
은거하며 졸렬함 지키는 이만 못하리   不若幽居守拙家
길가에 우뚝 서 있는 군자 나무요   路挾亭亭君子樹
시냇물 곁 찬란히 핀 만다라화라   溪流灼灼曼陀花
난초 샘은 숲속 우물 뚫고 솟아나고   蘭泉迸瀉穿林井
오동나무 달은 함께 모래톱에 비치네   梧月和明布地沙
홀로 방초 속에 이리저리 거니니   獨自徜徉²⁷⁾芳草裡
일곱 근 옷자락에 엷은 노을 가득하네   七斤衣角滿輕霞
　　　　　　　　　　　　　　　　【9 범해】

용 잠들어 물고기 달리는 물결은 깊고   龍眠魚走水波深
산새들 석림에서 재잘거리는 소리뿐   唯有山禽語石林
항아리 속 성현의 뜻 조금 알 만해   甕裡聖賢差可意
티끌 속 귀한 손님은 찾지를 않네   塵中賓客莫相尋
보리수 아래에서 삼독을 제거하고   菩提樹下除三毒

---

27) ㉮ '徜徉'은 '相羊'으로 되어 있다.

우담바라 곁에서 오음을 물리치네	曇鉢花邊辟五陰
이 생애 다시 보기 어려움 알았으니	知已此生難復見
불자 세우고 안으로 관심함만 못하리	不如竪拂內觀心

【10 수롱】

옛 놀며 다닌 자취 꿈속에서 찾으니	舊遊陳跡夢中尋
지는 달 의구하게 상수리 숲에 걸려 있네	落月依然掛橡林
강단에 모인 마음 쇠미해져 풀만 무성	會講壇心衰艸沒
오가며 지난 자취는 늙어 이끼 깊구나	經行履跡老苔深
긴 회포에 멋진 달은 물결 밑에 가로눕고	長懷好月枕波底
일어나 보니 밝은 강은 절 그늘에 잠들었네	起視明河宿殿陰
고요히 앉아 향 사르며 잠들지 못하는데	默坐燒香未成寐
이 생애 어느 곳서 마음 논할 수 있으리	此生何處可論心

【10 침교】

도반들도 원래부터 심방을 허락 않고	法伴從來不許尋
느긋 태평 긴 하루를 동림에 누웠어라	怡然長日臥東林
무심하니 잡초는 문 앞을 두르고	忘機新[28]草門前繞
출입 금해[693] 밝은 티끌 무릎 위에 수북하다	禁足陽塵膝上深
나무 흔드는 찬 바람은 햇빛 속이고	械[29]樹寒風斯[30]日色
처마 드리운 잔설에 누각은 그늘졌네	垂簷殘雪閣天陰
산중의 그윽한 정취 아는 이 그 누구랴	山中幽趣人誰識

---

28) ㉠ '新'은 '雜'으로 되어 있다. 번역은 후자를 따른다.
29) ㉮ '械'은 '撼'인 듯하다. ㉠『鐵船小艸』에는 '撼'으로 되어 있다. 번역은 후자를 따른다.
30) ㉮ '斯'는 '欺'인 듯하다. ㉠『鐵船小艸』에는 '欺'로 되어 있다. 번역은 후자를 따른다.

푸른 등불 있어 이 마음을 비출 뿐   只有靑燈照此心
【10 철선】694

광혜695로 아득하게 밖을 향해 찾으며   狂慧悠悠向外尋
공림에서 궤안에 좌정함은 알지 못하네   不知隱几坐空林
재 주방은 손님 떠나 연기 막 흩어지고   齋庖客去烟初散
물 긷는 길 구름 오자 눈은 더욱 깊어지네   汲路霄來雪復深
비로자나 선정 중에 지축이 뒤집히고   舍那定中翻地軸
가타 게송 부르는 중 마당 그늘 옮겨 가네   伽陀頌裡轉庭陰
사십 년 세월이 이미 지나갔으니   年光四十曾過了
성색이 어찌 능히 내 마음 움직이랴   聲色詎能動我心
【10 철선】

열네 살에 비로소 불도 찾을 줄 안 후   二七方知竺道尋
지금까지 사십 년을 총림에서 늙었네   於今四十老叢林
고향을 드물게 가니 친척도 잊히고   罕行鄕里忘親戚
산천을 자주 도니 깊고 낮음 알겠노라   頻涉山川識淺深
초옥 반 칸은 의발을 들일 만하고   茆31)屋半區容衣鉢
경전 한 부 몇 권으로 세월을 보내노라   單32)經數卷度光陰
출가승 정황이야 이만하면 어떠한가   出家榜樣如何是
인심을 떨어내고 도심을 찾아보세   抖擻人心覓道心
【10 범해】

---

31) ㉹ '茆'는 '茅'로 되어 있다.
32) ㉹ '單'은 '禪'으로 되어 있다.

황금과 기와 조각 절로 서로 바뀌나니	黃金瓦礫自相推
승패를 만들어 머무는 한 판의 바둑이라	設住輸贏一局碁
이 몸이 내 것 아님을 반드시 알아야 하니	須識此身非我有
저 세속 붙좇아서 나를 알리려 하지 마오	從他世俗莫吾知
공화는 스스로 무명초를 피워 내고	空花自發無明草
지혜의 물 언제나 아뇩지696를 맑게 하네	智水常淸阿耨池
다시 또 모래 쪄서 겨우 밥을 짓나니	且復蒸沙勤作飯
남은 해에 배불리 먹을 날 언제이리오	殘年一飽定何時

【11 수룡】

세상 도는 번복 반복 이치 추구 어렵고	世道翻復理難推
시국 일은 모두가 한 판의 바둑 같아라	時事渾如一局碁
자취 감추고 마음 따라 스스로 아끼고	晦迹只緣心自愛
빛 숨기고 원래부터 알리고 싶지 않네	韜光原不願入知
사슴이 무성한 풀 품는 것을 금치 마오	不禁麋鹿懷豊草
그 누가 고래 잡아 작은 못에 기르리오	誰把鯨魚豢小池
울긋불긋 뒤섞여 핀 산국화 고요한데	紅白雜開山菊靜
기러기 날아오는 여기 남국 좋구나	好玆南國鴈來時

【11 침교】

천지는 둥글둥글 다만 옮김이 있네	天地團團只有推
군생을 펼쳐 두니 한 판의 바둑	群生鋪置一盤碁
하늘 꽃 현란하게 지니 새로움 많아지고	天花亂落增新見
지상 풀 떨기로 나니 알던 것 줄어드네	地草叢生減舊知
삼명697을 믿으면 숙겁에 통하리니	若信三明通宿刼
어찌 오탁이 아뇩지로 변함을 의심하리	何疑五濁變阿池

하늘 바람이 눈을 내려 맑은 암자의 밤
쇠종 법고는 무단히도 육시[698]를 알리누나

穹風墜雪淸齋夜
鐘鼓無端送六時
【11 철선】

고금을 애오라지 한 가지 이치로 미루면
성인과 범부 모두 자루 썩는 바둑[699]이라
밤중의 끈은 쉽게도 많은 사람 의심하고
허공의 실은 언제나 세상에서 알지 못해[700]
도솔천에 저승 가는 길 열어 놓았고
염부제 뜬 달은 방생 연못에 비친다네
그래해도 이 도는 종내 퍼뜨리기 어려워
더러움 다시 더럽힘은 마땅치 않네

今古聊從一理推
聖凡同是爛柯碁
夜繩容易人多惑
空縷尋常世莫知
兜率天開歸死界
閻浮月印放生池
雖然此道終難播
骯髒還嫌不合時
【11 철선】

모든 세상사를 물리로 미루어 보니
차고 기움이 곧 한 판의 바둑이로다
탐욕으로 조상 멸하면 과거 보전 못 하고
충효로 후손 끼치면 훗날까지 알려지리
전장에서 돌아와 죽음 벗어남 기뻐하듯
방생지서 늙어 가는 물고기들 찬탄하네
성진[701] 이르지 않는 천 길 암자 고요하니
바로 지금 간경하기 딱 좋은 때로구나

世事總將物理推
盈虛乃是一盤碁
貪婪滅祖無前保
忠孝貽孫有後知
隨喜戰[33]歸超死界
贊歎魚老放生池
聲塵不到千岩靜
正好看經得意時
【11 범해】

33) ㊋ '戰'은 '獸'로 되어 있다. 번역은 후자를 따른다.

춘하추동 적청흑백 사계절을 모사한들	赤靑黑白四時模
어찌 참료자⁷⁰²의 연꽃 그림(수우도) 비슷하리	何似叅寥水藕圖
생계는 지금처럼 석옥으로 돌아오고	身計如今歸石屋
생애는 예전처럼 산 주방에 부친다오	生涯依舊付山厨
한가하여 든 잠은 여러 책으로 익어 가고	閑來睡爲攤書熟
늙어 감에 위장은 술을 끊어 말라 간다	老去腸因斷酒枯
차가운 창 둘러싸여 뉘와 함께 얘기하리	雍被寒臕誰共語
솔방울 가지고 향로 끓일 뿐이라오	只將松子爇香爐
	【12 수룡】

『화엄경』 큰 강회는 예전 규모 깨뜨렸으니	華嚴大講破規模
『염송』과 『전등록』은 늘그막에 읽어야지	拈頌傳燈是晚圖
감람나무 절로 즙액 많이 내놓는데	橄欖自應多汁液
비린 고기를 어찌 푸줏간에 쌓으리오	腥膻何用積庖厨
나이 들자 심사가 온통 냉담하고	老來心事全灰冷
세모에 신광은 마른풀 같구나	歲暮身光亦草枯
저물녘에 아이 불러 송죽을 끓이나니	向夕呼兒煑松粥
암자의 생활이 작은 풍로에 달렸구나	一庵生活小風爐
	【12 침교】

조백⁷⁰³의 신령한 복숭아 그릴 수 없어	棗栢³⁴⁾靈桃不可模
기성의 많은 일 그림 그리려 했구나	箕城多事作中³⁵⁾圖
선관에서 벗 삼으니 도를 행할 만하고	禪關得友堪行道

---

34) ㉠ '栢'은 '柏'으로 되어 있다.
35) ㉠ '中'은 '牛'로 되어 있다. 번역은 후자를 따른다.

법열을 처로 삼으니 주방 가지 않는다네	法喜爲妻不赴廚
천하에 이보다 담대한 집 없음을 탄식하고	天下無家嗟膽大
산중에 길 있으나 형체 마음을 깨닫는다	山中有路悟形枯
바람 실은 눈보라 창문 때려 차가운데	風吹雪打油囱冷[36]
삼경에 짝이라곤 오직 대나무 화로로다	只伴三更竹火爐

【12 철선】[704]

중수의 꿀과 사총의 거문고[705] 모두 본뜰 수 있지만	殊蜜聰琴皆可模
그중 더욱 좋은 것은 연꽃 그림(우화도)이라네	就中尤好藕花圖
자색 싹과 생강채는 새벽 발우 밑천이고	紫芽薑菜資晨鉢
황이[706]와 버섯국은 여러 끼니 갖춤이라	黃耳菌羹備多廚
다만 은물결처럼 살아 있는 눈만 바라고	祇願眼如銀派活
몸이 댓가지처럼 마른 것은 싫지 않노라	不嫌身似竹枝枯
밝은 창에 청한한 빛 금하기 어려워	明囱難禁淸閒債
다시 이어진 산 바라보며 질화로 지피네	更對連山盡瓦爐

【12 철선】

그윽한 거처가 적당한 규모러니	幽居已得好規模
날마다 운서 보며 시제를 드네	逐日拈題雜韻圖
석옥 노인 선풍은 풀방석에 불어오고	屋老禪風吹草座
육조 혜능의 정진은 산 부엌에 가득하네	盧公精進滿山廚
기연을 일찍 지어 말은 외려 신랄하고	奇緣早作言猶辣
그림자 늦게 거두어 격조 절로 메마르네	散影[37]晚收格自枯

---

36) ㉠ '冷'은 '㓁'으로 되어 있다.
37) ㉠ '影'은 '景'으로 되어 있다.

우러러 화답하나 담비 이은 개꼬리라[707] 仰和高吟貂續是
심향 한 심지를 찬 향로에 꽂습니다   心香一炷挿寒爐
【12 범해】

석옥 청공의 〈산거시〉 12수(칠언절구)와 다산 정약용의 차운시[1]

온 산 가득한 죽순 고사리 동산 가득한 차   滿山筍蕨滿園茶
붉은 꽃 한 그루에 사이사이 흰 꽃이라   一樹紅花間白花
대체로 사계절 중 봄이 제일 좋은 때나   大抵四時春最好
그중 더욱 좋은 것은 우리 집 풍경   就中尤[2]好是山家
【석옥石屋 1】

유다[708] 다 질 때 찻잎 막 피어나니   落盡油茶始展茶
곡우 전이라 설중화를 이었구나   雨前因繼雪中花
봄 되어 바닷가에 생선회 넉넉하니   春來海上饒魚膾
차 마심은 외려 육식가와 같은 거지   淸飮翻同肉食家
【다산茶山 1】

나이 들어 암자에서 병든 몸 보양하니   年老庵居養病身
중천에 해 떠도 문 열지 않았도다   日高猶自未開門
찬 기운에 일어나 송화불 지피는데   怕寒起坐燒松火
초동 노래 한 곡조가 둑 너머 들려오네   一曲樵歌隔塢聞
【석옥 2】

몇 권의 남은 책에 칠 척의 몸으로   數卷殘書七尺身

---

1) ㊁ 제목은 역자가 넣었다. 이 부분은 〈山居詩〉 '칠언절구' 편(X70, 668b~670c)에서 발췌한 것이다. 『韓國佛敎全書』에서는 두 번째 작품부터 두 편 모두를 다산의 시로 보고 번호 (1), (2)를 붙였으나, 앞부분은 석옥의 작품이기에 (1), (2)를 삭제하고 작자를 다시 제시한다.
2) ㊁ 『石屋淸珙禪師語錄』에는 '尤'이 '猶'로 되어 있다. 이하 『石屋淸珙禪師語錄』과의 대교이다.

산속 집에 사립문 달 곳도 없어라　　　　　　山家無所作柴門
구름 낀 시내 밖 한 굽이 지나가니　　　　　　行過一曲雲溪外
개 짖고 닭 우는 소리 곳곳에 들리노라　　　　犬吠鷄鳴處處聞
　　　　　　　　　　　　　　　　　　　　　【다산 2】

산속 부엌 적적하여 불 땐 연기 없고　　　　　山厨寂寂斷炊烟[3]
얼음에 갇힌 시냇물 소리에 눈 내릴 듯해　　　凍鎖泉聲欲雪天
면벽한 노승은 선정의 힘 없는 터에　　　　　面壁老僧无定力
또다시 인간세계 걸식할까 생각하네　　　　　又思乞食到人間
　　　　　　　　　　　　　　　　　　　　　【석옥 3】

산 마당에 덤불 태우니 누런 연기 피어나　　　山庭焚雜起黃烟
하늘가 날아가는 연기 눈으로 보내노라　　　　目送煙飛到半天
올해는 채마밭에 재와 거름 충분하니　　　　　菜圃今年灰糞足
세상 경륜이라곤 다만 몇 이랑뿐이라오　　　　經綸只在數畦間
　　　　　　　　　　　　　　　　　　　　　【다산 3】

이런 일 누가 감히 억지로 하리　　　　　　　此事誰人敢强爲
선지식 아니면 알 수 없는 것　　　　　　　　除非知識[4]莫能知
분명하다 매화나무 위에 뜬 달은　　　　　　　分明月在梅花上
매화꽃 언제 피나 보러 온 거지　　　　　　　看到梅花早已遲
　　　　　　　　　　　　　　　　　　　　　【석옥 4】

---

3) 옌 '烟'이 '煙'으로 되어 있다. 이체자이다.
4) 옌 '識'이 '有'로 되어 있다.

유락하여 무위를 배운 이후로   自從流落學无爲
관리 횡포 백성 근심 나는 모르네   吏橫民愁我不知
아들에게 학명 써 주고 벼루 씻으니   書子鶴銘還洗硯
녹음 막 불어나고 해는 더디기만   緣[5]陰初漲日遲遲
【다산 4】

나지막한 초옥에 방은 두세 칸   茅屋低低三兩間
빙글빙글 두른 것은 온통 청산뿐   團團環繞盡靑山
한가한 구름 대자리에 묵는 걸 허치 않고   竹床[6]不許閒雲宿
해 질 녘 아닌데도 문득 빗장 건다오   日未斜時便掩關
【석옥 5】

책 다락은 흰 구름 속 맑고 깨끗해   書樓淸絶百雲間
회벽엔 담묵 산수 길게 누웠네   粉壁橫施淡墨山
그 가운데 산 아래 집을 한번 보건대   試看彼中山下屋
몇 그루 풍류가 솔 대문에 숨어 있네   數株風流隱松關
【다산 5】

한 조각 티끌 없는 새 비 내린 땅   一片元[7]塵新雨地
한쪽 가엔 고송에 새싹 나는군   半邊有蘇古時松
눈앞의 경물은 모두 보는 것   目前景物人皆見
가려 씀이 모두 다름 누가 알리오   取用誰知各不同
【석옥 6】

---

5) ㉮ 저본에는 '緣'이 '綠'으로 되어 있다. 번역은 저본을 따른다.
6) ㉮ '床'이 '牀'으로 되어 있다.
7) ㉮ '元'이 '無'로 되어 있다. 번역은 후자를 따른다.

작년 국화 뿌리 나눠 다시 가르고 　　　　　分根復裂前年菊
섬돌에는 태고송 새로 북돋우네 　　　　　砌石新封太古松
부생이 모두 나그넨 걸 알았건만 　　　　　已識浮生都是客
텃밭 가꿈은 여느 집과 왜 이리 같나 　　　治圃何與在家同
　　　　　　　　　　　　　　　　　　　　　【다산 6】

산세는 올록볼록 길은 울퉁불퉁 　　　　　山形凹凸路高低
돌은 구름가 집은 시내에 　　　　　　　　石點[8]雲頭屋點溪[9]
마당 좁아 심은 채소 적어서 　　　　　　　地窄栽來蔬葉小[10]
다리 서쪽에 작은 텃밭 경영을 하네 　　　又營小圃在橋西
　　　　　　　　　　　　　　　　　　　　　【석옥 7】

물가 마을 아래편엔 몇 집 흩어져 있고 　數家籬落水村低
나무하고 나물 캐는 산엔 시내 하나뿐 　　山裡樵蔬只一磎
폭우 내린 금년엔 허물어진 곳 많아 　　　暴雨今年多破缺
행원 서쪽에 돌사다리 새로 놓네 　　　　　石梯新補杏園西
　　　　　　　　　　　　　　　　　　　　　【다산 7】

집을 옮겨 난봉 서편 깊이 들어가니 　　　移家深入亂峰西
겹겹의 안개 나무 먼 시내와 격하였네 　　烟樹重重隔遠溪
나이 들어 마음 한가하고 잠 욕심 편안해져 年老心閒貪睡穩
종소리 닭 우는 소리 지겹도록 듣노라네 　厭聞鐘響與鷄啼
　　　　　　　　　　　　　　　　　　　　　【석옥 8】

---

8) ㉠ '點'이 '占'으로 되어 있다. 같은 행의 다음 글자도 같다.
9) ㉠ '溪'가 '蹊'로 되어 있다.
10) ㉠ '蔬葉小'가 '蔬菜少'로 되어 있다. 번역은 후자를 따른다.

갈고리 모양 초승달 서쪽에 막 떠오르자　　　　一鉤新月始生西
대 그림자 살랑살랑 작은 시내에 그늘지네　　　竹影襹縦11)蔭小溪
굽은 난간 한가히 앉아 뉘와 얘기하리오　　　　閒坐曲欄誰與語
가을벌레들만 무수히 풀섶에서 우는구나　　　　秋蟲無數草根啼
　　　　　　　　　　　　　　　　　　　　　　　　　【다산 8】

노을 비낀 창가에 차가움이 빛을 발하니　　　　半牕12)斜日冷生光
해진 가사로 머리 싸매 자리에 앉았노라　　　　破衲蒙頭坐竹床
화로 가득 마른 잎에 불을 사르니　　　　　　　枯葉滿爐燒篊13)火
지붕 위 차가운 서리 내린 것도 몰랐었네　　　　不知屋上有寒霜
　　　　　　　　　　　　　　　　　　　　　　　　　【석옥 9】

유다 차 잎 잎마다 이슬이 빛을 흘리나니　　　　油茶葉葉露流光
담요가 오늘 밤엔 대자리 대신하네　　　　　　　氈褥今霄代竹床
감은 우황 같아 두고 먹지 않나니　　　　　　　柹14)似牛心留不食
꼭대기까지 홍시 되려면 서리 맞기 기다려야　　上頭紅熟待經霜
　　　　　　　　　　　　　　　　　　　　　　　　　【다산 9】

깊은 가을 시절이라 비가 우둑우둑　　　　　　　深秋時節雨霏霏
소엽(차조기 잎) 층층마다 범 발자국 찍혔는데　蘇葉層層印虎蹄
한밤 서풍에 날려 사라지니　　　　　　　　　　一夜西風吹不住

---

11) 옌 『六老山居咏』에는 '縦'이 '襹'로 되어 있다. 번역은 후자를 따른다.
12) 옌 '牕'이 '窓'으로 되어 있다. 이체자이다.
13) 옌 '篊'이 '焰'으로 되어 있다. 『栢悅錄』 저본에는 '獄'로 되어 있다. 『韓國佛敎全書』에 잘못 옮긴 것으로 보인다.
14) 옌 저본에는 '柹'가 '梯'로 되어 있다. 번역은 후자를 따른다.

새벽에 누런 잎이 계단과 가지런   曉來黃葉與階齊
                                  【석옥 10】

상수리 숲 누런 잎에 비가 우둑우둑   橡林黃葉雨霏霏
대사립 깊게 닫고 마제 편⁷⁰⁹을 읽노라   竹戶深扃¹⁵⁾讀馬蹄
문밖 홍매는 진작 손수 심은 것   戶外紅梅會¹⁶⁾手裡¹⁷⁾
지금은 높기가 지붕 꼭대기와 나란해   如今高與屋頭齊
                                  【다산 10】

늙어 가며 온갖 생각에 일이 없어서   老來無事于懷抱¹⁸⁾
대자리에 높이 누우니 해가 비껴 누웠네 竹搨¹⁹⁾高眠石²⁰⁾枕斜
꿈속에서 내가 누군지 알지 못하고   夢裡²¹⁾不知誰識²²⁾我
꿈을 깨니 새로 뜬 달 매화에 다가갔네 覺來新月到梅花
                                  【석옥 11】

한 모롱이 눈 구경에 푸른 대지팡이 높이고   一端賞雪青筇矗
못 모퉁이 바람 맞아 백발 비스듬히 날리네   池角臨風白髮斜
내년에 오갈 일 알지 못한 채   不識來年去留事
이웃 절 가서 꽃모종 부탁하네   又從憐²³⁾寺乞移花
                                  【다산 11】

---

15) ㉠ 『六老山居咏』에는 '扃'이 '肩'으로 되어 있다.
16) ㉠ 『六老山居咏』에는 '會'가 '曾'으로 되어 있다. 번역은 후자를 따른다.
17) ㉠ 저본에는 '裡'가 '種'으로 되어 있다. 번역은 후자를 따른다.
18) ㉠ '于懷抱'가 '可千懷'로 되어 있다.
19) ㉠ '搨'이 '楊'으로 되어 있다. 번역은 후자를 따른다.
20) ㉠ '石'이 '日'로 되어 있다. 번역은 후자를 따른다.
21) ㉠ '裡'가 '裏'로 되어 있다. 이체자이다.
22) ㉠ '識'이 '是'로 되어 있다. 번역은 후자를 따른다.

홀로 앉아 마음 궁리하니 고요하고 아득한데　　獨坐窮心寂杳冥
그중에 정에 당할 만한 법은 없어라　　　　　　介[24]中無法可當情
서풍이 분 종내는 낙엽이 문 둘러싸　　　　　　西風吹盡擁門葉
텅 빈 섬돌 달과 함께 밝게 해 놓았네　　　　　留得空階[25]月與明

【석옥 12】

하늘가 뜬구름이 아득한 곳 맞닿으니　　　　　天除浮雲接杳冥
궁궐[710]에 내리는 서설에 흐르는 정 서럽다　　觚稜瑞雪悵流情
가고 오는 것은 모두 한가로운 일이어니　　　 宜當[26]去住渾閑事
평상처럼 살면서 임금 은총 떠올릴 뿐[711]　　　只是端居念聖明

【다산 12】

---

23) ㉾『六老山居咏』에는 '憐'이 '隣'으로 되어 있다. 번역은 후자를 따른다.
24) ㉾ '介'가 '箇'로 되어 있다. 통용된다.
25) ㉾ '階'가 '堦'로 되어 있다. 통용된다.
26) ㉾ '當'은 저본에 '雷'로 되어 있다. 번역은 전자를 따른다.

광서 12년(1886) 병술 5월 하순 두륜산 만일암 범해 화상 회하(문하)에서 삼청산인[712]이 쓰다.

光緒十二年丙戌鶉味下澣日, 頭輪挽日菴梵海和尙會下, 三淸山人書.[1)]

1) ㉮ 이 별기는 『栢悅錄』 저본의 마지막 장에 필사되었는데 『韓國佛敎全書』에는 수록되지 않았다.

주

1 백파白坡(1767~1852) : 법명은 긍선亘璇이고 당호는 구산龜山으로 전라북도 고창 출생이다. 선운사에 출가하여 설파雪坡 화상에게서 구족계를 받았고, 사방의 산문을 유람하며 오교五敎를 두루 열람하였다. 순창 구암사龜巖寺에 주석하며 30여 년간 강론하였다. 『起信論私記』를 개간하였고, 『作法龜鑑』을 간행하였으며, 『禪門綱要』의 이해하기 어려운 부분에 주석을 달아 편집하여 『禪門手鏡』을 만들었고, 내전은 물론 외전의 사기私記까지도 학인들이 배우기 편리하도록 정리하는 등 많은 책을 저술하였다. 백파와 선 논쟁을 벌인 추사 김정희는 백파의 행장에 서문을 쓰고 비문을 지었는데 그 전면에 큰 글씨로 "화엄종주백파대율사대기대용지비華嚴宗主白坡大律師大機大用之碑"라 하였다. 추사는 백파의 평생을 '대기대용大機大用' 한 구절로 평가한 것이다. 비는 선운사에 있다. 백파는 설봉雪峰의 사법嗣法 제자이고 퇴암退庵의 손제자이며, 설파 상언雪坡尙彦의 증손 제자이고 호암 체정虎巖體淨의 현손玄孫 제자이다. 그의 제자로는 구봉龜峰, 도봉道峰, 정관定觀, 백암白岩, 영산影山, 혜암惠庵 등이 있다.(김두재 역, 『東師列傳』, 동국대학교출판부, 2015, pp.327~330)
2 이 글은 추사秋史 김정희金正喜(1786~1856)가 1841년(도광 21), 56세에 귀양지인 제주도에서 백파 긍선白坡亘璇에게 보낸 편지글이다. 주요 내용은 백파의 선론禪論 중 논리상 모순이 있거나 부정확한 문헌적 근거에서 유래한 것과 함께 학문하는 자세까지 두루 비판한 것이다. 내용을 보면 이 글 이전에 백파가 추사에게 보낸 편지가 있었을 것으로 추정되나 현재 전하지 않는다. 『阮堂全集』에는 백파에게 보낸 편지가 세 편이 있으나 이 글은 수록되지 않았다. 『栢悅錄』에 수록된 편지글은 1886년(광서 12)에 삼청 선타三淸先陀가 필사한 것으로 추사의 편지글 원문은 아니다. 이본으로 이종익 필사본이 있다. 이종익은 "본인이 이미 35년 전에 해남 대흥사에서 얻어 보고 필사한 것인데 오자가 많다."라고 하며 「贈答白坡書」의 원문을 소개하였다.(『불교학보』 12, 동국대학교 불교문화연구원, 1975) 이종익이 1940년경에 필사한 것이 『栢悅錄』을 베낀 것인지 아니면 원본이나 다른 필사본을 보고 베낀 것인지 알 수 없으나 옮기는 과정에서 글자의 넘나듦이 크다. 이에 앞서 『禪苑』 제2호(선학원, 1932. 2)에는 권상로(필명 之一)가 원문 없이 내용을 풀이하여 소개한 바 있다. 본 번역에서는 『韓國佛敎全書』에 수록된 것을 대본, 『栢悅錄』(송광사 소장) 수록본을 저본, 이종익이 논문에서 소개한 필사본을 이종익본으로 명명하고 상호 차이 나는 부분을 교감하여 제시한다. 글자의 차이가 있을 경우에는 주로 저본을 근거로 번역하되 이종익본을 따를 경우 별도로 명시하도록 한다.
3 복희伏羲, 문왕文王~공자孔子의 글 : 『周易』을 말한다. 복희씨伏羲氏는 팔괘八卦를, 주나라 문왕은 괘사卦辭를, 주공周公은 효사爻辭를, 공자는 계사繫辭를 지었다고 전해진다. 그러나 『周易』 괘효사의 창안자에 대하여 여러 설이 있다. 사마천司馬遷과 반고班固는 문왕이 지었다 하였고, 후한의 마융馬融과 삼국시대 오나라의 육적陸績은 문왕이 괘사를, 주공이 효사를 지었다고 하였는데, 이러한 설은 모두 한대 이후에 만들어진 말이다.
4 백파가 선에 대해 회심의 주장을 펼친 저서가 『禪文手鏡』이다. 『禪文手鏡』의 내용은 당시 선문에 선 논쟁이 치열하게 일어나는 기폭제가 되었다. 초의 의순草衣意恂

(1786~1866)은 『禪門四辨漫語』를 지어 백파의 시각을 정면으로 비판하였고, 우담 홍기 優曇洪基(1822~1881)는 『禪門證正錄』을 지어 비판하였다. 그 후 백파의 문인인 설두 유형雪竇有烱(1824~1889)은 『禪源遡流』를 지어 백파의 설을 옹호하였다. 또 축원 진하竺源震河(1861~1926)는 『禪文再正錄』을 지어 다시 백파를 비판하였다. 추사는 초의와 다방면에 걸쳐 긴밀한 교류를 나누었고 선론에 있어서도 상당한 공감대를 형성하고 있었다. 그렇다고 추사가 초의와 같이 백파 선론의 핵심을 정면에서 논박한 것은 아니다. 청나라의 지식인과 밀접한 교류를 나누던 조선 최고의 고증학자로서 추사는 기존의 선서를 무비판적으로 수용할 뿐 치밀한 문헌 비평을 통한 내용 검증에 이르지 못한 당시 선문에 대해 비판적 입장을 취하고 있었고, 더 나아가 간화선 자체에 대해 매우 비판적 입장에 있었다. 추사가 이 글에서 논박하고 있는 내용은 백파의 『禪文手鏡』과 직접적인 관계가 없다. 백파의 저작으로 『修禪結社文』, 『禪門拈頌集私記』, 『禪門五宗綱要私記』, 『禪文手鏡』, 『金剛經八解鏡』, 『六祖大師法寶壇經要解』 등이 있으나 이들 문헌을 대상으로 한 것도 아니다. 이 글 이전에 백파와 추사가 주고받은 별도의 편지글 내용 가운데 추사의 의견과 다른 것을 지적하여 반박한 것으로 보인다.(이종익, 「중답백파서를 통해 본 김추사의 불교관」, 『불교학보』 제12집, 동국대학교 불교문화원, 1975, p.12) 추사가 백파에게 보낸 편지글 「與白坡」 세 편이 『阮堂全集』 제5권 「書牘」 편에 전한다.

5 『周易』의 해석 방법은 선진, 양한, 위진수당, 송원, 명청 시기에 따라 전개되어 왔다. 이 가운데 한나라는 상수학象數學의 체계가 형성된 시기이다. 송나라는 주역의 원리를 고도로 이론화하여 역학의 최고봉에 이르는 시기로 후대에 큰 영향을 끼쳤다. 한나라의 대표적 학자는 정현鄭玄(127~200)이며, 송나라의 대표적 학자는 정이程頤(1033~1107), 주희朱熹(1130~1200)이다.

6 적연부동寂然不動 : 『周易』 「繫辭 上」의 "역은 사려도 없고, 작위도 없으며, 고요하여 움직이지 않으나, 감응하여 마침내 천하의 일에 통한다. 천하의 지극히 신묘한 것이 아니면, 그 누가 이것과 더불어 할 수 있겠는가.(易无思也, 无爲也, 寂然不動, 感而遂通天下之故, 非天下之至神, 其孰能與於此」)"에서 온 말이다. 원래는 주역점은 사려도 없고 작위도 없으며, 고요하여 움직이지 않으나, 시초를 셈하여 점을 치면 마침내 천하의 일에 감응하여 천하의 일에 관통한다는 말이다. 공영달孔穎達은 "사려도 없고 작위도 없으니, 고요하여 움직이지 않는 것이다. 감응하면 반드시 응하여 모든 일이 모두 통하니, 이것이 감응하여 마침내 천하의 일에 통한다는 것이다."라고 하였다.(김상섭, 『주역周易-역전易傳』, 지호출판사, 2013 인용) 적연부동은 마음의 미발未發 상태, 감이수통感而遂通은 마음이 외물에 대응하여 드러난 상태로, 각각 정靜과 동動에 대응하는 말이다. 성리학에서 마음의 체體와 용用을 비유할 때에도 자주 사용하는 용어이다.

7 감이수통感而遂通 : 주 6 참조.

8 진공眞空과 묘유妙有 : 진공은 진여의 본성이 일체중생의 미혹을 멀리 떠나 있는 상태, 곧 대승불교의 지극한 가르침으로 진실한 공을 말한다. 일체를 공이라 하여 부정했을 때, 갖가지 사물은 그대로 긍정되어 묘유라고 한다. 진리 내지 진여가 일체망상을 떠나 증가하지도 줄지도 않는 집착을 떠난 모습을 진공이라 하며, 상주불변하고 더욱이 현실을 성립시키는 진실의 유인 것을 묘유라 한다. 초의 의순은 『禪門四辨漫語』 「眞空妙有辨」에서 백파의 설을 다음과 같이 요약하고 비판하였다. "일심의 변하지 않는 측면은 묘사할 이름도 전혀 없고 드러낼 차별상도 사라져 남김없이 쓸어 없앤 격이므로 '진

공'이라 한다. 일심의 인연에 따라 움직이는 측면은 만법을 건립하며 무수하게 변화하므로 '묘유'라 한다. 또한 이름과 차별상이 일제히 나타나기 때문에 무수한 이름과 수많은 차별상을 지니며, 팔만의 번뇌와 삼계에 존재하는 아홉 부류의 중생과 허다한 이름, 차별상에 이르기까지 서로 의존하여 천차만별의 변화를 발휘하므로 묘유라 한다."(김영욱 역, 『선문사변만어』, 동국대학교출판부, 2012, pp.164~165 인용)

9 종밀宗密 : 규봉 종밀圭峰宗密(780~841). 당나라 승려. 화엄종 제5조. 청량 징관淸凉澄觀의 제자로 『華嚴經』을 연구했으며 선교일치를 주창했다. 저서에 『圓覺經疏』, 『圓覺經鈔』, 『華嚴倫貫』, 『行願品隨疏義記』, 『禪源諸詮集』, 『原人論』, 『起信論註』 등이 있다.

10 원형이정元亨利貞 : 『周易』「乾卦」의 괘사에 "乾, 元亨利貞."이라고 하였다. 이는 곧 사물의 근본 원리를 설명한 것으로, '원元'은 '비롯되다'라는 뜻의 시始, '형亨'은 '형통하다'는 뜻의 통通, '이利'는 '만물을 이롭게 한다'는 뜻의 이물利物, '정貞'은 '바르다'는 뜻의 정正이다. 건乾은 만물이 비롯되고 형통하며, 만물을 이롭게 하고 바르다는 네 가지 덕을 가지고 있다는 해석이다.(김상섭, 『주역周易-역전易傳』, 지호출판사, 2013 인용)

11 상락아정常樂我淨 : 여래법신이 구족하고 있는 네 가지 덕, 혹은 열반의 네 가지 덕을 가리킨다. 열반 경계에 도달한 깨달음은 영원불변한 깨달음이므로 '상常'이라 하고, 그 경계가 고통이 없고 안락하기에 '낙樂'이라 하며, 자유자재하고 조금도 구속됨이 없으므로 '아我'라 하며, 번뇌의 더러움이 없기에 '정淨'이라 한다.

12 종밀宗密 같은~대비하여 들었으니 : 종밀의 『圓覺經』 서문을 인용하면 다음과 같다. "원형이정은 건의 덕이니 일기一氣에서 비롯한다. 상락아정은 불佛의 덕이니 일심一心을 근본으로 한다. 일기를 전일하게 하여 부드러움에 이르고, 일심을 닦아 도를 이룬다.(元亨利貞乾之德也, 始於一氣. 常樂我淨佛之德也, 本乎一心. 專一氣而致柔, 修一心而成道.)" 『大方廣圓覺修多羅了義經略疏』(T39, 524a16). 이종익에 따르면 "건의 덕을 一氣라 하고, 專一氣而致柔라고 한 것은 도교적 해석이니, 어찌하여 乾德의 一氣를 도교적 一氣로 부회하고 특히 양생법에서 말하는 柔術(致柔는 嬰兒로 돌아가라는 柔術을 말함)을 끌고 오느냐고 파척"한 것이라 한다.(이종익, p.16 인용)

13 비단 대사만~오던 차에 : 저본에는 먹으로 지워져 있어 『韓國佛敎全書』에서는 누락시켰으나 본 번역서에서는 복원하여 번역하기로 한다.

14 함咸·영英·소韶·호護 : 요임금의 음악인 함지咸池와 제곡帝嚳의 음악인 육영六英, 순임금의 음악인 소韶와 탕임금의 음악인 호護를 가리킨다.

15 문수보살이 (선재동자에게)~하는 이야기 : 『汾陽無德禪師語錄』, 『佛果圜悟禪師碧巖錄』 등에 수록되어 있다. "문수가 하루는 선재를 시켜서 약을 캐어 오라 하며 말하기를 '약이 되지 않는 것을 캐어 오라.'고 했는데, 선재가 두루 돌아다니며 보았지만 약이 되지 않는 것이 없었다. 그래서 문수보살을 찾아가 아뢰기를 '약이 되지 않는 풀이 없습니다.'라고 하였다. 문수가 말하기를 '그러면 약이 되는 것을 캐어 오라.'고 하였다. 선재는 곧 한 줄기의 풀을 집어서 문수에게 건네주었다. 문수는 그 풀을 들어 대중에게 보이며 말하기를 '이 약은 사람을 죽일 수도 있고 사람을 살릴 수도 있다.'라고 하였다. 이 약과 병이 서로 치유할 수 있다는 화두는 가장 간파하기 힘들다.(文殊一日, 令善財去採藥云. 不是藥者採將來, 善財遍採, 無不是藥, 却來白云. 無不是藥者. 文殊云. 是藥者採將來. 善財乃拈一枝草, 度與文殊. 文殊提起示眾云. 此藥亦能殺人, 亦能活人. 此藥病相治話, 最難看.)" 『佛果圜悟禪師碧巖錄』(T48, 212a14).

16 그림자나 찾고~훔치는 것 : 『阮堂全集』 제2권 「書牘」 편, 「與申威堂(二)」에 "흔히 사람마다 문경門徑에 대하여 그림자나 찾고 빛이나 훔치면서 철두철미하게 하지 못하는데(每人於門徑, 摸影掠光, 不能透頂徹底)"라는 표현이 있다. 그림자를 희롱하고 빛을 훔친다는 것은 핵심을 제대로 파악하지 못하고 사용하는 상태를 표현한 것이다.

17 제일의제第一義諦 : Ⓢ paramārtha-satya, Ⓟ paramattha-sacca. 최고로 수승한 제일의 진리. 세속제世俗諦의 대칭으로 제일의라 약칭한다. 또한 승의제勝義諦, 진제眞諦, 성제聖諦, 열반涅槃, 진여眞如, 실상實相, 중도中道, 법계法界라 칭하기도 한다. 그 이름들을 총괄하면 곧 깊고 묘하고 위없는 진리로서 제법 중 제일이 되므로 제일의제라 부른다.

18 노편盧扁 : 명의인 편작扁鵲이 노盧 땅에 살았기 때문에 편작을 노편이라 한다.

19 해안海眼 : 당시 백파를 모시던 상좌로 보인다. 중관 해안中觀海眼 대사(1567~?)와는 다른 인물이다.

20 소사리小闍黎 : 사리闍黎는 사리闍梨라고도 하며 아사리阿闍黎의 줄임말이다. 원뜻은 고승이나, 일반적으로 승려를 가리킨다. 여기서 소사리는 백파 큰스님에 상대되는 해안 스님을 표현한 것이다.

21 『금강경』 32분과 : 『金剛經』의 과문을 나눈 것에는 무착無着의 7종 의구義句, 천친天親의 27단의斷義, 금강선金剛仙의 12분과, 함허 득통涵虛得通의 3단 10문 분과, 양나라 소명태자의 32분과, 길장吉藏의 3단段 2주설周說, 규기窺基의 3단 분과, 지엄智儼의 3단 분과, 기타가 있다. 양 무제梁武帝의 아들인 소명태자는 구마라집본의 경문을 따라 『金剛經』을 32분과로 나누었다. ① 법회인유분, ② 선현기청분, ③ 대승정종분, ④ 묘행무주분, ⑤ 여리실견분, ⑥ 정신희유분, ⑦ 무득무설분, ⑧ 의법출생분, ⑨ 일상무상분, ⑩ 장엄정토분, ⑪ 무위복승분, ⑫ 존중정교분, ⑬ 여법수지분, ⑭ 이상적멸분, ⑮ 지경공덕분, ⑯ 능정업장분, ⑰ 구경무아분, ⑱ 일체동관분, ⑲ 법계통화분, ⑳ 이색이상분, ･ 비설소설분, ･ 무법가득분, ･ 정심행선분, ･ 복지무비분, ･ 화무소화분, ･ 법신비상분, ･ 무단무멸분, ･ 불수불탐분, ･ 위의적정분, ･ 일합이상분, ･ 지견불생분, ･ 응화비진분 등이다. 현재 가장 널리 유통되고 있는 한역 『金剛經』은 곧 이 32분과본으로서 소명태자가 구마라집본에 근거하여 분과한 것이다. 宗泐‧如玘 주, 『金剛般若波羅蜜經註解』(T33, 228b01). (이상 김호귀, 『금강경과해』, 한국학술정보, 2011 해설 참조)

22 「해이제의解二諦義」 장 : 당나라 서명사西明寺의 사문 석도선釋道宣이 찬한 『廣弘明集』(T52, 247c02~250b15)에 「昭明太子解二諦義章」이 실려 있다.

23 '석재연등昔在燃燈' 구를~'장엄불토莊嚴佛土'만 이었겠는가 : 이종익은 설명에서 "第九一相無相分과 第十莊嚴淨土分은 실제에 있어서 둘로 나눌 것이 아니다. 왜냐하면 일상무상분에서는 四果의 道行을 推窮하여 장엄정토분에 이르러 여래의 果까지 말한 것이니(推窮四果, 漸至如來) 어찌하여 장엄정토분을 따로 나누어서 옛적에 然燈佛所에서 莊嚴佛土한 것만을 別로 내세우게 되었는가."(p.19)라고 하였다.

24 '색견성구色見聲求' 사구게四句偈 : 『金剛經』 제26 「法身非相分」(T08, 752a16)에 있는 사구게의 하나. "만약 형상으로 나를 보거나 음성으로 나를 들으려 한다면 이 사람은 삿된 도를 행함이라 능히 여래를 보지 못하리라.(若以色見我, 以音聲求我, 是人行邪道, 不能見如來.)"

25 천의무봉한 경을~일이 아니다 : 본문 다음 구에 소개한 양각良覺, 우안遇安 등의 중

국 선 문헌에서 직접 인용한 것이다. 양각 거사가 저술한 『金剛經石註』의 '범례'(X25, 581c05) 중 첫 번째 항목을 인용하면 다음과 같다. "此經流布於世, 傳本多誤, 陰冥之間, 惟以壽眷永慶寺南唐道顒法師石本爲正. 今(予)此著, 悉照石本訂正, 凡有增減錯誤, 俱逐細更改, 一字無譌. : 此經, 分三十二分. 相傳自梁昭明太子, 但天衣無縫, 割裂爲繁. 且如推窮四果, 漸至如來政緊關, 昔在然燈, 何單承莊嚴佛土, 又色見聲求四句. 原與下文一氣溹洄, 勢難以刀斷水, 然而品節有序. 讀者賴以記述. 今(予)此著, 止將各分標存細字於傍. 可以不必雜於經文讀." 또한 같은 대목이 『金剛經源流』의 '예언例言'(X25, 878b22) 첫 항목에도 인용되었다. "是經梁昭明太子標爲三十二分. 然細繹段落. 恐不止是. 每分標題. 亦未盡賅. 且如推窮四果. 漸至如來. 正緊接然燈佛所一段. 何割截屬下莊嚴. 爾時慧命須菩提聞說法信心. 雖義接上文. 究另有所請. 不得併爲一分. 其餘宜分宜合. 不一而足. 是編段落. 彙合諸家. 折衷至當. 非敢臆說也. 然三十二分. 相沿已久. 未可抹煞. 玆將每分所標名目. 列於眉端."

26 양각良覺 : 청의 양각 거사良覺居士 석천기石天基. 『金剛經石註』(1702)를 집주한 인물이다. 『金剛經石註』는 남당南唐의 도옹道顒이 남긴 석본石本을 저본으로 기존 유통본의 오류를 바로잡고 주석을 붙인 것이다. 이후 1784년(건륭 49) 청의 효풍曉楓이 남당 도옹의 석본과 회원 왕씨懷園王氏의 각본刻本을 저본으로 『金剛經石註』에 대해 다시 교정을 본 뒤 옹방강翁方綱의 서문을 받아 간행했다. 『金剛經石註』는 1845년(헌종 11) 북경에 간 이유원李裕元 등이 북경 유리창의 동문당同文堂에서 구입하여 귀국하는 과정에서 국내에 전래되었다. 이후 1869년 이유원의 주도로 경기도 양주 천마산 보광사에서 주지 고경 선사古鏡禪師가 간행하였다. 뒤에는 순양 도조純陽道祖의 주註가 첨부된 『般若心經』이 합부되어 있다. 이 두 책은 중국에서 간행될 당시부터 합부되어 있었던 것으로 보인다. 이 책을 통해 조선 후기에 청에서 불서가 직접 들어와 국내에서 중간 및 유통된 과정을 알 수 있으니, 청과 조선의 서적 교류를 구체적으로 보여 주는 사례로 의미가 있다.(장서각 소장 도서 해제 직접 인용) 아마도 옹방강과 깊은 교류를 나눈 김정희도 이런 과정을 거쳐 입수했을 것으로 추정된다.

27 우안遇安 : 미상.

28 증상만增上慢 : 사만四慢 또는 칠만七慢의 하나로, 최상의 교법과 깨달음을 얻지 못하고서 얻었다고 생각하여 잘난 체하는 거만. 곧 자기 자신을 가치 이상으로 생각하는 것이다. 사만은 증상만·비열만卑劣慢·아만我慢·사만邪慢 등이고, 칠만은 만慢·과만過慢·만과만慢過慢·아만·증상만·비열만·사만邪慢 등이다.

29 함허 득통涵虛得通(1376~1433) : 법명은 기화己和이고 법호는 득통得通이며 당호는 함허당涵虛堂이다. 대사가 저술한 『金剛般若波羅密經綸貫』(『韓國佛敎全書』 제7책)은 『金剛經』의 분과를 형식상으로는 10문으로 나누고 내용적으로는 상근기와 중근기, 하근기에 따라 나누어 정리함으로써 전체적으로 『金剛經』의 구조와 내용을 이해하는 데 많은 도움을 주고 있다.(김호귀, 앞의 책, p.54)

30 덕산德山이 『금강경』을~버렸다는 공안 : 낭주朗州 덕산 선사德山禪師의 법명은 선감宣鑑이고, 간주簡州 사람이며, 성은 주周씨이다. 어린 시절 출가하여 성공사性空寺에서 율장律藏을 깊이 연구하고 여러 경전의 취지에 관통하였다. 항상 『金剛經』을 강설하여 당시에 '주금강周金剛'으로 불렸다. 남방의 선종을 불신하였던 그는 남방으로 향하던 중 길가에서 노파에게 떡을 사 먹으려다가 노파가 던진 "금강경"에 말하기를 과

거의 마음을 알 수 없고, 현재의 마음도 알 수 없으며, 미래의 마음도 알 수 없다 하는데, 스님은 어느 마음에 점을 찍겠습니까?(金剛經道. 過去心不可得. 現在心不可得. 未來心不可得. 未審上座點那箇心.)"라는 물음에 답을 하지 못하고 노파를 따라 풍주澧州 용담사龍潭寺에 가서 숭신崇信 선사를 만나 법을 잇는다. 그리고 그때까지 금과옥조로 여기던『金剛經疏鈔』를 법당 앞에 쌓고 불태웠다고 한다.『釋氏稽古略』『德山』조 (T49, 840c10);『五燈會元』『鼎州德山宣鑒禪師』조(X80, 142b07).

31 교적敎迹 : 부처님이 교설한 가르침의 흔적. 교화의 자취. 신규탁은『禪文手鏡』주해에서 이를 '교화의 티'로 풀이하였다. 즉 "부처는 중생을 교화하고 또 우리 중생은 부처에게 교화를 받는다는 집착에 빠진다는 것을 '티'라고 생각했다. 중생이니 부처니 하는 상을 내지 말고, 또 교화라는 상을 내지 말라고 경계하는 말이다."(신규탁 역,『禪文手鏡』, 동국대학교출판부, 2012, p.73)

32 원효元曉(617~686) : 신라의 고승이다. 원효는 법명이고, 속성은 설薛씨, 속명은 서당誓幢 또는 신당新幢이며, 호는 화정和淨이다. 설총薛聰의 아버지이다.

33 보조普照 : 보조라는 호를 쓴 승려는 신라의 체징體澄과 고려의 지눌知訥이 있다. ① 신라 승려 보조 체징(804~880)은 837년 당나라에 가서 선지식을 두루 방문하고 840년에 신라로 돌아와 무주 황학난야에 주석하였다. 헌안왕의 청으로 서울에 갔으나 다시 가지산 보림사로 가서 절을 중수하였다. 비가 전라남도 장흥 보림사 터에 있다. ② 고려 시대 보조국사普照國師 지눌(1158~1210)은 정혜결사定慧結社를 조직하여 불교의 개혁을 추진하였으며, 돈오점수頓悟漸修와 정혜쌍수定慧雙修를 주장하며 선교일치를 추구하였다.

34 『대혜서大慧書』:『書狀』또는『大慧普覺禪師書』라고도 한다. 대혜 종고大慧宗杲 (1089~1163)가 문하의 거사와 유신儒臣 등의 질문에 답하여 선의 요지를 설한 서간문 62편을 제자 혜연慧然과 황문평黃文平 거사가 모아 남송 건도乾道 2년(1166)에 발문을 붙여 간행한 것이다. 서간체 형식의 선의 종요서宗要書로서『黃龍尺牘』과 함께 칭송된다.

35 보조는 신라 사람이요 : 백파가 말한 보조가 신라인인지 고려인인지 알 수 없으나, 추사는 보조를 신라인으로만 파악한 듯하다.

36 대혜大慧 : 남송대의 승려 대혜 종고(1089~1163). 임제종 양기파楊岐派. 자는 담해曇海, 호는 묘희妙喜·운문雲門, 시호는 보각선사普覺禪師이다. 원오 극근圜悟克勤의 법사法嗣이다. 묵조선默照禪을 비판하고 간화선看話禪을 제창하여 선수행의 발달에 큰 영향을 끼쳤다. 저서로『大慧語錄』12권과『大慧法語』3권 등이 전한다.

37 달마達摩 : 생몰 연도에 대해서는 ?~495, ?~436, 346~495, ?~528 등 여러 설이 있다. 가섭迦葉을 초조로 하는 서천西天 법맥의 제28조이자 중국 선종의 초조初祖.

38 2조二祖 : 혜가慧可(487~593). 40세 때인 520년 숭산嵩山 소림사少林寺의 보리달마를 찾아가 제자가 되어 6년간 수행 정진하였다. 처음 달마를 찾아갔을 때 눈이 허리까지 파묻힐 정도였지만 달마가 제자로 받아들이지 않자 자신의 팔뚝을 끊어 구도의 마음을 내보이고 이후 각고 수행한 후 깨달은 바를 내보이자 달마는 '汝得吾髓'라 말하며 인가하고 대법을 전했다고 한다.

39 달마 대사는 2조 혜가에게 "내가 가지고 있는 네 권『능가경』을 역시 그대에게 부촉하니, 이것이 여래께서 마음자리(心地)에 관한 핵심적인 법문을 모든 중생들에게 열어

보여 그들로 하여금 깨달아 들어가도록 한 것이다.(吾有楞伽經四卷. 亦用付汝. 即是如來心地要門. 令諸衆生開示悟入.)"라고 하였다. 『五燈會元』(X80, 40b24).

40 운문雲門 : 운문종雲門宗의 개조인 운문 문언雲門文偃(864~949). 당말唐末 오대五代 스님으로 가흥 공왕사空王寺 지징志澄 선사에게 수학하고 17세에 출가하여 목주 도명睦州道明에게 참구하고, 다시 설봉 의존雪峰義存의 법을 이었다. 영수 여민靈樹如敏 회하에 있다가 운문산으로 들어가 30여 년을 주석하며 종풍을 선양하였다.

41 늑담泐潭 : 늑담이라는 법호를 쓴 선사가 여럿 있으나 여기서는 늑담 홍영洪英(1012~1070)으로 보인다.

42 아뇩달지阿耨達池 : Ⓢ Anavatapta의 음역어. 의역은 무열뇌無熱惱. 인도 설산의 북쪽, 향산香山의 남쪽에 있는 연못의 이름. 이곳의 맑고 차가운 물은 여덟 가지 공덕을 가지고 있으며, 인도의 하천으로 흘러 섬부주瞻部州를 윤택하게 한다고 한다.

43 주차駐箚 : 외교 대표로서 외국에 주재駐在한다는 뜻.

44 영가永嘉 : 영가 현각永嘉玄覺(675~713). 당대의 승려. 어려서 출가하여 두루 삼장을 탐구하였으며 특히 천태 지관天台止觀의 법문에 정통하였다. 좌계 현랑左谿玄朗의 권고로 무주 현책婺州玄策과 함께 조계의 육조 혜능慧能을 참알하고 여러 차례 문답하여 곧바로 인가를 받고 그날 하루를 머물렀다. 여기에서 그의 호 '일숙각一宿覺'이 유래하였다. 증도의 요지를 267구 1,814자의 고시체로 읊은 〈證道歌〉가 있다.

45 낭사郞師 : 좌계 현랑. 주 44 참조.

46 법해法海 : 『六祖壇經』의 글을 모으고 펴낸 육조 대사의 상좌.

47 화정 국사和靜國師 : 화쟁 국사和諍國師로 원효를 가리킨다. 원효와 의상이 동방의 성인인데도 비석이나 시호가 없어 그 덕이 크게 드러나지 않음을 애석하게 여겨, 고려 숙종이 1101년 8월에 원효 대사에게는 대성화쟁국사大聖和諍國師라는 시호를 내리고 비를 세우게 하였다.

48 진묵震默(1562~1633) : 조선 중기의 승려. 법명은 일옥一玉이고 진묵은 법호이다. 전라도 만경현 불거촌에서 태어나 7세 되던 해 전주의 서방산 봉서사로 출가하여 불경을 공부하였다. 인근의 유학자 김동준金東準과 만년에 내왕하며 방외의 사귐을 가졌다. 인근 지역에 진묵 조사의 일화가 다양하게 전승되었는데 이를 모아 1850년 초의 의순草衣意恂이 『震默祖師遺蹟攷』를 지어 봉서사에서 간행하였다.

49 서산西山 : 청허 휴정淸虛休靜(1520~1604). 조선 중기 고승으로 법명은 휴정이다. 묘향산 즉 서산에 오래 주석하여 서산 대사라 칭하기도 한다. 지리산에서 숭인崇仁에게 출가하여 영관靈觀에게서 법을 얻었으며, 30세에 승과에 급제하고 이어 선교양종판사禪教兩宗判事의 지위에 올랐다. 임진왜란이 일어나자 73세의 노구에도 불구하고 팔도 십육종선교도총섭八道十六宗禪教都摠攝이 되어 승병을 모집하여 왜적을 물리치는 데 큰 공적을 세웠다. 75세에 제자 사명 유정四溟惟政에게 병사兵事를 맡기고 묘향산 원적암圓寂庵에서 입적하였다. 저서로『禪家龜鑑』, 『禪教釋』, 『三家龜鑑』, 『淸虛集』등이 있다.

50 설암雪巖 : 설암 추붕雪岩秋鵬(1651~1706). 월저 도안月渚道安의 법을 이은 선사로서 『雪巖雜著』, 『雪巖亂藁』, 『禪源諸詮集都序科評』등이 전한다. 이 외에 연담 유일蓮潭有一의 3대 법손으로『東師列傳』에 소개된 설암 의성雪岩義誠(1758~1839)이 있다.

51 금령錦嶺의 무리 : 『東師列傳』「白坡講師傳」에 "백파 스님은 설봉雪峰의 법을 이은 사

법 제자이고 퇴암退庵의 손자 제자이며, 설파 상언雪坡常彦의 증손 제자이고 호암 체정虎岩體淨의 현손 제자이다. 그의 제자로는 구봉龜峰, 도봉道峰, 정관定觀, 백암白岩, 영산影山, 혜암惠庵 등이 있다."라고 하였다.(김두재 역, 『東師列傳』, 동국대학교출판부, 2015, p.329) 설암, 금령은 확실치 않다.

52 「등왕각서藤王閣序」: 당나라 때 왕발王勃이 지은 글이다. 홍주목사洪州牧使 염백서閻伯嶼가 등왕각에서 빈객들을 초청하여 연회를 베풀 때에 소년 시절의 왕발이 우연히 연회에 참석하여 지은 것으로, 고금에 회자되는 명작으로 꼽는다.

53 〈적벽부赤壁賦〉: 소식蘇軾이 지은 문장으로, 일찍이 임술년 가을 7월 16일과 10월 보름, 두 차례에 걸쳐 적벽 아래 강에서 객들과 함께 선유船遊하면서 풍류를 즐기는 내용을 노래한 것이다. 〈前赤壁賦〉와 〈後赤壁賦〉가 있다.

54 『마상당음馬上唐音』: 『唐音』을 달리 이르는 말. 『唐音』의 첫머리가 '마상봉한식馬上逢寒食'으로 시작되기 때문에 이렇게 부른다. 원나라 양사굉楊士宏이 당나라 사람의 시를 시기별로 구분하여 편찬하였다. 내용은 시음始音 1권, 정음正音 6권, 유향遺響 7권 등 총 5책 14권으로 구성되어 있다.

55 남창고군, 임술추칠월, 마상봉한식 : 이들은 각각 「藤王閣序」〈赤壁賦〉, 『唐音』의 첫 구절이다. 누구라도 외울 수 있는 구절로 그럴듯해 보이지만 별 내용 없이 아는 체하는 것이다.

56 심안상속心眼相屬 : '생각과 눈동자가 움직이지 않고 이어진다'는 뜻으로 쥐구멍에서 쥐가 나오기를 기다리는 고양이가 집중하듯 하라는 말로, 대개 '심안부동心眼不動'이라 한다.

57 난기상속煖氣相續 : '따뜻한 기운이 항상 이어진다'는 뜻으로 알이 부화할 때까지 어미 닭이 꾸준하게 온기를 지속시키듯이 참선에 매진함을 가리킨다.

58 두 구 : 대혜 종고의 말. "대혜는 『서장書狀』에서 매양 간절한 어조로 이 두 구를 되풀이하여 신신당부했다. 이것은 그만큼 소위 '沒滋味 無摸索處'에 도득到得하는 관문이요, 또 나아가서는 마침내 분지일발噴地一發에 호호好好! 일일시호일日日是好日에 궁진窮盡하는 지름길이다."(고형곤, p.662 인용)

59 소를 때린 이야기(打牛話) : 남악 회양南嶽懷讓이 마조 도일馬祖道一에게 "비유하면 수레에다 소를 매서 끌게 하는데 수레가 가지 않거든 소를 때려야 되는가, 수레를 때려야 되겠는가?"라고 하여 선의 깨우침을 알린 이야기에서 나온 말이다.(南嶽和尙道, 譬牛駕車, 車若不行, 打車卽是, 打牛卽是. 馬祖聞擧, 忽然大悟.) 『大慧普覺禪師語錄』 (T47n1998A, 867a06, 920c16, 910a24).

60 뭉뚱그려(囫圇吞棗) : 홀륜囫圇은 물건의 온전한 상태를 말한다. 탄조吞棗는 대추를 삼킨다는 뜻. 대추를 씹지 않고 통째로 삼키면 그 맛이 단지 쓴지 알 수 없듯이, 어떤 학설이나 학문을 받아들임에 있어 그 내용이 어떤 것인지를 분석하거나 파악하지 않고 막연한 상태로 받아들이는 것을 홀륜탄조囫圇吞棗라 한다.

61 염화화拈花話와 분좌화分座話, 시부화示趺話 : 석가모니가 세 곳에서 가섭에게 마음을 전한 삼처전심三處傳心을 말한다. 첫째는 영산회상에서 하늘에서 떨어진 꽃을 들어 보이자 가섭이 미소를 지은 일(拈花微笑), 둘째는 다자탑 자리에서 가섭에게 자리를 내어 주신 일(分半座), 셋째는 사라쌍수 아래에서 관 밖으로 두 발을 내보이신 일(槨示雙趺)이다.

62 우로상설雨露霜雪 : 비, 이슬, 서리, 눈. 『朱子大全』에 "우로상설이 모두 교화가 아님이 없으며"라는 말이 있다. 관장官長이 백성을 대함에 우로는 은덕을, 상설은 위엄을 의미한다.

63 예악형정禮樂刑政 : 예악과 형정. 『中庸章句』 제1장 '수도지위교修道之謂敎'에 대한 주자의 집주에 "수는 품절함이다. 성과 도가 비록 같으나 기품이 혹 다르기 때문에 과불급의 차이가 없지 못하다. 이러므로 성인이 사람과 물건이 마땅히 행하여야 할 것을 인하여 품절하여 천하에 법을 삼았다. 이것을 교라고 하니 예악·형정과 같은 등속이 이것이다.(修品節之也. 性道雖同. 而氣禀或異. 故不能無過不及之差. 聖人因人物之所當行者而品節之. 以爲法於天下. 則謂之敎. 若禮樂刑政之屬. 是也.)"라고 하였다.

64 상앙商鞅 : 춘추전국시대의 정치가·사상가. 전국시대의 진秦나라를 재조직하고 제도를 개혁하여 통일국가를 세우는 데 공헌하였다. 그는 새로운 토지·조세·징병 제도를 만들고, 법을 엄격하고 획일적으로 시행할 것을 강조하였다. 또한 모든 사람들에게 농사나 군역과 같은 생산적인 직업을 갖도록 강요하였고, 상업을 억제하였으며, 백성들 사이에 상호 감시 체제를 세웠다.

65 이사李斯 : 진秦나라 때의 정치가. 무자비하나 효율적인 법가 사상을 이용하여 여러 나라를 합병하고 통일제국 진나라를 건설하는 데 공헌한 인물이다.

66 사로잡혀(籠罩) : 농조籠罩는 새장 속에 갇힌 것처럼 묶인다는 뜻으로, 일정한 범위를 벗어나지 못하는 것을 말하는데, 흔히 새로운 설을 만들어 내지는 못하고 다른 사람의 학설을 취하여 자신의 학설인 것처럼 만드는 것을 뜻하는 말로 쓰인다.

67 원교圓敎 : 원만한 교법이라는 뜻으로 『華嚴經』을 말한다. 『華嚴經』에 "원만인연수다라圓滿因緣修多羅"라는 말이 있는 데서 기인한다. 『華嚴經』을 원교라 한 것은 북위의 혜광惠光이 처음이다. 그 후 천태의 사교四敎, 화엄의 오시五時, 도선道宣의 교판에 이 명목을 사용하여 자기가 가장 믿는 경전을 원교에 배당하였다.

68 대교大敎 : 조선 중·후기에 정립된 강원의 이력 과정 중 네 번째 과정. 『華嚴經』과 『法華經』, 『涅槃經』 등을 교재로 한다.

69 『사요취선史要聚選』 : 조선 시대에 권이생權以生이 중국사의 내용 가운데 후세의 모범이 될 만한 인물 관계 항목을 뽑아 편집한 책.

70 『오등회원五燈會元』 : 남송 때 승려인 대천 보제大川普濟가 엮은 책. 과거칠불과 서천 28조, 동토 6조로부터 남악의 17대 덕산 연德山涓까지 선승의 전기를 담았다.

71 『대운오종록大雲五宗錄』 : 미상.

72 공종空宗 : 만유를 공으로 삼는 입장의 종파.

73 성종性宗 : 상종相宗의 상대어. 우주와 인생을 탐구하는 데 불변 평등, 절대 진실의 본체나 그 도리를 과제의 중심으로 하여 설하는 종지를 성종 또는 법성종이라 하고, 그 현상적인 변화, 차별, 상대의 모습을 과제의 중심으로 하여 설하는 종지를 상종 또는 법상종이라 한다. 삼론종이나 화엄종 등은 전자, 구사종이나 법상종 등은 후자에 해당한다.

74 의리선義理禪 : 말이나 글로 해석하고 설명을 하는 선법.

75 격외선格外禪 : 말이나 글로써 나타낼 수 있는 이치를 초월한 선법.

76 한 줌의~머리를 덮어도(把茅蓋頭) : 머리에 허연 떼를 이었다는 말. '머리가 아주 백발이 되더라도', '백발 노장이 되더라도'의 의미이다. 『景德傳燈錄』 제17권 「洪州雲居

山道膺禪師」(T51n2076, 334c15). 참고로 김월운 역에는 이렇게 되어 있다. "나중에 대사가 물었다. '어떤 것이 조사의 뜻입니까?' 동산이 대답하였다. '그대가 훗날 암자 주인 노릇을 할 때에 홀연히 어떤 사람이 그대에게 물으면 무엇이라 대답하겠는가?' '도응이 잘못했습니다.'(後師問. 如何是祖師意. 洞山曰. 闍梨他後, 有一把茅蓋頭, 忽有人問, 闍梨如何祇對. 曰道膺罪過.)"

77 물이 줄자 돌이 드러나고(水落石出) : 본래는 물가의 경치를 묘사하는 말이었는데, 나중에는 물이 줄어들어 돌이 드러나는 것처럼 어떤 일의 진상이 드러나는 것을 비유하는 말로 쓰였다.

78 대권보살大權菩薩 : '대권수리보살大權修理菩薩'의 준말. 호법신으로서 불전佛殿에 안치한다. 오른손을 이마에 붙이고 먼 곳을 바라보는 자세를 하고 몸에 제왕의 옷을 입은 상이다.

79 도행역시倒行逆施 : 이치에 어긋나게 행동하는 것.

80 기가 산처럼 솟아올라(距躍三百) : 자신의 몸이 건재하다는 것을 보이는 동작이다. 춘추시대 진晉 문공文公의 신하 위주魏犨가 가슴에 부상을 당한 상태에서, 앞으로 뛰며 손뼉을 세 번 치고(距躍三百) 위로 뛰며 손뼉을 세 번 쳐서(曲踊三百), 그의 몸이 무사하다는 것을 과시하여 죽음을 면한 고사가 있다. 『春秋左傳』희공僖公 28년조.

81 중봉中峯 : 중봉 명본中峯明本(1263~1323). 원나라 때 스님으로 속성은 손씨이고 항주杭州 전당錢塘 사람이다. 어려서 출가하여 사관死關에서 고봉 원묘高峰原妙를 찾아 심요心要를 묻고, 『金剛經』을 읽었고, 뒤에 샘물이 흘러나오는 것을 보고 활연히 깨쳤다. 고봉의 법을 받고는 일정하게 있는 곳 없이 배(船) 가운데에서 있기도 하고 암자에서 거주하기도 하였다. 1318년(연우 5) 인종仁宗이 귀의하여 금란가사와 불자원조광혜선사佛慈圓照廣慧禪師라는 호를 내렸다. 지치至治 3년 8월에 나이 61세로 입적하였다. 뒤에 문종은 지각선사智覺禪師, 순종은 보각선사普覺禪師라는 시호를 내렸다. 저서로는 『廣錄』 30권이 있다.

82 『天目中峰廣錄』 권30, 『大藏經補編』 제25(B25), p.971 상.

83 견향 선사見香禪師 : 생몰년 미상. 초의 의순의 『一枝庵文集』 권2 부록의 「艸衣大師塔銘幷序」에 초의에게 대승계大乘戒를 받은 이로 견향 상훈見香尙熏이 소개되어 있다. 『韓國佛教全書』 제12책(H12, 272b). 이 외에 『東師列傳』에는 환봉 대사煥峯大師(1767~1850)의 손제자, 금성 보헌錦城普憲(1825~1893)의 스승으로 소개되어 있다. 1800년대 후반에 대흥사에 주석했던 것으로 보인다.

84 이 글은 『阮堂全集』 권7 「雜著」에 〈見香偈贈香薰衲〉이라는 제목으로 수록되어 있다.

85 계수나무(木犀) : 물푸레나뭇과의 상록 관목. 진한 향이 나며 계화桂花로 통칭된다.

86 광음천光音天 : ⓢ Ābhasvara, ⓟ Ābhassara. 일명 극광정천極光淨天. 색계色界 제2선천第二禪天의 마지막 세계. 이 세계는 음성이 끊어져, 말을 하고자 할 때 입에서 맑은 빛이 나와 말하고자 하는 내용을 대신한다고 한다. 이 세계에 나는 이는 최고의 외모와 신장, 수명을 가지고 태어나고 희열을 밥으로 먹고 안락에 사는 등 더할 나위 없이 즐거운 천국이라 한다.

87 삼취정계三聚淨戒 : 대승 보살의 계법戒法으로 섭률의계攝律儀戒·섭선법계攝善法戒·섭중생계攝衆生戒를 말한다. 대승·소승의 모든 계법이 이 가운데 다 포섭되므로 섭攝이라 하고, 그 계법이 본래 청정하므로 정淨이라 한다.

88 병법秉法 : 사찰에서 의식의 진행을 담당하는 직책, 또는 그 일을 맡은 승려.
89 시라尸羅 : ⑤ śila의 음역. 계戒로 번역된다. 시라바라밀은 육바라밀의 하나로 부처님이 제정한 금계와 율의를 지켜 허물을 방지하고, 악을 멀리 여의는 것이다.
90 〈東茶頌〉의 판본으로 다예관본多藝館本, 석오본石梧本, 경암본鏡菴本, 다송자본茶松子本 등이 있다. 『韓國佛敎全書』제12책에 수록된 것은 금명 보정(1861~1930)이 펴낸 『栢悅錄』소재 〈東茶頌〉(다송자본)이다. 이와 별도로 『韓國佛敎全書』제10책에 수록된 〈東茶頌〉은 최범술의 『한국의 다도』(보련각, 1975) 부록에 실린 원문을 저본으로 하였다. 이들 이본 간에 글자의 넘나듦이 심하다. 한편 〈東茶頌〉의 내용은 상당 부분 육우陸羽(733~804)의 『茶經』, 모환문毛煥文 편 『萬寶全書』(『茶經採要』) 등에서 발췌한 것이다. 기존의 〈東茶頌〉 번역서에는 이들 이본 간의 대교, 원전 출전 등이 비교적 자세하게 소개되어 있다. 대표적 역서로 고월 용운 역, 『동다송』(동국역경원, 1997; 2010 개정판), 김명배 편역, 『한국의 다서』(탐구당, 1983), 김대성 편, 『동다송』(동아일보사, 2004), 송해경, 『동다송의 새로운 연구』(지영사, 2009) 등이 있다. 본 번역에서 차에 관한 전문 용어나 출전 등은 이들 역서를 참조하였다.
91 해거도인海居道人 : 홍현주洪顯周(1793~1865)의 호. 홍현주는 조선 후기의 문장가. 본관은 풍산. 자는 세숙世叔, 호는 해거재海居齋·약헌約軒. 정조의 둘째 딸인 숙선옹주淑善翁主와 혼인하여 영명위永明尉에 봉해졌고, 1815년(순조 15)에 지돈녕부사知敦寧府事가 되었다. 역시 문장으로 유명한 홍석주洪奭周(1774~1842)가 그의 형이다. 저서로 『海居詩集』이 있다. 시호는 효간孝簡이다.
92 초의 사문草衣沙門 의순意恂(1786~1866) : 이 글의 저자. 속성은 장張씨, 본관은 인동. 자는 중부中孚, 호는 초의草衣, 당호는 일지암一枝庵이며 의순은 법명이다. 전라남도 무안 출신. 대흥사 제13대 종사이며 우리나라 다도茶道의 정립자이다. 16세 때 전라남도 남평의 운흥사에서 성민敏聖을 은사로 출가하였고, 대흥사에서 민호玟虎에게 구족계를 받았다. 22세 때부터 전국의 선지식을 찾아 삼장을 배우고 유학, 도교 등 여러 교학에 통달하였으며 범서梵書에도 능했다. 정약용·홍현주·김정희 등과 교유하였다. 명성이 널리 알려지자 대흥사 동쪽 계곡으로 들어가 일지암一枝庵을 짓고 40여 년 동안 홀로 지관止觀을 닦고 다선삼매茶禪三昧에 들기도 하였다. 다도, 범패, 서예에 능했다. 저서로는 『禪門四辨漫語』1권, 『二禪來儀』1권, 『草衣詩藁』2권, 『震默祖師遺蹟考』1권, 『東茶頌』1권, 『茶神傳』1권 등이 있다.
93 해거도인의 명을~의순이 짓다 : 〈東茶頌〉을 짓게 된 동기를 말한 부분이다. 초의가 1837년 홍현주에게 보낸 「해거도인에게 올리는 편지(上海居道人書)」(『一枝庵文集』권2)에 따르면 초의는 신묘년(1831)에 청량산의 송헌松軒에서 홍현주를 만나 향화香火의 인연을 맺고 한묵翰墨의 은혜를 받은 것을 회고하고 나서 "요사이 북산도인北山道人께서 어르신(홍현주)의 뜻을 받아 다도를 물어 와서 옛 분들이 전하는 뜻에 따라 삼가 〈동다송〉 한 편을 지어서 올린다."라고 하였다. 그리고 "말이 좀 분명하지 못한 곳은 별도로 본문을 뽑아내어 뜻을 밝힘으로써 물어 주신 뜻에 맞추려고 하였다."라고 하였다.(이종찬 역, 『일지암문집』, 동국역경원, 2010년 개정판, pp.119~121) 즉 초의는 홍현주의 부탁을 받고 차의 역사와 우리나라 차의 역사에 대해 68구의 7언 장시로 정리한 것이다. 협주에서는 차의 역사와 관련한 전고를 충실히 소개하여 이해에 도움을 주고 있다.
94 〈東茶頌〉은 총 68구 434자에 달하는 장시이다. 전체가 한 편의 시임은 분명하나, 그

구성은 역자나 연구자에 따라 9송, 10송, 17송, 31송으로 다양하게 구분하고 있다. 여기서는 7언 4구를 하나의 장으로 파악하고 모두 17송으로 나누어 제시하기로 한다.

95 후황后皇 : 천지天地, 조물주. 후는 후토后土로 땅 혹은 땅의 신, 황은 황천皇天으로 하늘 혹은 하늘의 신.

96 상서로운 나무(嘉樹) : 차나무를 가리킨다. 김대성 『초의선사의 동다송』(동아일보사, 2004)에 따르면 '가수嘉樹'라는 글자의 바탕에는 제사라는 상징성이 깔려 있다고 한다.(p.50) 육우의 『茶經』 첫머리에도 "차는 남녘의 상서로운 나무이다.(茶者, 南方之嘉木也.)"라고 하였다.

97 후황이 내린~덕을 짝하여 : 귤나무의 덕과 차나무의 덕이 짝이 된다는 말이다. 여기서 말하는 귤의 덕은 좁게는 바로 다음 구에 소개한 내용을 가리킨다. 굴원屈原(서기전 332~295)의 『楚辭』 「九章」 〈橘頌〉에는 귤의 덕을 여러 가지로 노래하고 있다. 참고로 소개하면 귤나무는 '뿌리가 깊고 단단하여 옮기기 어렵고(한결같은 뜻)', '푸른 잎에 흰 꽃이 피고 푸르고 노란 것이 섞여 열려 눈이 부시고(아름다움)', '홀로 우뚝 서서 변치 않고', '깊고 단단하여 옮기기 어렵고', '속세에 홀로 깨어 마음대로 살아가며', '마음을 다잡아 삼가 과실이 없고', '덕을 지니고 사사로움이 없으며 천지의 조화에 참여하며', '나이는 젊지만 스승이 될 만하며', '행실은 백이와 같아 표상으로 삼을 만한 것' 등이다.

98 후황이 내린~남국에서 생장하네 : 이상 두 구는 굴원의 『楚辭』 「九章」 〈橘頌〉 첫머리에서 따온 것이다. 즉 '하늘이 내린 아름다운 나무 귤나무가 내려왔네. 천명을 받은 채 터를 옮기지 않고 강남 땅에 태어났네.(后皇嘉樹, 橘徠服兮. 受命不遷, 生南國兮.)'를 원용하였다. 이는 굴원 자신이 범상한 사람들과 다른 천재성을 안고 태어났으며, 자신의 지절志節이 다른 곳으로 가지 않는 귤나무처럼 옮겨 가지 않음을 노래한 것이다. 천명을 받은 귤나무는 강남에서 자라 강북에 옮겨 심으면 탱자가 되고 만다. 즉 그 덕이 사라지게 되는 것이다.

99 하얀 꽃은~피워 내네 : 차 꽃은 대략 9월 말에서 11월, 늦게는 이듬해 1월까지 핀다. 특히 10월부터 12월까지 찬 서리 속에서 더욱 영롱하게 피어난다.(김대성, p.53)

100 고야산 : 『莊子』 「逍遙遊」에 "막고야산에 신인이 사는데 살갗이 빙설 같고 보들보들하기가 처녀 같다.(藐姑射之山, 有神人居焉, 肌膚若冰雪, 淖約若處子.)"라고 하였다. 그 후 시문에서 '고야姑射'는 신선이나 미인의 대명사로 쓰였다.

101 염부단의 금 : ⓢ jambūnada-suvarṇa. 인도에서 염부나무 숲을 흐르는 강(염부단閻浮檀)에서 나는 사금을 말한다. 이 금은 적황색이며 자줏빛 불꽃 기운이 있어 금 중에서도 최고로 여긴다.

102 과로瓜蘆 : 식물명. 고로皐蘆의 별칭이다. 고로는 고정차苦丁茶인데, 찻잎을 채취하여 돌돌 말거나 꽈배기처럼 비틀어서 말려 놓은 차의 한 종류이다. 당나라 육우陸羽의 『茶經』 「源」에 "과로목은 광주에서 나는데 차와 비슷하며 매우 쓰고 떫다.(瓜蘆木出廣州, 似茶, 至苦澀.)"라고 하였다.

103 이슬(沆瀣) : 항해沆瀣는 밤사이 물기가 엉긴 맑은 이슬을 가리킨다. 신선이 마시는 음료수. 『楚辭』 「遠遊」에 "육기를 먹고 항해를 마시며, 정양을 씻고 조하를 머금는다.(餐六氣而飲沆瀣兮, 漱正陽而含朝霞.)"라고 하였다. 항해는 북방의 밤기운, 맑은 이슬이며, 조하는 해가 막 떠오르려 할 때의 채색 구름 혹은 적황색 기운이다.

104 『옥천사玉泉寺』: 호북성 당양현當陽縣의 서쪽에 있는 옥천산玉泉山에 있다.
105 진공眞公 스님 : 미상.
106 『李太白詩集』〈문중 조카인 중부 스님이 옥천사의 선인장차를 보내온 것에 답하다(答族姪僧中孚贈玉泉仙人掌茶)〉의 서문.(김명배, p.29)
107 염제炎帝 : 신농씨神農氏. 삼황오제의 한 분으로 농업과 의약의 신으로 추앙한다.
108 『식경食經』: 미상. 현재 전하지 않는다. 『神農本草經』(『本草經』)이 『隋書』「經籍志」에 보일 뿐이다.
109 제호醍醐 : 우유를 정제하여 만든 치즈 같은 것으로 맛 중의 제일이요, 약 중의 제일로 여긴다. 『涅槃經』에 "제호는 세간에서 으뜸가는 맛을 말한다."라고 하였다. 『大般涅槃經』「聖行品」에는 "비유하자면 소에서 우유가 나오고, 우유에서 낙이 나오며, 낙에서 소가 나오고, 생소에서 숙소가 나오며, 숙소에서 제호가 나오나니, 제호가 최상인 것과 같다.(譬如從牛出乳, 從乳出酪, 從酪出生穌, 從生穌出熟穌, 從熟穌出醍醐, 醍醐最上.)"라고 하였다.
110 감로甘露 : 매우 감미로운 이슬. 맛은 꿀과 같고 천인天人이 마시는 것이다. 일설에는 천하가 태평할 때 하늘이 내려 주는 상서로운 기운이라 한다.
111 이 부분은 육우의 『茶經』 제7 '옛일(事)'의 내용을 옮긴 것이다.(김대성, p.70) 수나라 『經籍志』에 실려 있는 「宋略」과 「宋春秋」를 가리켜 「宋錄」이라 한다.(용운, p.18)
112 신안왕 자란子鸞 : 남조 송나라 효무제孝武帝의 여덟째 왕자.
113 예장왕 자상子尙 : 효무제의 둘째 왕자.
114 팔공산 : 북산北山이라고도 하며 지금의 안휘성 수현壽縣 북쪽에 있다. 한나라 회남왕淮南王의 묘廟가 있다. 회남왕은 회남자淮南子로 신선술을 좋아하여 항상 여덟 명의 신선을 초청하여 연단술을 닦았다고 한다. 팔공이란 이름도 여기에서 유래한 것이다.
115 운재도인雲齋道人 : 산서성 하동 사람. 팔공산 동산사東山寺에서 수도하였다. 차의 달인으로 전해진다.
116 나대경羅大經의 〈약탕시瀹湯詩〉 : 나대경은 남송 때 여릉 사람. 인용한 시는 나대경의 수필집 『鶴林玉露』에 수록된 것에 임의로 제목을 붙인 것이다.(김명배, p.35 참조)
117 주공周公 : 주나라 건국의 기초를 닦은 문왕文王의 아들이자, 주 왕조를 창건한 무왕武王의 동생. 주나라의 문물제도를 완비한 인물이다.
118 제나라 안영晏嬰 : 춘추시대 제나라 명신인 안자晏子(서기전 580?~500). 검소한 삶으로 공자가 숭앙하던 인물이다.
119 『안자춘추晏子春秋』 : 서기전 500년경에 만들어진 책으로, 제나라의 재상 안영(晏子)의 언행을 정리한 정치 문답집이자 간언집이다.
120 단구자丹邱子 : 단구자丹丘子. 신선의 이름. 단구丹丘(丹邱)는 신화 속에 나오는 신선이 사는 땅으로 밤낮없이 밝고 죽음이 없는 곳이다.
121 『속수신기續搜神記』: 『搜神記』의 속편. 『搜神記』는 동진 사람 간보干寶가 지은 것으로, 육조시대 민간 전설 등 신이한 이야기를 모은 책이다.
122 『이원異苑』: 남송대에 유경숙劉敬叔이 지은 10책의 현전하는 괴담집이다.
123 예상의 보은 : 예상翳桑은 우거진 뽕나무. 춘추시대 진晉나라 영첩靈輒이 뽕나무 아래에서 굶주리고 있는 것을 진나라의 대부인 조순趙盾이 지나가다 보고 먹을 것을

주어 살려 주었다. 그 뒤에 영첩이 영공靈公의 경호관이 되었는데, 영공으로부터 재상인 조순을 죽이라는 명을 받고 나가 보니 옛날의 은인이었다. 영첩은 그 은혜를 보답하는 의미로 창을 거꾸로 찔러 살려 주었다.『春秋左氏傳』선공宣公 2년.

124 솥 음식(鼎食) : 솥을 벌여 놓고 먹는 식사. 궁중이나 명문거족들처럼 부귀한 사람들이 먹는 호화롭고 풍족한 식사.

125 육정六情 : 희로애락喜怒哀樂과 애오愛惡 등 여섯 가지 사람의 성정을 말한다. 문맥상 육청六淸으로 보기도 하는데, 육청은 여섯 가지 마실 거리로 물(水)·장漿(미음)·예醴(단술)·이酏(약술)·순醇(전술)·장醬(감주) 등 여섯 가지 맑은 음료를 말한다.

126 장맹양張孟陽 : 서진 때 안평 사람 장재張載. 무제 때 중서시랑을 지냄.

127 개국황제(開皇) : 수 문제隋文帝(재위 581~604).

128 상식尙食 : 임금의 수라를 관장하는 관서의 명칭.

129 심원沁園 : 원림園林의 명칭. 동한 명제明帝의 딸인 심수공주沁水公主 소유. 건초建初 2년(77) 두헌竇憲에게 빼앗겼다. 후에 공주의 원림을 '심원'으로 범칭하였다.

130 두강頭綱 : 경칩 전이나 청명 전에 만들어 황실의 제사에 진상하는 한 해의 첫 차. 일반적으로는 우수한 품질의 춘차春茶를 가리킨다.

131 준영雋永 : 음식이 감미롭고 감칠맛이 있는 것.

132 용봉단龍鳳團 : 송나라 때 황실에 전용으로 공납하던 차. 떡차 위에 용무늬가 있는 것은 용단龍團, 봉황 무늬가 있는 것은 봉단鳳團이다.

133 정위丁謂(962~1033) : 송대의 인물.『建安茶錄』3권을 저술하였다. 복건성의 전운사轉運使로 있을 때 건안우다소의 차밭, 차 공장의 수량, 기구도, 차 따기, 제다법 등을 기록한 책이다. 현재 전하지 않는다.

134 채군모蔡君謨(1012~1067) : 북송의 서예가. 인종의 하문으로『茶錄』을 지어 바쳤다. 그가 개발한 작은 용단차(小龍壇)는 일명 상품용차上品龍茶라 하는데, 그 품질은 흥국 초년에 만들어진 용봉차를 능가하는 것이라 한다.

135 『만보전서』: 청나라 모환문毛煥文이 엮은 일종의 백과사전. 초의는 1828년(43세) 여름 칠불암에서 이 책의「採茶論」을 베껴 와 1830년 2월에 정초正抄하고 제목을『茶神傳』이라 붙였다. 초의의『茶神傳』발문 참조.

136 부대사傅大士(497~569) : 절강성 금화현 출신의 스님. 24세 때 인도의 승려 숭崇 두타를 만나 알게 된 인연으로 출가하였다. 송산松山에 들어가 암자를 짓고 고행하기를 7년 만에 깨달았다. 양 무제가 매우 공경하였고,『金剛經』에 밝았다. 대사가 세운 쌍림사雙林寺는 중국 선림 십찰禪林十刹 중 하나이다. 저서로『傅大士錄』4권,『心王銘』1권이 있다.

137 강서 절강 : 쌍정차는 강서성 홍주에서 나오고 일주차는 절강성 일주령에서 나오기 때문에 강절江浙의 '江'을 홍주洪州의 '洪'으로 고쳐 써야 한다는 견해가 있다.(용운, p.45; 김대성, p.121)

138 설화雪花 : 이름난 차의 이름. 거품이 인 후 찻물 표면에 한 겹의 흰 포말이 생기므로 이에 이름하였다.

139 소동파의 시〈건안차를 보내 준 전안도에게 화답하여(和錢安道寄惠建茶)〉(『東坡詩選』권2)에는 "雪花雨腳何足道, 啜過始知眞味永."이라고 하여 '雨'이 '雨'로 되어 있다.(용운, p.47) 인용구 중에 '건차建茶'는 복건성 건계建溪 일대에서 나는 유명한 차이다. 즉

건차를 찬미하면서 설화차와 우각차에 비교한 것이다.
140 이하 내용(초차는 절강성에서~치게 되었다)은 『歸田錄』의 일부를 간추려 인용한 것이다.(용운, p.47)
141 초차草茶 : 송나라 섭몽득葉夢得의 『避暑錄話』에는 작설차의 별칭으로 소개되어 있다.(김명배, p.73) 『漢語大詞典』에는 '삶아서 만든 잎차로 가공 방법이 제각각인 단차 團茶에 대비하여 말한 것'이라 하였다.
142 일주日注차 : 일주日注는 일주日鑄로도 표기한다. 지금의 절강성 소흥현 동남의 일주 령에서 나는 차 이름. 송나라 구양수歐陽修의 『歸田錄』제1권에 "초차는 절강성에서 성행하였는데 절강의 산품으로는 일주차가 제일이다.(草茶盛於兩浙, 兩浙之品, 日注 爲第一.)"라고 하였다.
143 홍주洪州 : 지금의 강서성 남창南昌시를 중심으로 한 지역.
144 쌍정雙井차 : 차 이름. 쌍정은 지명이기도 하다. 현재 강서성 수수현修水縣 서쪽. 시인 황정견(山谷)의 고향이기도 하다.
145 『둔재한람遯齋閑覽』: 북송 때 범정민范正敏이 지은 책.
146 건안建安차 : 현재 복건성 남평전구南平專區 건구현建甌縣의 동쪽 30리에 있던 봉황산 일대의 북원北苑에서 나던 차. 북원은 송나라 황실의 어원御苑이었다.(김대성, p.128)
147 손초孫樵 : 당나라 때의 문인. 한유韓愈의 문하생. 손초는 우레가 울릴 때 딴 차를 평하여 만감후라는 이름을 붙였다. 『淸異錄』『茶寮記』.(김명배, p.75)
148 만감후晩甘候 : '단 징후가 늦게 나타난다'는 뜻으로 차의 이름이다. 육우의 『茶經』「차 달이기」조에 "마실 때는 쓰고 목구멍에서 단 것은 차이다."라고 하였다. 차는 목구멍으로 삼키고 나면 뒷맛이 달기 때문에 만감후, 여감씨餘甘氏, 또는 잠이 없게 한다는 뜻에서 불야후不夜候라는 이름이 붙어 있다고 한다.(김대성, p.129)
149 시재각侍齋閣 : 김명배(p.76)는 '시재합侍齋閣'으로 보고 '재를 모시는 관청'으로 소개하였다. 용운(p.49)은 '侍'를 서술어로 보고, '재각으로 고이 보내니'라고 번역하였다.
150 다산 선생 : 정약용丁若鏞(1762~1836). 조선 후기의 실학자. 순조 1년(1801)에 일어난 신유사옥辛酉邪獄으로 전라남도 강진에 유배되어 18년간 머물렀다. 초의 선사가 정약용이 머물던 다산초당에서 3년간 사사한 바 있다.
151 「걸다소乞茶疏」: 정약용이 유배지 다산초당에 머물 때 대흥사의 아암 혜장兒庵惠藏 (1772~1811)과 친분이 있었다. 차를 구걸한다는 제목은 아암에게 차를 보내 달라는 부탁을 하면서 익살스럽게 표현한 것이다. 원제는 「乞茗疏」이다. 을축년(1805) 겨울 고성사 보은산방에서 지은 것으로 되어 있다.
152 육안차陸安茶 : 일명 육안차六安茶. 육안六安은 지명. 안휘성 육안현의 대흥산맥에서 생산되며 복건성의 무이산차와 함께 몸을 따뜻하게 하는 효능이 있는 온차溫茶이다.(김명배, p.84)
153 몽산차蒙山茶 : 앞에 나온 몽정산蒙頂山에서 나는 차. 현재 사천성 아안전구雅安專區의 아안현雅安縣·명산현名山縣·여산현廬山縣의 경계에 있으며 산에는 다섯 정수리가 있는데 이를 몽정이라 한다. 중간 정수리인 상청봉에서 나는 차의 약효가 뛰어나다.(김대성, p.116)
154 동다기東茶記 : 다산 정약용이 강진의 다산에서 유배 생활을 하며 지은 다서로 알

려져 왔으나, 이후 전의리全義李의 저서라는 설(용운, p.52)이 있었고, 이덕리李德履 (1728~?)의 저서라는 설(정민, 「이덕리 저, 동다기의 차문화사적 자료가치」, 『문헌과 해석』 36호, 2006)이 있다.

155 이찬황李贊皇 : 당나라 무종 때 재상을 지낸 이덕유李德裕(787~849). 명 도륭屠隆의 『考槃餘事』에 "이덕유는 촉나라에 들어가 몽산의 떡차를 얻어 고기가 들어 있는 탕병에 쏟아 넣었더니 다음 날 고기가 다 없어졌다."고 하였다.(김대성, p.138)

156 육자우陸子羽 : 육우陸羽(733~804). 안녹산의 난 때 절강성 호주시 오흥吳興 근처인 소계苕溪로 피난하여 765~780년 사이에 『茶經』을 지었다. 중국 다도의 시조로 추앙받고 있다.

157 옥천사玉泉寺 : 호북성 당양현當陽縣의 서쪽에 있는 옥천산玉泉山에 있다.

158 진공眞公 스님 : 미상.

159 유천乳泉 : 직역하면 젖샘. 사전적인 의미는 ① 종유석 위로 떨어지는 물, ② 감미롭고 맑고 시원한 샘물이다. 여기서는 후자의 의미이며, 모든 생명을 기르는 젖과 같이 좋은 샘물을 말한다. 구체적으로는 초의가 머무는 일지암에 있는 샘물을 가리키는데, 김정희의 아버지 김노경金魯敬이 칭송한 바 있다.(용운, p.56)

160 해거옹(海翁) : 홍현주洪顯周. 주 91 참조.

161 소이蘇廙 : 생몰 연대 미상. 오대五代에서 송대 초에 살았던 것으로 추정하고 있다. 『仙芽傳』을 지었다.

162 유당酉堂 : 추사 김정희(1786~1856)의 아버지 김노경(1766~1840). 1805년 증광문과 병과에 급제하여 홍문관의 제학과 이조판서·병조판서에 올랐으며, 1809년에는 동지 겸사은부사로, 1822년에는 동지사로 청나라를 다녀왔다. 1830년 이후 4년 동안 고금도에서 유배 생활을 하였다.

163 자우산방紫芋山房 : 대흥사 경내에 있는 일지암의 다른 이름. 초의가 『東茶頌』과 『茶神傳』을 쓴 곳이다.

164 수락酥酪 : 혹은 소락. 소나 양의 젖을 정제한 것. 연유.

165 『茶經』의 제6 「마시기(飮)」의 내용이다.

166 옥부대玉浮臺 : 경남 하동군 화개면 칠불암 위에 있다.

167 칠불선원七佛禪院 : 경남 하동군 화개면 쌍계사 건너편 위에 있는 선원으로 칠불암이라고도 한다. 옛날 가락국의 일곱 왕자가 외삼촌인 장유長游 화상을 따라 들어와 함께 수도하여 모두 성불했다고 하는 곳이다. 아자방亞字房 형태의 선원이 유명하다.

168 원문의 '政所云'은 '정소가(혹은 정소에서) 말하기를'로 해석할 수도 있으나, 정소가 사람이나 사무소 명칭이라는 근거가 없어 글자대로 해석하였다.

169 본문의 '茶序' 이하 내용은 명나라 왕상진王象晉의 『群芳譜』(1621) 첫머리인 「茶譜小序」에 나온다.(김명배, p.105)

170 이 구절은 『萬寶全書』를 인용한 것이다.(김명배, p.105)

171 진미공陳糜公 : 진계유陳繼儒(1558~1639). 서화가. 차에 관해서는 『茶話』(1595), 『茶董補』(1612)가 있다. 여기 인용된 시는 〈차 맛보기(試茶)〉이다.(김대성, p.168)

172 구름뿌리(雲根) : 원뜻은 깊은 산의 구름이 일어나는 곳. 산의 돌이나 바위, 깊은 사찰을 가리키기도 한다. 여기서는 돌을 가리킨다.

173 골짜기에서 자란~것이 다음이며 : 이 부분은 『萬寶全書』에서 인용하였다.

174 초록빛 나는~것이 다음이다 : 이 부분은 앞의 문장과 달리 『茶經』에서 인용한 것이다.
175 가지런히 주름지고(廉襜) : 염첨廉襜은 염첨廉蟾, 염릉廉棱과 같다. 다른 해석본에는 '반듯하다', '모가 나고 가지런하다', '가지런히 늘어졌다' 등으로 되어 있다.
176 이하는 『萬寶全書』의 내용을 옮긴 것이다.(김명배, p.112)
177 『茶錄』, 『萬寶全書』, 『茶神傳』에 모두 「造茶篇」이 있다.
178 포법泡法편 : 『萬寶全書』, 『茶神傳』에 있는 편명으로 잎차를 우려내 마시는 음다법飮茶法을 말한다.
179 순숙純熟 : 차를 끓일 탕수가 알맞게 끓여진 것을 말한다. 무성無聲인 상태까지 이르러 잘 준비된 물을 가리킨다.(용운, p.81)
180 초의 선사의 총평이다. 다만 그 내용은 『萬寶全書』의 「茶經採要」 내용을 발췌하여 제시한 것이다.(김명배, p.118)
181 청경淸境 : 신선이 사는 선경仙境. 도교에서 삼동교주三洞敎主가 거하는 최고의 선경은 옥청玉淸·상청上淸·태청太淸이 있다. 이를 삼청경三淸境이라 한다.
182 진간재陳簡齋 : 간재는 남송 때의 시인 진여의陳與義(1090~1138)의 호. 벼슬은 참지정사參知政事를 지냈으며 시풍은 두보를 받들었다. 소동파, 황정견, 진사도 등과 함께 강서시파江西詩派에 속한다. 저서로 『簡齋集』, 『無住詞』가 있다.
183 노옥천盧玉川 : 옥천은 당나라 때의 시인인 노동盧仝(795~835)의 호. 청빈한 절개로 유명하다. 조정에서 이를 높이 사 두 차례나 간의대부諫議大夫로 불렀으나 출사하지 않았다. 저서로 『玉川子詩集』이 있다. 인용한 시는 〈햇차를 보낸 맹간의에게 감사하며(走筆謝孟諫議寄新茶)〉이다.(김명배, p.120)
184 솔바람 대바람 소리 : 본문 3장에 물이 끓기 시작하는 소리를 '松風檜雨'로 표현한 바 있다.(나대경羅大經의 〈瀹湯詩〉) 대바람 소리, 솔바람 소리 역시 물이 끓는 소리를 묘사한 것이다.
185 손님이 적은~귀하게 여긴다 : 『茶神傳』에는 '飮茶之法' 다음에 '飮茶以客少爲貴'가 이어져 있다. 이에 준하여 해석한다.
186 홀로 마시는~시施라 한다 : 이를 고월 용운은 각각 '신령스럽다(神), 매우 좋다(勝), 즐겁고 유쾌하다(趣), 약간 넘친다(泛), 그저 나누어 먹는 자리(施)' 등으로 풀이하였다.(용운, p.87)
187 새 혀(禽舌) : 작설雀舌(鵲舌)과 같은 의미이다. 까치나 참새의 혀처럼 가늘게 생긴 차이다.
188 운간차 월감차 : 복건성 건양과 호북성 단산에서 나는 차 이름. 앞의 9장 참조.
189 백파거사白坡居士 : 신헌구申獻求(1823~1902)의 호. 본관은 고령. 자는 계문季文. 1862년(철종 13)에 정시庭試 병과丙科에 합격하여 출사出仕한 뒤 승정원 동부승지·이조참의·성균관 대사성·형조판서·한성부 판윤·예조판서·경기관찰사 등을 역임하였다. 『艸衣詩藁』에 발문을 썼고, 『栢悅錄』에도 다수의 글이 수록되어 있다.
190 풀이 눕는 것 같았다(草偃) : 『論語』 「顔淵」에 "군자의 덕은 바람 같고 소인의 덕은 풀과 같다. 풀 위로 바람이 불면 반드시 눕는다.(君子之德風, 小人之德草, 草上之風, 必偃.)"라고 하였다. 다스리는 사람이 덕화를 베풀면 백성들이 교화되는 것을 비유한 것이다. 풍취초복風吹草仆, 상솔종선相率從善과 같은 말이다.
191 푸른 비단(碧紗) : 벽사롱碧紗籠. 귀인과 명사가 지어서 벽에 걸어 놓은 시문을 먼지

192 시의時義 : '각기 상황에 맞는 이치'를 뜻하는데 여기서는 쓰임새를 가리킨다.
193 여러 가지 현묘함(衆妙) : 『道德經』 제1장의 "도는 현묘한 중에서도 더욱 현묘하여 만물이 모두 여기에서 나온다.(玄之又玄, 衆妙之門.)"라는 말에서 나온 것이다.
194 광형匡衡이 벽을 뚫는 어려움 : 한나라 광형이 공부할 적에 자기 집은 가난하여 촛불이 없고 이웃집에는 촛불이 있었지만, 그 불빛이 자기 집에까지 미치지 못하였다. 그러자 광형은 마침내 자기 집의 벽을 뚫고서 이웃집에서 새어 나오는 불빛으로 책을 읽었다고 한다. 『西京雜記』.
195 율의律儀를 따라서 : 활과 활줄처럼 율의를 지니는 데 중도가 필요함을 가리킨다.
196 『與猶堂全書』 제1집 시문집 제13권에는 「重修挽日菴記」라는 제목으로 소개되어 있다.
197 『栢悅錄』을 포함한 여러 불교 문헌에 실린 정약용의 글에 대해서는 정민, 「다산 일문逸文을 통해 본 승려와의 교유와 강학」(『한국한문학연구』 50집, 한국한문학회, 2012) 참고.
198 입이 헐고 꼬리가 떨어져도(口瘏尾譙) : 초초譙譙는 새의 날개가 괴로움을 겪어 찢기고 깃이 빠지는 것을 말한다. '譙'는 '燋'와 통한다. 『詩經』 「豳風」 〈鴟鴞〉에 "予羽譙譙, 予尾翛翛."라 하였다. 정현의 전箋에 "손과 입에 이미 병이 들어 깃털이 또한 빠지는 것으로 몸의 수고가 매우 심한 것을 말한다.(手口既病, 羽尾又殺敝, 言己勞苦甚.)"라고 풀이하였다.
199 후손(雲仍) : 후손, 후계자.
200 『東師列傳』 「掣鯨講師傳」(김두재 역, p.356)에 인용되어 있다.
201 범해 각안梵海覺岸(1820~1896) : 법명은 각안覺岸이고 자는 환여幻如이며 당호는 범해梵海이다. 『東師列傳』의 「自序傳」에서 상세한 전기를 확인할 수 있다. 이에 따르면 그는 청해 범진梵津 구계九階에서 태어나 14세에 해남 두륜산 대둔사 한산전寒山殿으로 출가하였으며, 16세에 호의 시오縞衣始悟 선사에게 머리를 깎고 물들인 옷을 입고 스님이 되었다. 하의荷衣 선사를 설계사說戒師로 삼고, 묵화默和 선사를 수계사授戒師로 삼고, 화담華潭 선사를 증계사證戒師로 삼고, 초의 선사를 비구 및 보살계사菩薩戒師로 삼고, 호의 선사를 또 전법사傳法師로 삼았다. 그 후에 호의·하의·초의·문암聞庵·운거雲居·응화應化 등 여섯 법사를 참알參謁하고 학문을 연마하였다. 『華嚴經』을 강론한 것이 6년, 『梵網經』을 강론한 것이 12년이었다. 스스로 『東師列傳』 3권을 편집하여 198명의 행적을 기록하여 곁에 놓아 두고 책 속의 스승으로 삼았다. 『梵海禪師文集』, 『梵海禪師詩集』 등이 있다.
202 용백龍伯 : 용백국龍伯國의 거인. 한 번의 낚시로 바닷속에 있다는 큰 자라 여섯 마리를 한꺼번에 낚았다고 한다. 『列子』 「湯問」.
203 소열蘇烈(592~667) : 소정방蘇定方. 정방은 자이다. 당나라의 무장武將. 660년에 나당연합군 대총관으로서 13만 당군을 거느리고 산동반도에서 황해를 건너 신라군과 함께 백제를 협공하여 사비성을 함락시켰고, 이듬해인 661년에는 나당연합군을 거느리고 고구려 평양성을 포위하여 공격하였으나 전세가 불리해지자 철군하였다.
204 맹분孟賁과 하육夏育 : 전국시대의 용사인 맹분과 하육. 제나라의 용사인 맹분은 맨손으로 쇠뿔을 뽑았고, 주나라의 역사力士인 하육은 천균千鈞의 무게를 들어 올렸다

205 자하산인紫霞山人 : 정약용(1762~1836). 조선 후기의 실학자. 유형원, 이익의 학문과 사상을 계승하여 조선 후기 실학을 집대성하였다. 출중한 학식과 재능으로 정조의 총애를 받았으나 신유사옥 후 전라남도 강진으로 유배되었다. 이곳에서 독서와 저술에 힘써 학문 체계를 완성하였다. 그가 머문 다산초당은 바로 다산학의 산실이 되었다. 해남 대흥사의 여러 승려들과 교유하며 상호 영향을 주고받았다.
206 붉은 꼬리(朱鬐) : 당나라 유우석劉禹錫의 〈踏潮歌〉에 "큰 고래 받은 성품은 두루 소요함이요, 코를 들어 호흡하고 붉은 꼬리 드날리네.(介鯨得性方逍遙, 仰鼻噓吸揚朱鬐.)"라고 하였다.
207 포뢰蒲牢 : 고대 전설 중에 바닷가에 사는 동물의 일종. 전설에 따르면 울부짖는 소리가 엄청나게 크다고 한다. 그래서 옛사람들은 항상 종 위 주물에 포뢰의 형상을 새겨 놓았다고 한다. 『文選』〈東都賦〉에 "於是發鯨魚, 鏗華鐘."이라 하였는데 이에 대한 설종薛綜의 주에 "바다 가운데 큰 고기가 고래요, 바닷가에 동물 있으니 포뢰이다. 포뢰는 본디 고래를 두려워하는데, 고래가 치면 큰 울음을 운다. 무릇 종을 크게 울리고자 하므로 그 위에 포뢰를 만들어 놓는다. 따라서 그것을 치는 것은 고래가 된다.(海中有大魚曰鯨, 海邊又有獸名蒲牢, 蒲牢素畏鯨, 鯨魚擊蒲牢, 輒大鳴. 凡鐘欲令聲大者, 故作蒲牢於上, 所以撞之者爲鯨魚.)"라고 하였다. 이로 인해 후에 포뢰가 종의 별명이 되었다.
208 서성이네(屛營) : 병영屛營은 방황하는 모양, 서성이는 모양을 뜻한다. 황공惶恐.
209 작은 얼레(籰車子) : 확거자籰車子는 낚시의 도구로 쓰였던 실을 감는 작은 얼레. 요즘의 릴낚시를 떠올리면 좋을 듯하다. 이규경의 『五洲衍文長箋散稿』「漁具辨證說」에 "今見江上漁父乘小艇, 手一小籰車子纏釣絲, 投釣江中, 隨波而下, 或纏或解, 有魚中餌, 則釣絲緊弸, 急轉籰車, 引上取魚. 此是古之車子釣之遺意."라고 하였다.
210 호파瓠巴 : 호파瓠芭라고도 한다. 전설상 춘추전국시대 거문고의 명사. 『列子』「湯問」에 "호파가 거문고를 타면 새들이 춤을 추고 물고기가 뛰어올랐다.(瓠巴鼓琴, 而鳥舞魚躍.)"라고 하였다.
211 장경長庚 : 미상. 다른 문헌에는 크게 두세 가지 의미로 쓰였다. ① 금성金星의 이칭. 아침에는 해보다 먼저 나오기 때문에 계명啓明이라 부르고, 저녁에는 해보다 뒤에 들어가기 때문에 장경長庚이라 부른다. ② 혜성의 일종. 고대에는 전쟁을 관장하는 것으로 믿었다. ③ 금성이 태백성이라는 별칭이 있어 이태백李太白을 가리키기도 한다. 이백의 어머니가 꿈에 장경성을 보아서 이름을 '백白'으로 지었다고 한다. 『新唐書』 권202 「李白列傳」.
212 『東師列傳』「鐵牛禪德傳」(김두재 역, p.346)에도 수록되어 있다.
213 토우土牛 : 진흙을 빚어 만든 소. 『禮記』「月令」에 "12월에 유사에게 명하여 구나의 의식을 성대하게 거행하고 사방의 문에서 희생을 찢어서 음기를 없애며, 또 흙으로 소를 만들어 한기가 사라지기를 빈다.(季冬之月, 命有司大儺, 旁磔, 出土牛, 以送寒氣.)"라고 하였다.
214 석우石牛 : 돌로 만든 소로 영이한 능력이 있다. 고대인들은 석우가 출현한 것을 상서로운 일이나 재변을 예시하는 것으로 인식하였다.
215 목우木牛: 나무로 만든 소. 건흥 12년(234) 봄에 제갈량이 대군을 이끌고 사곡斜谷을

나가 위수渭水 남쪽 오장원五丈原에 진을 치고 전투를 시도했으나 사마의司馬懿는 장기전으로 대응하였다. 그러자 제갈량이 목우와 유마流馬를 만들어 군량을 운반하였다는 고사가 있다.

216 검각劍閣 : 중국 장안長安에서 서촉西蜀으로 들어가는 통로로서 예로부터 험준한 요해지로 유명하였다. 현재의 사천성 검각현劍閣縣 북쪽에 있으며, 잔도棧道와 관문關門이 설치되어 있다.

217 금우金牛 : 금 똥을 누는 소. 전국시대 진 혜왕秦惠王은 촉나라를 치려 하였으나 길을 알지 못하므로 돌을 깎아 다섯 마리의 소를 만들어 뒤에 금을 넣어 놓고는 이것을 촉도에 갖다 놓았다. 사람들이 이것을 보고는 돌 소가 금 똥을 눈다고 하자, 이 소문을 들은 촉왕蜀王은 천여 명의 군사와 다섯 명의 역사를 동원하여 성도成都로 운반해 갔다. 길이 뚫려 진나라는 마침내 이 길을 따라 촉나라를 공격하여 탈취했으므로 이 길을 금우도金牛道라 하였다.

218 소요 태능逍遙太能(1562~1649) : 조선 중기의 승려. 속성은 오吳씨, 전라남도 담양 사람. 15세에 백양산에서 출가하였으며, 부휴 선수浮休善修에게 장경을 배우고, 서산 대사에게 나아가 선지禪旨를 깨달았다. 청허 휴정의 제자 중에서 편양 언기鞭羊彦機와 함께 선의 양대 고승으로 추앙되었으며, 수백 명의 문하가 일파를 이루어 소요파라고 불렸다. 저술로 『逍遙堂集』이 전한다. 조선 인조 27년에 나이 88세, 법랍 73세로 입적하였다. 연대사에 비가 있고, 보개산 심원사, 지리산 연곡사, 두륜산 대둔사에 부도가 있다.

219 표운表云 : 철우 선사의 법명. 철우는 호. 『東師列傳』「鐵牛禪德傳」 참조.

220 육정 : 도교의 신 이름. 도교에서 천제가 구사하는 양신陽神을 육갑六甲이라 하고, 음신陰神을 육정이라고 하는데, 도사道士가 부록符籙으로 불러와서 부린다고 한다. 육정에는 '丁卯, 丁巳, 丁未, 丁酉, 丁亥, 丁丑'이 해당한다.

221 천균千鈞 : 30근이 1균으로 천 균은 3만 근. 어떤 물건이 무겁거나 혹 힘이 클 때 비유하여 쓰는 말이다.

222 이군두李軍頭 : 미상이나 『水滸傳』에 등장하는 이규李逵라는 인물인 듯하다. 108성聖 중 22위位이자 천살성天殺星에 해당한다. 별명은 흑선풍黑旋風 또는 철우鐵牛이다.

223 『東師列傳』「懸解禪師傳」『韓國佛教全書』제10책(H10, 1031c)에도 일부 수록되어 있다.

224 『東師列傳』「隱峰大師傳」『韓國佛教全書』제10책(H10, 1035b)에도 수록되어 있다.

225 『大興寺誌資料集』 권1, 표충사 관련 문서 중 「春秋時享祝文」(p.508)에도 수록되어 있다.

226 휴정休靜(1520~1604) : 조선 중기의 승려. 법호는 청허淸虛. 속성은 최崔씨, 속명은 여신汝信, 자는 현응玄應, 별호는 백화도인白華道人, 서산 대사西山大師, 풍악산인楓岳山人, 두류산인頭流山人, 묘향산인妙香山人, 조계퇴은曹溪退隱, 병로病老 등이다. 1540년(중종 35) 영관靈觀 등을 계사戒師로 모시고 계를 받았다. 임진왜란이 일어나자 승병을 일으켜 전공을 세웠으며 선조로부터 팔도십육종선교도총섭八道十六宗禪教都摠攝의 직함과 국일도 대선사 선교도총섭 부종수교 보제등계존자國一都大禪師禪教都摠攝扶宗樹教普濟登階尊者라는 최고의 존칭과 함께 정2품 당상관 직위를 하사받았다. 저서로 『淸虛堂集』,『禪家龜鑑』 등이 있다.

227 정이鼎彝 : 보배 그릇에 공훈이 있는 이의 이름을 새긴 것이다. 공신록.
228 제사 올려(俎豆) : 조두俎豆는 제기祭器의 이름.
229 유정惟政(1544~1610) : 조선 중기의 승려. 이름은 응규應奎, 자는 이환離幻, 호는 사명당四溟堂 또는 송운松雲, 별호는 종봉鍾峯이며, 시호는 자통홍제존자慈通弘濟尊者이다. 16세에 직지사直指寺로 출가하여 신묵信默의 제자가 되었고, 3년 뒤 승과僧科에 합격하여 많은 유생들과 교유하였다. 1575년(선조 8) 선종수사찰禪宗首寺刹인 봉은사奉恩寺의 주지로 천거되었으나 사양하고, 묘향산 보현사普賢寺의 휴정을 찾아가 선리禪理를 참구하였으며, 1592년에 임진왜란이 일어나자 의승도대장義僧都大將이 되어 승군을 지도하고 평양성 탈환 등 혁혁한 전공을 세워 선조가 선교양종판사禪敎兩宗判事를 제수하였다. 이후 왜군과의 회담을 주도하고 전후 강화조약에 사신으로 파견되는 등 보국안민을 위해 헌신하였다. 저서로『四溟堂大師集』7권과『奮忠紓難錄』1권 등이 있다.
230 처영處英 : 생몰년 미상. 조선 중기의 승려. 호는 뇌묵당雷默堂. 중관 대사의 속가 외삼촌이자 은사. 특히 처영은 서산 대사의 제자로 1592년 임진왜란이 일어나자 서산 대사의 격문을 받고 호남 지역에서 1천 명의 승병들을 이끌고 봉기해 전라도순변사 권율과 함께 독성산성, 평양, 개성 등지에서 공을 세웠다. 1594년 도원수 권율의 명령으로 의령에서 군사를 이끌고 남원의 교룡산성을 수축하였다. 사후 1794년 정조의 명령으로 대흥사의 표충사에 서산 대사, 사명 대사와 함께 안치되었다.
231 고성암高聲庵 : 전라남도 강진군에 있는 절. 1211년 원묘 국사圓妙國師 요세了世(1163~1245)가 강진 만덕산 백련사를 중창할 때 함께 지은 것으로 알려져 있다. 절이 자리한 보은산은 강진읍의 진산으로 앞으로 읍과 바다를 품에 안고 있다. 소가 누워 있는 형세인 보은산의 정상은 소의 머리에 해당하는 우두봉이다. 1805년 가을에 강진으로 귀양 온 정약용은 이곳에 보은산방이라는 초당을 짓고 기거하였다. 특히 아암 혜장과 교유하며『周易』과『莊子』에 천착한 아암의 학문에 영향을 끼쳤다.
232 포뢰蒲牢(종) : 주 207 참조.
233 가을 타작마당을 쓸어(滌場) : 척장滌場은 농사가 끝나서 마당을 소제하는 것이다.『詩經』「豳風」〈七月〉에 "九月肅霜, 十月滌場"이라 하였다. 공영달孔穎達의 소疏에 "十月之中, 埽其場上粟麥, 盡皆畢矣."라 하였다.
234 새 부리로 바다를 메울 : 삼황오제三皇五帝의 하나인 신농神農에게 여왜女娃라는 딸이 있었는데 물놀이를 좋아하여 항상 동해에서 헤엄치며 놀았다. 어느 날 너무 멀리 헤엄쳐 나간 그녀는 바다에 빠져 죽고 말았다. 여왜의 영혼은 작은 새로 태어나 발구산發鳩山이라는 산에서 살았다. 그 울음소리가 마치 '정위精衛!' '정위精衛!'라고 외치는 것처럼 들렸기 때문에 사람들은 이 작은 새를 정위새라고 불렀다. 정위새는 자신의 생명을 앗아간 동해에 어떻게든 복수를 하려고 날마다 서산에서 작은 돌이나 나뭇가지를 물어 왔다. 이것을 거대한 파도가 넘실거리는 동해에 계속 떨어뜨려서 동해를 메우려고 한 것이다.
235 금빛 벼(金穰) : 금양金穰은 풍년 들 조짐을 뜻한다. 태세성太歲星의 운행이 금金, 즉 유궁酉宮에 이르렀을 때 풍년이 든다는 뜻으로,『史記』권27「天官書」에 "반드시 태세성이 있는 곳을 살펴야 한다. 태세성이 금에 있으면 풍년이 들고, 수에 있으면 상해를 입고, 목에 있으면 기근이 들고, 화에 있으면 한재가 든다.(必察太歲所在, 在金穰,

水毁, 木饑, 火旱.)"라고 한 데서 온 말이다. 유궁은 서방에 해당한다.

236 아암 혜장兒庵惠藏(1772~1811) : 조선 후기 대흥사의 승려. 법명은 혜장, 호는 연파蓮坡 혹은 아암. 대둔사 12종사와 12강사 중 마지막 자리를 차지하였다. 연담 유일의 영향을 받았으며 30세에 두륜산 청풍료에서 화엄법회를 열었을 때 그 법회의 주맹主盟이 되었다. 그 법회에 모인 학인은 100여 명이었다.『周易』과『論語』에 천착하였고, 이 외에도 율력, 율려, 법과 성리학 등 관심사가 넓었다. 불서로는『首楞嚴經』과『起信論』을 특히 애독한 것으로 알려져 있다. 다산 정약용이 1805년 가을 만덕사에 머무를 때 만나 교류를 나누었다. 다산은 아암의 비문을 썼다. 저서로『兒庵集』이 전한다.(『東師列傳』「蓮坡講師傳」참조)『茶山詩文集』제20권의 편지「중씨에게 올림(上仲氏)」(1811) 중에도 아암과 나눈 교류의 내용과 본 만시 첫째 수가 수록되어 있다.

237 승려 이름에~모두 놀랐는데 : 아암의 학문적 관심사가『周易』『論語』등 외서는 물론 성리학에 대해서도 많은 탐구를 행한 것을 의미한다.

238 아홉 대가 :『周易』을 주석했던 9인의 연구가. 경방京房・마융馬融・정현鄭玄・송충宋衷・우번虞翻・육적陸績・요신姚信・적자현翟子玄・순상荀爽 등이다.

239 십홀 방 : 홀은 척尺과 같은 뜻으로, 사방 일장四方一丈의 조그마한 방을 말한다. 주지의 방.『維摩經』에 유마거사가 머물던 방이 사방 한 장이었으므로 장실은 곧 유마거사의 방을 가리켰다. 이후 주지 혹은 주지의 방으로 전용되었다.

240 수운향水雲鄕 : 물이 흐르고 구름이 떠도는, 풍경이 맑고 그윽한 곳.

241 꽁무니 수레~바람 말(尻輪風馬) : 고륜신마尻輪神馬의 고사와 관련 있다. 엉덩이가 변화해서 수레바퀴가 된다는 말로『莊子』「大宗師」에서 유래한다. 자여子輿가 병이 들자 자사子祀가 문병을 가서 묻기를 "자네는 그 병을 미워하는가?"라고 하니, 자여가 "아닐세. 내가 어찌 미워하겠는가. 병이 점점 더 심해져서 나의 엉덩이가 수레바퀴로 변하면 정신을 말(馬)로 삼아 그대로 타고 다닐 것이니, 어찌 멍에를 멜 필요가 있겠는가."라고 한 고사이다. 고륜신마를 자연을 노니는 기상으로 풀이한 해석도 있다.

242 백파거사白坡居士(1823~1902) : 주 189 참조.

243 기수祇樹 : 기수급고독원祇樹給孤獨園의 약칭인데, 이 동산의 정사(기원정사)에서 부처가 설법하였다. 사찰을 의미한다.

244 자원성紫垣星 : 황궁을 가리키는 별자리이다.

245 공공空空 : 십팔공十八空의 하나. 일체가 모두 공한데 그 공이라는 것 또한 공이라는 것을 말한다.

246 호의 선사縞衣禪師(1778~1868) : 법명은 시오始悟, 호는 호의縞衣, 속성은 정丁씨, 아명은 계방桂芳. 화순 동복 출생. 사대부 집안의 자제로서 16세에 만연사에 들어가 생활하였고, 1796년 백련 선사에게 구족계를 받았다. 이후 연담蓮潭과 완호玩虎에게 교학을 전수받았다. 1812년에는 완호의 법을 이어받았다. 정약용이 강진에 유배될 때 호에 대한 게송과 서문을 받은 적이 있다. 1817년 완호를 따라 경주 기림사에서 천불을 조성하여 배에 싣고 돌아오던 중 표류하여 일본 나가사키 섬(長碕島)에 도착하였고, 1818년 7월에 대흥사로 돌아왔다. 정약용, 홍현주가 대사의 찬을 썼고, 백파거사 신헌구가 영찬과 탑명을 썼다. 저술로『行狀』1권,『見聞錄』1권이 있다.『東師列傳』「縞衣大士傳」(김두재 역, pp.362~367) 참조.(『동사열전』에는 신헌영申獻永으로 되어 있다.)

247 계수나무 꽃을 태몽으로 꾸니 :『東師列傳』「縞衣大士傳」(김두재 역, p.362)에 대사의

아버지가 말이 계수나무 잎을 먹는 꿈을 꾸고 나서 대사를 낳았다고 한다.

248 정영위丁令威가 화표주華表柱에 : 정영위가 영허산靈虛山에서 도를 닦아 신선이 된 후 천 년이 지난 뒤에 학이 되어 요동에 돌아와 화표주華表柱에 앉아 시를 지었다. "새여 새여 정영위여, 집 떠난 지 천 년 만에 오늘에야 돌아왔네. 성곽은 의구한데 사람들은 아니로세. 어찌 신선 아니 배워 무덤이 총총하뇨."라고 하였다.『搜神後記』

249 하의 선사荷衣禪師(1779~1852) : 법명은 정지正持, 호는 하의荷衣. 속성은 임씨, 전라남도 영암 출생. 어려서 두륜산 백련 선사 조실에서 머리를 깎고 완호에게 구족계를 받았다. 여러 지방을 유람한 후 문을 닫고 30여 년을 정진하였다. 동문 수행한 이로 호의縞衣와 초의草衣가 있어 이들을 선문에서 삼의三衣라 칭하기도 하였다. 어록 1권이 있으며, 백파거사 신헌구가 진영에 대한 찬과 서문을 지었다.『東師列傳』(김두재 역) pp.368~369 참조.

250 선정에 머무르고(止定) : '지止'는 생각이 그쳐서 평온한 단계로 하나의 수행 방법이다. '정定'은 하나의 대상에 집중하는 것을 말하는 것으로 지止 수행의 결과이다.

251 진영(七分) : 초상화를 일컫는 말이다. 진영眞影이 실제 모습과 7할쯤 비슷하다는 뜻이다.

252 초의 선사(1786~1865) : 주 92 참조.

253 그림(丹靑) : 여기서는 대사의 진영을 말한다.

254 철선 선사鐵船禪師(1791~1858) : 법명은 혜즙惠楫, 호는 철선鐵船. 속성은 김씨, 전라남도 영암 출생. 세수는 67세, 법랍은 55년. 1804년 출가하여 두륜산 성일性一에게 머리를 깎고 승려가 되었다. 19세에 완호玩虎에게 나아가『緇門』을, 연암蓮庵에게 나아가 사집四集을, 철경掣鯨에게 나아가 오교五敎를 배우고, 수룡 색성袖龍賾性의 법통을 이어받았다. 글씨가 유명하여 정약용의 칭탄과 격려를 받은 기록이 있다. 문집 1권이 남아 있다.『東師列傳』『鐵船講師傳』(김두재 역, pp.374~376) 참조.

255 은산철벽銀山鐵壁 : 굳은 신심, 또는 굳은 번뇌. 여기서는 전자.

256 황매黃梅 : 선종 5조祖인 홍인弘忍(602~675)을 지칭한다. 홍인 대사는 기주 황매 출신으로 황매산에서 법을 전하였다.

257 운파 선사雲坡禪師(1818~1875) : 법명은 익화益化, 호는 운파. 속성은 문씨, 전라남도 완도 출생. 16세에 영철永喆 장로 밑에서 머리를 깎고 지허知虛 선사에게 계를 받았다. 철선鐵船에게 참학하여 사집四集과 선교의 연원을 탐구하고, 문암聞庵을 참학하여 사교四敎를 배웠다. 용파 영훤龍坡永烜의 조실에서 법통을 이었다. 범패에 능하였고, 후에 삼각산에서 도총섭의 직첩을 받았다.

258 거로蘧蘆 : 여관이라는 뜻이다.『莊子』「天運」에 "인의는 선왕의 여관으로, 하룻밤 묵어 가는 것은 좋지만 오래 묵을 곳은 못 된다.(仁義, 先王之蘧蘆也. 止可以一宿, 而不可久處)"라고 하였다.

259 견향 선사 : 주 83 참조.

260 아홉 이랑(九疇) : ① 전설 속의 천제가 우임금에게 내린 천하를 다스리는 아홉 가지의 대법大法. ② 기자箕子가 주 무왕周武王의 물음에 응답한 천하를 다스리는 아홉 가지의 대법. 곧 오행五行·오사五事·팔정八政·오기五紀·황극皇極·삼덕三德·계의稽疑·서징庶徵·오복五福.

261 만뢰萬籟 : 세상의 온갖 소리. '뢰籟'는 텅 빈 구멍에서 나오는 소리를 말한다.

262 등불(金粟) : 금속金粟은 두 가지로 쓰인다. ① 황금 색깔의 곡식 낱알과 같은 등불의 모습. ② 금속여래金粟如來의 준말로 유마거사를 지칭한다. 유마거사가 과거세에 이미 성불하여 금속여래라는 부처가 되었다고 한다. 여기서는 등불의 의미로 해석한다.
263 도금된 몸(金範) : 금범金範은 금신金身, 불상과 같다. 당나라 황도黃滔의 「大唐福州報恩定光多寶塔碑記」에 "其堂也, 騈錯儀像, 或金範, 或幅繢, 千形百質, 恐悉諸天之聖侶無間焉."이라 하였다.
264 구담씨瞿曇氏 : ⑤ Gautama, Gotama. 석가 종족의 성씨. 석가모니.
265 동천洞天 : 원뜻은 도교에서 말하는 신선의 거처. 골짜기에 있는 별유천지別有天地. 후에는 풍경이 아름다운 곳, 승경지를 가리키는 말로 쓰인다.
266 엄자산崦嵫山 : 옛날에 해가 들어가는 곳으로 생각했던 산의 이름. 감숙성 천수현天水縣 서쪽에 있다. 전설상 해가 지는 곳이다. 『楚辭』「離騷」에 "吾令羲和弭節兮, 望崦嵫而勿迫."이라고 하였는데 왕일王逸의 주에 "崦嵫, 日所入山也."라고 하였다.
267 희화羲和 : 고대 신화 전설 속의 인물. 태양의 수레를 모는 신. 『楚辭』「離騷」에 "吾令羲和弭節兮, 望崦嵫而勿迫."이라고 하였다.
268 육룡六龍 : ①『周易』건괘乾卦의 육효六爻.『周易』「乾卦」에 "여섯 마리의 용을 타고 하늘을 어거한다.(乘六龍以御天)"라고 하였다. 공영달의 소疏에 "六龍即六位之龍也, 以所居上下言之, 謂之六位也."라고 하였다. ② 태양. 전설에 태양의 신이 수레를 탈 때 여섯 마리 용이 끄는데 희화가 이를 다스린다고 한다. ③ 고대 천자의 수레를 끄는 말이 여섯 마리인데 8척의 말을 용이라 한다. 이에 따라 천자가 수레를 모는 것을 가리킨다. 여기서는 임금 혹은 임금의 행차를 말한다.
269 육룡이 서쪽에 어거하자 : 임진왜란 당시 선조가 의주로 피신한 것을 말한다.
270 이 글은 『艸衣詩藁』에도 실려 있다.(이종찬 역, 『초의시고』, 동국역경원, 2010)
271 고명한 선비(靑雲之士) : 청운지사靑雲之士는 학식과 도덕이 뛰어난 인물.
272 문창文暢 : 당나라 때 시승. 한유韓愈와 교유하였다. 한유의 「送浮屠文暢師序」에 "문창은 문장을 좋아하여, 천하를 주유할 적에 어디를 가나 반드시 유학자에게 시를 지어 주기를 청하였는데, 시가 수백 편이 되었다."라고 하였다. 『古文眞寶』.
273 한유韓愈(768~824) : 당나라의 문인. 자는 퇴지退之, 시호는 문공文公. 회주懷州 수무현修武縣(하남성) 출생이다. 792년 진사에 등과登科하여 지방 절도사의 속관을 거쳐 803년 감찰어사가 되었을 때, 수도의 장관을 탄핵하였다가 도리어 양산현陽山縣 현령으로 좌천되었다. 이듬해 소환된 후로는 주로 국자감에서 근무하였으며, 817년 오원제吳元濟의 반란 평정에 공을 세워 형부시랑이 되었으나, 819년 헌종이 불골佛骨을 모신 것을 간하다가 조주潮州(광동성) 자사로 좌천되었다. 변려문에 반대하고 고문 운동을 일으켜 산문 발전에 지대한 공헌을 하였다.
274 비연祕演 : 송나라의 시승인데 행적은 자세하지 않다. 구양수의 글에 「釋祕演詩集序」가 있다.
275 구양수歐陽修(1007~1072) : 송나라의 정치가 겸 문인. 자는 영숙永叔, 호는 취옹醉翁 또는 육일거사六一居士. 한림원학사翰林院學士 등의 관직을 거쳐 태자소사太子少師가 되었다. 송나라 초기의 미문조美文調 시문인 서곤체西崑體를 개혁하고, 당나라의 한유를 모범으로 하는 시문을 지었다. 당송팔대가唐宋八大家의 한 사람이었으며, 후배들에게 많은 영향을 주었다. 주요 저서에는 『歐陽文忠公集』 등이 있다. 남긴 글 중

에 비연과 관련된 것으로「釋祕演詩集序」가 있다.

276 도잠道潛 : 송나라의 승려. 호는 참료자參寥子. 운문종 승려 대각 회곤大覺懷璉의 법을 이었다. 소성紹聖 원년(1094)에 소식蘇軾이 남방으로 유배되자 스님도 연좌되어 벌을 받고 환속하였으며, 건중정국建中靖國 원년(1101)에 사면되어 승적을 회복하였다. 저서에『參寥子詩集』12권이 있다.

277 총수聰殊 : 송나라의 시승. 자세한 행적은 알 수 없다.

278 소식蘇軾(1037~1101) : 북송 때의 유명한 문장가. 자는 자첨子瞻, 호는 동파東坡. 아버지 소순蘇洵, 동생 소철蘇轍과 함께 '삼소三蘇'라고 일컬어지며, 이들은 모두 당송팔대가에 속한다. 불교에 조예가 깊고 승려들과도 교분이 깊었는데 그 가운데 시승詩僧이기도 했던 도잠과는 10여 일 동안 여산廬山을 유람하며 작품을 남기기도 했다.

279 연천淵泉 : 홍석주洪奭周(1774~1842). 조선 후기의 문신·문장가. 자는 성백成伯이며 연천은 호이다. 1795년(정조 19) 전강殿講에서 수석을 해 직부전시直赴殿試의 특전을 받고, 그해 춘당대문과에 갑과로 급제해 사용원직장을 제수받았다. 이후 승정원주서, 정언, 이조참의, 병조참판, 충청도관찰사, 양관대제학, 이조판서, 좌의정 등을 역임하였다. 학문이 깊고 의리에도 정통해 시서역례詩書易禮의 교훈과 성명이기性命理氣의 철학에 달통하였다. 저서로는『淵泉集』등이 있다. 시호는 문간文簡이다.

280 자하紫霞 : 신위申緯(1769~1845). 조선 후기의 문인. 자는 한수漢叟, 호는 자하·경수당警修堂. 이조참판·병조참판 등을 역임하였다. 시서화에 능했으며 한문학의 대가이다. 저서로『警修堂全藁』와 김택영이 600여 수를 정선한『紫霞詩集』이 있다.

281 소순기蔬筍氣 : 나물과 죽순 냄새가 난다는 뜻으로, 승려들의 건조한 시문을 낮게 평가하는 말.

282 혜휴惠休 : 탕혜휴湯惠休. 남조 송나라 때의 시인. 생몰년 미상으로 일찍이 출가하여 혜휴 상인惠休上人이라 불렸다. 시문에 능하여 세조로부터 환속의 명을 받고 탕湯씨 성을 하사받아 탕휴湯休라 하였다.

283 보월寶月 : 송나라 승려 희백希白의 자. 호는 혜조慧照. 호남 장사長沙 사람으로 서화에도 능통했다.

284 화려하게 수식하고~보월寶月과 같겠는가 :『艸衣詩藁』홍석주의 서문에도 같은 내용이 있다. "문사文詞가 자칫하면 외적으로 화려하게 꾸미는 쪽으로만 흘러갈 위험성도 있다. 예컨대 혜휴나 보월 같은 경우는 몸에 납의衲衣를 걸쳤지만 입은 절제하지를 못하였으니, 이는 불가의 적賊이 될 뿐만 아니라, 오도吾道에 있어서도 용납할 수 없는 일이라고 하겠다."

285 『鐵船小艸』에 「鐵船小艸序」(신헌구)로 수록되어 있다.『韓國佛敎全書』제10책(H10, 885a).

286 염색하는 장인이~정련精練할 때 : 원문은 '황씨련사㡛氏涑絲'.『周禮』「冬官考工記 第六」'冬㡛氏'조에 "㡛氏涑絲以涗水, 漚其絲, 七日去地尺暴之. 晝暴諸日, 夜宿諸井, 七日七夜, 是謂水湅. 湅帛以欄爲灰渥淳其帛實諸澤器淫之以蜃, 清其灰而盝之而揮之. 而沃之而盝之而塗之而宿之. 明日沃之盝之. 晝暴諸日夜宿諸井七日七夜是謂水湅."이라 하였다.

287 화려한 무늬(黼黻文章) : 원뜻은 고대 예복 위에 수를 놓은 색채가 화려한 꽃무늬. 화려하고 아름다운 색채를 말한다. 보불黼黻은 고대의 예복에 놓은 수의 문양 종류인

구장九章 가운데 두 가지이다.

288 패옥(珩瑀) : '형우珩瑀'는 패옥佩玉의 일종. 『詩經集傳』〈女曰雞鳴〉의 주에서 주자는 "위에 가로댄 것을 형珩이라 하고, 아래에 세 개의 끈을 매달고 진주를 꿰며 가운데 끈의 중간에 하나의 큰 구슬을 꿴 것을 우瑀라고 한다."라고 풀이하였다.

289 버선을 꿰맨 실(襪線) : 여러 가지 기예가 있으나 어느 하나도 능통하지 못한 사람, 또는 재능이나 학문이 보잘것없음을 비유하는 말이다. 오대五代시대 한소韓昭가 여러 가지 재주를 익혀 전촉前蜀의 후주後主에게 은총을 받자, 조사朝士 이태하李台蝦가 "한소의 재주는 버선을 꿰맨 실처럼, 풀어도 쓸 만한 긴 실이 나오지 않는 것과 같다.(韓八座事藝, 如拆襪線, 無一條長)"라고 비웃은 고사가 있다. 『天中記』권29.

290 비단 심장에 수놓은 창자(錦心繡肚) : 금심수두錦心繡肚는 오장육부에 아름다운 시가 가득하다는 뜻으로, 재주가 출중함을 비유한다. 금심수장錦心繡腸과 같은 뜻으로, 시문詩文에 있어 가사여구佳詞麗句를 지어 내는 뛰어난 재주를 말한다.

291 약영若英 : 약목若木의 꽃. 약목은 서쪽의 곤륜산 끝 해가 지는 곳에 있는 나무이다. 『離騷經』에 "내 말을 부상에 고삐 매어 두고 약목을 꺾어 해가 지지 못하게 하노라.(總余轡乎扶桑, 折若木以拂日兮.)"라고 하였다.

292 벽려薜荔 : 나무에 붙어 자라는 향기 나는 덩굴 이름으로, 은자隱者가 입는 옷을 말한다. 『楚辭』「離騷」에 "벽려의 떨어진 꽃술 꿰어 몸에 두른다.(貫薜荔之落蕊)"라고 하였다. 사전적인 의미로는 목련을 가리키기도 한다.

293 용주사 주련 글씨 : 용주사는 정조가 1790년에 아버지 사도세자思悼世子의 명복을 빌어 주는 능사陵寺로 창건하였다. 정조의 효심을 상징하는 이 절에는 정조가 이덕무에게 지어 올리라 한 주련 구가 주련으로 제작되어 걸려 있다. 현재도 용주사의 여러 전각에 걸려 있는 이 주련 구의 원작자는 이덕무이다. 이덕무의 『靑莊館全書』제20권 「雅亭遺稿」12, '응지각체응旨各體'에〈龍珠寺柱聯〉은 그 제작 배경과 함께 동일한 구절이 수록되어 있다. 즉 "경술년 9월 화성華城의 용주사가 낙성되니 명을 받고 주련 16구句를 지어 올리고 인하여 몸소 가서 각자하는 것을 감독하고 그것을 달았다."라고 하였다. 『栢悅錄』에 '정묘조正廟朝'라 한 것은 정조의 친필이라는 의미일 가능성이 크다. 16구는 각각 두 구가 대구가 되어 8편의 주련으로 완성되는데, 이덕무는 8편이 걸려 있는 불전 이름(호성전, 대웅보전, 시방칠등각, 극락천원전, 천보루전, 천보루후, 만수리실, 나유타료)을 모두 소개하였다. 본 작품과는 수록 순서가 약간 다르고 일부 구문에 차이가 있다.

294 화가국和訶國 : 카필라국. 부처님의 고국.

295 기원정사祇園精舍 : 기수급고독원祇樹給孤獨園의 약칭. 인도 사위성舍衛城의 수달 장자須達長者가 석가의 설법을 듣고 매우 경모한 나머지 정사를 세워 주려고 기타태자祇陀太子의 원림園林을 구매하려고 하자, 태자가 장난삼아 "황금을 이 땅에 가득 깔면 팔겠다."라고 하였다. 이에 수달 장자가 집에 있는 황금을 코끼리에 싣고 와서 그 땅에 가득 깔자, 태자가 감동하였고 그 땅에 기원정사를 건립하였다. 수달 장자의 다른 이름이 급고독給孤獨 장자이므로 기수급고독원으로 부른다.

296 소 양~끄는 수레(牛車羊車鹿車) : 『法華經』「譬喩品」'화택유火宅喩'에서, 어느 장자長者가 불이 붙고 있는 집 안에서 아무것도 모르고 뛰놀고 있는 아이들을 구하려고, 문밖에 양거羊車·녹거鹿車·우거牛車가 있으니 나오라고 소리쳐서, 아이들이 문밖

으로 뛰어나온 것을 보고, 모두 꼭 같은 대백우거大白牛車를 주었다고 한다. 여기에서 아버지는 부처님을, 아이들은 중생을, 양·사슴·소가 끄는 세 가지 수레는 삼승三乘 즉 성문·연각·보살의 가르침을, 흰 소가 끄는 수레는 일승법을 비유한다.

297 향적반香積飯 : 향기로운 밥. 중향국 향적불의 향반으로『維摩詰經』「香積品」에 "於是香積如來以衆香鉢盛滿香飯, 與化菩薩."이라 하였다.
298 이포찬伊蒲饌 : 불가의 음식. 재를 올리거나 공양하는 음식. 재공齋供, 소식素食.
299 부모미생전父母未生前 : 분별심이 형성되기 이전의 상태. 인간이 본래 갖추고 있는 심성. 본래면목.
300 향상香象 : ⓢ gandha-hastin 혹은 ⓢ gandha-gaja. 몸은 푸르고 뿔에서 향기로운 액체를 뿜는 크고 강한 코끼리.
301 우담바라(曇花) : 우담바라優曇鉢華. ⓢ uḍumbara의 음역으로 부처님의 출현을 상징하는 꽃이다. 3천 년에 한 번 꽃이 핀다고 한다. 여기서는 석가모니를 비유한다.
302 염부제閻浮提 : 수미산須彌山 사대주四大洲의 남주南洲에 있다는 대륙. 인간 세상의 총칭으로 쓰인다. 염부주閻浮洲 혹은 섬부주瞻部洲라고도 한다.
303 백우거白牛車 :『法華經』「譬喩品」에 나오는 삼거三車 중의 하나로 보살승菩薩乘을 비유한 것이다. 주 296 참조.
304 쌍남雙南의 황금 : 쌍남금雙南金. 두 배의 가치가 나가는 황금. 보배롭고 귀한 물건의 비유.
305 우전왕優塡王 : ⓢ Udayana. 서기전 6세기경 교상미국憍償彌國의 왕. 부처님이 삼십삼천에 올라 오랫동안 내려오지 않음을 걱정하다가 병이 나서 부처님의 형상을 우두전단牛頭栴檀에 조각하였다고 한다.
306 세금을 부과하지 않는 : 여기서는 인간의 땅이 아닌 신성한 공간을 말하는 것으로 보인다.
307 마니보주摩尼寶珠 : ⓢ·ⓟ maṇi. 의역하면 보배로운 구슬. 주옥의 총칭. 일반 전설에 마니는 재난과 질병을 없애고 흐린 물을 맑게 하며 물빛을 바꾸는 공덕이 있다고 한다. 또 ⓢ cintā-maṇi는 여의보如意寶, 여의주如意珠로 의역한다. 얻고자 하는 것이 있으면 이 구슬이 내어놓을 수 있기 때문에 여의보주라 칭한다.
308 이포찬伊蒲饌 : 주 298 참조.
309 장무진張無盡 : 송대의 정치가 장상영張商英(1043~1122). 호는 무진거사無盡居士이며 자는 천각天覺이다. 19세에 급제하고 신종 때 왕안석과 함께 신법新法에 대해 공의共議하였다. 처음에는 불교를 싫어하여 무불론無佛論을 써서 배척하려 하였으나 뒤에 우연히『維摩經』을 읽고 바른 믿음을 일으켰다. 원우元祐 연간에 오대산에 문수상文殊像을 소성하고 발원문을 지었다. 동림사東林寺 조각 상총照覺常總에게 선禪을 묻고, 다시 도솔 종열兜率從悅을 참알參謁하여 비로소 깨쳤다. 뒤에 진정 문眞淨文 화상에게 나아가 언하言下에 대오大悟하였다. 대관大觀 4년(1110)에 승상이 되고 송나라 선화宣和 4년 11월에 세상을 떴다. 저서로『護法論』이 있다.
310 양대년楊大年 : 송대의 학자인 양억楊億(974~1020). 대년大年은 자. 양억은 시부詩賦에 능해 11세에 비서성祕書省 왕자王者가 되고, 진종 때 발탁되어 지제고知制誥가 되었다. 전장 제도典章制度에 특히 밝았으며, 저서로『武夷集』이 있다. 처음에는 불교를 알지 못했으나 후에는 불교를 깊이 믿어 여주 광혜汝州廣慧를 찾아뵙고 법을 얻었다.

임금의 명으로 『大藏目錄』을 편제하였고 『景德傳燈錄』을 교간校刊하였다. 『五燈會元』 권12, 『居士傳』 권20, 『宋史』 권30.

311 수발타라須跋陀羅 : ⓢ Subhadra의 음사. 선현善賢이라 번역. 붓다의 마지막 제자. 붓다가 쿠시나가라(ⓢ Kuśinagara)에서 입멸하기 직전에 설법을 듣고 제자가 되었다.
312 위타韋陀 : 불법의 수호신인 위타천韋天을 가리킨다. 증장천왕增長天王이 거느리고 있다는 신. 힌두교의 군신軍神 스칸다(ⓢ Skanda)가 불교에 채용된 것이다.
313 후손(雲仍) : 운잉雲仍은 운손雲孫과 잉손仍孫이라는 뜻으로, 먼 후손을 이르는 말.
314 지전持殿 : 원래는 지전知殿. 불전佛殿을 소제하고, 향·등의 불전에 대한 일체의 소임을 맡은 승려.
315 무연無緣한 큰 자비 : 무연자비無緣慈悲라는 말은 부처가 모든 중생에게 차별 없이 베푸는 절대 평등의 자비를 말한다.
316 위타 존자 : 주 312 참조.
317 향적 국토 : 중향국衆香國과 같은 말로, 불국토를 말한다. 그곳은 향적여래香積如來가 다스린다고 한다. 『維摩經』 「香積佛品」에 "나라가 있으니 그 이름이 중향이요, 부처의 이름은 향적인데, 그 나라의 법의 향기가 시방무량세계에 주류周流한다."라고 하고 향적여래가 뭇 바리때에 향반香飯을 가득 담아서 보살들에게 주어 교화시켰다고 한다.
318 천감天監 연간에 세워진 : 범해 각안의 「大芚寺志略記」(『梵海禪師文集』 권1)에 대둔사(대흥사)는 양 무제 천감 13년(514), 신라 법흥왕 15년 갑오년에 아도 화상阿度和尙이 창건했다고 소개하고 있다.
319 아도 화상阿度和尙 : 동명이인이 존재하는데 창건했다고 알려진 연도에 비추어 보면 정확하게 일치하는 인물은 없다. 신라 눌지왕(재위 417~458) 때 고구려에서 신라로 건너와 불법을 전한 아도 화상阿度和尙과 시기적으로 가장 가깝다. 「大芚寺志略記」의 서술도 신라 승려 아도가 미리 점지도 하고, 창건도 한 것으로 소개되어 있는데 정확한 기록으로 확신하기는 어렵다.
320 난새 수레와 학 가마 : 신선들의 행차를 가리킨다.
321 막고藐姑의 분칠한 뼈 : 막고야산에 신인이 사는데 피부는 얼음이나 눈처럼 희다고 한다. 『莊子』 「逍遙遊」.
322 호광毫光 : 본래 부처의 두 눈썹 사이에 있는 흰 털에서 나는 백호광白毫光을 이르는 말이다.
323 금가루 : 금가루가 섞인 샘물을 금설천金屑泉이라 하는데, 이것을 마시면 신선이 된다고 한다.
324 불쏘시개(鑽燧) : 고대에는 불씨가 오래되면 화력이 약해진다고 생각하여 해가 바뀌면 국가에서 자연으로 일으킨 불씨를 백성들에게 나누어 주었다. 『論語』 「陽貨」에 "부시나무를 마찰시켜 불을 바꾼다.(鑽燧改火)"라고 하였다.
325 깃발(棨戟) : 계극棨戟은 적흑색 비단으로 싼 나무창으로, 고대에 관리가 쓰던 의장의 일종이다. 출행할 때에는 맨 앞의 병사가 이 창을 들고 전도前導가 되며, 임소에 당도한 뒤에는 문정門庭에 세워 놓는다.
326 염 공閻公 : 등왕각에서 잔치를 베푼 인물. 당나라 때 왕발王勃이 홍주목사 염백서閻伯嶼가 베푼 등왕각의 잔치에서 지은 「滕王閣序」는 천고의 명문장이다. 왕발은 지방

수령으로 있는 부친에게 가는 길에 이 등왕각을 지나면서 글을 지었다.
327 노고추老古錐 : 뛰어난 대덕 스님에 대한 존칭. 노고는 존경하는 뜻이고 추는 송곳처럼 예민함을 뜻하는 말로서, 노숙한 사가師家의 선기禪機가 송곳처럼 예민하다는 데서 온 말이다.
328 경릉竟陵의 꿈 : 미상.
329 노반魯班 : 중국 고대에 걸출한 건축의 장인. 춘추시대 노나라 사람으로 전해진다. 성은 공수公輸, 이름은 반班. 재주가 출중하여 발명한 것이 많아 건축 장인의 스승으로 높임을 받았다.
330 준승準繩 : 물체의 수평과 수직을 측정하는 기구. 준은 평면의 수준을 측정하는 수준기, 승은 직각의 정도를 측량하는 먹줄이다.
331 영·편郢扁 : 영郢은 도끼를 잘 다루었던 영 지역의 인물.『莊子』「徐无鬼」에 "영 땅의 사람이 코끝에 백토白土를 파리 날개처럼 묻혀 놓고 석공을 시켜 그것을 깎아 내게 하였다. 장석이 바람을 일으키며 도끼를 휘둘러 마음대로 깎아 내어 백토를 다 깎아 내었는데도 코를 다치지 않고 그 영 땅의 사람도 조금도 동요되지 않고 그대로 서 있었다."라고 하였다. 편扁은 춘추시대 제나라 사람으로 수레를 만드는 명인 윤편輪扁을 가리킨다.『莊子』「天道」
332 협종夾鍾(夾鐘) : 고대 십이율十二律 중 6음률의 하나로서 음려陰呂에 속한다.
333 이칙夷則 : 고대 십이율 중 하나로서 양률陽律에 속한다.
334 적자赤髭 백족白足 : 모두 고승高僧을 말한다. 백족은 남북조시대 동진의 고승 담시曇始의 발이 얼굴보다 하얗고, 진흙탕 길을 걸어도 더럽혀지지 않아 백족화상白足和尙이라고 불렸다는 일화가 전한다.『高僧傳』권10「釋曇始」적자는 천축의 불타야사佛陀耶舍로 수염이 붉었다고 한다.『毗婆沙』를 잘 해설하였으므로 당시 사람들이 그를 가리켜 '적자비바사赤髭毗婆沙'라고 불렀다고 한다.『高僧傳』「佛陀耶舍」
335 묵객墨客 소인騷人 : 시인, 문인의 통칭이다.
336 오대부를 제수받은~진나라 소나무 : 진시황秦始皇이 봉선을 행하러 태산泰山에 올라갔다가 폭풍우를 만나자 나무 아래에서 쉬고는 그 나무를 오대부五大夫에 봉했던 고사가 전한다.『史記』「秦始皇本紀」
337 오대부를 제수받은~한나라 잣나무 : 정확한 고사는 미상이나 '秦松漢柏'이 관용구로 등장하는 경우가 많다.
338 숭산 화산(嵩華) : 숭화嵩華는 숭산과 화산을 함께 부르는 말. 높은 산.
339 근폭芹曝의 정성 : 하찮은 것이라도 임금을 생각하여 바치고자 하는 아랫사람의 정성을 가리킨다. 송나라의 어떤 사람이 봄철의 따스한 햇볕을 쬐며 더없이 좋은 것이라고 여겨 임금에게 바치고자 한 고사와, 시골 사람이 토호에게 미나리를 진미라고 여겨 바쳤다는 고사에서 유래하였다.『列子』「楊朱」
340 경영과 시작을 서둘지 않았으나 : 『詩經』「大雅」〈靈臺〉에 "경영하고 시작하기를 빨리하지 말라 하시나, 백성들이 자식처럼 오도다.(經始勿亟, 庶民子來.)"라고 하였다.
341 전성前星 : 황태자를 가리킨다. 『漢書』「五行志下之下」에 "심心은 대성大星으로 천왕天王이다. 그 앞의 별(前星)은 태자이고, 뒤의 별(後星)은 서자이다."라고 하였다. 이로 인해 후에 전성이 태자를 가리키게 되었다.
342 불일佛日 : 모든 중생을 구제하는 부처님의 광명을 해에 비유하여 이르는 말이다. 해

처럼 밝은 부처님의 지혜를 뜻한다.
343 천관보살 : 대흥사 동쪽에 천관산이 있고 그 안에 천관사가 있다. 천관산은 일명 지제산이라고도 한다.『華嚴經』「菩薩住處品」에 "지제산이 있어 옛날부터 보살들이 상주하였는데, 지금도 천관보살이 그의 권속 일천 명의 보살과 함께 있으면서 법을 연설하고 있다."라고 하는 데서 천관사의 유래가 시작된다.
344 사가라용왕(沙竭羅王) : [S] Sāgaranāgarāja. 팔대용왕의 하나. 사가라는 큰 바다라는 뜻으로 바다의 용왕이라는 말이다. 불법을 수호하는 존재이다.
345 삼축三祝 : 축원할 때 수명, 부귀, 다남자를 축원하는 것을 말한다. 화華 지역의 봉인封人이 이 세 가지로써 요임금을 축도했던 데서 유래하였다.『莊子』「天地」
346 수달다須達多 : 세존과 같은 시대에 사위성에 살던 부호로서 기원정사를 지어 바친 사람이다. 가난한 이에게 베풀었으므로 급고독給孤獨이라고도 한다.
347 우바국優婆毱의 교화(化籌) : 인도의 제4조인 우바국다優波毱多가 많은 사람들을 교화하여 제도했는데, 한 사람을 제도할 적마다 산가지를 하나씩 모아 둔 것이 높이 20여 척, 너비 30여 척 되는 방에 가득 찼다고 한다. 후세에는 수행인을 교화 지도하는 방장 화상方丈和尙을 주실籌室이라 일컫게 되었다.
348 발징發徵 화상(?~785) : 신라 시대의 승려로, 휘는 동량棟樑이다. 신라 경덕왕 17년(758) 강원도 건봉사乾鳳寺에서 만일미타도량을 개설하여 27년째 되던 785년에 만 일이 차자, 같이 수행하던 31인과 함께 공중으로 솟아 극락왕생하였다고 한다. 지금도 건봉사 서쪽 5리쯤 되는 곳에는 공중으로 날아가다가 그곳에서 몸을 버렸다는 소신대燒身臺가 있으며, 그 유골은 소신대의 돌 속에 간직하였다고 한다.
349 모 대사 :『梵海禪師文集』에는 회암悔庵 · 설허雪虛 양 대사의 이름이 있다.
350 전영지간奠楹之間 : 영楹은 양영兩楹의 준말로 천자의 어전 앞에 세워진 두 기둥을 말하며, 전奠은 자리를 잡고 앉는다는 뜻이다. 공자가 양영의 사이에 앉는 꿈을 꾼 뒤에 죽었다고 한다.『禮記』「檀弓 上」후대에는 이로 인해 죽음의 완곡한 표현을 의미하게 되었다.
351 석사자釋獅子 : 석가모니를 백수의 왕인 사자에 비유한 표현이다.
352 현고懸鼓 : 해가 지는 것을 비유한다.『觀無量壽經』에 "見日欲沒, 狀如懸皷."라고 하였다.
353 수달다 : 주 346 참조.
354 무상舞象의 날 : 상무象舞를 추는 나이로, 15세를 말한다.『禮記』「內則」에 "13세가 되면 음악을 배우고 시가를 읊으며 작무勺舞를 배운다. 15세 이상이 되면 상무를 배우고 활쏘기와 말 다루는 법을 배운다. 20세가 되면 관례를 행하고 비로소 예를 배운다.(十有三年, 學樂誦詩舞勺. 成童舞象, 學射御. 二十而冠, 始學禮.)"라는 말이 나온다.
355 목란원木蘭院의 부끄러움 : 당나라 왕파王播가 어려서 가난하여 양주楊州 혜소사惠昭寺 목란원에 객으로 글을 읽으며 승려들을 따라 잿밥(齋食)을 얻어먹었다. 승려들은 왕파에게 염증을 내어 재가 모두 파한 뒤에야 종을 쳤다. 20여 년이 지난 뒤에 왕파가 높은 벼슬에 올라 이 지방에 출진出鎭해서 그 절을 찾아갔더니, 지난날 자기가 벽에다 써 놓은 시를 벌써 푸른 비단으로 감싸 놓고 있었다고 한다. 그 시의 뒤에 "20년 동안 먼지를 뒤집어쓰고 있다가, 오늘에야 푸른 깁으로 장식되었구나.(二十年來塵撲面, 如今始得碧紗籠.)"라고 써 넣은 고사가 있다.『唐摭言』「起自寒苦」

356 동안현同安縣의 느낌 : 동안현은 송나라 때 천주泉州에 딸린 고을 이름이다. 주희朱熹가 동안현 주부同安縣主簿로 재직하던 24세 때의 어느 날 밤에 종소리를 듣고 있다가 한 번 울리는 소리가 미처 끝나기도 전에 마음은 이미 다른 데로 달려가곤 하는 것을 발견하고 비로소 학문을 할 때는 반드시 마음을 오로지 한군데에만 집중해야 한다는 사실을 알았다고 한다.『朱子語類』권104「自論爲學工夫」.

357 월평月平 : 지명. 장성의 지명에서 월봉과 월평이 같이 쓰인 경우가 있는 것으로 보아 협주의 월평은 유학자를 배출한 장성의 한 지역을 가리키는 것으로 보인다. 이곳의 월봉서원은 조선 중기의 유학자로 유명한 기대승奇大升(1527~1572)을 모신 서원이다. 장성 지방의 유학자로 기대승을, 불교를 대표하는 사찰로 백양사를 드는 것은 매우 자연스럽다.

358 정토사淨土寺 : 백양사의 옛 이름.

359 각진 국사覺眞國師(1290~1355) : 고려 말의 승려. 휘는 복구復丘, 자는 무언無言이며, 법호는 각엄覺儼이다. 백양사를 중창했다고 알려져 있다.『東師列傳』「曹溪宗覺儼覺眞國師傳」.

360 각로覺老(각진 국사)의 비 : 불갑사佛甲寺에 있던 각진 국사의 비는 현존하지 않으며 이달충李達衷이 지은 비문이『東文選』에 남아 있다.

361 양악羊岳 : 조선 후기의 승려. 백양산으로 출가하여 설파雪坡와 운담雲潭 스님에게 내전과 외전을 배웠고, 연담蓮潭 법사의 법통을 이었다. 선사의 법맥은 이후 보경寶鏡, 응운應雲, 금해錦海로 이어지며 문집 3권이 전해진다고 하나 현재 확인되지 않는다.『東師列傳』「羊岳禪師傳」.

362 백파白坡 : 백파 긍선白坡亘璇(1767~1852). 당호는 구산龜山으로, 선운사禪雲寺에서 출가하여 사방의 산문을 유람하면서 오교五敎를 두루 열람하였고, 순창 구암사龜巖寺에 주석하였다. 주 1 참조.

363 거울 같은 연못(鏡潭) : 백양사의 경담鏡潭을 비유한 말일 수 있다. 경담의 법명은 서관瑞寬. 백양산으로 출가하여 머리를 깎고 계를 받았다. 구암사의 백파 선백白坡禪伯을 찾아가 내전은 물론 외전까지 두루 섭렵하였다. 또 선암사仙巖寺의 침명枕溟 강백을 찾아가 계를 받고 선법을 전해 받았다.『東師列傳』「鏡潭講師傳」.

364 무딘 도끼(鈯斧): 선종에서 의발을 전수한다는 것과 같은 의미이다. 청원 행사靑原行思가 석두 희천石頭希遷에게 남악 회양南嶽懷讓께 편지를 전하게 하며 "너는 편지를 전하고 곧장 돌아와라. 내가 가진 무딘 도끼를 너에게 주어 산에 살게 하리라."라고 하였다. 이후 회향을 찾아가 문답하고 돌아와 경과를 말씀드리고는 희천이 말하였다. "떠날 때 화상께서 무딘 도끼를 주겠다고 하셨는데, 지금 주십시오." 그러자 청원 스님은 발 한쪽을 뻗었고, 희천은 절을 하고 남악으로 떠났다고 한다.『景德傳燈錄』권5(T51, 240a).

365 푸른 모포(靑氈) : 선대로부터 계승되는 유업이나 유물. 진晉나라 왕헌지王獻之가 누워 있는 방에 도둑이 들어왔을 때, "도둑아, 그 푸른 모포는 우리 집안의 유물이니, 그것만은 두고 가는 것이 좋겠다.(偸兒, 靑氈我家舊物, 可特置之.)"라고 하자 도둑이 도망쳤다는 고사가 있다.『晉書』권80「王羲之列傳 王獻之」.

366 덕송德松 : 법명은 호의皓衣이고 덕송은 호이다. 우연히 백양산에 들어갔다가 출가하였다. 양악羊岳 스님의 증손 법제자이며, 연담 스님의 현손 법제자이다. 백양사 약사

전을 세웠다.「東師列傳」「德松禪師傳」.

367 응운應雲 : 법명은 성능性能이고 응운은 호이다. 백양사 운문암雲門庵을 중흥시켜 강론과 독송을 아울러 정립하였다.「東師列傳」「應雲講伯傳」.

368 이 글은『梵海禪師文集』에 없는 내용이다.

369 한유韓愈(768~824)는 「原道」에서 "널리 사랑함을 인이라 이르고, 인을 행하여 마땅하게 함을 의라 이른다.(博愛之謂仁, 行而宜之之謂義.)"라고 하였다.

370 문삭門削 : 미상. 혹 문중에서 배척되거나 문중의 기강을 해치는 것을 말하는 것, 즉 문중의 법도 정도로 추정된다.

371 강신講信 : 향약鄕約에서 여러 사람이 모여 술을 마시며 약법約法이나 계契를 맺는 것을 말한다. 여기서는 일정한 기간에 한 번씩 이루어지는 계 모임을 말하는 것으로 보인다.

372 금곡金谷의 법에~줄 것이다 : 금곡은 진晉나라 대부호 석숭石崇의 별장이 있는 금곡원金谷園을 가리킨다. 석숭은 이곳에 빈객을 모아서 시부를 짓고 술을 마시며 호탕하게 놀았는데, 정해진 시간에 시를 짓지 못하면 벌주 석 잔을 마시게 했다고 한다. 이백李白의「春夜宴桃李園序」에서는 이 고사를 인용하여 "만약 시를 짓지 못한다면 금곡원의 벌주 숫자를 따라 벌을 내리겠다.(如詩不成, 罰依金谷酒數.)"라고 하였다.『古文眞寶』권2. 이 글에서는 손해를 끼친 액수의 세 배를 물리겠다는 말로 해석된다.

373 이 글은『梵海禪師文集』에 없는 내용이다.

374 이 내용은 범해 각안이『東師列傳』을 기술하는 기본적인 자세를 잘 드러내 준다.『東師列傳』에서 각안은 역대 조사는 물론 대흥사를 중심으로 활동하던 당시의 많은 승려들을 세세히 관찰하고 기록으로 남겨 두는 놀라운 성취를 보여 주었다. 조선 후기와 말기 불교계의 동향은 이 책에 많은 부분 의지할 수밖에 없다는 점에서 그 가치를 짐작할 수 있다.

375 이 글은『梵海禪師文集』에 없는 내용이다.

376 노영老榮 : 노래자老萊子. 춘추시대 초나라의 은사隱士인 노래자가 나이 70에도 어버이의 마음을 기쁘게 해 드리기 위해 색동옷을 입고 춤을 추었다는 고사가 있다.

377 정란丁蘭 : 한나라 사람. 어려서 부모를 잃고 자라서는 나무로 부모의 형상을 만들어 살아 있는 것처럼 모셨던 인물이다. 후에 효자의 대명사로 알려졌다.

378 돈길頓吉 : 싯다르타의 태자 시절 이름. "범어에 실달다悉達은 여기 말로는 돈길이니, 석가의 태자 시절 이름이다."『禪家龜鑑』언해본.

379 우란분재盂蘭盆齋 : 우란분은 S ullambana의 음사로, 도현倒懸이라 번역. 거꾸로 매달리는 고통을 받는다는 뜻. 절에서, 음력 7월 15일에 지옥이나 아귀의 세계에서 고통 받고 있는 영혼을 구제하기 위해 삼보三寶에 공양하는 의식.

380 목련目連 : 목건련目犍連. S Maudgalyāyana의 음사. 십대제자의 하나. 마가다국 바라문 출신으로, 신통력이 뛰어나 신통제일이라 일컫는다.『盂蘭盆經』에 따르면 목건련이 일찍이 어머니를 아귀 지옥에서 빼내기 위해 7월 15일에 시방의 대덕 스님들을 공양하였는데, 이것이 후에 우란분회가 되었다고 한다.

381 사은四恩 : 네 가지 은혜. ① 어머니, 아버지, 여래, 설법 법사의 은혜.(『正法念處經』의 설) ② 부모, 중생, 국왕, 삼보의 은혜.(『大乘本生心地觀經』의 설)

382 신종추원愼終追遠 : 임종의 죽음에 삼가 예를 다하고 먼 조상의 추모로 제사에 성의

를 다한다는 뜻이다.『論語』「學而」에 "증자가 말하기를, 임종에 삼가 예를 다하고 조상을 멀리 추모하되 예를 다하면 백성의 덕이 후한 데로 돌아올 것이다.(曾子曰, 愼終追遠, 民德歸厚矣.)"라고 하였다.

383 증자曾子 : 효성으로 유명한 공자의 제자.『孝經』은 공자가 증자에게 전한 효도에 관한 논설 내용을 훗날 제자들이 편술한 것이다.

384 이 글은『梵海禪師文集』에 없는 내용이다.

385 이상은 가흥대장경의『大藏一覽』(J21, 497c20)에 수록되어 있다.

386 여여거사如如居士 : 안병顔丙이다. 설봉 연공雪峯然公의 제자.『居士傳』(X88, 240a)에 그가 지은 〈三敎詠〉이 수록되어 있고,『勸修淨業文』이 당시 유포되었다고 한다.

387 색양色養 : 자식이 낯빛을 화기 있게 하여 부모를 봉양하는 것, 혹은 자식이 부모의 안색을 살피면서 봉양하는 것을 말한다. 자하子夏가 효에 대해서 물었을 때, 공자가 '색난色難'이라고 대답한 데에서 나온 말이다. 자식이 즐거운 얼굴색으로 부모를 봉양하는 것이 어렵다는 해설과 부모의 안색을 잘 살펴서 봉양을 잘하는 것이 어렵다는 해설이 있다.『論語』「爲政」.

388 이 글은『梵海禪師文集』에 없는 내용이다.

389 생전에 필요한 약간의 돈 : 귀중한 몇 마디의 가르침을 말한다.

390 이 글은『梵海禪師文集』에 없는 내용이다.

391 이 위공李衛公 : 이정李靖(571~649). 수말 당초隋末唐初의 장수로, 위국공衛國公에 봉해져 이 위공으로 불렸다.

392 한번 금강산을~싶다는 소원이 : 당나라의 이 위공이 '내 소원은 고려 나라에 태어나 금강산을 한번 구경했으면(願生高麗國, 一見金剛山.)'이라고 하는 시를 읊었다고 전한다.『東師列傳』「湖隱講伯傳」.

393 노 행자盧行者 : 중국 선종의 6조인 혜능慧能. 성이 노盧씨. 처음에 5조 홍인弘忍 밑에서 수도했을 때 노 행자 혹은 노 거사盧居士로 불렸다.

394 한산자寒山子 : 당나라의 저명한 시승詩僧. 절강성 천태산天台 한암寒巖에 주석하여 한산자 혹은 한산으로 불렸다. 시 짓기를 좋아하여 300여 수의 시를 남겼다. 후인이 이를『寒山子』3권으로 편집하였다.

395 징 소리를~메우면서 갔다 : 네 가지 모두 어리석은 행위를 가리킨다.

396 화문化門 : 1800년대의 스님으로『東師列傳』「退隱禪伯傳」에 등장한다. "(퇴은) 스님은 화문化門·영암靈庵과 더불어 금강산 내원통암內圓通庵 및 나한전羅漢殿을 중수하였다."

397 허주虛舟(1806~1888) : 덕진德眞의 호. 조계산에서 출가하였다. 교리와 참선에 능통하였고, 대원군의 청으로 철원 보개사에서 기도불사를 올렸다. 1888년 10월 13일에 세수 83세로 입적하였다.

398 응화應化 : 1800년대의 스님. 이 글을 쓴 범해 각안의 스승.「梵海禪師 行狀」에 "호의縞衣, 하의荷衣, 초의草衣, 문암聞菴, 운거雲居, 응화 등 6대 종사께 참학하였다."라는 기록이 있다.『梵海禪師文集』.

399 설두雪竇(1824~1889) : 자는 유형有炯, 법명은 봉기奉琪이고 설두는 호이다. 속성은 이李씨, 전라도 옥과에서 출생. 17세에 백양산으로 출가하여 정관 쾌일正觀快逸의 조실에서 머리를 깎고 스님이 되었다. 이어 백암 도원白岩道圓 율사의 계단에서 구족계

를 받고 침명枕溟에게서 선참禪懺을 받았으며, 백암白岩의 법을 이어받았다. 저술로 『少林通方正眼』, 『禪源溯流』, 『山史略抄』 등이 전한다. 『東師列傳』 「雪竇講伯傳」에는 이 외에 『詩集』, 『私記』 등이 있다고 하였으나 현재 시집은 전하지 않는다.

400 위표魏瓢 : 위호魏瓠, 즉 '위나라 박'으로 쓸모없는 물건을 비유한 것이다. 『莊子』 「逍遙遊」에 "혜자惠子가 장자에게 '위왕魏王이 나에게 큰 박씨를 주므로, 심어서 큰 박이 열렸다. 이를 쪼개 표주박을 만들었는데 넓기는 하나 얕아서 물건을 담을 수 없었다. 텅 비고 크지 않은 것은 아니나 쓸모가 없으므로 깨 버렸다.'고 하였다."라고 한 데서 온 말이다.

401 한고韓袴 : 한韓나라 바지. 한나라 소후昭侯가 떨어진 바지를 아랫사람들에게 주지 않고 보관해 두게 한 것을 말한다. 소후가 사람을 시켜서 떨어진 바지를 보관해 두게 하자, 곁에서 모시고 있던 자가 말하기를 "임금께서는 참으로 너그럽지 못하십니다. 떨어진 바지를 아랫사람들에게 나누어 주지 않고 보관해 두십니까?"라고 하자, 소후가 말하기를 "그대가 알 일이 아니다. 내가 들으니 '밝은 임금은 한 번 웃고 한 번 찡그리는 것조차 아낀다.'고 한다. 지금 떨어진 바지가 어찌 한 번 웃고 한 번 찡그리는 것 정도이겠는가. 떨어진 바지는 한 번 웃고 한 번 찡그리는 것보다 훨씬 더 큰 것이다. 나는 반드시 공이 있는 자가 나오기를 기다리려는 것이다. 그러므로 보관해 두는 것이지, 내가 독차지하려고 보관해 두는 것이 아니다."라고 하였다. 『韓非子』 「內儲說 上」.

402 개미 목숨을~사미의 수명 : 어떤 나한도인羅漢道人이 사미를 데리고 있었는데 이 사미가 7일 후에는 목숨이 다하리라는 것을 알고 집에 갔다가 7일째 돌아오라고 하였다. 사미가 스승을 떠나 집으로 가다가 개미들이 물에 떠내려가는 것을 보고 자비심이 생겨 가사를 벗고 흙을 담아 물을 막고 개미들을 마른 곳에 옮겨 살게 하고 7일째 되는 날 스승에게 돌아갔다. 스승이 괴이히 여겨 입정入定 상태로 천안天眼으로 보니 개미를 구한 인연 때문이라는 것을 알게 되었다. 『雜寶藏經』.

403 뱀을 치료한 구슬 : 수나라 왕후가 외출 중에 큰 뱀이 다쳐서 괴로워하는 것을 보고 치료해 주게 하였는데, 나중에 그 뱀이 밤에도 달처럼 환히 비치는 구슬을 바쳐 보은했다는 이야기가 전한다. 이를 명월주明月珠 혹은 영사주靈蛇珠라고도 한다. 『搜神記』 권20.

404 이하 두 편의 글은 『梵海禪師文集』에 없는 내용이다.

405 노고추老古錐 : 주 327 참조.

406 인승人乘 : 오승五乘의 하나로 오계五戒의 가르침을 말한다. 이것을 타고 사람으로 태어나기 때문에 인승이라고 한다. 오승은 부처님의 가르침을 다섯 가지로 분류한 것으로 인승·천승天乘·성문승聲聞乘·연각승緣覺乘·보살승菩薩乘 등이 있다.

407 천승天乘 : 오승의 하나. 천신이 되기 위한 가르침. 십선十善은 욕계欲界의 하늘에 태어나는 인이고, 선정禪定은 색계色界, 무색계無色界의 제천에 태어나는 인이기 때문에 천승이라 한다.

408 백아伯牙가 있었기에 종자기鍾子期가 있었구나 : 원래는 자기를 알아주는 마음의 벗. 여기서는 스승과 제자 사이. 거문고의 명인 백아가 높은 산을 떠올리며 연주하면 종자기가 "좋구나. 높고 높기가 태산 같도다."라고 하였고, 흐르는 물을 생각하며 연주하면 "좋구나. 드넓고 드넓기가 저 바다 같도다."라고 평했다는 고사에서 유래한다. 『列子』 「湯問」.

409 동쪽에서 거두어~연꽃을 피웠도다 : 동쪽은 중생 범부의 사바세계이고 서쪽은 정토의 세계를 가리킨다.
410 순화鶉火 : 북두성 자루가 순화성鶉火星을 가리키는 음력 5월을 가리킨다.
411 이칙夷則 : 음력 7월을 달리 부르는 말. 십이율의 하나. 음률陰律 여섯이 여呂이고, 양률陽律 여섯이 율律이다. 이칙은 양률의 제5율이다. 율려를 짝으로 하면 제9가 된다.
412 이 글은『梵海禪師文集』에 없는 내용이다.
413 이 글은『梵海禪師文集』에 없는 내용이다.
414 오성五姓 : 여러 가지 의미가 있다. 여기서는 단순하게 여러 성씨를 의미하는 것으로 보인다. 참고로 불교적 의미로는 부처님의 다섯 가지 성, 즉 구담瞿曇·감자甘蔗·석가釋迦·일종日種·사이舍夷를 가리킨다.
415 이 글은『梵海禪師文集』에 없는 내용이다.
416 이 글은『梵海禪師文集』에 없는 내용이다.
417 이 글은『梵海禪師文集』에 없는 내용이다.
418 노반魯班 : 고대의 걸출한 건축의 장인. 춘추시대 노나라 사람으로 성은 공수公輸, 이름은 반班이다.
419 싹차(芽茶) : 가장 여린 찻잎. 송나라 웅번熊蕃의『宣和北苑貢茶錄』에 "차의 싹(茶芽)에는 몇 가지가 있는데 최상은 소아小芽로 작설雀舌과 같고, 응조鷹爪는 줄기가 곧고 가늘고 날카로워 싹차(芽茶)라 한다."라고 하였다.
420 『선문요어』: 초의의 저술인『禪門四辯漫語』의 다른 제목이다. 현재 전하는『禪門四辯漫語』(『韓國佛教全書』제10책)는 대정 2년(1913) 원응 계정圓應戒定 서문본으로 연활자본이다. 초의가 이 책을 완성한 정확한 연도는 드러나지 않았다.『栢悅錄』에는 '禪門要語',『梵海禪師文集』에는 '禪門謾語'로 되어 있다. 이들 서문에 '要語'라는 표현이 등장하는 것으로 보아 원래 제목이 '선문요어'였을 가능성도 있으나 추후 확인이 필요하다.
421 천축天竺의 28조사 : 인도에서 선을 전수한 28위의 조사. 마하가섭摩訶迦葉부터 28번째 동토 초조東土初祖인 보리달마菩提達摩까지를 말한다.
422 중국의 6대 조사 : 중국에 선을 전하고 정립해 온 달마, 혜가慧可, 승찬僧璨, 도신道信, 홍인, 혜능을 말한다.
423 일우一愚 : 백파 긍선의『禪文手鏡』에 등장하는 조사의 이름. 신규탁은『禪門綱要集』「一遇說」(H6, 863b~856a)에 나오는 가상의 인물로 보았다.(신규탁 역,『禪文手鏡』, 동국대학교출판부, 2012, p.169) 김영욱은『禪文剛要集』의 저자인 고려 진정 국사眞靜國師 천책天頙(1206~?)의 호로 보았다.(김영욱 역,『禪門四辨漫語』, 동국대학교출판부, 2012, p.16)
424 백파白坡 : 백파 긍선. 주 1 참조.
425 초의草衣 : 초의 의순. 주 92 참조.
426 하택荷澤(680~762) : 법명은 신회神會. 당나라 때 스님으로 14세에 출가하여 육조 혜능 선사를 오랫동안 모셨다. 하택종의 개조. 육조 입멸 후 조계의 돈지頓旨가 침몰되고 숭악嵩嶽의 점문漸門이 낙양성에 성행하자 서울로 올라가 742년(천보 4) 남북돈점南北頓漸 논쟁을 일으키고,『荷澤大師顯宗記』등을 남겼다.
427 '지지'라는 한~근원으로 삼았고 :『中華傳心地禪門師資承襲圖』,『宗密禪師答』(X63,

33c18), "然知之一字, 衆妙之源."

428 고봉高峯 : 고봉 원묘高峯原妙(1238~1295). 원나라 때 스님으로 남악南嶽 문하 제21세 설암 조흠雪岩祖欽의 제자이다. 1279년에 천목산天目山 서봉西峰에 거주하면서 선풍禪風을 드날려 수백 명의 제자를 길렀다. 저서는 『高峰大師語錄』(약칭 『禪要』) 1권이 있다.

429 '지'라는 한~문으로 삼았다 :『高峰原妙禪師語錄』(X70, 679a23), "知之一字, 衆禍之門."

430 백암栢庵 : 백암 성총栢庵性聰(1631~1700). 13세에 조계산에 출가하여 1648년(인조 26) 지리산에 들어가 수초守初 밑에서 9년 동안 수학하였다. 이후 순천 송광사, 낙안 징광사澄光寺, 하동 쌍계사 등지에서 학승學僧들을 지도하였다. 1681년(숙종 7)에 임자도荏子島에 표류한 선박에서 발견된 『華嚴經疏鈔』 등의 불서를 판각하는 작업을 주관하였다. 이때 판각한 화엄학 관련 문헌은 조선 후기 교학의 발전에 영향을 끼친 것으로 평가된다. 저서로 『緇門集註』, 『栢庵集』, 『栢庵淨土讚』 등이 있다.

431 구곡龜谷 : 구곡 각운龜谷覺雲. 생몰 연대 미상. 고려 말의 고승으로 법명은 각운이다. 태고 보우太古普愚(1301~1382)의 적손으로 학덕이 높고 필법이 우수했으며 남원 만행산萬行山 승련사勝蓮寺의 주지를 지냈다. 공민왕이 그 도행을 숭상하여 왕이 직접 그린〈達磨折蘆渡江圖〉·〈普賢六牙白象圖〉와 '구곡각운龜谷覺雲'이라는 네 자의 친필을 하사하고, 대조계종사 선교도총섭 숭신진승 근수지도 도대선사大曹溪宗師禪敎都總攝崇信眞乘勤修至道大禪師라는 법호를 하사하였다.

432 살활체용殺活體用의 설 : 『禪文手鏡』에 전개된 내용의 핵심이라 할 수 있다.

433 살활체용殺活體用의 설~실을 정도였다 : 원문 "卽見殺活體用之說, 鏡抱斗量. 疏什述作之書, 動論車載."는 최치원의 「智證和尙碑銘」의 구절을 원용하였다.

434 중부자中孚子 : 초의 의순. 주 92 참조.

435 후한의 법진法眞이 네 차례에 걸친 황제의 부름에도 불구하고 깊은 산속으로 숨어 버리자, 친구인 곽정郭正이 "법진의 이름은 들을 수 있어도 몸은 만나 보기 어렵다. 이름에서 도망쳐도 이름이 나를 따라오고, 명성에서 도피해도 명성이 나를 쫓아오니, 백세의 스승이라고 이를 만하다.(法眞名可得聞, 身難得而見, 逃名而名我隨, 避名而名我追, 可謂百世之師矣.)"라고 찬탄한 고사가 전한다. 『後漢書』 권83 「法眞列傳」이 구절도 최치원의 「智證和尙碑銘」에 나온다.

436 공자가 제자인 자로子路에게 한 말로 『論語』 「爲政」에 등장한다.

437 『孟子』 「盡心 上」에 "큰 목수가 졸렬한 쟁이를 위하여 먹줄을 고치거나 폐하지 않으며, 예가 졸렬한 사수를 위하여 활 당기는 법을 변경하지 않는다. 군자가 활을 당기되 발사하지 않고 용약勇躍하듯 하여 중도에 서 있으면 능력이 있는 사람은 그를 따라 배운다.(大匠不爲拙工廢繩墨, 羿不爲拙射變其彀率. 君子引而不發躍如也, 能者從之.)"라고 하였다.

438 함구(含枚) : 함매銜枚와 같다. 행군할 때 떠들지 못하도록 나무 막대기를 입에 물리는 것을 말한다.

439 치악산雉樂山 : 현재는 '雉嶽山'으로 쓴다.

440 불존佛尊 수좌首座 : 여기서는 부전副殿 소임을 맡은 스님을 말하는 듯하다. 부전은 우리나라에서 불당을 맡아 시봉하는 소임을 가리킨다.

441 조개와 황새가~모르는 격이었다 : 어부지리漁父之利, 방휼지쟁蚌鷸之爭을 말한다. 큰 조개가 입을 벌리고 있을 적에 지나가던 황새가 쪼아 먹으려다가 조개가 입을 닫자 주둥이가 물렸는데, 계속 서로 버티다가 어부에게 모두 잡혔다는 이야기가 『戰國策』「燕策」에 등장한다.

442 능견난사能見難思 : 전라남도 유형문화재 제19호로 지정된 놋그릇. 금나라 때 동철로 만들었다. 크기는 지름 16.7cm이다. 전하는 말에 따르면 원래 응기應器로 불렸는데 숙종이 장인에게 똑같이 만들라 했으나 만들지 못하여 능견난사라는 별명이 붙었다고 한다. 처음에는 500개가 있었으나 현재 송광사 성보박물관에 29개가 전한다.

443 보조 국사普照國師(1158~1210) : 고려 스님으로 호는 목우자牧牛子, 법명은 지눌知訥이며, 시호는 불일보조국사佛日普照國師. 1182년 승선僧選에 뽑혔고, 창평 청원사에서 『六祖壇經』을 보다가 스스로 깨달은 바가 있었다. 1185년 하가산 보문사에서 대장경을 열람하였고, 1198년 지리산 상무주암에 들어가 내관內觀에 힘썼고, 1200년 송광산 길상사로 옮겨 11년 동안 교화를 펼치며 총림을 이루었다. 정혜결사定慧結社를 조직해 불교의 개혁을 추진하였으며, 돈오점수頓悟漸修와 정혜쌍수定慧雙修를 주장하며 선교일치를 추구하였다. 저서로 『定慧結社文』, 『眞心直說』, 『修心訣』, 『法集別行錄節要并入私記』, 『圓頓成佛論』, 『看話決疑論』 등이 있다.

444 혜철 국사慧徹國師(785~861) : 구산선문九山禪門의 하나인 동리산파桐裏山派의 개조. 헌덕왕 6년(814)에 당나라에 가서 서당 지장西堂地藏의 심인心印을 받고 문성왕 1년(839)에 돌아와, 전라남도 곡성 동리산 태안사泰安寺에서 개당하였다. 이 글의 봉두산鳳頭山이 바로 동리산이다.

445 상대인上大人 구을사丘乙巳 : 공자의 이명. 중국에서 옛날 학동이 막 입학했을 때 선생이 "상대인 구을사 화삼천 칠십이上大人丘乙巳化三千七十二" 등의 글자를 습자용으로 써서 학동을 가르쳤던 관례가 있다.

446 정변지正徧知 · 명행족明行足 : 각각 여래십호如來十號 중의 하나. 부처님의 열 가지 이름은 여래 · 응공應供 · 정변지 · 명행족 · 선서善逝 · 세간해世間解 · 무상사無上士 · 조어장부調御丈夫 · 천인사天人師 · 불세존佛世尊 등이다.

447 모 공某公 : 『梵海禪師文集』에는 '보공普公'으로 되어 있다.

448 구지俱胝 : Ⓢ koṭi의 음역. 수의 단위로 10의 7승. 10만, 천만, 혹은 억 · 만억, 또는 경.

449 발초첨풍撥草瞻風 : 선가의 용어. 발초참현撥草參玄이라고도 한다. 무명無明의 잡초를 뽑아 없애고 불조佛祖의 현풍玄風을 우러러본다는 뜻. 즉 망상을 절단하고 현묘처를 참구한다는 의미이다. 험한 길을 헤치고 나가 선지식의 덕풍을 우러러 바라본다는 의미도 있다.

450 발을 밟으며(躡足) : 『史記』「淮陰侯列傳」에 "장량張良과 진평陳平이 한왕漢王의 발을 밟으며 귀에 대고 말하기를 '한나라가 방금 불리한 형편이니, 어찌 한신韓信이 제왕齊王이 되는 것을 금할 수 있습니까? 왕으로 세워 잘 대우하는 것만 같지 못합니다.'라 하였다."라고 하였다.

451 두 글자 : 이 글의 제목인 '학계' 두 글자인 듯하다.

452 강신講信 : 향약鄕約에서 여러 사람이 모여 술을 마시며 약법約法이나 계契를 맺는 것을 말한다. 여기서는 일정한 기간에 한 번씩 이루어지는 계 모임을 말하는 것으로 보인다.

453 증명하시고 반드시 찬양하시도다 : 다보여래는 과거 보정세계의 교주로서, 석가모니가 영산회상에서 『法華經』을 설하실 때 증명하고 찬탄하였다. "이 보배탑 가운데는 여래의 전신이 계심과 같으니, 오랜 과거에 동방으로 한량없는 천만억 아승기 세계를 지나서 보정寶淨이라 하는 나라가 있었으며 그 나라에 부처님께서 계셨으니, 그 이름이 다보多寶였느니라. 그 부처님께서 보살도를 행하실 때 큰 서원을 세우셨느니라. '내가 만일 성불하여 멸도한 후 시방국토에 『법화경』을 설하는 곳이 있으면, 나의 탑은 이 『법화경』을 듣기 위하여 그 앞에 나타나 증명하고, 거룩하다고 찬양하리라.'(此寶塔中有如來全身, 乃往過去東方無量千萬億阿僧祇世界, 國名寶淨, 彼中有佛, 號曰多寶. 其佛行菩薩道時, 作大誓願 : 若我成佛·滅度之後, 於十方國土有說法華經處, 我之塔廟, 爲聽是經故, 踊現其前, 爲作證明, 讚言善哉.)" 『妙法蓮華經』 「見寶塔品」(T9, pp.32c07).

454 삼광三光 : 해·달·별(日月星). 혹은 색계色界 제이선第二禪의 소광천少光天·무량광천無量光天·광음천光音天.

455 가벼운 죄(輕垢) : 청정행을 더럽히는 가벼운 죄. 바라이波羅夷는 매우 중대한 죄를 말하고, 경구죄輕垢罪는 그보다 한 단계 낮은 것으로 청정행을 더럽히는 것 등을 말한다.

456 노파자老婆子 : 어린 자식을 생각하여 온갖 어려움을 겪는 늙은 노파처럼 학인(중생)을 위해 여러 어려움을 무릅쓰고 그들을 생각하는 것.

457 노고추老古錐 : 주 327 참조.

458 계상戒相 : 지계持戒의 여러 가지 양상. 오계五戒, 십계十戒 내지 이백오십계二百五十戒 등. 혹은 계사별戒四別(戒法·戒體·戒行·戒相)의 하나.

459 성죄性罪와 차죄遮罪 : 성죄는 자성自性의 죄과를 가리킨다. 자성죄自性罪·성중성重·실죄實罪라 한다. 부처님께서 계율로써 금지하지 않더라도, 그 일 자체가 도덕에 위반되어 저절로 죄악이 되는 것, 곧 살생·도둑질·음행·거짓말 따위를 말한다. 차죄는 차계遮戒를 범하는 것으로, 성죄와 비교하여 가벼운 죄이다. 그 일 자체는 죄악이 아니지만 그 일로 인하여 다른 죄악을 저지르게 되어 부처님이 금한 것이므로 이것을 범하면 죄가 되는 것을 말한다. 술 마시는 일, 분 바르는 일, 노래 부르고 춤추는 일, 때아닌 때에 먹는 일 등이다.

460 삼수三受 : 내면의 육근六根이 외면의 육경六境과 접촉할 때 생기는 세 종류의 감각. 즉 괴로움(苦受), 즐거움(樂受), 괴롭지도 않고 즐겁지도 않음(捨受).

461 천연天然(739~824) : 당나라 때의 승려. 장안에 관리가 되려고 갔다가 한 선승을 만난 후 마조馬祖를 찾아가서 승려가 된 뒤에 석두 희천石頭希天의 법을 이었다. 낙양의 혜림사에 머물 때 추운 겨울날 법당의 목불木佛을 꺼내 불을 지피려 하자 원주院主가 말하기를 "그럴 수가 있느냐?"라고 하니, 선사가 답하기를 "나는 부처님을 태워서 사리舍利를 얻으려고 하오."라고 하였다. 그러자 원주는 "목불인데 어찌 사리가 있겠는가?"라고 하니, 선사가 말하기를 "사리가 안 나올 바에야 나무토막이지 무슨 부처이겠는가?"라고 하였다는 고사가 전한다. 『景德傳燈錄』 권14.

462 묘고妙高 : 송나라 때의 승려. 묘고대에 거처해서 묘고라는 이름으로 불렸다. 출가 후 용맹정진하여 간절하게 깨달음을 구해 영파부 동쪽의 묘고대에 이르러 정좌하고 정진한 결과 마침내 득도하였다. 득도 후에 대 위에서 단정히 앉아 경을 낭송하자

그 소리가 심원하여 수천 리 밖까지 들렸으며, 이로 인해 송 태후의 공경을 받았다고 한다.

463 우바국다優婆毱多 : ⓢ Upagupta. 인도에서 불법을 전해 받은 제4조이며, 아육왕阿育王의 스승. 석가모니가 열반에 든 뒤 우바국다 존자尊者가 그 교리를 받들어 설법할 때 마왕魔王이 석가모니의 몸으로 변화하여 이를 방해하려는 것을 미리 알고 물리쳐 불교를 다시 일으켰다.

464 남산南山 : 당나라 때의 도선道宣(596~667)으로 사분율종四分律宗의 시조. 종남산終南山의 저마난야紵蔴蘭若에 주석하여 남산 대사南山大師라 하였다.

465 우바리優婆離 : 불타의 십대제자의 하나로, 계율에 정통하고 엄격하게 수지受持하여 지율제일持律第一로 불린다. 우바리優波離 혹은 우바리憂波梨라고도 한다. 제1차 경전 결집 때 아난阿難이 경부經部를, 우바리가 율부律部를 송출誦出하였다.

466 육군六群 : 육군비구六群比丘의 준말로, 당파를 지어 악행을 행한 여섯 명의 비구를 가리킨다. 육중필추六衆苾芻라고도 한다. 석존이 계율을 여러 가지로 많이 만들게 된 것은 대부분 이들 때문이라고 한다. 『四分律』권22에 실려 있는 이들의 이름은 난다難陀·발난다跋難陀·가류다이迦留陀夷·천나闡那·아설가阿說迦·불나발弗那跋 등이다.

467 칠중七衆 : 부처를 따르는 일곱 부류의 제자라는 뜻으로, 비구·비구니·식차마나式叉摩那·사미沙彌·사미니沙彌尼·우바새優婆塞·우바이優婆夷를 가리키는데, 이 중에서 우바새와 우바이는 재가인在家人이고, 나머지는 모두 출가인出家人이다.

468 작은 선방(三條椽) : 삼조연三條椽은 선방禪房에서 좌선하는 상위牀位를 말한다. 그 상의 너비가 3척이고, 그 위에 세 개의 서까래(三條椽)가 있는 데서 유래한다.

469 일곱 근 가사(裓七斤) : 칠근포삼七斤布衫. 7근 되는 가사袈裟. 어떤 스님이 조주趙州(778~897)에게 묻기를 "만법은 하나로 돌아가는데, 그 하나는 어디로 돌아가는 것입니까?(萬法歸一, 一歸何處.)"라고 하였다. 조주가 "내가 청주에 있을 적에 베 장삼 한 벌을 만들었더니, 그 무게가 일곱 근이었다.(我在靑州, 作一領布衫, 重七斤.)"라고 한 공안이 있다.

470 주염계周濂溪(1017~1073) : 송나라의 성리학자인 주돈이周敦頤. 호가 염계이다.

471 도연명陶淵明(365~427) : 이름은 잠潛. 호는 오류선생五柳先生. 연명은 자이다. 동진 말기부터 남조의 송나라(劉宋) 초기에 걸쳐 생존하였다. 소동파는 그를 중국 역사상 가장 위대한 시인으로 평가하였다. 특히 도연명은 솔과 대나무 사이에 친구들이 오가도록 오솔길을 만들었다고 한다. 또 〈飮酒〉에서 "동쪽 울타리 아래에서 국화 꽃잎을 따다가, 유연히 남쪽 산을 바라보노라.(采菊東籬下, 悠然見南山.)"라고 노래하였다. 『陶淵明集』.

472 모습은 마르고 안색은 초췌하였으며 : 전국시대 초나라 굴원屈原이 소인의 참소를 입고 조정에서 쫓겨나 읊었다고 전해지는 〈漁父辭〉에 "강담에서 노닐고 택반에서 읊조릴 적에 안색은 초췌하고 용모는 마른 나뭇가지 같았다.(遊於江潭, 行吟澤畔, 顔色憔悴, 形容枯槁.)"라고 하였다. 『楚辭』〈漁父辭〉.

473 여섯 다리를 감춘 거북이(六藏龜) : 거북이가 그 머리, 꼬리, 네 발을 감추어 위해를 피하는 것으로, 비유하여 수행자가 그 육식六識을 감추는 것을 말한다. 후에는 물러나 피하여 참고 양보하는 것으로 쓰였다.

474 따라 하였고(復圭) : 『論語』「先進」에 "남용이 백규의 글을 세 번씩 되풀이하여 읽거늘, 공자가 형의 딸을 그의 아내로 삼아 주었다.(南容三復白圭, 孔子以其兄之子妻之.)"라고 하였다.

475 큰 띠에 적어 두었으며(書紳) : 중요한 말을 잊지 않도록 허리에 맨 띠에 적어 두는 것으로, 공자가 충신忠信과 독경篤敬에 관해 말하자 자장子張이 이를 띠에 적었던 데서 유래한다. 『論語』「衛靈公」.

476 남을 무시하지 않았고(嗟來) : 차래嗟來는 차래지식嗟來之食의 준말. 원래는 굶주린 이를 불쌍히 여겨 와서 먹으라고 부르는 말인데, 후에는 대개 모욕을 주며 베푸는 것을 비유하는 말로 쓰였다. 춘추시대 제나라에 크게 기근이 들었을 때 검오黔敖라는 사람이 길에서 밥을 지어 사람들에게 먹였는데, 어떤 굶주린 사람에게 "불쌍하기도 해라, 어서 와서 먹어라.(嗟來食)"라고 하자, 그가 눈을 부릅뜨고 쳐다보면서 "나는 오직 불쌍하게 여기면서 무례하게 주는 음식을 받아먹지 않았기 때문에 이 지경에 이르렀다.(予唯不食嗟來之食, 以至於斯也.)"라고 하고는 끝내 음식을 거부하고 굶어 죽었다는 이야기가 『禮記』「檀弓 下」에 나온다.

477 구담瞿曇 : 석가모니의 성인 Ⓢ Gautama의 음역.

478 나후라羅睺羅(羅云) : Ⓢ Rāhula의 음역으로 나운羅云이라고도 하였다. 부처님의 아들로 15세에 출가하였다. 십대제자 가운데 밀행密行이 제일 뛰어나다는 평가를 받는다.

479 법신法臣 : 보살. 부처를 법왕이라고 하는 것의 대칭.

480 제수 올린다(奠楹) : 전영奠楹은 죽음을 완곡하게 표현한 말. 공자가 '두 기둥 사이에 앉아 제수를 받는 꿈을 꾸고(夢坐奠於兩楹之間)' 얼마 뒤에 죽은 고사에서 유래한다. 『禮記』「檀弓 上」.

481 오상五常 : 오륜. 사람으로서 지켜야 할 다섯 가지 도리.

482 하의 선사荷衣先師 : 주 249 참조.

483 완호玩虎 : 완호 윤우玩虎倫佑(1758~1826). 자는 삼여三如. 13세에 출가하여 17세에 구족계를 받은 뒤 백련白蓮 법사로부터 내전內典을 배웠고, 연담蓮潭 조사를 참알하고 선참禪懺을 배웠으며 백련 법사의 의발을 전해 받았다. 1798년 가을 해남 대흥사에서 강경대법회를 주재하였고, 1817년 경주 기림사에서 옥으로 천불을 조성한 다음 대흥사에 봉안하였다. 시호는 선교양종화엄강주禪敎兩宗華嚴講主였다. 제자로 선학을 전해 준 제자가 20여 명, 교학을 전해 준 제자가 10여 명, 계를 설해 준 제자는 무려 80여 명이나 된다. 그중 하의荷衣(1779~1852), 호의縞衣(1778~1868), 초의草衣(1786~1866)를 당시 선문에서 삼의三衣라 하였다. 조선 후기 불교학의 큰 거목이었다. 『東師列傳』「玩虎講師傳」.

484 심화心花 : 본래는 청정무구淸淨無垢한 우리의 마음. 활연대오豁然大悟하는 것을 비유한 말이다. 『圓覺經』에 "마음 꽃을 활짝 피워 시방의 무량세계를 비춰 준다.(心花發明, 照十方刹.)"라는 말이 나온다.

485 정명淨名 : 인도 비야리국毘耶離國의 장자長者로 석존의 속제자俗弟子인 유마힐維摩詰의 별칭.

486 세 가섭 : 모두 부처님 제자. 장자는 우루빈라가섭優樓頻螺迦葉, 다음은 가야가섭伽耶迦葉, 다음은 나제가섭那提迦葉이다.

487 선서善逝 : ⑤ ⓟ Sugata. 부처님의 열 가지 명호 중의 하나.
488 잘 왔구나 비구야(善來比丘) : '선래善來'는 인도에서 비구가 찾아온 사람에게 환영하여 하는 말. ⑤ Susvāgata. "제8론에서 말하였다. 우바리를 계율의 제일이라 일컫는 것에 대해 말해 보자. 이 500 석자釋子들은 머리를 깎아 준 스승에 대해 업신여기거나 소중히 여기는 생각이 모두 없어졌다. 부처님께서 '잘 왔도다(善來)'라고 하시자 그들은 곧 모두 사문이 되었다. 부처님께서는 곧 계를 주시어 그들은 다 아라한이 되었다." 한글대장경 『法苑珠林』 971:8.
489 우유가 성~않은 것이다 : 성 안의 우유는 가짜이고 성 밖의 우유는 진실이다. 즉 이 맥락은 성 밖의 우유가 진실인데 그렇지 못하다는 것을 말한 것이다. 『涅槃經』 권9(T12, p.663a05).
490 옥이 부드럽고~못한 것이고 : 『論語』 「子罕」에 아름다운 옥이 있을 경우 어떻게 하겠느냐는 자공子貢의 질문에 공자가 "나는 그 옥의 진가를 알고서 사 줄 사람을 기다리고 있겠다.(我待賈者也.)"라고 하였다. 또 『禮記』 「聘義」에는 공자가 한 말로, "옛날에 군자는 덕을 옥에 비겼으니, 온윤하되 윤택함은 인仁이요.(夫昔者君子比德於玉焉, 溫潤而澤仁也.)"라고 하였다.
491 거문고가 산~못한 것이다 : 〈아양곡峨洋曲〉은 춘추시대 백아伯牙가 타고 그의 벗 종자기鍾子期가 들었다는 거문고 곡조이다. 백아가 거문고를 잘 탔는데 종자기는 이것을 잘 알아들었다. 그리하여 백아가 마음속에 '높은 산(高山)'을 두고 거문고를 타면 종자기는 이를 알아듣고 "아, 훌륭하다. 험준하기가 태산과 같다.(善哉, 峨峨兮若泰山.)"라고 하였으며, 백아가 마음속에 '흐르는 물(流水)'을 두고 거문고를 타면 종자기는 이를 알아듣고 "아, 훌륭하다. 광대히 흐름이 강하와 같다.(善哉, 洋洋兮若江河.)"라고 하였다. 이를 지음知音이라 하여 친구 간에 서로 상대의 포부나 경륜을 알아줌을 비유하게 되었다. 『列子』 「湯問」.
492 삼취三聚 : 대승의 보살이 지켜야 할 계법인 삼취정계三聚淨戒의 약칭. 섭률의계攝律儀戒, 즉 일체 악을 모두 끊어 버리는 것. 섭선법계攝善法戒, 즉 적극적으로 모든 선을 행하는 것. 섭중생계攝衆生戒, 즉 일체의 중생을 완전히 섭취하여 널리 이익을 베푸는 것.
493 십중十重 : 십중금계十重禁戒. 대승의 보살이 지키는 열 가지 중대한 금계禁戒. 즉 살생(殺戒), 훔치는 것(盜戒), 음행(淫戒), 거짓말(妄語戒), 음주(酤酒戒), 사부대중의 허물을 말하는 것(說四衆過戒), 나를 칭찬하고 남을 비방하는 것(自贊毁他戒), 제 것 아끼고 남을 욕설하는 것(慳惜加毁戒), 성내고 참회를 받지 않는 것(瞋心不受悔戒), 삼보를 비방하는 것(謗三寶戒) 등이다.
494 염제炎帝: 전설상 여름과 남방을 주관하는 신. 염제가 곧 신농神農를 가리키는 경우도 있다. 신농씨는 삼황오제 중의 하나로 농사를 처음 짓게 했으며 온갖 풀을 맛을 보아 약재를 찾아내어 사람들에게 병을 치료하도록 했다고 한다.
495 초목을 북돋워~피우도록 했고 : 진晉나라 간보干寶의 『搜神記』 권1에 "신농은 붉은 흙으로 온갖 풀을 북돋워(鞭草) 그 독성과 차갑고 따뜻한 성질을 모두 알아냈다."라고 하였다.
496 여이女夷 : 전설 속의 만물의 생장을 주관하는 신. 후세에는 화신花神으로도 여겨졌다.

497 『본초本草』:『神農本草經』의 약칭. 고대의 저명한 약재에 관한 책.
498 만행화萬行花 : 꽃(花) 공양은 성불을 목적으로 자리이타自利利他가 원만한 육바라밀을 비롯한 보살의 수행을 상징하여 공양하므로 만행화라 한다.
499 『당의唐儀』: 당나라 때 만든 예제禮制에 관한 책으로 『大唐儀令』 혹은 『大唐儀禮』를 가리키는 것으로 보인다.
500 겁석劫石 : 헤아릴 수 없는 아득한 시간. 겁석이란 둘레가 40리나 되는 돌을 하늘 사람이 무게 3수鉄밖에 안 되는 옷으로 3년마다 한 번 스쳐 그 돌이 다 닳아 없어지는 시간을 말한다.
501 부전副殿 소임(佛尊) : 불존佛尊은 불당을 맡아 관리하는 부전 소임의 스님을 말하는 것으로 보인다.
502 지제支提 : Ⓢ caitya의 음역이다. 지제支帝·지징支徵·제다制多·제저制底·제저야制底耶로 음역하기도 하고, 영묘靈廟·가공양처可供養處로 의역하기도 한다. 다른 의미로는, 흙과 돌을 모아서 쌓은 탑으로 사리가 들어 있는 것을 탑파塔婆, 사리가 없는 것을 지제라 한다.
503 수달 장자須達長者 : 기원정사祇園精舍를 세운 인물. 사위성舍衛城의 수달 장자는 석가의 설법을 듣고 매우 경모한 나머지 정사를 세워 주려고 기타태자祇陀太子의 원림園林을 구매하려고 하자, 태자가 장난삼아서 "황금을 이 땅에 가득 깔면 팔겠다."라고 하였다. 이에 수달 장자가 집에 있는 황금을 코끼리에 싣고 와서 그 땅에 가득 깔자, 태자가 감동하였고 그 땅에 기원정사를 건립하였다. 수달 장자의 다른 이름이 급고독給孤獨 장자이므로 기수급고독원으로 부른다.
504 백장百丈 선사 : 백장 회해百丈懷海(749~814). 당나라 스님. 20세에 서산 혜조西山慧照에게 출가, 남악의 법조法朝 율사에게 구족계를 받았다. 사천성 여강廬江에서 대장경을 열람하고, 마조 도일馬祖道一에게 참구하여 인가를 얻었다. 후에 대지성수선사大智聖壽禪寺의 개조開祖가 되어 선풍을 크게 고취시켰다. 그가 지은 『百丈淸規』는 중국 선원의 조직과 교단 제도를 집대성한 책으로, 백장 이후 선은 중국 풍토나 생활에 더욱 토착화되었다.
505 권화勸化 : 남에게 권하여 삼보에 정재淨財를 기부하도록 하는 것. 또 남에게 권하여 사도邪道에서 물러나 정도正道에 들게 하는 것.
506 집물什物 : 절에서 소장하고 있는 갖가지 종류의 그릇과 재물을 가리킨다. 집什은 잡雜, 취聚의 의미를 지니고 있다.
507 사사四事 : 사사공양四事供養의 준말로, 네 가지 일로써 불법승 삼보를 공양하는 것을 말한다. 즉 의복, 음식, 침구(臥具), 탕약. 혹은 방사房舍, 의복, 음식, 탕약.
508 육법六法의 공양 : 초·향·차·꽃·과일·쌀로 부처님께 공양하는 것.
509 사물四物 : 법고法鼓·운판雲板·목어木魚·대종大鐘.
510 음광飮光: Ⓢ Kāśyapa의 번역이다. 가섭迦葉 존자를 말한다.
511 비바시불毘婆尸佛 : 석가모니 출생 이전의 과거칠불 가운데 첫 번째로 출현하신 부처님이다.
512 석실石室 : 여기서는 태고 보우太古普愚(1301~1382)를 가리킨다. 고려 말 승려로 13세에 양주 회암사檜巖寺 광지廣智에게 출가하였고, 19세에 만법귀일萬法歸一 화두를 참구하다 성서城西의 감로사甘露寺에서 의단疑團을 타파하였다. 41세에 삼각산 중흥

사중흥사事重興寺 동봉東峯에 태고암太古庵을 짓고 머물다가 46세에 중국으로 가서 임제臨濟의 정맥을 계승한 호주 하무산霞霧山의 석옥 청공石屋淸珙에게 인가받았다. 이로 인해 해동 임제종의 시조로 추앙되었다.『太古和尙語錄』이 전한다.

513 부용芙蓉 : 부용 영관芙蓉靈觀(1485~1571). 조선 중기의 고승. 경상남도 사천 출신으로 연선도인蓮船道人이라고도 한다. 1498년(연산군 4)에 출가하여 1501년에 신총信聰에게서 불경을 배우고 위봉威鳳에게서 참선을 배웠다. 1530년에 지리산으로 지엄智嚴을 찾아가 3년 동안 수행한 뒤 황룡산黃龍山·팔공산八公山·대승동大乘洞·의신동義信洞·연곡동燕谷洞 등에서 40여 년 동안 후학을 지도하였다. 나이 87세, 법랍 72세로 입적하였다. 제자 법융法融·영응靈應·대선大禪 등 8인이 영골靈骨을 거두어서 연곡사燕谷寺 서쪽 기슭에 부도浮屠를 세웠다. 대표적인 제자로는 청허 휴정이 있다.

514 담병談柄 : 옛사람이 청담을 나눌 때 잡고 있던 불자拂子 같은 것. 스님이 강론할 때도 사용하였다.

515 유교에선 노나라 성인에 비유하고 : 공자는 노나라 태생이다. 의儀 땅의 봉인封人이 공자를 만나 보고는 "하늘이 장차 그 어른을 목탁으로 삼으실 것이다.(天將以夫子爲木鐸)"라고 말한 고사가 있다.『論語』「八佾」

516 범승梵僧 : 범승의 원래 의미로 '지계가 청정한 수행승'의 의미가 있다.

517 조왕신을 두드리고 : 당나라 때 숭산嵩山에 주석한 파조타破竈墮 화상의 고사가 있다. 대사는 숭악嵩嶽에 은거하고 있었는데 산중에 매우 영험한 묘당이 있었다. 그 안에는 오직 부뚜막 하나만 안치하였는데 원근의 제사가 끊이지 않아 수많은 목숨을 삶아 죽였다. 대사가 하루는 승려를 인솔하고 묘당에 가서 주장자로 세 번 내려치며 꾸짖었다. 또 세 번을 더 치자 부뚜막이 바로 무너지며 떨어졌다. 그러자 푸른 옷에 높은 관을 쓴 조왕신이 나와 참회하고 감사하며 사라졌다. 대사는 본디 이름이 없었는데 이로 인해 파조타 화상이라 불렸다.『景德傳燈錄』권4(T51, 232c).

518 디딜방아 두드렸지 : 6조 혜능이 출가한 후 5조 홍인 휘하에서 수행할 때 방아 찧는 일을 맡았는데, 하루는 홍인이 방앗간에서 지팡이로 디딜방아를 세 번 두드렸다. 혜능이 그 뜻을 알아차리고 삼경에 찾아가니 홍인이『金剛經』을 구수口授하고 의발을 전수하였다.

519 호랑이 떼어~즉시 달아나고 :『續高僧傳』권16「僧稠傳」에 의하면, 승조僧肇가 회주懷州 서쪽 왕옥산王屋山에서 선정을 닦고 있을 때에 두 마리 호랑이가 싸우는 소리를 들었는데, 포효하는 소리가 바위를 진동하였다. 이에 석장으로 그 중간을 갈랐더니 각각 흩어져 가 버렸다고 한다.

520 디딜방아 두드리자 바로 다가왔네 : 주 518 참조.

521 상수湘水의 눈물 흔적 : 반죽斑竹은 동정호 남쪽에 위치한 소수瀟水와 상수湘水 가에서 나던 대나무이다. 순임금이 남쪽으로 순수巡狩하다가 창오蒼梧의 들에서 붕어했을 때, 순임금의 두 비인 아황娥皇과 여영女英이 매우 슬피 울어서 눈물을 소수와 상수 가의 대나무에 뿌렸더니, 대에 모두 얼룩얼룩한 반점이 생겼다는 전설이 있다.

522 청동에 쓴 명문(金銘) : 금명金銘은 금속으로 만든 기물 위에 새겨 놓은 글을 말한다.

523 연담蓮潭 : 연담 유일蓮潭有一(1720~1799). 본관은 화순和順이고, 속성은 천千, 자는 무이無二. 18세에 법천사法泉寺로 출가하여 이듬해 구족계를 받고, 해인사의 체정體

靜 문하에서 선지禪旨를, 설파 상언雪坡尙彦에게『華嚴經』을 배웠다. 해남 대흥사의 12대종사大宗師 중 한 사람이 되었다. 저서에『楞嚴私記』·『諸經會要』·『四集私記』·『蓮潭林下錄』·『圓覺私記』등이 있다.『東師列傳』「蓮潭宗師傳」.

524 면성綿城 : 전라남도 무안務安. 대사가 출가한 법천사가 무안군 승달산에 있다.
525 흐르는 맑은 물(枕流) : 침류枕流를 직역하면 흐르는 물을 베고 눕는 것이다. 그런데 이는 산수 좋은 곳에서 숨어 사는 생활을 비유하는 말이다. 진晉나라 손초孫楚가 은거하면서 "돌을 베고 물로 양치질하련다.(枕石漱流)"라고 말해야 할 것을 "물을 베고 돌로 양치질하련다.(枕流漱石)"라고 잘못 말하였다. 왕제王濟가 잘못을 지적하자, 손초가 "물을 베는 것은 속진에 찌든 귀를 씻어 내기 위함이요, 돌로 양치질하는 것은 연화煙火에 물든 치아의 때를 갈아서 없애려 함이다."라고 대답한 고사가 있다.『世說新語』「排調」.
526 국화 심으니 도연명 닮았고 : 육조六朝시대의 대시인 도연명陶淵明(365~427)에 대해서는 전원으로 돌아가 술과 국화를 사랑하며 살았던 주돈이周敦頤(1017~1073)의「愛蓮說」에서도 "아, 국화를 사랑한 이가 도연명 이후로 또 있었다는 말을 거의 못 들었다."라고 하였다.
527 연꽃을 사랑하니 주돈이 닮았구나 : 북송의 유학자 주돈이는 일찍이 명문「愛蓮說」을 지어 연의 미덕을 노래하였다.
528 삼의三衣 대사 : 대흥사의 완호 윤우玩虎倫佑(1758~1826) 문하에서 동문수학한 하의, 호의, 초의를 당시 선문에서 삼의라 하였다. 범해 각안의『東師列傳』「自序傳」에 보면 "나는 하의 선사를 설계사說戒師로 삼고, (중략) 초의 선사를 비구 및 보살계사 菩薩戒師로 삼고, 호의 선사를 또 전법사傳法師로 삼았다."라고 하였다.
529 두 그루~싹이 나왔네 : 대사의 제자를 말하는 것으로 보인다.
530 요원 스님 : 북송의 고승인 불인 요원佛印了元(1032~1098). 서법書法과 시문詩文, 언변에 능했다고 하며 당시 명사인 소동파·황산곡黃山谷 등과 대등한 관계의 교류를 나누고 시를 주고받았다.
531 부산 스님 : 부산 법원浮山法遠(991~1067). 송대의 임제종 승려. 구양수歐陽修(1007~1072)가 그 문하에서 참학한 바 있다.
532 주인옹 : 범해 각안 자신이다.
533 납자를 미혹시켰네(迷機) : '기機'는 내기來機로서 가르침을 받으려고 찾아오는 참선 납자를 가리킨다.
534 백족화상白足和尙 : 남북조시대 동진의 신이한 승려 담시曇始. 관중 사람이며 속성은 장張씨이다. 구마라집鳩摩羅什을 스승으로 삼았다. 진晉나라 효무제孝武帝 태원太元(376~396) 말년에 경률 수십 부를 가지고 요동에 교화를 펴 고구려에 불교를 전해 주었다. 그에게는 신이한 행적이 많은데 발이 얼굴보다 희어서 맨발로 진흙탕 물을 건너도 전혀 젖지 않아 당시에 백족화상이라 불렸다. 후에 승려를 백족이라 한 이유가 되었다.
535 요옹寥翁 선생 : 범해 각안은『東師列傳』「自序傳」에서 "호의, 하의, 초의, 문암聞庵, 운거雲居, 응화應化 등 6법사를 참알參謁하고 학문을 연마하였으며, 요용 이병원李炳元 선생에게 유서儒書를 배웠다."라고 하였다.(김두재 역,『東師列傳』, p.26)
536 아련야阿練若 : 아란야阿蘭若. 약칭은 난야蘭若. 원래는 숲을 뜻하는 범어. 후에 절을

뜻하게 되었다.
537 설두雪竇 : 주 399 참조.
538 함명函溟 : 함명 태선函溟太先(1824~1902). 조선 후기 화엄학에 능했던 승려. 속성은 박朴씨이고 화순에서 출생. 14세에 장성 백양산으로 출가하여 풍곡 덕인豐谷德仁 선사의 조실에서 머리를 깎고 스님이 되었다. 도암道菴 선사의 계단戒壇에서 구족계를 받았고, 침명枕溟 강백이 강론하는 자리에서 선참선참禪懺을 받았으며, 풍곡 법사의 조당祖堂에서 향을 사르고 법통을 이어받았다. 당시 오른쪽에는 설두요 왼쪽에는 함명이라는 평가가 있었다. 『東師列傳』 「涵溟講伯傳」
539 보리수 아래서~펴신 것 : 원문 '不起樹王, 羅七處於法界, 無違後際, 暢九會於初成.'은 징관澄觀이 찬술한 『大方廣佛華嚴經疏』 권1 서문(T35, 503a06)에 나온다.
540 남곽南郭의 피리 : 제나라 선왕宣王이 피리 연주를 좋아하여 항상 300명을 모아 합주하게 하자, 남곽 처사南郭處士라는 사람이 그 자리에 슬쩍 끼어들어 국록을 타 먹곤 하였는데, 선왕이 죽고 민왕湣王이 즉위한 뒤에 한 사람씩 연주를 하게 하자 본색이 드러날까 겁낸 나머지 도망쳤다는 고사가 전한다. 『韓非子』 「內儲說 上」.
541 북산北山의 이문移文 : 남조 제나라의 공치규孔稚珪가 지은 「北山移文」 가운데, 주옹周顒이라는 사람이 은사隱土 흉내를 내며 산속에서 살다가 세상의 부귀영화에 눈이 멀어 산을 떠나자, 산신령이 격분한 나머지 격문(移文)을 돌려 다시는 그가 산에 발을 들여놓지 못하게 했다는 이야기가 있다.
542 앞으로 가도~가도 밟히는(跋前疐後) : 『詩經』 「豳風」 〈狼跋〉에 "이리가 앞으로 가면 턱살이 밟히고, 뒤로 물러나면 꼬리가 밟힌다.(狼跋其胡, 載疐其尾.)"라고 하였다. 이후 '발전치후跋前疐後'는 진퇴양난의 상황을 비유하는 말로 쓰인다.
543 꼬리를 끄는 거북이(曳尾之龜) : 예미지귀曳尾之龜는 구속된 생활을 하는 것보다는 비록 가난하더라도 자유로운 생활을 누리는 것이 낫다는 말의 비유이다. 『莊子』 「秋水」에 "장자가 복수에서 낚시를 하고 있는데 초나라 임금이 대부 두 명을 보내 말을 전하였다. '번거로우시겠지만 나라의 정치를 맡아 주시기 바랍니다.' 장자가 낚싯대를 든 채 돌아보지도 않고 말하였다. '듣자하니 초나라에는 신령스러운 거북이 있는데 죽은 지 이미 2천 년이 지났다고 하더이다. 임금은 이것을 비단에 싸서 상자에 넣어 묘당에 그것을 모셔 놓았다는데, 이 거북으로 말하자면, 죽어서 뼈만 남기어 존귀하게 되고 싶어 하겠소, 아니면 살아서 진흙 속에서 꼬리를 끌고 다니고 싶어 하겠소?' '그야 살아서 진흙 속에서 꼬리를 끌고 다니고 싶어 하겠지요.' '그렇다면 가시오! 나는 진흙 속에서 꼬리를 끌고 다니며 살 터이니.'"라고 하였다.
544 서준보徐俊輔(1770~1856) : 조선 후기의 문신. 본관은 대구. 자는 치수穉秀, 호는 죽파竹坡. 관찰사 서명구徐命九의 증손으로, 할아버지는 동부승지 서효수徐孝修이고, 아버지는 이조판서 서유방徐有防이다. 서유린徐有隣에게 입양되었다. 여러 관직에 올랐는데 이 글은 대흥사에서 가까운 무안현감務安縣監으로 있을 때 보낸 것으로 추정된다.
545 가죽나무 상수리나무~쓸모없는 잡목(樗櫟散木) : 저력樗櫟은 가죽나무와 떡갈나무의 합칭. 크기만 할 뿐 아무 쓸모가 없어 어떤 목수도 돌아보지 않아 다행히 목숨을 온전히 보전한다는 말로 쓰인다. 자신에 대한 겸사로 쓰인다.
546 어렸을 때는~법을 이었습니다 : "성장해서는 널리 불가의 경전을 배웠고, 연담 유일

蓮潭有一(1720~1799)과 운담 정일雲潭鼎馹 스님을 차례로 모셨다. 나이 27세에 정암
晶巖 스님의 방에서 염향拈香을 하고 법통을 이었으니, 곧 소요逍遙의 종파로 화악
문신華嶽文信의 적통을 이었다." 『兒庵遺集』 「兒菴藏公墖銘」 [『韓國佛敎全書』 제10책
(H10, 707c)].

547 상자만 사고~돌려주는 격(買櫝還珠) : 매독환주買櫝還珠는 근본은 모르고 지말枝末
만 좇는 행위를 비유한 것이다. 춘추시대 초나라 사람이 옥으로 꾸미고 향기를 쐰 목
란木蘭 상자에 보배 구슬을 담아서 정나라에 가서 팔자 어떤 정나라 사람이 상자만
사고 구슬을 돌려주었다는 고사에서 유래하였다. 『韓非子』 「外儲」

548 단선壇墠 : 단壇은 흙을 쌓아 올려 만든 곳이고 선墠은 깨끗이 청소해 놓은 곳으로,
모두 제사 지내는 장소이다.

549 경해謦欬 : 윗사람의 기침 소리나 말씀. 소리 중에 가벼운 것을 경謦, 무거운 것을 해
欬라 한다.

550 충종充宗의 뿔을 꺾는 자리 : 한나라 원제元帝 때의 총신寵臣 오록 충종五鹿充宗이
양구梁丘의 『周易』을 배워 변설을 늘어놓는데도 감히 맞서서 논하는 자가 없었다. 이
때 주운朱雲이 사람들의 추천을 받고 들어가 웅변을 토하면서 반박을 하였다. 당시
여러 학자들이 "오록의 긴 뿔을 주운이 꺾어 버렸다.(五鹿嶽嶽, 朱雲折其角.)"라고 하
였다. 논쟁 중에 남의 논박을 받는 일을 말한다. 『漢書』 「朱雲傳」.

551 베로 만든 북(布鼓) : 소리가 제대로 나지 않는 북. 한나라 왕존王尊이 동평왕東平王
의 재상이 되었을 때, 임금 앞에서 태부太傅가 〈相鼠〉라는 시를 강론하는 것을 보고
는, "소리도 안 나는 베 북을 가지고, 천지를 진동시키는 큰 북이 걸려 있는 뇌문雷門
앞을 지나가지 말라.(毋持布鼓過雷門)"라고 하면서, 변변찮은 재주를 가지고 뽐내지
말라는 뜻으로 힐난했던 고사가 전한다. 뇌문은 회계會稽의 성문을 가리키는데, 뇌
문 위에 걸린 북은 소리가 커서 낙양洛陽까지 들릴 정도였다고 한다. 『漢書』 권76 「王
尊傳」.

552 토룡土龍 : 기우제 때 흙으로 용을 만들어 놓은 것. 혹은 지렁이. 여기서는 앞의 포고
布鼓와 함께 허명만 있고 실상이 없는 것을 비유한다.

553 화양華陽 큰 어른 : 송시열宋時烈(1607~1689). 호는 우암尤菴. 조선 후기의 대학자.
주자학자로서 기호학파의 학통을 충실히 계승, 발전시킨 인물이다. 『朱子大全』과 『朱
子語類』의 연구에 몰두하여 『朱子大全箚疑』·『朱子語類小分』 등의 저술을 남겼다.
충북 괴산의 화양동에 살았으며 17세기 중엽 이후 붕당정치가 절정에 이르렀을 때
서인·노론의 영수이자 사상적 지주로서 활동하였다.

554 천신薦紳 : 진신縉紳과 같은 말. 원래는 고대 고급 관리의 장식물인데, 관직에 있거나
역임한 사람의 의미로 쓰인다.

555 관각館閣 : 홍문관弘文館과 예문관藝文館을 지칭하는 말. 왕조의 사명詞命을 짓고 펴
내는 기관으로, 중국의 당송 시대로부터 일류 문사를 발탁하였다. 조선에서도 이들
기관의 대제학大提學을 모든 벼슬 중에 제일 영화롭게 여겼다. 이들 기관에서 창작한
문학을 관각문학館閣文學이라고 한다.

556 은둔하는 선비(肥遯) : 비둔肥遯은 은둔하며 여유롭게 사는 생활을 말한다. 『周易』
「遯卦」 '上九'에 "살지는 은둔이니 이롭지 않음이 없다.(肥遯, 無不利.)"라는 말이 나
온다.

• 339

557 원회元會 : 원회운세元會運世의 준말. 원회운세설은 우주의 흥망성쇠에 관해 송나라 소강절邵康節이 만들어 낸 이론이다.

558 형주荊州를 만나고자 하는 소원 : 당대의 명사를 알고자 하는 마음. 당나라 원종 때 사람인 한조종韓朝宗이 형주 자사荊州刺史일 때 이백李白이 편지를 보내어 "살아서 만호후에 봉할 필요는 없고, 다만 한 번 한형주를 알고자 합니다.(生不用封萬戶侯, 但願一識韓荊州.)"라고 한 말에서 유래한다. 알고자 한다는 것은 만나서 면식面識을 가지고자 한다는 뜻이다. 『古文眞寶』「與韓荊州書」.

559 등왕각滕王閣으로 부는 바람 : 등왕각은 강서성 남창현南昌縣에 있는 유명한 누각이다. 초당 사걸初唐四傑의 한 사람인 왕발王勃의 꿈에 신령이 나타나 등왕각의 연회에 참석하라고 일러 주었고, 때마침 순풍이 불어 바람이 배를 휘몰아서 마당馬當에서 남창까지 700리 길을 하룻밤에 도착할 수 있었다. 이에 왕발이 「滕王閣詩序」를 지어 문명을 천하에 드날리게 되었다고 한다.

560 탄식하며 허공에 글을 쓰지(咄咄書空) : 돌돌서공咄咄書空이라는 표현은 남조 송나라 유의경劉義慶의 『世說新語』「黜免」에 등장한다. 진晉나라 은호殷浩가 제명되어 평민으로 전락한 뒤에 하루 종일 공중에다 뭔가 글씨를 쓰고 있었는데 사람들이 엿보니 바로 '돌돌괴사咄咄怪事' 네 글자였다고 한다.

561 돌아가신 대감의 수적手蹟 : 서준보의 부친인 서유린徐有隣(1738~1802)은 조선 후기의 문신으로 전라도관찰사, 병조판서 등을 역임하였다. 특히 서유린은 1788년에 임진왜란 때 승병을 일으켜 크게 공헌한 서산 대사西山大師를 기리는 대흥사 표충사를 중수하였다. 1791년 세운 「西山大師表忠祠紀蹟碑」는 서유린이 글을 짓고 정동준鄭東浚이 글씨를 쓰고 심이지沈頤之가 전서篆書를 썼다.

562 감당나무 사당(棠社) : 감당나무는 선정을 행한 방백方伯을 비유하는 말. 주나라 소백召伯의 덕정을 찬미한 『詩經』「小雅」〈甘棠〉에 "무성한 감당나무를 자르지도 말고 휘지도 말라. 소백이 머무셨던 곳이니라.(蔽芾甘棠, 勿翦勿拜. 召伯所說.)"라는 말에서 나온 것이다.

563 동향桐鄕 : 옛날 수령의 은혜로운 정사를 잊지 못하고 있는 고을. 한나라 주읍朱邑이 젊었을 때 동향의 관리로 있었는데, 동향에서 그를 못내 사모하자 죽어서 그곳에 장사를 지내던 고사가 있다. 『漢書』「循吏傳」'朱邑'.

564 검은 일산(皂盖) : 조개皂盖는 관원들이 쓰는 검은색 일산日傘을 말한다. 흔히 수령의 행차를 뜻하는 말로 쓰인다.

565 계극棨戟 : 지방관이 밖에 나다닐 때 앞에서 길을 인도하는, 나무로 만들고 적흑색 비단으로 둘러싼 의장용의 창.

566 영색鈴索 : 방울을 달아 놓은 새끼줄. 여기서는 직접 찾아가는 것을 말한다.

567 철경製鯨 : 철경 응언製鯨應彦. 생몰년 미상. 19세기 후기의 승려. 속성은 김金씨, 영암 출생. 만덕산萬德山 백련사로 출가하여 승려가 되었다. 연파蓮坡 법사의 법을 이어받았다. 아암 혜장兒庵惠藏의 문도이며 정약용과도 교분이 있었다. 아암이 그를 처음 보았을 때 '어찌 그리 그대를 본 것이 늦었는가? 그대를 기다린 지 오래다.'라고 하여 그가 큰 법기法器임을 알아보았다고 한다. 다산 정약용도 그에게 7언 16구에 이르는 장시 1수를 지어 주는 등 애정을 표한 바 있다. 대사의 문인으로는 쌍련雙蓮과 성관性貫 등이 있다. 『東師列傳』「製鯨講師傳」에는 문집 2권이 있다고 하였으나 현재

전하지 않는다. 앞에 나온 「掣鯨堂偈」 참조.
568 규산圭山 : 규봉 종밀圭峰宗密(780~841). 당나라 승려로 화엄종 제5조이고 하택종 제5조이다. 징관의 제자로『華嚴經』을 연구하였으며 선교일치를 주창하였다. 저술로는『圓覺經大疏』,『圓覺經釋義抄』,『華嚴經綸貫』,『禪源諸詮集都序』,『起信論疏』,『圓覺道場修證儀』,『金剛經疏論纂要』등이 있다.
569 신훈新熏 : 어떤 중생이나 다 저절로 갖추어진 본래면목은 부처님과 조금도 다를 바 없다. 그것을 본각本覺이라 한다. 그러나 무명의 업장이 두꺼운 중생은 부처님이나 보살의 교화를 받아 발심하고 부지런히 닦아 비로소 크게 깨친 뒤 불과佛果를 새로 맺게 된다. 이것을 시각始覺이라 하는데, 시각을 이루는 수단 방법이 새로 닦는 것, 곧 신훈이다.
570 규산이 분망하게 신훈을 세웠다네 : 규봉 종밀이『金剛經』에 주석한 것을 가리킨다.
571 공생空生 : 수보리(S Subhūti)의 다른 이름. 부처님의 십대제자 가운데 공空을 제일 잘 이해해서 '해공解空제일'이라고 한다.
572 별안화別眼花 : 상相을 벗어난 보살의 안목을 비유한다.
573 연석燕石 : 연산燕山에서 나오는 돌. 옛날 송나라의 어리석은 사람이 이 돌을 오대梧臺의 동쪽에서 얻고는 큰 보물이라 여겨 비단으로 몇십 겹을 싸서 잘 보관하였으나 결국 일반 돌과 다름이 없었다고 한다.
574 세친世親 : 천친天親. S Vasubandhu. 소승인 설일체유부說一切有部에 출가하였으나 후에 형 무착無着의 권유로 대승에 귀의하여 유식의 교의를 전파하는 데 크게 기여하였다. 저서로『俱舍論』,『十地經論』,『唯識論頌』,『金剛般若波羅蜜經論』등이 있다.
575 우리 집안의 진리 : 자성의 깨달음을 말한다.
576 뇌고牢固 : '오뇌고설五牢固說'에 따르면 부처님이 열반에 드신 이후의 오백 년 동안을 해탈뇌고解脫牢固, 다음 오백 년을 선정뇌고禪定牢固, 세 번째 오백 년은 다문뇌고多聞牢固, 네 번째 오백 년은 탑사뇌고塔寺牢固, 다섯 번째 오백 년은 투쟁뇌고鬪爭牢固라 한다.『金剛經』에서는 후오백세의 말법시대에도 계를 지니고 복을 닦는 자가 있어 부처님 설법에 진실한 믿음을 낸다고 설법하고 있다.
577 비로봉 : 비로자나불의 머리.
578 묵돌墨突 : 쉴 틈도 없이 바쁘게 돌아다니는 것. 동한 반고班固의「答賓戲」에 "공자가 앉은 자리는 따스해질 틈이 없었고, 묵자의 집 굴뚝은 검어질 틈이 없었다.(孔席不暖, 墨突不黔.)"라고 하였다.『文選』권45.
579 위음왕불威音王佛 :『法華經』「常不輕菩薩品」에 등장하는 부처님으로 과거장엄겁過去莊嚴劫에 최초로 성불한 부처님이다. '위음왕불이 출현하기 이전(威音王已前)'은 부모미생전父母未生前, 천지미분전天地未分前과 마찬가지로 향상제일의제向上第一義諦를 뜻하는 말로 쓰인다.『祖庭事苑』에서는 "위음왕 이전은 실제이지實際理地를 밝힌 것이고, 위음왕 이후는 불사문중佛事門中을 밝힌 것이다."라고 하였다.
580 오늘사 감람나무~나루에 가득하네 : 감람나무는 깨달음, 제비 나루는 마음의 고향. 즉 깨달음을 얻어 마음의 고향으로 돌아간 것을 표현한 것이다.
581 이견二見 : 단견斷見과 상견常見. 혹은 유견有見과 무견無見. 아견我見과 법견法見.
582 다생을 산다 해도 : 다생, 즉 윤회에는 분단생사分段生死(중생)와 변역생사變易生死(보살)가 있다.

583 선법당善法堂 : 도리천의 왕 제석이 거처하는 궁궐 이름. 궁궐 안에서 천상 사람들을 모아 놓고 『金剛經』을 자주 설한다고 한다.
584 악차惡叉 : 나무 이름. 열매 세 덩어리가 한 꼭지에 달려 있다. 미혹(惑), 업業, 고苦를 비유한다.
585 금사소겁金沙小刼 : 금가루 수만큼의 겁.
586 세주世主 : 세주천世主天, 사천왕四王天, 범천梵天, 대자재천大自在天을 통칭하여 세주라 한다.
587 천마天魔 : 사마四魔의 하나로, 욕계欲界의 꼭대기에 있는 제6천의 주인이다. 부처님이 보리수 아래에 앉아 수도할 때 천마가 와서 성도成道를 방해하려 하였으나, 부처님이 선정에 들어 항복받았다고 한다.
588 삼시에 신명~것 도와주네 : 아침, 점심, 저녁에 신명을 바치는 것은 누구와 더불어 동일해지기 위함인가라는 질문, 그리고 그것은 보살행을 해야만 가능함을 암시한다.
589 비 피함에~알게 됐네 : 수나라 때 익주 신번현 왕자촌에 구苟라는 사람이 마을 동쪽 들판에 나가 허공에 『金剛經』을 쓴 후 그 자리는 비에 젖지 않았다고 한다. 그 후 당나라 고조 때 서역승이 한 사람 이곳에 이르러 허공에다 절을 하였다. 이유를 물어보니 "여기는 『金剛經』이 있어 하늘 무리들이 항상 와서 둘러싸고 공양을 하므로 절을 하였소."라고 하였다. 『金剛經刊定記』.
590 연성에 머리~묻지 말라 : 세존께서 보살행을 닦으실 시절에 머리칼을 풀어 진흙땅을 덮고 연등불燃燈佛께 꽃을 바쳤다.
591 오안五眼 : 실상을 관찰하는 정도에 따라 안목을 다섯 종류로 분류한 것이다. 곧 육안肉眼·천안天眼·혜안慧眼·법안法眼·불안佛眼을 말한다.
592 삼념三念 : 과거·현재·미래의 마음.
593 달팽이 뿔(蠻觸) : 달팽이의 두 뿔에 나라가 있는데 오른쪽 뿔에 있는 나라는 만蠻, 왼쪽 뿔에 있는 나라는 촉觸이다. 두 나라가 서로 다투어 전쟁을 벌이는데 죽은 시체가 수만 명이었으며 북으로 쫓아가 십오 일 지나서 돌아왔다. 후에 작은 일로 서로 다투는 것을 비유하게 되었다. 『莊子』「則陽」.
594 등롱 불빛 : 등롱燈籠은 불을 켠 초나 호롱을 담아 내어 걸거나 들고 다닐 수 있도록 한 것이다.
595 노주露柱 : 불전에 있는 둥근 기둥.
596 낭탕초 먹어~누가 말했나 : 낭탕莨菪은 다년생의 초본식물. 신경을 진정시켜 통증을 그치게 하는 효과가 있다. 그런데 『東醫寶鑑』에서 "낭탕독莨菪毒(초우엉씨)은 사람을 크게 번민케 하며 눈에서는 성화星火가 보이고, 귀신이 보여 미쳐 날뛴다. 물에 간 녹두즙을 먹이거나, 감초, 제니薺苨의 전즙煎汁을 먹인다. 또는 감초, 흑두를 진하게 달여 먹이거나, 게즙(蟹汁)을 먹인다."라고 하였다. 눈에서 침이 나온다는 것은 눈이 뜨겁고 빠질 듯이 아프다는 표현인 듯하다.
597 묘염천왕 : 『華嚴經疏鈔』에 '묘염해대자재천왕妙燄海大自在天王'이 나온다.
598 기와점 거북점 : 기와점(打瓦)은 기와를 격파하여 균열된 무늬로 길흉을 점치는 방법. 거북점(鑽龜)은 거북을 구워 등이 갈라지는 모양으로 길흉을 점치는 방법.
599 씩씩하게(烋烋) : 포휴烋烋는 포휴烋烋라고도 쓴다. 원래는 맹수가 성내어 포효하는 것으로 사람이 소리치고 포악하게 성내는 것을 형용한다.

600 지리자支離子 : 『莊子』「人間世」에 나오는 우화적인 인물 지리소支離疏. 천하에 흉한 꼽추의 모습으로 오히려 전쟁 같은 세상의 해침을 받지 않고 자신의 덕을 온전하게 보존하며 사는 사람의 비유로 등장한다.

601 망상罔象 : 혹은 상망象罔. 『莊子』「天地」에 등장하는 우화적인 인물. 황제黃帝가 적수赤水 북쪽에 갔다가 돌아오면서 현주玄珠를 잃어버렸는데, 아무도 찾지 못했고 상망만이 찾아냈다고 한다. 상象은 비무非無, 망罔은 비유非有를 뜻한다. 즉 무심無心, 무형적無形跡의 비유로 쓰인다.

602 단하丹霞 : 단하 천연丹霞天然(739~824). 당나라 때 승려. 석두 희천石頭希遷의 문하에서 참학하였다. 기행과 파격의 문답으로 유명하며 공안집에 단하끽반丹霞喫飯, 단하분불丹霞焚佛, 단하재즉丹霞在則 등의 공안이 전한다.

603 구멍 하나(一竅) : 일규一竅는 사물의 중추가 되는 부분. 규의 뜻은 구멍인데 전성되어 사물의 핵심 부위를 가리킨다.

604 쇠를 단련함(點化) : 도교에서는 쇠를 단련(점화點化)하여 금을 만든다고 한다. 문장을 다듬는다는 의미도 있다. 불가에서는 언어와 방편으로 계발하여 깨달음에 이르게 하는 것의 비유로도 쓰인다.

605 황엽黃葉을 돈이라 함 : 황엽지제黃葉止啼. 버드나무의 누런 잎을 금이라 하여 어린아이의 울음을 그치게 한다는 의미. 불교에서 황엽은 중생을 제도하는 방편을 말한다.

606 해파리가 새우~보는 것 : 곽박郭璞의 「江賦」에 "해파리의 눈은 새우이다.(水母目蝦)"라고 한 데서 나온 표현이다. 해파리는 눈이 없어 기생하는 새우 눈의 도움을 받는다는 고대인의 인식이 있다.

607 청전물青氈物 : 선대先代로부터 전해진 귀한 유물. 진晉나라 왕헌지王獻之가 누워 있는 방에 도둑이 들어와서 물건을 모조리 훔쳐 가려 할 적에, 그가 "도둑아, 푸른 모포는 우리 집안의 유물이니, 그것만은 놓고 가는 것이 좋겠다.(偷兒, 青氈我家舊物, 可特置之.)"라고 하자, 도둑이 질겁하고 도망쳤다는 고사에서 유래한다. 『晉書』 권80 「王獻之列傳」.

608 태아검太阿劍 : 중국의 옛 보검 이름. 춘추시대 구야자歐冶子와 간장干將이 만들었다고 한다.

609 풍성 : 지명. 용천龍泉과 태아太阿의 두 보검이 옛날 오나라 지역인 예장군豫章郡 풍성豐城 땅에 묻혀서 밤마다 북두성北斗星과 견우성牽牛星 사이에 자기紫氣를 내뿜고 있다가 발굴되어 세상에 나왔다는 전설이 있다. 『晉書』「張華傳」

610 뇌환雷煥 : 사람 이름. 천문天文을 잘 파악했던 사람이다. 오나라 때 북두성과 견우성 사이에 늘 보랏빛 기운이 감돌기에 장화張華가 예장豫章의 점성가 뇌환에게 물었더니 보검의 빛이라 하였다. 이에 풍성 감옥 터의 땅속에서 춘추시대에 만들어진 전설적인 보검인 용천검龍泉劍과 태아검을 발굴했다는 이야기가 있다. 『晉書』「張華傳」

611 참새 그물 : 한나라 적공翟公이 정위廷尉로 있을 때 빈객이 서로 다투어 찾아오는 바람에 문전성시를 이루었다가, 파직된 뒤에는 한 사람도 찾아오지 않아 문 앞에 참새 잡는 그물을 칠 정도가 되었다는 고사가 있다. 『史記』 권120, 「汲鄭列傳」

612 〈백설곡白雪曲〉 : 〈양춘곡陽春曲〉과 함께 초나라의 2대 명곡으로 뽑히는 곡으로, 내용이 고상하여 창화唱和하기 어려운 곡으로 알려져 있다.

613 〈파인곡巴人曲〉 : 송옥宋玉의 〈對楚王問〉에 "영중에서 노래하는 나그네가 있어 맨

처음 〈하리곡〉·〈파인곡〉을 노래하자, 국중에서 그것을 이어 창화하는 자가 수천 인이었고, 〈양아곡〉·〈해로곡〉을 노래하자 그것을 이어 창화하는 자는 수백 인이었고, 〈양춘곡〉·〈백설곡〉을 노래하자 그것을 이어 노래하는 자는 수십 인에 불과했으니.……이는 곡조가 고상할수록 창화하는 자가 더욱 적기 때문이다.(客有歌于郢中者, 其始曰下里巴人, 國中屬而和者數千人. 其爲陽阿薤露, 國中屬而和者數百人. 其爲陽春白雪, 國中屬而和者不過數十人.……是其曲彌高, 其和彌寡.)"라고 한 데서 온 말로, 자신의 노래를 겸손하게 말한 것이다.

614 나무닭이 새벽에~돌사람 들으리라 : 『金剛經五家解說誼』에 "만일 경 중에서 무엇이 가장 핵심이냐고 묻는다면, 돌사람이 밤에 나무닭 울음소리를 듣는다 하실 것이다.(若問經中何極, 則石人夜聽木鷄聲.)"라고 하였다. 이는 시비분별을 여의고 제상諸相의 여여한 실체를 보아야 함을 말한 것이다.

615 꼭지 없애고 뿌리 끊어 : 뿌리를 깊이 하고 꼭지를 단단히 하는 것은 장생의 도라 한다. 『道德經』 제59장에 "나라를 소유한 모는 장구할 수 있으니, 이는 뿌리를 깊이 하고 꼭지를 단단히 하여 길이 살아 오래도록 보는 도라 한다.(有國之母, 可以長久, 是謂深根固蔕, 長生久視之道.)"라고 한 데서 유래하였다.

616 수보리須菩提 : ⓢ Subhūti의 음역이다. 의역으로는 선업善業·선길善吉·선현善現·선실善實·선견善見·공생空生 등으로 번역된다.

617 삼유三有 : 삼계三界. 유有는 존재한다는 뜻으로, 선악의 업인業因에 따라 받게 되는 고통과 즐거움이 제각기 다른 욕유欲有·색유色有·무색유無色有를 말한다.

618 팔환八還 : 『楞嚴經』에서 아난이 진성眞性이란 무엇인가 하는 질문에 부처님이 답하시기를, "명명·암暗·통通·색塞·연緣·공空·울鬱·청淸 등의 여덟 가지 만물의 속성은 귀속되는 원인이 있으나 이 여덟 가지를 보는 견見의 정명精明한 성性은 귀속되는 곳이 없으니 그것이 너 자신의 진성이다."라고 하였다. 시각 작용에서 인식한 내용을 원인이 되는 여덟 곳으로 환원시키는 것을 말한다. 즉 밝음은 해로, 어둠은 그믐으로, 통함은 문으로, 막힘은 벽으로, 소연은 분별로, 텅 빔은 허공으로, 갑갑함은 짙은 먼지로, 맑음은 갬으로 환원시켰다.

619 사선천四禪天 : 불교에서는 천계를 욕계천欲界天과 색계천色界天, 무색계천無色界天으로 나눈다. 욕계천에는 사왕천·도리천·야마천·도솔천·화락천·타화자재천이 있고, 색계천에는 초선천과 이선천·삼선천·사선천이 있으며, 무색계천에는 공무변처천과 식무변처천·무소유처천·비상비비상처천이 있다고 한다.

620 곡돌을 놓으라 한 것 : 곡돌사신曲埃徙薪이라는 성어가 있다. 화재에 대비해서 미리 대책을 마련한다는 말로 『漢書』 권68 「霍光傳」에 나온다. "어느 집에서 아궁이와 구들과 굴뚝을 바로 내고, 굴뚝 옆에다 섶을 쌓아 놓았다. 한 친구가 보고 말하기를, '이러다가는 화재가 나기 쉬우니 구들을 구불구불하게(曲埃) 고치고 섶을 다른 데로 옮기라(徙薪).'고 하였으나, 주인은 듣지 않았다. 수일 후에 불이 났는데, 이웃에서 와서 불을 끄느라고 머리가 타고 이마가 덴 이가 있었다. 그 집에서 이웃 사람들을 대접하는데 머리 타고 이마 덴 사람을 윗자리에 앉게 하고, 전일에 구들을 고치라고 미리 말하던 사람의 고마움을 몰랐다가 다시 옆의 사람의 말을 듣고서야 전일의 충고를 듣지 않은 것을 후회하였다."

621 난정蘭亭 : 정자 이름. 절강성 소흥시紹興市 서남쪽의 난저산蘭渚山 위에 있다. 동진

영화永和 9년(353) 늦은 봄에 난정에서 왕희지王羲之, 사안謝安, 손작孫綽 등 42인의 명사가 모여 삼짇날의 계사禊事를 행한 뒤에 곡수曲水에 술잔을 띄우고 시를 지으며 성대한 풍류놀이를 즐긴 이야기가 왕희지의 「蘭亭記序」에 나온다.

622 섭공葉公과 공자의~숨기라 하였으며 : 『論語』「子路」에 섭공이 공자에게 "우리 무리에 몸을 바르게 하고 행하는 자가 있으니, 그의 아버지가 양을 훔치자 아들이 그것을 증명하였습니다.(吾黨有直躬者, 其父攘羊, 而子證之)"라고 하였다. 공자는 "우리 무리의 정직한 자는 이와 다르다. 아버지가 자식을 위하여 숨겨 주고 자식이 아버지를 위하여 숨겨 주니, 정직함은 그 가운데 있는 것이다.(吾黨之直者, 異於是. 父爲子隱, 子爲父隱, 直在其中矣.)"라고 하였다. 이후 양양攘羊은 어버이의 잘못을 드러낸다는 의미로 쓰였다.

623 심도자心都子와 양자楊子의~찾았다는 이야기 : 다기망양多歧亡羊이라는 고사와 관련이 있다. 양자楊子의 이웃 사람이 양을 잃어 많은 사람을 동원하여 찾으려 하였으나 찾지 못하고 돌아왔다. 양자가 그 이유를 묻자 '갈림길 속에 다시 갈림길이 있어 어디로 양이 갔는지 알 수 없기에 돌아오고 말았다.'고 하였다. 이에 심도자가 말하기를, '대도大道는 갈림길이 많아 양을 잃고, 학자는 방도方道가 많아 생명을 잃는다.'라고 하였다. 『列子』「說符」

624 석옥의 시는 모두 24편이다. 『石屋淸珙禪師語錄』(X70)에 〈山居詩〉라는 제목으로 170수가 수록되어 있는데 이 중 칠언율시는 57수, 오언율시는 19수, 칠언절구는 94수이다. 『栢悅錄』에서는 이 중 칠언율시 12수, 칠언절구 12수를 수록하였다. 그러나 석옥의 어록에서 직접 발췌한 것은 아니다. 『栢悅錄』〈山居雜詠〉의 모본은 철경이 서문을 쓴 『六老山居咏』인데, 그 서문(「石屋禪師律詩奉和序」)에서 말하기를 '중국 장주長洲 사람 고사립顧嗣立(1665~1722)이 엮은 30여 수의 석옥 시를 통해' 석옥의 〈山居詩〉를 접했다고 적고 있다. 그리고 이는 『四庫全書』에 수록된 『元詩選』 초집 권68에 수록된 '석옥 선사 청공' 항목을 따로 베낀 것으로, 여기에는 석옥의 시가 6제 34수 수록되어 있다.(정민, 「새로 찾은 다산의 산거잡영山居雜詠 24수」, 『문헌과 해석』 42집, 문헌과해석사, 2008). 『石屋淸珙禪師語錄』이 우리나라에 처음 들어온 것은 1921년 법주사의 진하震河가 청나라 말기(1887)에 중각된 것을 구입해 들여오면서부터이며, 고사립이 뽑은 석옥의 〈山居詩〉가 우리나라에 들어온 때는 18세기 중엽 이후로 추정된다.(김상일, 「육로산거영과 석옥청공 다산적약용의 산거시 비교」, 『한국문학연구』 35집, 동국대 한국문학연구소, 2008). 본문의 교감은 CBETA에 수록된 속장경(X70, n1399)을 기준으로 대비하였다.

625 삽계霅溪 : 시내 이름. 절강성 호주시湖州市에 있다. 구 지명으로는 오흥현吳興縣의 별칭으로 쓰였다.

626 석옥 : 석옥 청공石屋淸珙(1272~1352). 원元나라 승려. 중국 임제종臨濟宗 18대 법손法孫이다. 1272년 강소성 상숙常熟에서 태어나 21세 때 소주蘇州의 흥교興敎 숭복사崇福寺로 출가하였다. 고봉 원묘高峰原妙의 문하에서 공부한 다음 급암 종신及庵宗信의 법을 이었다. 저술로는 문인 지유至柔가 펴낸 『石屋淸珙禪師語錄』이 전한다. 그중 200여 수의 〈山居詩〉는 임제종의 종지를 실천한 '산거'라는 행위의 선적, 문학적 의미를 잘 드러내고 있어 당대와 후대에 많은 영향을 주었다. 고려 말 태고 보우太古普愚(1301~1382)와 백운 경한白雲景閑(1298~1374) 등이 호주湖州 하무산霞霧山에

주석하고 있는 석옥 청공을 직접 찾아 임제선법을 전수받았다. 특히 태고 보우는 이로 인해 해동 임제종의 시조로 추앙되었다. 따라서 석옥 청공은 임제종을 해동에 전한 인물이면서 〈山居詩〉라는 장르를 통해 자신의 지향을 드러낸 문인으로서 13, 14세기의 중요한 인물로 평가할 수 있다.

627 다산 : 정약용丁若鏞(1762~1836). 조선 후기의 실학자. 자호는 다산茶山·자하도인紫霞道人. 당호는 여유당與猶堂이다. 유형원, 이익의 학문과 사상을 계승하여 조선 후기 실학을 집대성한 인물이다. 출중한 학식과 재능을 바탕으로 정조의 총애를 받았으나 1801년(순조 1) 신유사옥 후 전라남도 강진으로 유배되었다. 이곳에서 독서와 저술에 힘을 기울여 학문을 완성한 것으로 평가받는다. 저서에 『經世遺表』, 『牧民心書』, 『欽欽新書』등이 있다. 특히 강진 유배기(1801~1818)에 인근 백련사나 대둔사의 승려들과 교유하여 영향을 주고받았던 점이 주목된다. 그는 아암 혜장과 가깝게 지내며 아암에게 주역을 가르치고 그로부터는 다도를 익혔다. 다산은 아암의 탑비명을 지었고 10여 편의 시를 남긴 바 있다. 정민(2008)에 따르면 『栢悅錄』에 수록된 〈山居雜詠〉은 『六老山居咏』을 베낀 것이다. 그리고 이는 유배 말기인 1817년 가을 이후 1818년 정초 사이에 지은 작품으로서 다산이 해배되어 서울로 올라가기 직전의 초당 생활을 묘사한 작품이다.

628 바다 건널 부낭 없음 : 바다에서 부낭浮囊이 없으면 죽듯이, 계를 지키지 않으면 출가납자의 생명은 없는 것과 마찬가지다. 『大般涅槃經』권11의 내용이다. "선남자야, 어떤 사람이 구명부대(浮囊)를 몸에 달고 바다를 건너려 할 때에, 바닷속에 있던 나찰이 이 사람에게 구명부대를 달라고 하였다. 그 사람이 듣고 생각하기를 '이것을 주면 나는 반드시 물에 빠져 죽을 것이다.'라 하였다. (중략) 선남자야, 보살마하살이 계율을 두호하고 지니는 것도 그와 같아서 바다를 건너가는 사람이 구명부대를 사랑하고 아끼는 것과 같으니라." ABC, K1403 v38, p.824a01 ; 『涅槃經』권11(T11, 432b).

629 진흙에 붙은 솜 : 번뇌에 대하여 요지부동하는 자세를 말한다.

630 철경 : 주 567 참조.

631 「정토분淨土分」: 『金剛經』제10 「莊嚴淨土分」.

632 강엄江淹(444~505) : 남조 양나라의 문학가. 자는 문통文通. 어릴 부터 문명을 날렸으며 관직은 금자광록대부에 이르렀고 예릉백에 봉해졌다. 여러 사람의 풍격을 잘 모방해서 의고시를 많이 썼다. 그의 부賦 가운데 한과 이별의 정서를 그린 「恨賦」가 유명하다. 이 글에 "若酒騎疊跡, 車屯軋."라는 표현이 있다. 『文選』의 각주에 "此言榮貴之子, 車騎之多也. 吳都賦曰, 躍馬疊跡. 楚辭曰, 屯余車其千乘. 王逸曰, 屯, 陳也."라고 하였다.

633 활 그림자~의심 말게나 : 진晉나라 때 악광樂廣의 집에 자주 왕래하는 손님이 있었다. 그런데 한동안 그 손님이 소식이 없어서 그 이유를 물으니, 손님이 대답하기를 "전에 당신의 집에서 내온 술을 마실 때에 술잔 속에 뱀의 그림자가 있었다. 그것을 그대로 마셨더니 그 뒤 바로 병이 나서 일어나지 못하게 되었다."라고 하였다. 이에 악광이 그에게 "술잔 안에 비쳤던 것은 뱀 그림자가 아니라, 벽 위에 걸어 놓은 활이 술잔에 비친 것이다."라고 하였다. 그 말을 듣자 손님은 곧 병이 나았다고 한다. 『晉書』「樂廣傳」.

634 동림東林 : 여산廬山의 동림사東林寺.

635 범지능范至能 : 남송의 시인인 범성대范成大(1126~1193). 소흥紹興 연간(1131~1162)에 진사가 되었고 관직은 참지정사參知政事에 이르렀다. 처주處州·정강부靜江府·명주·건강부建康府의 지방관을 역임하였으며 부임하는 곳마다 공적을 쌓았다. 만년에 석호石湖에서 은거하였다. 시에서 이름을 날려 육유陸游, 양만리楊萬里, 우무尤袤와 함께 남송 4대가라고 일컬어진다.

636 육조 대사(南能) : 남능南能은 당나라 때 남종선南宗禪을 창시한 6조 혜능慧能을 지칭한다. 북종선北宗禪을 창시한 신수神秀와 더불어 남능북수南能北秀라 일컬어진다.

637 고려의 여덟 노덕 : 고려의 원묘 요세圓妙了世(1163~1245)는 1211년부터 1232년까지 21년 동안 백련사를 중창하였다. 절이 완공되자 보현도량을 개설하고 실천 중심의 결사인 백련사 결사를 맺었다. 이는 송광사를 중심으로 한 수선사修禪寺 결사와 쌍벽을 이루었다. 이후 백련사에서는 120년 동안 8명의 국사를 배출하였다.

638 천의로 겁석 스침 : 가로세로 높이가 각각 40리 되는 반석磐石을 천인이 아주 가벼운 천으로 100년에 한 번씩 옷자락으로 스쳐서 다 닳아 없어지는 기간을 소겁小劫, 80리 되는 반석이 닳는 기간을 중겁中劫, 800리 되는 반석이 닳는 기간을 대아승기겁大阿僧祇劫 즉 무량겁無量劫이라고 한다.『菩薩瓔珞本業經』그 반석을 겁석劫石이라고 한다.

639 마름 옷 : 은자의 옷. 남제南齊 때 주언륜周彦倫은 북산北山에 은거하며 명망이 있었으나 후에 세상에 나가 해염현령海鹽縣令이 되었다. 그가 다시 벼슬을 그만두고 북산으로 들어가려 하자 함께 은거했던 공치규가 산신의 뜻을 가탁하여「北山移文」을 지어 거절하였다. 그 시에 "그동안 입고 지내던 마름 옷을 불살라 버리고 연잎 옷을 찢어 버린 채, 먼지 낀 얼굴을 뻣뻣이 치켜들고서 속된 모습으로 마구 달려 나갔네.(焚芰製而裂荷衣, 抗塵容而走俗狀.)"라고 하였다.『古文眞寶』「北山移文」여기서 마름 옷, 연잎 옷은 다 은자의 옷을 가리킨다.

640 모래 씻는 물결(浪淘沙) : 낭도사浪淘沙는 곡조의 이름이다. 교방곡의 이름으로 후에 사패詞牌로 사용되었다. 또한〈浪淘沙令〉·〈賣花聲〉·〈過龍門〉등의 이름으로 불린다. 당나라 때 유우석劉禹錫·백거이白居易로부터 짓기 시작하였다. 원래는 소곡小曲으로 단조 28자, 4구로 칠언절구와 같다.

641 붉은 흙으로~칠한 후에 : 주묵朱墨으로 지은 글의 일부를 붓으로 지우고서 새로 고치는 것을 말한다.

642 경각화頃刻花 : 홀연히 피어나는 신기한 꽃송이. 등화燈花를 비유한다. 당나라 한유韓愈의 조카 한상韓湘은 방탕불기하고 술을 마시면 취하며 취하면 큰 소리로 노래를 불렀다. 한상이〈言志〉라는 시를 지어 "준순주를 만들 줄도 알고, 경각화를 피울 수도 있다.(解造逡巡酒, 能開頃刻花.)"라는 시구를 보여 주자 한유가 믿지 않았다. 이에 한상이 흙을 긁어모아 동이로 덮어 두었다가 얼마 뒤에 동이를 들어 보니 모란꽃 두 송이가 피어 있었다는 이야기가 전한다.『靑瑣高議』「韓湘子」

643 호상濠上 : 중국 안휘성安徽省에 있는 강인 호수濠水 가를 말한다. 장자와 혜자惠子가 호수 근처에서 피라미가 노니는 것을 보고 물고기의 즐거움에 대해서 논한 고사가 있다.『莊子』「秋水」후에 회심이 있어 스스로 그 즐거움을 얻은 경지를 비유하게 되었다.

644 금악琴嶽 : 거문고. 모양이 산처럼 올라와서 붙인 이름이다.

645 미천彌天 : 『金剛經』을 처음 과목 구분한 이가 동진 때의 미천 도안彌天道安이다. 도안은 수많은 경전 번역과 저술을 남겼다.

646 습착치習鑿齒 : 인명을 연못(指池)으로 표현한 것으로 보인다. 습착치는 동진의 명사名士, 양양인襄陽人, 자는 언위彦威. 습욱지習郁之의 후손이다. 박학다식하여 문장과 역사로 저명하였다. 일찍이 당대의 고승 도안 법사와 교유하였는데 스스로 '사해 습착치四海習鑿齒'라 부르자 도안이 '미천석도안彌天釋道安'이라 답한 것이 당시 사람들에게 미담으로 소문이 났다.

647 서산西山 : 백이伯夷와 숙제叔齊가 은거했던 수양산의 다른 이름이다. 주나라 무왕이 은나라를 정벌할 때 백이와 숙제가 무왕의 말고삐를 잡고 만류하였으나 듣지 않자, 무도한 주나라의 곡식은 먹지 않겠다며 서산에 들어가 고사리를 캐 먹으며 숨어 살다가 굶어 죽었다.

648 수룡袖龍 : 수룡 색성袖龍賾性(1777~?). 조선 후기 대흥사 승려. 속성은 임任씨, 해남 사람. 두륜산頭輪山 모윤慕閏 문하에서 승려가 되었다. 외전外典을 잘 알았으며, 경학經學을 정연精硏하여 이성理性의 이치에 대해 깊이 연구하였다. 연파蓮坡의 법인法印을 전해 받을 때 수룡이라는 당호를 내려 주며 서문을 썼고, 다산 정약용은 게송을 지어 주었다. 저서에는 문집 1권이 있으나 현재 확인되지 않는다. 대사의 문인으로는 서주 의수犀舟懿修·철선 혜즙鐵船惠楫·태호 세관太湖世觀이 있다. 『東師列傳』「袖龍講師傳」.

649 바쁜 일 없고(朝不夕) : 조불석朝不夕은 조이불석朝而不夕이다. 아침에 임금을 알현하는 것을 '朝'라 하고 저녁에 임금을 알현하는 것을 '夕'이라 한다. 백성이 편안하여 일이 적기 때문에 백관이 모두 아침에만 알현하고, 저녁에는 알현하지 않는다는 것으로 일이 없는 것을 말한 것이다.

650 진흙물 베고 자네 : 진흙을 띠고 물을 건너는 '타니대수拖泥帶水'라는 말은 보살행을 표현하는 관용어인데, 이 시에서도 비슷한 의미로 쓰인 것으로 보인다.

651 침교枕蛟 : 침교 법훈枕蛟法訓. 생몰년 미상. 조선 후기 대흥사 승려. 18세기 후반부터 19세기 초반에 활약했을 것으로 추정된다. 『東師列傳』에 독립된 항목이 없는데 아암 혜장의 의발을 전해 받은 제자 중의 한 분으로 소개되어 있다. 『東師列傳』「蓮坡講師傳」, "수룡 색성, 철경 응언, 침교 법훈이 스님(아암)의 의발을 전해 받았다."

652 철선鐵船 : 철선 혜즙鐵船惠楫(1791~1858). 속성은 김씨, 전라남도 영암 출생. 세수는 67세, 법랍은 55년. 1804년 출가하여 두륜산 성일性一에게 머리를 깎고 승려가 되었다. 19세에 완호玩虎에게 나아가 『緇門』을, 연암蓮庵에게 나아가 사집四集을, 철경掣鯨에게 나아가 오교五敎를 배우고, 수룡 색성의 법통을 이어받았다. 글씨가 유명하여 정약용의 찬탄과 격려를 받은 기록이 있다. 문집 1권이 남아 있다.(김두재 역, 『東師列傳』「鐵船講師傳」, pp.374~376)

653 이 작품은 『鐵船小艸』〈謹次石屋和尙閒居韻〉 7수 중 제1수이다. 『韓國佛敎全書』 제10책(H10, 886b).

654 범해梵海 : 범해 각안梵海覺岸(1820~1896). 주 201 참조.

655 범해의 작품 12수는 『梵海禪師詩集』〈次石屋和尙山居詩【十二首】〉에 수록되어 있다. 『韓國佛敎全書』 제10책(H10, 1101a~c).

656 아양승啞羊僧 : 벙어리 염소같이 설법할 줄 모르는 승려. 지극히 어리석은 스님이 선

악의 계율을 분별치 못하여 범하고도 참회할 줄 모르는 것을 염소가 죽어도 소리를 못 내는 데 비유한다.

657 팔환八還 : 주 618 참조.
658 두헌竇憲 : 후한 때 사람. 자는 백도伯度. 누이가 황후가 되자 거기장군車騎將軍에 임명되어 북선우北單于를 격파하고 그 비碑를 연연산燕然山에 세우고 개선하였다. 그러나 후에 대장군이 되어 세력을 부리자 두씨竇氏 일족이 조정에 가득 차므로, 장제章帝가 정중鄭衆과 밀의하여 그 인신印信을 박탈하고 자살하게 하였다.
659 진단陳搏 : 오대 송나라 초기 인물. 도술로 유명하다. 무당산武當山의 구실암九室巖과 화산華山의 운대관雲臺觀 등지에서 은거하며 문을 닫고 혼자 누워 있는 때가 많았는데, 한번 잠자리에 들면 수개월 동안 일어나지 않았다 한다.
660 담복화薝蔔花 : Ⓢ campaka. 불경에 나오는 꽃으로 "숲속에 담복화가 있으면 온 숲이 담복화의 향기만으로 가득하다."라고 하였다. 인도에는 이 꽃이 많고 향기가 매우 뛰어나서 이를 부처의 공덕의 향기에 비유하고 전하여 승사僧舍를 의미하게 되었다.
661 이 작품은 『鐵船小艸』〈謹次石屋和尙閒居韻〉 7수 중 제2수이다. 『韓國佛教全書』 제10책(H10, 886bc).
662 노고추老古錐 : 주 327 참조.
663 초관貂冠 : 고대에 시중과 상시의 갓은 담비 꼬리로 장식하였다. 높은 관직의 벼슬아치를 말한다.
664 치수 민수(淄澠) : 산동성山東省의 강물. 두 강의 물맛이 서로 같지 않으나 섞으면 분간할 수 없다고 한다. 그러나 맛을 잘 아는 역아易牙는 곧잘 분별해 내었다고 한다. 『呂氏春秋』「精諭」.
665 목마른 천리마(渴驥) : 갈기渴驥는 '목마른 준마가 샘으로 내닫는다(渴驥奔泉)'는 성어에서 유래한다. 당나라 때 명필 서호徐浩가 일찍이 42폭의 병풍을 썼는데, 여기에는 팔체八體가 다 갖추어진 데다 초서와 예서가 더욱 뛰어났으므로 당시 사람들이 그 서법에 대해 말하기를, "성난 사자가 돌을 후벼 낸 듯, 목마른 준마가 샘으로 내닫는 듯하다.(怒猊抉石, 渴驥奔泉)"라고 했다는 데서 온 말이다.
666 원공圓公 : 고산 지원孤山智圓 선사인 듯하다.
667 여우는 궁극에는~기미를 끊고 : 백장 화상이 상당上堂할 때마다 한 노인이 법을 듣고 대중을 따라 나가곤 하였다. 하루는 법을 듣고도 나가지 않자 백장이 "거기 서 있는 이는 누군가?"라고 하니, 노인이 "제가 과거 가섭불 시절에 이 산에 있었는데, 그때 어느 학인이 '대수행大修行하는 사람도 인과에 떨어집니까?'라고 묻기에 '불락인과不落因果니라.'라고 대답했더니, 뒤에 오백생 동안 여우의 몸을 받았습니다. 바라건대 화상께서 저를 대신하여 일전어一轉語를 내려 여우의 탈을 벗겨 주소서."라고 하였다. 백장이 "불매인과不昧因果니라."라고 하자, 노인이 깨닫고 예배하면서 "내가 여우의 몸을 벗어 이 산 뒤에 두겠사오니 스님들의 전례대로 장례를 해 주소서."라고 하였다. 백장이 유나를 시켜 대중에 말하고 산에 가서 여우를 화장하였다고 한다. 『無門關』「百丈野狐」.
668 암소는 다른~이 많았더라 : 암소(水牯)의 수水는 북방에 해당하고, 북방 색은 흑색이다. 『禪門拈頌』에 조주趙州가 남전南泉에게 "자신이 태어나야 할 곳을 아는 사람은 죽은 후에 어디로 갑니까?"라고 하니, 남전이 "앞산 시주한 집에 수고우水牯牛가 되

어 가리라."라고 하였다. 조주가 "가르쳐 주심에 감사합니다."라고 하니, 남전이 "어젯 밤 삼경에 달이 창에 비쳤더라."라고 하였다.

669 이 작품은 『鐵船小艸』〈謹次石屋和尙閑居韻〉 7수 중 제3수이다. 『韓國佛敎全書』 제10책(H10, 886c).

670 의마심원意馬心猿 : 말과 같은 생각, 원숭이 같은 마음. 우리의 마음이 외계外界에 얽매여 항상 동요하고 고요하지 못한 모양을 말에 비유한 말이다.

671 이 작품은 『鐵船小艸』〈謹次石屋和尙閑居韻〉 7수 중 제4수이다. 『韓國佛敎全書』 제10책(H10, 886c).

672 원래 나무~열리기를 기다렸네 : "보리는 본디 나무가 아니요, 명경은 또한 대가 아니도다. 본래 한 물건도 없거늘, 먼지가 어디에서 일어난단 말인가.(菩提本非樹, 明鏡亦非臺. 本來無一物, 何處惹塵埃.)"라고 한 혜능의 게송이 있다. 『六祖壇經』(T48, 348c).

673 차율次律 : 원래의 뜻은 일정한 형률에서 한 등 낮은 형벌.

674 이 작품은 『鐵船小艸』〈謹次石屋和尙閑居韻〉 7수 중 제5수이다. 『韓國佛敎全書』 제10책(H10, 886c).

675 삼수三獸 : 토끼·말·코끼리. 삼수도하三獸渡河라는 비유가 있다. 이들 셋이 물을 건너는데 토끼는 물 위를 헤엄쳐 건너간다. 성문聲聞의 오도悟道가 가장 얕음을 비유한다. 말은 물속을 헤엄쳐 건너간다. 연각緣覺의 오도가 조금 깊음을 비유한다. 코끼리는 강바닥을 걸어서 건너간다. 보살의 오도가 가장 깊음을 비유한다. 또 이는 성문·연각·보살이 번뇌를 끊는 차이에 비유된다.

676 사사四蛇 : 일종의 비유로 우리 몸을 구성하는 사대四大, 즉 흙·물·불·바람(地水火風)을 말한다.

677 오마吳馬 : 미상.

678 세 가지의~뱀 깨닫네 : 원오 극근(1063~1135)의 『碧巖錄』 25칙(蓮花庵主不住) 평창에 "삼조연하三條椽下 칠척단전七尺單前에서 다시 참구해 보라."라는 말이 나온다. 삼조연三條椽(세 개의 서까래)은 선당 천장에 있는 서까래(椽) 세 개(三條)를 가리킨다. 서까래와 서까래 사이가 30cm 정도이므로 세 개라면 가로 너비가 1m가량 된다. 그리고 칠척단전七尺單前은 길이 일곱 자(약 2m 10cm) 되는 좌단坐單(앉는 자리)을 가리킨다. '단單'은 곧 한 사람의 수행승이 좌선·취침하는 면적의 단위이다.

679 반형班荊 : 형초荊草를 자리에 깔고 앉음. 옛 친구를 만난 기쁨을 표현할 때 쓰는 말이다. 춘추시대 초나라 오거伍擧가 채나라 성자聲子와 세교世交를 맺고 있었는데, 두 사람이 우연히 정나라 교외에서 만나 형초를 자리에 깔고 앉아서(班荊) 옛날이야기를 주고받았다는 고사에서 유래한 것이다. 『春秋左傳』 양공 26년.

680 이 작품은 『鐵船小艸』〈自蓮齋出宿躍堡〉에 수록되어 있다. 『韓國佛敎全書』 제10책(H10, 892c).

681 추구芻狗 : 짚으로 만든 개. 제사가 끝나면 쓸모가 없기 때문에 버려지므로 소용이 있을 때에는 사용되다가 소용이 없어지면 버려지는 물건, 또는 천한 물건에 비유된다.

682 종추宗秋 : 밀교는 종춘宗春, 천태·화엄·유식은 종하宗夏, 율종은 종추宗秋, 선종은 종동宗冬이라 한다.

683 구화漚和 : 방편. Ⓢ upāya의 음사. 중생을 구제하기 위해 그 소질에 따라 임시로 행하는 편의적인 수단과 방법을 말한다.

684 묘희 세계 : 아촉불阿閦佛의 정토의 이름이 아유라제阿維羅提[S] Abhirati 세계인데, 의역하면 '묘희妙喜 세계'로 동방에 있다고 한다.

685 용단龍團 : 차 이름이다. 송나라 때 황실에 전용으로 공납하던 차로 용봉단龍鳳團이 있는데, 떡차 위에 용무늬가 있는 것은 용단龍團, 봉황 무늬가 있는 것은 봉단鳳團이다.

686 이 작품은 『鐵船小艸』〈自蓮齋出宿躍堡〉에 수록되어 있다. 『韓國佛敎全書』 제10책(H10, 892c)

687 육수六銖 : 수銖는 무게의 아주 작은 단위. 천인天人이 입는다는 극히 얇고 가벼운 옷.

688 은거하니(考槃) : 고반考槃은 안빈낙도하는 은사의 생활을 말한다. 『詩經』 「衛風」 〈考槃〉에 "산골 시냇가에서 한가히 소요하나니, 현인의 마음이 넉넉하도다.(考槃在澗, 碩人之寬.)"라고 하였다.

689 서리 막는 꽃(拒霜花) : 거상화拒霜花는 목부용木芙蓉의 별칭이다. 겨울에 마르고 여름에 무성하며 중추경에 꽃이 피는데, 추위를 잘 견디어 떨어지지 않으므로 이렇게 이름 붙였다.

690 이 작품은 『鐵船小艸』〈謹次石屋和尙閒居韻〉 7수 중 제6수이다. 『韓國佛敎全書』 제10책(H10, 886c).

691 오가 해석 : 『金剛經五家解』는 조선 초 함허 득통涵虛得通(1376~1433)이 『金剛經』을 주석한 주석서 가운데 다섯 명의 주석을 뽑아 묶은 책이다. 규봉 종밀圭峰宗密(780~841), 6조 혜능(638~713), 부대사傅大士(497~569), 야보 도천冶父道川(송대), 예장 종경豫章宗鏡(?~?)의 주석에 함허당 자신의 설의說誼를 붙였다.

692 단하 스님 : 단하 천연丹霞天然(739~824). 주 602 참조.

693 출입 금해(禁足) : 금족禁足은 결제結制할 때에 출입을 금하는 것을 말한다.

694 이 작품은 『鐵船小艸』〈自蓮齋出宿躍堡〉에 수록되어 있다. 『韓國佛敎全書』 제10책(H10, 892c~893a).

695 광혜狂慧 : 산만하고 어지러운 지혜. 『觀音玄義』 권상에 나온다. 선정을 하나 지혜가 없는 이를 치정癡定이라 한다. 비유하자면 맹인이 눈먼 말을 타는 것과 같아 구덩이를 만나면 반드시 떨어진다. 지혜로우나 선정을 닦지 않는 이를 광혜라 한다. 비유하자면 바람 앞에 깜박이는 등불과 같다. 바람에 흔들려 가물거리면 밝게 비치지 못함과 같다.

696 아뇩지阿耨池 : 아뇩달지阿耨達池의 준말. [S] Anavatapta, [P] Anotatta. 의역으로는 무열뇌無熱惱라 한다. 염부주閻浮洲의 4대하인 긍가·신도·박추·사다의 근원으로서 설산의 북쪽, 향취산의 남쪽에 있다.

697 삼명三明 : [S] tisro vidyā, [P] tisso vijjā. 아라한의 지혜에 갖추어 있는 자재하고 묘한 작용, 곧 지혜가 분명히 대경을 아는 것을 명명이라 한다. 삼명은 육신통六神通 중의 숙명통·천안통·누진통에 해당하는 숙명명宿命明·천안명天眼明·누진명漏盡明을 말한다.

698 육시六時 : 하루를 여섯으로 구분한 때. 그 명칭은 신조晨朝·일중日中·일몰日沒·초야初夜·중야中夜·후야後夜이다.

699 자루 썩는 바둑(爛柯碁) : 난가기爛柯碁와 관련한 고사가 있다. 진晉나라 왕질王質이 산에서 나무하다가 몇 명의 동자가 바둑을 두며 노래하는 것을 구경하였는데, 얼마

700 허공의 실은~알지 못해 : 밤중의 노끈(夜繩)은 착각하기 쉽고, 공중의 실은 분간하기 어렵다는 고사가 있다. 길쌈을 하여 실을 매우 가늘게 만들었는데도 '거칠다(麤)'고 항의하는 광인狂人에게 허공을 가리키면서 "이 실은 너무도 가는 실이라서 보이지 않는다."라고 하자, 광인이 크게 기뻐하였다는 이야기가 있다. 『高僧傳』권2 「鳩摩羅什傳」.

701 성진聲塵 : 육진六塵의 하나. 유정有情·무정無情의 온갖 소리. 육진은 색진色塵·성진聲塵·향진香塵·미진味塵·촉진觸塵·법진法塵 등 육경을 말한다. 육진은 혹 외진外塵·육적六賊으로 쓰기도 한다.

702 참료자參寥子 : 송나라의 승려 도잠道潛. 운문종 승려 대각 회련大覺懷璉(1007~1090)의 법을 이었다. 소성紹聖 원년(1094)에 소식蘇軾이 남방으로 유배되자 스님도 연좌되어 벌을 받고 환속하였으며, 건중정국建中靖國 원년(1101)에 사면되어 승적을 회복하였다. 저서에 『參寥子詩集』 12권이 있다.

703 조백棗柏 : 당나라 때 화엄선의 대가인 이통현李通玄(635~730) 장자. 719년(현종 7)에 『新華嚴經』을 가지고 태원의 우현에서 고산노高山奴의 집에 들어가서 3년에 걸쳐 『新華嚴經論』을 저술했을 때 마당에 나오지도 않고 매일 대추 열 개와 손가락만 한 잣나무 잎을 갈아서 만든 떡 하나씩을 먹었기 때문에 그를 가리켜 조백대사棗柏大士라 불렀다고 한다.

704 이 작품은 『鐵船小艸』〈自蓮齋出宿躍堡〉에 수록되어 있다. 『韓國佛敎全書』 제10책 (H10, 893a).

705 중수의 꿀과 사총의 거문고 : 사총思聰과 중수仲殊는 모두 송나라 때의 스님들로, 중수는 꿀을 유독 좋아하였고, 사총은 거문고를 잘 탔다고 한다. 『東坡禪喜集』(B26, 760a).

706 황이 : 원문에 개를 뜻하는 황이黃耳로 되어 있으나 문맥상 버섯의 일종인 황이黃茸가 적당한 듯하다.

707 담비 이은 개꼬리라(貂續) : 초속貂續은 구미초속狗尾貂續의 줄임말이다. 고대에 군주를 가까이 모시는 대관大官들은 담비 꼬리로 관을 꾸몄는데, 대신을 너무 많이 임용하여 담비 꼬리가 부족하므로 개 꼬리로 대신한 데서 유래하였다. 이후 나쁜 것으로 좋은 것을 이음에 비유하는 말로 쓰인다. 여기서는 대가들의 시에 차운한 자신을 겸양해하는 말이다.

708 유다油茶 : 차나무의 일종.

709 마제馬蹄 편 : 『莊子』의 「馬蹄」. 구속받지 않고 자유롭게 사는 생활을 표현한 것이다.

710 궁궐(觚稜) : 고릉觚稜은 원래 궁궐 지붕의 모서리 부분에 있는 기와를 말한다. 전성되어 궁궐, 경도, 고국을 의미한다.

711 하늘가 뜬구름이~떠올릴 뿐 : 이 시를 지은 것은 다산이 강진에 귀양 온 지 18년이 지나가는 해이다. 강진 유배 시의 결말에 해당한다. 〈山居詩〉를 충신연주지사로 변모시킨 다산은 절 가까이에서 여러 해를 지냈고 여러 승려와 깊은 교류를 했지만 천생 조선 시대 사대부의 자세와 정서를 끝까지 견지하고 있음을 알 수 있다.

712 삼청산인三淸山人 : 미상. 송광사에 삼청각이 있고 송광면 삼청리가 있는 것으로 보아 범해 각안의 문도이면서 송광사, 대흥사와 관련이 있는 승려로 보인다. 이 책의 편자인 금명 보정일 가능성이 크다.

찾아보기

가섭迦葉 / 209
『가태보등록嘉泰普燈錄』 / 53
각로覺老(각진 국사) / 144
각황전覺皇殿 / 201
간화看話 / 48
간화문看話門 / 50
간화문중看話門中 / 48
감이수통感而遂通 / 33
강지선姜智善 / 154
거오巨鰲 최崔 공 / 126
격외선格外禪 / 42, 54
견향 선사見香禪師 / 57, 102
『경덕전등록景德傳燈錄』 / 52
『경산고사瓊山故事』 / 218
계사戒師 / 159
계첩戒牒 / 185
고성암高聲庵 / 92, 142
곡직해曲直解 / 240
공화불사空花佛事 / 58
광음천 / 57
광자 대사廣慈大師 / 46
교외별전敎外別傳 / 42
구곡龜谷 / 166
구두선口頭禪 / 44
구정암九精庵 / 205
국사신당國師神堂 / 174
「권효문勸孝文」 / 150
『금강경金剛經』 / 38, 42, 43, 247, 277

『금강경金剛經』 32분게찬 / 227
『금강경金剛經』 32분과 / 37
금령錦領 / 47
금탑기金塔記 / 179
급암及庵 / 209
김광우金匡祐 / 179
김명순金明順 / 198
김정희金正喜(추사) / 33, 55, 57

나산 거사㐲山居士 / 55
난기상속煖氣相續 / 48, 49
남미륵南彌勒 / 112
남미륵암南彌勒庵 / 218
남악 회양南嶽懷讓 / 49
낭사郎師 / 46
『논어論語』 / 218
뇌묵당 선사(처영) / 90
늑담泐潭 / 44
『능가경楞伽經』 / 42
『능엄경楞嚴經』 / 44, 275

다약설茶藥說 / 164
『단경壇經』 / 46
『단연총록丹鉛總錄』 / 218

달마達摩 / 42, 209
달마산達摩山 / 148
『당의唐儀』 / 199
대경 국사大鏡國師 / 46
대공大空 / 190
대광명전大光明殿 / 79
대교大敎 / 52
대권보살大權菩薩 / 55
대둔사大芚寺 / 81, 129, 133
『대운오종록大雲五宗錄』 / 53
『대일경大日經』 / 198
대지 국사大智國師 / 46
『대품반야경大品般若經』 / 43
대혜大慧 / 40, 43, 44, 51
『대혜서大慧書』 / 40
대흥사大興寺 / 218, 224
덕산德山 / 38
도선 국사道詵國師 / 133
도선암道仙菴 / 108
도잠道潛 / 116
동다송東茶頌 / 59
『동방불조원류東方佛祖源流』 / 209
동화사桐華寺 오도암悟道庵 / 203
두륜산頭輪山 / 81, 133, 148
두륜산頭輪山 만일암挽日菴 / 293
두운斗云 스님 / 81
두흔斗欣 / 130
등촉계안燈燭契案 / 79

만덕사萬德寺 / 142
만일암挽日庵 / 81, 111

명적암明寂菴 / 105
모란봉牡丹峯 / 114
모윤慕閏 스님 / 88
목탁명木鐸銘 / 211
『묘법연화경妙法蓮華經』 / 179
묘유妙有 / 33
묘향산妙香山 / 114
무량회無量會 / 140
무안현감務安縣監 / 222
무위無爲 스님 / 164
문수보살 / 57
문창文暢 / 116
문향각聞香閣 / 138
〈미륵권효게彌勒勸孝偈〉 / 150

『반야경般若經』 / 54
『반야심경般若心經』 / 43
반죽 지팡이(斑竹杖) / 214
백련사白蓮寺 / 275
『백미고사白眉故事』 / 218
백암栢庵 / 166
백양산白羊山 / 144, 220
백족화상白足和尙 / 218
백파白坡 / 33, 35, 55, 166
범해 각안梵海覺岸 / 83, 86, 89, 138, 140, 144, 211, 217, 260, 293
법경 대사法鏡大師 / 46
법기보살法起菩薩 / 205
법천사法泉寺 / 207
법해法海 / 46
보살계菩薩戒 / 183, 195

보살계첩菩薩戒牒 / 182
「보살주처품菩薩住處品」 / 205
보월寶月 / 116
보조 국사普照國師 / 40, 173
복림 대사福琳大師 / 129
복엄福嚴 / 193
『본초本草』 / 198, 199
『본행경本行經』 / 209
부용芙蓉 / 209
부인富仁 스님 / 164
부휴浮休 / 209
북미륵北彌勒 / 113
북암北庵 / 115
분좌화分座話 / 50
불갑사佛岬寺 / 220
불량(불량계) / 122, 126, 128
불전불후설佛前佛後說 / 47
『불조원류佛祖源流』 / 209
『불조통재佛祖通載』 / 209, 218
비구계比丘戒 / 187
비연祕演 / 116

사명당 선사(유정) / 90
『사요취선史要聚選』 / 52
사의계思議稧 / 146
〈산거시山居詩〉 / 244, 260, 286
산거잡영山居雜詠 / 244
살인 / 36
살인도殺人刀 / 35
살활殺活 / 35, 36, 170
살활체용殺活體用의 설 / 166

삼공명三空銘 / 189
삼성암三聖庵 / 203
삼청산인三淸山人 / 293
삼청 선타三淸先陀 / 55
상원암上院庵 / 110, 133, 176
상포계喪布稧 / 149
서산 대사西山大師(청허 휴정) / 47, 90, 114, 133, 209, 223
서준보 / 222
석류 지팡이(石榴杖) / 213
석실石室 / 209
『석씨원류釋氏源流』 / 209
석옥石屋 청공 / 244, 260, 286
선교합일禪敎合一 / 42
『선문수경禪文手鏡』 / 166, 167
『선문요어禪門要語』 / 166, 167
선암사仙巖寺 / 220
선참계禪懺稧 / 152
설두雪竇 / 154, 220
설암雪巖 / 47
설화說話 / 48
설화문說話門 / 50
설화문중說話門中 / 48
『성도기成道記』 / 209
성묵 선사聖默禪師 / 96
성종性宗 / 54
소공小空 / 191
소명昭明태자 / 37, 38
소순기蔬筍氣 / 116
소요 태능逍遙太能 / 86
『속전등록續傳燈錄』 / 53
손관효孫寬孝 / 75
송광사松廣寺 / 173
수룡袖龍 / 130, 260

수륙도량水陸道場 / 58
승달산僧達山 / 215
승묘 선사勝妙禪師 / 47
시부화示趺話 / 50
신월암新月菴 / 104
신헌구(백파거사) / 74, 96~98, 116~118
신흥사新興寺 / 201
심안상속心眼相屬 / 48
심적암深寂菴 / 107

아도 화상阿度和尙 / 133
아암 혜장兒庵惠藏 / 83, 94
양각良覺 / 38
연담 유일蓮潭有一 / 97, 133, 215, 222
『연등회요聯燈會要』 / 53
『연명경延命經』 / 207
연천淵泉 / 116
연파蓮坡 / 133
연하蓮荷 / 130
『염송拈頌』 / 35, 52, 283
염주명念珠銘 / 212
염화화拈花話 / 50
영가永嘉 / 46
『영산재의靈山齋儀』 / 198
『오등회원五燈會元』 / 53
완명翫溟 / 140
완호玩虎 / 97, 193
요옹蓼翁 선생 / 218
용주사龍珠寺 주련 / 120
용화회龍華會 / 198
우두산牛頭山 / 92

우안遇安 / 38
운문雲門 / 43
운파 선사雲坡禪師 / 101
『원각경圓覺經』 / 33
원교圓敎 / 52
원응 대사圓應大師 / 46
원종 대사圓宗大師 / 46
원효元曉 / 40, 129, 203
원효암元曉庵 / 203
『위서魏書』「불로지佛老志」 / 218
『유망기遺忘記』 / 215
유찬有粲 스님 / 79
육조六祖 / 38, 46
『육조구결六祖口訣』 / 38
윤훤胤烜 / 130
은봉당隱峰堂 / 89
은사恩師 / 158
은적사隱跡寺 / 122
응언應彦 / 83, 227
응화應化 / 154
의리선義理禪 / 54
이덕무 / 120
이보일李輔逸 / 198
일숙각一宿覺 / 46
『일지암시집一枝菴詩集』 / 116, 117

자살 / 36
자웅종기雌雄鐘記 / 170
자하산인紫霞山人 / 83, 116
자활 / 36
적련암赤蓮菴 / 106, 218

적연부동寂然不動 / 33
『전등록傳燈錄』 / 114, 209, 283
점수처漸修處 / 49
정암晶庵 / 222
정약용(다산) / 81, 244, 286
정조正祖 / 133
「정토분淨土分」 / 247
정토사淨土寺 / 144
제일의제第一義諦 / 35
조붕근趙鵬根 / 133
조주趙州 / 40
종밀宗密 / 33
주공主空 / 189
『주역周易』 / 33, 94
주장명柱杖銘 / 212
죽비명竹篦銘 / 211
중봉中峯 / 55
중부자中孚子 / 75, 166
지제산支提山 / 205
지증국사비智證國師碑 / 218
직절법直截法 / 49
진경 대사眞鏡大師 / 46
진공眞空 / 33
진묵震默 / 47
진불암眞佛庵 / 109, 133
진철 대사眞徹大師 / 46

천관보살天冠菩薩 / 205
천관사天冠寺 / 205
천관산天冠山 / 205
『천성광등록天聖廣燈錄』 / 53
천성산千聖山 / 203
천연외도天然外道 / 46
천제단天祭壇 / 205
철경 응언掣鯨應彦 / 83, 244
『철선소초鐵船小艸』 / 118
철선 혜즙鐵船慧楫 / 100, 118, 122, 133, 260
철우 선사鐵牛禪師 / 86
철쭉 지팡이(躑躅杖) / 213
청량 국사淸涼國師 / 205
청류암靑流庵 / 144
청신암淸神菴 / 103
초의 의순艸衣意恂 / 59, 74, 75, 99, 102, 116, 117, 164, 179, 182, 216
총수聰殊 / 116
축맹치逐虻峙 / 174
『축목유취祝穆類聚』 / 218
치악산雉樂山 / 170
칠불암七佛庵 아자방亞字房 / 152, 193
칠성전七星殿 / 133
침계루枕溪樓 / 129
침교枕蛟 / 130, 260

ㅊ

참회사懺悔師 / 156
창호계안窓糊契按 / 75
처영 / 90
척판대擲板臺 / 203

태안사泰安寺 / 174
통도사通度寺 정자각丁字閣 / 152, 193

ㅍ

팔공산八公山 / 203
포옹圃翁(정몽주) / 144
표운表云 / 86, 130
표충사表忠祠 / 90, 224

ㅎ

하무려 지팡이(瑕無藜杖) / 213
하의 선사荷衣禪師 / 98, 193
학계서學禊序 / 176
함명函溟 / 220
함허 득통涵虛得通 / 38
해거도인 / 59
해안海眼 / 35
해언 사미海彦沙彌 / 148
「해이제의解二諦義」장 / 38
허주虛舟 / 154
현석玄石 / 275
현해縣解 / 88
혜가惠可(2조祖) / 42, 209

혜덕 왕사慧德王師 / 46
혜엄慧嚴 / 193
혜자계안慧字契案 / 193
혜철 국사慧徹國師 / 174
혜휴惠休 / 116
호암虎巖 / 133
호의 선사縞衣禪師 / 97
화공양花供養 / 198
화담 선사華潭禪師 / 102
화두話頭 / 49, 50, 52
화문化門 / 154
『화보花譜』 / 198, 199
화양華陽 큰 어른(송시열) / 223
『화엄경華嚴經』 / 41, 43, 52, 95, 201,
    205, 283
화엄대華嚴臺 / 203
화엄법회 / 94
화엄사華嚴寺 / 201, 202
화정 국사和靜國師 / 46
활인 / 36
활인검 / 35
황매黃梅 / 100
훤 상인暄上人 / 177

한글본 한국불교전서

조 · 선 · 출 · 간 · 본

조선 1 작법귀감
백파 긍선 | 김두재 옮김 | 신국판 | 336쪽 | 18,000원

조선 2 정토보서
백암 성총 | 김종진 옮김 | 4X6판 | 224쪽 | 12,000원

조선 3 백암정토찬
백암 성총 | 김종진 옮김 | 4X6판 | 156쪽 | 9,000원

조선 4 일본표해록
풍계 현정 | 김상현 옮김 | 4X6판 | 180쪽 | 10,000원

조선 5 기암집
기암 법견 | 이상현 옮김 | 신국판 | 320쪽 | 18,000원

조선 6 운봉선사심성론
운봉 대지 | 이종수 옮김 | 4X6판 | 200쪽 | 12,000원

조선 7 추파집 · 추파수간
추파 홍유 | 허혜정 옮김 | 신국판 | 340쪽 | 20,000원

조선 8 침굉집
침굉 현변 | 이상현 옮김 | 신국판 | 300쪽 | 17,000원

조선 9 염불보권문
명연 | 정우영 · 김종진 옮김 | 신국판 | 224쪽 | 13,000원

조선 10 천지명양수륙재의범음산보집
해동사문 지환 | 김두재 옮김 | 신국판 | 636쪽 | 28,000원

조선 11 삼봉집
화악 지탁 | 김재희 옮김 | 신국판 | 260쪽 | 15,000원

조선 12 선문수경
백파 긍선 | 신규탁 옮김 | 신국판 | 180쪽 | 12,000원

조선 13 선문사변만어
초의 의순 | 김영욱 옮김 | 4X6판 | 192쪽 | 11,000원

조선 14 부휴당대사집
부휴 선수 | 이상현 옮김 | 신국판 | 376쪽 | 22,000원

조선 15 무경집
무경 자수 | 김재희 옮김 | 신국판 | 516쪽 | 26,000원

조선 16 무경실중어록
무경 자수 | 성재헌 옮김 | 신국판 | 340쪽 | 20,000원

조선 17 불조진심선격초
무경 자수 | 성재헌 옮김 | 신국판 | 168쪽 | 11,000원

조선 18 선학입문
김대현 | 성재헌 옮김 | 신국판 | 240쪽 | 14,000원

조선 19 사명당대사집
사명 유정 | 이상현 옮김 | 신국판 | 508쪽 | 26,000원

조선 20 송운대사분충서난록
신유한 엮음 | 이상현 옮김 | 신국판 | 324쪽 | 20,000원

조선 21 의룡집
의룡 체훈 | 김석군 옮김 | 신국판 | 296쪽 | 17,000원

조선 22 응운공여대사유망록
응운 공여 | 이대형 옮김 | 신국판 | 350쪽 | 20,000원

조선 23 사경지험기
백암 성총 | 성재헌 옮김 | 신국판 | 248쪽 | 15,000원

조선 24 무용당유고
무용 수연 | 이상현 옮김 | 신국판 | 292쪽 | 17,000원

조선 25 설담집
설담 자우 | 윤찬호 옮김 | 신국판 | 200쪽 | 13,000원

조선 26 동사열전
범해 각안 | 김두재 옮김 | 신국판 | 652쪽 | 30,000원

조선 27 청허당집
청허 휴정 | 이상현 옮김 | 신국판 | 964쪽 | 47,000원

조선 28 대각등계집
백곡 처능 | 임재완 옮김 | 신국판 | 408쪽 | 23,000원

조선 29 반야바라밀다심경략소연주기회편
석실 명안 엮음 | 강찬국 옮김 | 신국판 | 296쪽 | 17,000원

| 조선 30 | 허정집
허정 법종 | 성재헌 옮김 | 신국판 | 488쪽 | 25,000원

| 조선 31 | 호은집
호은 유기 | 김종진 옮김 | 신국판 | 264쪽 | 16,000원

| 조선 32 | 월성집
월성 비은 | 이대형 옮김 | 4X6판 | 172쪽 | 11,000원

| 조선 33 | 아암유집
아암 혜장 | 김두재 옮김 | 신국판 | 208쪽 | 13,000원

| 조선 34 | 경허집
경허 성우 | 이상하 옮김 | 신국판 | 572쪽 | 28,000원

| 조선 35 | 송계대선사문집 · 상월대사시집
송계 나식 · 상월 새봉 | 김종진 · 박재금 옮김 | 신국판 | 440쪽 | 24,000원

| 조선 36 | 선문오종강요 · 환성시집
환성 지안 | 성재헌 옮김 | 신국판 | 296쪽 | 17,000원

| 조선 37 | 역산집
영허 선영 | 공근식 옮김 | 신국판 | 368쪽 | 22,000원

| 조선 38 | 함허당득통화상어록
득통 기화 | 박해당 옮김 | 신국판 | 300쪽 | 18,000원

| 조선 39 | 가산고
월하 계오 | 성재헌 옮김 | 신국판 | 446쪽 | 24,000원

| 조선 40 | 선원제전집도서과평
설암 추붕 | 이정희 옮김 | 신국판 | 338쪽 | 20,000원

| 조선 41 | 함홍당집
함홍 치능 | 성재헌 옮김 | 신국판 | 348쪽 | 21,000원

| 조선 42 | 백암집
백암 성총 | 유호선 옮김 | 신국판 | 544쪽 | 27,000원

| 조선 43 | 동계집
동계 경일 | 김승호 옮김 | 신국판 | 380쪽 | 22,000원

| 조선 44 | 용암당유고 · 괄허집
용암 체조 · 괄허 취여 | 김종진 옮김 | 신국판 | 404쪽 | 23,000원

| 조선 45 | 운곡집 · 허백집
운곡 충휘 · 허백 명조 | 김재희 · 김두재 옮김 | 신국판 | 514쪽 | 26,000원

| 조선 46 | 용담집 · 극암집
용담 조관 · 극암 사성 | 성재헌 · 이대형 옮김 | 신국판 | 520쪽 | 26,000원

| 조선 47 | 경암집
경암 응윤 | 김재희 옮김 | 신국판 | 300쪽 | 18,000원

| 조선 48 | 석문상의초 외
벽암 각성 외 | 김두재 옮김 | 신국판 | 338쪽 | 20,000원

| 조선 49 | 월파집 · 해붕집
월파 태율 · 해붕 전령 | 이상현 · 김두재 옮김 | 신국판 | 562쪽 | 28,000원

| 조선 50 | 몽암대사문집
몽암 기영 | 이상현 옮김 | 신국판 | 348쪽 | 21,000원

| 조선 51 | 징월대사시집
징월 정훈 | 김재희 옮김 | 신국판 | 272쪽 | 16,000원

| 조선 52 | 통록촬요
엮은이 미상 | 성재헌 옮김 | 신국판 | 508쪽 | 26,000원

| 조선 53 | 충허대사유집
충허 지책 | 성재헌 옮김 | 신국판 | 296쪽 | 18,000원

신 · 라 · 출 · 간 · 본

| 신라 1 | 인왕경소
원측 | 백진순 옮김 | 신국판 | 800쪽 | 35,000원

| 신라 2 | 범망경술기
승장 | 한명숙 옮김 | 신국판 | 620쪽 | 28,000원

| 신라 3 | 대승기신론내의약탐기
태현 | 박인석 옮김 | 신국판 | 248쪽 | 15,000원

| 신라 4 | 해심밀경소 제1 서품
원측 | 백진순 옮김 | 신국판 | 448쪽 | 24,000원

| 신라 5 | 해심밀경소 제2 승의제상품
원측 | 백진순 옮김 | 신국판 | 508쪽 | 26,000원

| 신라 6 | 해심밀경소 제3 심의식상품 제4 일체법상품
원측 | 백진순 옮김 | 신국판 | 332쪽 | 20,000원

| 신라 12 | 무량수경연의술문찬
경흥 | 한명숙 옮김 | 신국판 | 800쪽 | 35,000원

| 신라 13 | 범망경보살계본사기 상권
원효 | 한명숙 옮김 | 신국판 | 272쪽 | 17,000원

| 신라 14 | 화엄일승성불묘의
견등 | 김천학 옮김 | 신국판 | 264쪽 | 15,000원

| 신라 15 | 범망경고적기
태현 | 한명숙 옮김 | 신국판 | 612쪽 | 28,000원

| 신라 16 | 금강삼매경론
원효 | 김호귀 옮김 | 신국판 | 666쪽 | 32,000원

| 신라 17 | 대승기신론소기회본
원효 | 은정희 옮김 | 신국판 | 536쪽 | 27,000원

| 신라 18 | 미륵상생경종요 외
원효 | 성재헌 외 옮김 | 신국판 | 420쪽 | 22,000원

| 신라 19 | 대혜도경종요 외
원효 | 성재헌 외 옮김 | 신국판 | 256쪽 | 15,000원

| 신라 20 | 열반종요
원효 | 이평래 옮김 | 신국판 | 272쪽 | 16,000원

| 신라 21 | 이장의
원효 | 안성두 옮김 | 신국판 | 256쪽 | 15,000원

| 신라 22 | 본업경소 하권 외
원효 | 최원섭·이정희 옮김 | 신국판 | 368쪽 | 22,000원

| 신라 23 | 중변분별론소 제3권 외
원효 | 박인성 외 옮김 | 신국판 | 288쪽 | 17,000원

| 신라 24 | 지범요기조람집
원효·진원 | 한명숙 옮김 | 신국판 | 310쪽 | 19,000원

| 신라 25 | 집일 금광명경소
원효 | 한명숙 옮김 | 신국판 | 636쪽 | 31,000원

고·려·출·간·본

| 고려 1 | 일승법계도원통기
균여 | 최연식 옮김 | 신국판 | 216쪽 | 12,000원

| 고려 2 | 원감국사집
충지 | 이상현 옮김 | 신국판 | 480쪽 | 25,000원

| 고려 3 | 자비도량참법집해
조구 | 성재헌 옮김 | 신국판 | 696쪽 | 30,000원

| 고려 4 | 천태사교의
제관 | 최기표 옮김 | 4X6판 | 168쪽 | 10,000원

| 고려 5 | 대각국사집
의천 | 이상현 옮김 | 신국판 | 752쪽 | 32,000원

| 고려 6 | 법계도기총수록
저자 미상 | 해주 옮김 | 신국판 | 628쪽 | 30,000원

| 고려 7 | 보제존자삼종가
고봉 법장 | 하혜정 옮김 | 4X6판 | 216쪽 | 12,000원

| 고려 8 | 석가여래행적송·천태말학운묵화상경책
운묵 무기 | 김성옥·박인석 옮김 | 신국판 | 424쪽 | 24,000원

| 고려 9 | 법화영험전
요원 | 오지연 옮김 | 신국판 | 264쪽 | 17,000원

| 고려 10 | 남명천화상송증도가사실
□련 | 성재헌 옮김 | 신국판 | 418쪽 | 23,000원

| 고려 11 | 백운화상어록
백운 경한 | 조영미 옮김 | 신국판 | 348쪽 | 21,000원

※ 한글본 한국불교전서는 계속 출간됩니다.

금명 보정錦溟寶鼎
(1861~1930)

조선 말기에서 근대에 걸쳐 활동한 고승이자 위대한 저술가이다. 자字는 다송자茶松子. 전남 곡성 출생으로 송광사에 출가한 후, 경붕景鵬·범해梵海·함명函溟 등 대종사大宗師에게 참학하여 지견을 넓히고, 주로 송광사에 주석하며 방대한 저술을 남겼다. 저술로는 이 책 외에 『불조록찬송佛祖錄贊頌』·『정토찬백영淨土讚百詠』·『보살강생시천주호법록菩薩降生時天主護法錄』·『질의록質疑錄』·『조계고승전曹溪高僧傳』·『염불요문과해念佛要門科解』·『저역총보著譯叢譜』·『대동영선大東詠選』·『다송시고茶松詩稿』·『다송문고茶松文稿』 등이 있다.

옮긴이 김종진

동국대학교 불교학술원 교수. 저서로 『불교가사의 계보학, 그 문화사적 탐색』·『한국불교시가의 동아시아적 맥락과 근대성』, 공저로 『한암선사연구』 등이 있다. 한국불교전서의 번역서로 『정토보서』·『백암정토찬』·『염불보권문』·『호은집』·『송계대선사문집』·『용암당유고·괄허집』이 있다.

증의

김재희(광주 백천서당 대표)